国家社科基金重大项目"中国书院文献整理与研究"（15ZDB036）

湖南省社科基金重点项目"传统目录学视野下的中国书院文献研究"（16ZDB22）

书院学丛书

近百年 书院研究论著目录

邓洪波 等 编著

湖南大学出版社

内 容 简 介

  中国书院研究兴起于民国，历经近百年的发展，已成为历史学、教育学、图书馆学、建筑学等领域不可或缺的组成部分。为继往盛而开来者，对书院研究进行学术史总结十分必要。本书收录了从民国至 2016 年近百年间的书院研究论著目录，正文为书院研究著作提要、书院研究期刊论文索引、书院研究学位论文索引，著录了篇名、作者等出版信息及主要内容，对个别具有典型意义的著作，进行了较为详细的评介，以期大致反映书院学术发展脉络，借此展现百年书院研究史之一端。

图书在版编目（CIP）数据

  近百年书院研究论著目录/邓洪波等编著 . —长沙：湖南大学出版社，2020.3

  （书院学丛书）

  ISBN 978-7-5667-1638-5

  Ⅰ.①近… Ⅱ.①邓… Ⅲ.①书院—教育史—研究—专题目录—中国—1929—2016 Ⅳ.①Z88；G649.299

  中国版本图书馆 CIP 数据核字（2018）第 214488 号

近百年书院研究论著目录
JINBAINIAN SHUYUAN YANJIU LUNZHU MULU

编   著：邓洪波 等
责任编辑：郭 蔚 责任校对：尚楠欣
印   装：长沙印通印刷有限公司
开   本：710mm×1000mm 16 开 印张：24.25 字数：436 千
版   次：2020 年 3 月第 1 版 印次：2020 年 3 月第 1 次印刷
书   号：ISBN 978-7-5667-1638-5
定   价：88.00 元

出 版 人：李文邦
出版发行：湖南大学出版社
社   址：湖南·长沙·岳麓山 邮   编：410082
电   话：0731-88822559(发行部)，88821594(编辑室)，88821006(出版部)
传   真：0731-88649312（发行部），88822264（总编室）
网   址：http://www.hnupress.com
电子邮箱：xuejier163@163.com

"书院学丛书"编委会

主　任　邓洪波

成　员　王胜军　兰　军　陈时龙
　　　　徐　勇　徐雁平　张劲松
　　　　杨代春　刘　明　刘艳伟
　　　　肖永明　鲁小俊　顾宏义
　　　　谢　丰　吴国武　李晓宇
　　　　龚抗云

本册作者　邓洪波　赵　伟　肖　啸
　　　　　刘　金　丁　利　王　帅
　　　　　宗　尧　刘艳伟　王胜军
　　　　　兰　军　段　欣　何君扬
　　　　　娄周阳

目　次

序一/杨　忠 ………………………………………………… I

序二/朱杰人 ………………………………………………… V

序三/郭齐勇 ………………………………………………… Ⅶ

一、近百年书院研究历程 ………………………………… 1

二、书院研究著作提要 …………………………………… 21

三、书院研究期刊论文索引 ……………………………… 113

四、书院研究学位论文索引 ……………………………… 314

五、国内有关书院研究的基金项目 ……………………… 332

六、国外书院研究著作提要 ……………………………… 337

七、国外书院研究论文索引 ……………………………… 346

后　记 …………………………………………………… 371

序 一

杨 忠

　　书院是中国古代教育史上影响最大的教育文化机构。邓洪波教授认为书院是独特的文化教育组织，所谓独特，我以为大概是因为它既非官学，亦非纯粹的私学，但又与官府、官员有着千丝万缕的联系，一直得到各级官府的支持和资助。例如朱熹修复白鹿洞书院、岳麓书院，阮元创诂经精舍、学海堂，张之洞建尊经书院、广雅书院，都是任官期间的事。许多官员也将创建书院、讲研义理学问视为一种可以引以为豪的政绩，希望以书院长育人才、开启民智、移风易俗。比如汤显祖贬徐闻典史时创立贵生书院，亲往讲学；任遂昌知县时，建相圃书院，拨寺庙道观部分食田归书院收租，以作修葺房屋之费及诸生膏火之助。他自己亦在书院中"与诸生讲德问字""陈说天性大义"而不疲。但书院又非官学，书院的科目设置、讲论内容都由著名学者担任的书院山长、主讲设定与主持，官府干涉有限。书院与官学既相区别又有联系，故清末废科举、改书院为学堂，使中国教育由古代迈入现代，便能自然衔接而水到渠成了。

　　书院与私学的关系也十分密切。春秋以降，学在王官渐变为学在四夷，私人讲学之风渐盛。孔子的讲学活动，既有与弟子讲论六艺、切磋琢磨的谨严与认真，亦有"浴乎沂，风乎舞雩，咏而归"的散淡与闲适，与书院自由讲学的精神一脉相通。两汉经师讲学，受业者不远千里而至，讲读之所则"讲堂""精舍"随意立名。马融"教养诸生常有千数"，设绛纱帐讲学，"前授生徒，后列女乐"，是最气派的一家。魏晋南北朝战乱频仍，但讲学之风不息。上述讲学活动和组织形式，对后来书院的出现有着深刻影响。

　　书院之名始于唐代。东西二都设立的丽正书院和集贤殿书院，有着国家藏书、校书、修书及由此而辨彰学术的深厚传统，这标志着书院之名得到官方认可和提倡。其实，最先出现的还是民间书院，有唐代文献与地方史志为证。《全唐诗》中也提到过13所作为士大夫私人读书治学之所的书院。也就是说，书院源出于唐代私人治学的书斋和官府整理典籍的衙门，是官、民两股力量相互作用的结果。

大唐五代之际，开始出现聚徒讲学性质的书院，江西的桂岩、东佳与燕山窦氏皆是其佼佼者。而书院的大繁荣则要进入到宋代，著名的"濂、洛、关、闽"四家，既是学派，也是讲学团体，且师生传承，历久不衰。他们中的许多人都参与过书院的创建和讲学活动，通德鸿儒，发幽阐微，风雅相续，辉映坛席。元代书院数百所，明清书院各数千所，是书院的鼎盛时期。

书院讲求敦励品节、探研经义，以求知行合一，长育人才。主持者往往以自身风范声望言传身教，并不刻意传授系统知识。尤其是宋代书院批判继承了两汉的讲经之风，注重阐释以"四书"为中心的儒家经典义理，理学借书院讲学得以光大。此后，随着时代的需要和地方学术风气的浸润，书院讲学内容各有侧重，或义理、或实学、或训诂、或辞章，而书院的教学方式也不拘一格，讲论、问答、辩说、切磋，形式多样，效果显著，颇有百花齐放之势。当然，书院的根本任务是养育人才，故与唐宋元明清各代科举密切相关，讲论经义、草拟试策、熟记帖括、习练论说，自然也是书院学习的重要内容。一些著名学者掌教书院，往往能形成学派，光大学术，引领学风。不同学派学者在书院的论辩驳难，也使书院成为交流学术、推广宣传学派主张的方便场所。书院促进了学术的发展，仅以清代为例，著名学者如黄宗羲、汤斌、张伯行、杭世骏、齐召南、全祖望、姚鼐、卢文弨、王鸣盛、程瑶田、钱大昕、章学诚、洪亮吉、孙星衍、阮元、陈寿祺、顾广圻、陈澧、刘熙载、俞樾、张之洞、王先谦、缪荃孙、皮锡瑞等，这些在清代学术史上闪耀的群星，无一不在书院任过山长或主讲，将他们在书院讲学的学术贡献稍作整理，便能勾勒出清代学术史的梗概。可以说唐宋以来中国古代教育、文化、学术的发展实有赖于书院的繁荣，程朱理学、陆王心学、乾嘉汉学、晚清新学的产生与兴盛，都与书院密切相关。书院以及乡村的义塾、义学，使中国儒学传承的血脉贯通而达至社会底层，从而也使中国传统文化的传承有了最坚实的社会基础，中国文化绵延不绝，书院有其莫大贡献。

书院作为中国古代独特的文化教育组织，深深影响着唐宋以来教育、文化、学术的发展，近百年来学者往往将古代书院与现代学校比照考察，研究书院的论著日积月累，颇为可观。特别是近十数年来，书院研究更有日渐兴盛之势。许多研究已涉及书院的各个方面，如书院制度及其组织形式，书院的课程设置、讲会制度和开讲仪式，书院的学规章程和管理模式，书院的经济活动和经费开支，书院的藏书与刻书活动等，涉及面虽广，但研究似乎尚不够深入全面。究其原因，自然与目前学术界所见书院文献资料并不丰富有关。例如，仅清代书院即有五千余所，而迄今许多论著所涉书院仅百余所，眼界和格局便受局限。大量书院文献散藏各处，许多文献甚至不为人知或少人问津，研究自然不够全面，也难以深入。材料的缺失严重阻滞了书院研究的进程，因此，比较齐全地搜辑目前存世的书院文献，分门别类地加以影印或点校出版，对于书院研究而言，事莫大于此，更莫急于此。现在邓洪波教授主持的中国书院文献整理与研究工程即将出版几种专题丛书，使此大事急事终获成功，必将为中国书院研究的繁盛带来新局面。

邓洪波教授及其团队的成果，对于书院研究及与书院相关的研究，至少有三大贡献：

其一，为书院研究提供了相当完备的资料。他们编纂了比较完善的书院文献总目及总目提要，第一次揭示了现存书院文献的全貌，在此基础上又将现存近 1500 种书院文献中的 1000 余种影印出版，成《中国书院文献丛刊》，进而又择其中尤为重要者约 150 种点校出版，成《中国书院文献荟要》。学者研究实践证明，书院研究赖以深入和发展的基础是书院文献的全面搜求与系统整理，邓洪波教授的团队完成了这项工作。他们的书院总目及有选择地影印、点校的占总量七成的书院文献，不仅为研究者提供了方便，也为一般读者了解中国书院指出了门径。大量过去未被发掘、利用，而又相对完备、系统的资料，经他们网罗放失，搜剔丛残，使遗编剩稿，显晦并出，吉光片羽，终免湮没，而流风余韵亦可相因而不坠。相信今后的书院研究一定会有许多新发现、新视角和新课题，也必将产生许多更近于史实的新结论。

其二，整理与研究高度融合，产生了系列成果。他们的工作使《中国书院文献丛刊》《中国书院文献荟要》与其他研究论著等互相呼应，是将整理和研究结合得比较好的范例，也为古籍整理与研究工作如何互相促进提供了经验。《书院文献总目》揭示藏馆和版本，大大提高了书目的质量和使用价值，《书院文献总目提要》本身便是研究成果，它不仅指引门径，也为进一步辨章学术、考镜源流提供了基础和方便。而《中国书院志史》及其他研究论集，既是书院研究的新收获，也是书院研究深化的表现。他们的整理研究系列成果，不仅大大促进了书院研究自身的深入和发展，还旁涉中国古代政治史、经济史、教育史、思想史、文化史、文学史等各领域，从而也必将有利于上述领域的综合研究别开生面，以至进一步推进中国传统文化的传承和发展。

其三，是大型专题资料丛书的新收获。大型专题资料丛书对于相关专题学术研究的作用是无与伦比的。新中国建立后，学术界一直有编纂大型专题资料丛书的传统，二十世纪五十年代，中国史学会主持编纂了《中国近代史资料丛刊》，包括《鸦片战争》《太平天国》《洋务运动》《戊戌变法》《义和团》《辛亥革命》等十余种专题资料。这部近代史资料丛刊，成为研究中国近代史的中外学者的必读资料，也成就了一批国内外的教授、博士，产生过广泛而深远的影响。其后，一些出版机构如中华书局、上海古籍出版社、国家图书馆出版社、凤凰出版社等也组织或出版过许多大型专题资料丛书，一些专题档案也陆续刊布。专题资料丛书提供的材料比较全面、系统，使用方便，学者在比较研究中更易发现问题、解决问题，也可以避免盲人摸象、以偏概全的弊端，故颇受学者欢迎。邓洪波教授主持的书院文献整理研究工作产生的几种大型资料丛书，是近年来专题资料丛书的新收获，也必将会为中国书院研究做出巨大贡献；

　　邓洪波教授是较早注意整理书院文献、研究中国书院的学者之一，也是当代中国书院研究的名家。数十年的潜心研究和执着追求，使他的研究成果得到学术界的高度重视，有很好的影响。现在他又主持完成了这样一件嘉惠学林的大功德，实在令人感动和钦佩，故不避浅陋而为之序，以表达对邓洪波教授及其团队学者的敬意。

杨忠（教育部全国高校古籍整理工作委员会秘书长、北京大学教授）
2018 年 7 月 30 日于北京大学蓝旗营

序 二

朱杰人

　　书院，是儒家文化特有的一种文化与教育现象。从唐代出现它的雏形开始，在长达千余年的中国历史中它扮演着非常独特和重要的角色。

　　它是中国传统文化的主干与核心——儒学及其研究者、传播者——儒家的道场。书院是儒家的首创，在其发展过程中，成为儒学寄生与发展的重要载体和平台。所以，它的命运始终与儒学、与儒家的命运紧密相连，儒学兴则书院盛，儒学衰则书院败。清末民初，废科举、办新学，书院也就走进了它的低谷。但是，历史总是爱和人类开玩笑，没有人会想到，进入了二十一世纪以后，书院竟然又焕然新生了。在新时代，它的勃兴居然如雨后春笋般"疯狂"与势不可挡。

　　书院从它诞生的那一天起就有官方和民间的双重性质，它既借助于体制的资源和模式，又有游离于体制之外的自由讲学和办学的精神，它一直被视为官方主流教育体制的一个补充、补缺。所谓"补充"，是说它弥补了体制内教育资源的不足，官学无法覆盖的，书院弥补了。所谓"补缺"，是说它补了体制内教育以应试（应科举）为目的之缺：书院教育以成人、成贤为目的，以传道（儒家的道统）为核心。实际上，从明代中后期以来，官学越来越流于形式，书院却以"补充""补缺"之身而真正承担起国民教育的责任。放眼人类教育史，古今中外，中国的书院，恐怕是一种绝无仅有的与功利不搭或少搭的教育形态。而且这种与功利保持距离的教育形态在中国的民间一直很好地被呵护并发展着。书院的办学资金部分来源于官方的筹集，部分来源于民间的捐助，官员、商人、士绅是这种捐助的主体。中国的书院延绵千年之久，民间捐助者们的贡献居功至伟，官方的支持也是至关重要的。

　　正因为书院一定程度游离于体制之外，正因为它与功利保持距离，所以，能看到体制的弊端，能不受羁绊地思考与研究。于是，中国的书院成了生产新思想、新学术、新理论的工厂。而这些新思想、新学术、新理论又对社会、人心发生了反哺，从而影响了国家与社会的发展。

Ⅴ

朱子是第一位从理论与实践两个层面上对中国书院的制度建设，理论建构，办学目标、方针、方法等做出重大贡献的学者。他的《白鹿洞书院揭示》是一篇划时代的纲领性文件，为中国书院的建设与发展打下了基石。直到今天，这篇文献依然是新时代书院实践的"源头活水"。而他在岳麓书院的一系列教育实践，则为后人留下了健康与科学的教学与科研生态的典范。中国的书院之所以有着那么强劲的生命力和生机活泼的内生动能，不能不说与朱子有关。

中国书院在千余年的发展中，为记录其历史、教学、经济、学术、考课等，留下了数以万计的各种文献，包括书院记、书院志、学规、章程、课艺、讲义、会录、同门谱、藏书目录、刻书目录、山长志、学田志、日记等。这些文献不仅对研究书院至关重要，对研究中国的历史、文化、学术、政治等都具有不可取代和或缺的重要意义。遗憾的是，随着书院的没落，这些文献也随之散佚。国力的强盛与传统的复兴，终于使书院文献获得了一个新生的机会。以邓洪波教授领衔的课题组发起对中国书院文献的整理，实在是一件对民族文化功德无量的好事。我参加了本课题的可行性论证，拜读了全部课题报告以后我意识到，这是一次全面的、系统的、全覆盖的整理，课题完成，也就意味着中国书院文献的终极集成。这是一件值得所有关注书院的学者们高兴和期待的学术盛事。

当然，讲到这件盛事就不能不讲到邓洪波教授。邓洪波教授并不是最早关注并研究中国书院的学者，但他却是一位始终不渝地专注于这个领域而默默耕耘的学者。他的可贵之处在于，当书院还处于一个被人遗忘和被绝大多数人冷落的年代，他始终没有放弃。他以一己之力，收罗钩沉、爬疏剔抉、考镜源流、排比论列，终成一家之说。现在书院研究成了显学，洪波并不被"显"而空疏、好高求远的世俗所裹挟，踏踏实实地做了大量的文献整理与研究工作。他的抱负和执着不能不令人感佩。

国家社科基金重大项目"中国书院文献整理与研究"的成果就要出版了，它包括书目、影印、点校、研究几个系列，这是一件盛事。洪波兄要我写一个序，但是我对书院没有研究，真是不知道这个序该从何说起，只好谈谈自己对书院的一些基本认识，以塞文责，也算是不负洪波兄的一片美意。

朱杰人（华东师范大学终身教授、中国历史文献研究会荣誉会长、中华朱子学会常务副会长）

2018 年 6 月 12 日于海上桑榆匪晚斋

序 三

郭齐勇

　　吾友邓洪波教授是著名的书院研究专家，他主持了国家社科基金重大项目"中国书院文献整理与研究"。这个项目意义重大，洪波兄及他领导的团队视野宏阔，功底扎实，其成果将成为新一轮书院文化研究的新基础。

　　存世的中国古代书院文献汗牛充栋、浩如烟海，但分散于各处，经史子集四部都有，研究者难于查找。比如，一些书院讲义见于经部；一些书院志见于史部地理类"古迹"，书院藏书目录见于史部目录类"公藏"之属，书院碑记则多被收录进史部金石类"石类"之属；一些书院讲录、语录则被列入了子部儒家类；还有一些关于书院的记述，散见于集部的诗文集子之中。四库之外与四库之后还有不少有关书院的原始文献。此外，民国以来大量的书院研究文献散见于各种报刊。要把这些文献整理个头绪出来，殊非易事。

　　邓洪波教授很早就用心于书院文献的整理与研究。早在 1997 年，浙江教育出版社出版了陈谷嘉教授与他合著的《中国书院制度研究》，书末有一个附录《中国书院文献书目提要》，共著录文献 370 余种，按省区编排，并作提要，是较早汇录书院文献提要的重要成果，实开撰写汇编书院文献提要的先河。此次以重大项目为契机，邓教授进一步扩大规模，对中国书院文献作穷尽性的整理。他立志"竭泽而渔"，把不为人知的书院资料最大限度地从"冷宫"中解放出来，摸清并亮出全部家底。

　　据课题组调查，历代书院专书（整本）文献总量近 2000 种，其中亡佚 500 种左右，存世 1500 种左右。通过检索、查阅等手段，课题组对存世的约 1500 种文献进行普查，对作者、版本、流传、体例等爬梳、董理，将编制成一部大型的《中国书院文献版本目录》。在此基础上，将选择较有价值的书院文献约 1000 种予以影印，汇为《中国书院文献丛刊》。然后，选择其中有代表性的、意义重大或者较为少见的书院文献 100—150 种作点校，做成《中国书院文献荟要》。除了对原始文献进行整理，课题组还将对数量庞大的书院研究论著予以编目，著成《近百年书院研究论著目录》。如此大规模地对书院文献进行整理，在学界当属首次。除了大规模的文献整理，课题组还将在此基础上，陆续推出《中国书院志研究》《中国书院文献总目提要》《中国书院文献研究》等专题方面的系列研究成果。这些整理与研究，功德无量，必将嘉惠学林，促进书院历史与文化研究走向新的繁荣。

这些整理与研究，除了大有功于书院学的发展，我想对于古代儒家文化和思想的研究也是大有裨益的。书院是我国古代极为重要的教育机构，也是学术机构。而无论是书院的教育还是书院的学术，都与儒家有着密不可分的关系。

在我国古代众多的学术思想流派中，最重视教育的是儒家。孔子是我国最伟大的教育家。我国古代教育的内容和理念也主要是儒家的，从书院的学规就可以看出来。朱子的《白鹿洞书院揭示》，影响后世书院办学数百年，大家耳熟能详，其中规定了书院的目标和学生的守则。它集儒家经典语句而成，便于记诵。它要求学生明白义理，并落实到身心修养上来，按学、问、思、辨、行的次第，格物致知、穷理尽性，最终实践笃行。由一代名臣张之洞于 1869 年创办的经心书院，于 2015 年在武昌东湖复办。在下忝为该书院名誉山长。我对这一书院提出了学规：以行己有耻、修身立德、知行合一为宗旨；以"五常"（仁义礼智信）和"八德"（孝悌忠信礼义廉耻）为人生的指南；以孝亲、守礼、笃学、敏行为条目（步骤）：孝亲——爱父母；守礼——懂规矩；笃学——读经典；敏行——做公益。座右铭："儒有忠信以为甲胄，礼义以为干橹，戴仁而行，抱义而处"；"儒有不宝金玉，而忠信以为宝；不祈土地，立义以为土地；不祈多积，多文以为富"；"仁者以财发身，不仁者以身发财"。我认为，最重要的是，书院运行一定要在这些义理的指导下进行。总体上是要贯彻孔孟仁义之道，提升办院者与学员的人文道德素养，身体力行，知行合一。

儒家不仅仅重视学校教育，同时也重视家庭与社会教育。社会教育是通过文化传播的方式实现社会教化。社会教化的基本内容和理念依然是儒家的。儒家之所以有那么强大的生命力，能成为中国传统思想文化的主流，与它重视文化传播和社会教化是分不开的。两宋以来，历代大儒多依托书院面向社会大众从事讲学。他们的学术功底，他们的人格魅力，非一般教书匠可比。他们凭着学术思想和人格魅力，所过之处，化民成俗，雅称"过化"。他们使得儒家理念在社会大众的日用伦常中生根发芽，从而使儒家思想落地，并影响到社会生活的方方面面。当然，古代儒释道三教相辅相成、相互支持，儒生书院也往往有赖于佛寺、道观而生存。

古代的书院是介于官学与私学之间的教育机构，是在致力于解决官学教育种种弊端的基础上产生的，它反对功利主义，反对仅仅把教育当作科举考试的手段，反对把教育仅变成记诵之学。书院的教育强调道德的修养和人格的养成。毫无疑问，这有赖于对儒家义理的讲明。在讲明儒家义理的过程中，书院的学术讨论形成了。所以，书院也是一个学术机构。书院里的学术讨论既服务于教育，亦致力于学术自身的发展。这里的学术主要还是儒家的。比如，南宋时期的湖湘学派是理学南传之后最先成熟起来的一个理学流派，而岳麓书院正是当时湖湘学派的基地。公元1167年，朱子不远千里从福建崇安赶到长沙，就是为了与湖湘学派的代表人物、岳麓书院主教张栻讨论儒家理学上的一些问题，史称"朱张会讲"。朱张会讲开书院会讲之先河，在中国学术思想史上有着重大的意义，为不同学派的争鸣，为书院成为儒家学术研究机构，发挥了重大的作用。

据邓洪波教授的统计和研究，中国历史上出现过大大小小的书院7500余所。这些书院是中国文化与儒学教育、研究和传播的重要场所和基地，它们把传统文化与儒家思想带入了中国社会的各个层次和各个角落。它们自身亦成为儒家和儒学的载体，成为儒家文化的核心要素之一。

我们目前对于儒家思想文化，主要还是通过儒家的经典文本来了解它的思想理念，通过史书记载来了解它的社会影响，通过分析当时民间的思想观念来了解它的传统魅力。然而，我们对于儒家思想文化的传播过程和传统的形成，其实还停留在比较抽象的层面。现在，邓洪波教授开始了对书院的综合研究，无疑为我们了解这方面的情形打开了一扇大门，能极大地帮助我们深入而具体地了解书院的组织架构、制度、理念以及儒家思想文化在其中所起的作用、所占有的地位，并了解儒家思想文化的世俗化过程和儒家传统的传承。对于书院文献的综合整理和研究，也有助于我们深入而具体地了解儒家思想文化对周边国家的传播过程。明代以后，中国书院这种教育组织形式，大量地传入东亚各国各地区，对于以中国为中心的儒家文化圈的形成起到了重大的作用。书院文献的内容相当丰富，借助这些文献，我们也能对历史上的社会、政治、经济、文化、生活等方方面面有更加深入而具体的理解。

伴随着国学热，我国这一波书院热也持续十多年了。可以说，国学热在今天也表现为一定程度的书院热，各地的民间书院如雨后春笋般涌出。有人粗略估计，近几年全国出现了几千所书院，但良莠不齐，鱼龙混杂。正如我们对国学热予以肯定并提出批评一样，我们也对书院热予以肯定并提出批评。传统的书院，包括嵩阳书院等最有名的书院在内，现在一般只是文博单位，成为文物、博物馆或旅游景点，不再具有古代书院的职能。老书院焕发青春的唯一典范是岳麓书院，该院得天时、地利、人和，结合传统与现代，使千年书院获得新生。今天的书院，就主办方而言，大体上有官办、商办、学者办、民办，或官学商、或官学、或商学、或民学合办等多种，但是由于历史经验不足，存在许多问题，还是要从传统书院吸收精神营养。而传统书院的办学经验、精神营养具体都有哪些，离不开对古代书院文献的深入研究。

可见，无论从传统还是从现代来看，中国书院文献的综合整理与研究都有着巨大的意义。这是一个浩大的工程！邓洪波教授身处岳麓书院，长期从事书院研究，并且有着亲身的体验，我们相信在他的主持下，这项整理与研究一定能结出硕果，一定能极大地推进书院学的研究，也一定能为儒家乃至整个传统思想文化的研究奠定新的基石。

是为序。

郭齐勇（中华孔子学会副会长、中国哲学史学会副会长、武汉大学国学院院长）

2018 年 6 月于武昌珞珈山麓

一、近百年书院研究历程

（一）近百年书院研究概述

　　书院源于唐代私人治学的书斋和官府整理典籍的衙门，是中国古代士人享受新的印刷技术，在儒、佛、道融合的文化背景之下，围绕着书，开展包括藏书、读书、教书、讲书、修书、著书、刻书等各种活动，进行文化积累、研究、创造与传播的文化教育组织。由唐而历五代、宋、元、明、清，经过一千两百余年的发展，书院得以遍布除今西藏之外的全国所有省区，数量至少有七千五百所以上，成为读书人文化教育生活不可或缺的组成部分。它为中国教育、学术、文化、出版、藏书等事业的发展，对学风士气、民俗风情的培植，国民思维习惯、伦常观念的养成等都做出了重大贡献。明代开始，它又走出国门，传到朝鲜、日本、印度尼西亚、新加坡、马来西亚等东亚、东南亚各国，甚至意大利那不勒斯、美国旧金山等欧美地区，为中华文明的传播和当地文化的发展做出了贡献。近代以来，因为新学、西学的加盟，它又成为沟通中西文化的桥梁。而1901年光绪皇帝的一纸诏令，将全国书院改制为大、中、小三级学堂，更使它由古代迈向近现代，得以贯通中国文化教育的血脉。

　　书院改制甫二十年，有识之士如学术大师蔡元培、胡适及青年毛泽东等，以自己的亲身体验，就现代学校的短处，反观传统书院的长处，进而发起了二十世纪的第一次书院研究与实践运动。由此开始，书院研究走过了九十余年历程。据不完全统计，自1923年青年毛泽东《湖南自修大学创立宣言》、胡适《书院的历史与精神》发表，到2016年年底，中国学者发表有关书院的论文、资料5452篇，出版专著、论文集、资料集二百五十余部，可谓成绩显著。兹将论文分年（代）统计，如表1所示，于此可见书院研究本身之发展轨迹，亦可感知其日益受到学术界重视的情形。

表 1　1923—2016 年书院研究论文分年（代）统计表

时间	二十世纪二十年代	二十世纪三十年代	二十世纪四十年代	二十世纪五十年代	二十世纪六十年代	二十世纪七十年代					未详	小计
论文数	7	42	27	19	12	22					17	146
时间	1980	1981	1982	1983	1984	1985	1986	1987	1988	1989		小计
论文数	9	8	22	21	39	60	90	64	94	49		456
时间	1990	1991	1992	1993	1994	1995	1996	1997	1998	1999	未详	小计
论文数	21	31	19	41	32	46	53	79	80	48	10	460
时间	2000	2001	2002	2003	2004	2005	2006	2007	2008	2009		小计
论文数	85	90	108	149	144	208	257	199	320	291		1851
时间	2010	2011	2012	2013	2014	2015	2016					小计
论文数	286	249	368	398	442	381	415					2539

注：总计：5452。

　　对于书院研究的动向，学术界给予了应有的重视。邓洪波就长期注意观察，除了辑录报刊有关研究论文索引[1]之外，曾于 1986 年发表《解放前中国书院史研究述评》[2]。其后，又有《三十六年来书院史研究综述》[3]《中国书院研究十年（1979—1988）》[4]，分期讨论 1949 年以后大陆学者探讨书院问题的关切所在。2003—2004 年因为兼任台湾大学东亚文明研究中心研究员，应邀和学生一起完成《中国书院研究综述（1923—2003）》，收入《东亚文明研究丛书》之《东亚教育史研究的回顾与展望》[5]。2006 年邓洪波参加韩国国民大

---

　　① 邓洪波：《中国书院史研究论文专著索引（1923—1986）》，《岳麓书院通讯》1986 年第 1 期，第 71-79 页。拓夫、段欣：《中国书院研究文献索引（1923—1990）》，季啸风：《中国书院辞典》，浙江教育出版社 1996 年版，第 977-1013 页。拓夫、段欣：《中国书院研究论文索引（1991—1997）》，朱汉民、李弘祺：《中国书院》（第二辑），湖南教育出版社 1998 年版，第 394-407 页。拓夫、段欣：《中国书院研究论文索引（1999—2001）》，朱汉民、李弘祺：《中国书院》（第四辑），湖南教育出版社 2002 年版，第 389-396 页。拓夫、段欣：《中国书院研究论文索引（2002—2003）》，朱汉民、李弘祺：《中国书院》（第六辑），湖南教育出版社 2004 年版，第 414-434 页。拓夫、段欣：《中国书院研究论文索引（2004—2005）》，朱汉民、李弘祺：《中国书院》（第七辑），湖南大学出版社 2006 年版，第 413-432 页。

　　② 邓洪波：《解放前中国书院史研究述评》，《岳麓书院通讯》1986 年第 1 期，第 5-10 页。

　　③ 邓洪波：《三十六年来书院史研究综述》，《宜春师专学报》1987 年第 6 期。

　　④ 邓洪波：《中国书院研究十年（1979—1988）》，《江西教育科研》1990 年第 1 期。

　　⑤ 邓洪波、林尔吉、蒋建国：《中国书院研究综述（1923—2003）》，高明士：《东亚教育史研究的回顾与展望》，台湾大学出版中心 2005 年版，第 45-101 页。拓夫、林尔吉：《八十年中国书院研究综述》，朱汉民、李弘祺：《中国书院》（第六辑），湖南教育出版社 2004 年版，第 1-48 页。

学校韩国学研究所韩中日书院国际学术会议，发表《八十三年来的中国书院研究》①。李弘祺曾以《中国书院史研究——研究成果现状与展望》② 为题，注重机构、人物、观点，向日本学术界介绍中国书院的研究成果，对中日学术交流起到了促进作用。蒋建国《20 世纪的书院学研究》③，基于机构与队伍扩大形成研究群体，出版大量论著，构建学术体系；创办刊物，形成研究园地；引发海外学者研究等事实，认为 20 世纪已初步形成具有独特研究对象和学科特色的书院学。王炳照《书院研究的回顾与展望》④，视角独特，改变以书院改制后之书院研究为起点的定势，将古代思想家、教育家及各类学者对书院之评说，皆看作书院研究，并以 1912 年、1949 年为断点，将中国书院研究史分作三个时期，认为古代反映了革新教育的呼声，近代旨在推动教育近代化，现代则致力于教育的改革与开放，有其教育史家的一贯关切。杜成宪等人的《中国教育史学九十年》⑤ 一书，也有不少篇幅介绍各个时期的书院研究成果。朱汉民《湖南的书院学研究》⑥，意在总结湘省书院研究的阶段性经验。吴超、张之佐《2003 年书院研究综述》⑦，首次提出了书院研究的年度报告。

本书仍以书院改制后之书院研究为起点，始于 1923 年，止于 2016 年底，分为四个阶段进行讨论。综合已有的研究成果，关注时代特色与热点问题、研究动向，介绍主要成果，以期促进书院研究的全面发展。

（二）初起而兴：1923—1949

九十年来的中国书院研究史，大致可以分为四个阶段。第一个阶段自 1923 年至 1949 年，共 27 年。严格地说，把书院作为中国传统文化遗产的一个有机组成部分进行研究，应从 1923 年 4 月青年毛泽东在《新时代》发表

---

① 邓洪波、周月娥：《八十三年来的中国书院研究》，《湖南大学学报》（社会科学版）2007 年第 3 期，第 31-40 页。又见韩国国民大学《韩国学论丛》第 29 辑，2007 年 2 月。

② 日本《中国——社会与文化》1990 年第 5 号。译文参见《白鹿洞书院通讯》1991 年第 1 期。

③ 蒋建国：《20 世纪的书院学研究》，《湖南大学学报》（社会科学版）2003 年第 4 期，第 16-20 页。

④ 王炳照：《书院研究的回顾与展望》，朱汉民、李弘祺：《中国书院》（第一辑），湖南教育出版社 1997 年版，第 17-26 页。

⑤ 杜成宪、崔运武、王伦信：《中国教育史学九十年》，华东师范大学出版社 1998 年版，第 228-231 页。

⑥ 朱汉民：《湖南的书院学研究》，《湖南大学学报》（社会科学版）1999 年第 3 期，第 1-3 页。

⑦ 吴超、张之佐：《2003 年书院研究综述》，《船山学刊》2006 年第 1 期，第 169-171 页。

《湖南自修大学创立宣言》算起。他认为书院和学校"各有其可毁，也各有其可誉"，而不应该不加分析地"争毁书院，争誉学校"。书院应毁者是其"'八股'等干禄之具"的僵死的内容，并不意味着其办学形式都应否定。学校之誉者则为"专用科学，或把科学的方法去研究哲学和文学"，但亦不意味着它就没有瑕处。毛泽东具体总结了书院和学校办学的优劣，指出被废弃的书院不是全无是处，在办学形式上有"师生的感情甚笃"，"没有教授管理，但为精神往来，自由研究"，"课程简而研讨周，可以优游暇豫，玩索有得"三条好处。学校取代书院也并非都可赞誉，在办学形式上则有"师生间没有感情"，"用一处划一的机械的教授法和管理法去戕贼人性"，"钟点过多，课程过繁"，学生"全不能用他们的心思为自动自发的研究"三点不足。这使得学生"立于被动，销磨个性，灭掉灵性，庸懦的随俗浮沉，高才的相与裹足"。因而他主张"取古代书院的形式，纳入现代学校的内容"，创办吸取二者所长的教育模式，亦即"适合人性便利研究"的自修大学，提出了教育改革的问题。这无疑为书院史研究提出了正确方向，受到了著名学者蔡元培等人的重视和褒奖。

赓即不久，即 1923 年 12 月及次年 2 月，著名学者胡适连续发表《书院的历史与精神》[①]、《书院制史略》[②] 两篇文章（演讲），认为"在一千年以来，书院，实在占教育上一个重要位置，国内的最高学府和思想的渊源，惟书院是赖。盖书院为我国古时最高的教育机关。所可惜的，就是光绪变政，把一千年来书院制完全推翻，而以形式一律的学堂代替教育"。他将书院与当时教育界所倡导的"道尔顿制"（导师制）对比研究，认为两者之"精神大概相同"。因此，为了改革教育就"不得不讲这个书院制度的略史了"，号召研究已经废弃了的书院制度。自此，书院史的研究渐渐受到人们注意，报刊上不断有研究文章发表。到抗日战争前后，在民族危亡之际，研究者认为"书院之创立，是学者对于国家社会有一种抱负，藉着书院来讲明义理，共同去努力国家社会的事业"。为了"复兴民族"和建设民族文化，人们不断地谈到书院，研究书院制度，甚至建立学海、复性、民族等新的书院，书院史研究形成了一个高潮期。二十世纪四十年代后期，社会处于极度的动乱之中，民不聊生，书院研究的课题同其他一切学术工作一样都暂时中断了。

第一个阶段的最大特点是从反省自西方引入的学校教育入手，总结并肯定

---

① 胡适：《书院的历史与精神》，《教育与人生》1923 年第 9 期。
② 胡适：《书院制史略》，《东方杂志》1924 年第 21 卷第 3 号。

书院的经验，作为建设现代教育制度的借鉴。虽然免不了怀旧的情绪，但终属理性而严肃的思考，在书院教育制度、书院与学术学风建设、书院与政治文化等方面形成了不少精彩的观点。其中关于书院精神的论述，就值得纪述。书院之区别于官学，是因为它具有新的精神风貌。胡适最先指出书院的三种精神，即代表时代精神、讲学与议政、自修与研究。他认为书院之祭祀是民意之所寄托，代表时代的精神；书院代行古代民意机关的职责；它之研究是自由和自动的。陈东原提出，"自动讲学，不受政府干涉"与"反科举的精神是书院不朽的灵魂，如果失去了这两种精神，而仅保有书院的制度，那也不配算作书院的"。① 在军阀专制主义强压政治的年代，学者们强调书院"自动""自由"的民主精神，并将其定作书院的标志，是顺乎自然的事。到1937年，傅顺时在《两宋书院制度》② 一文中，将书院精神概括为六点：时代思潮、怀疑态度、科学方法、人格精神、自动学习、反对科举。后来的研究者们都特别强调书院反科举的精神，但在科举成为读书人唯一的进身之阶的时代，书院是否能够真正与科举处于一种对立状态，是有待深入研究的问题。还有学者指出，书院的精神就是"讲学自由与经济独立"，且这两项正是"今日学者所渴慕者"。③

学术名家参与讨论是这一阶段的另一个特点。除胡适之外，柳诒徵有《江苏书院志初稿》④、陈东原有《庐山白鹿洞书院沿革考》⑤、《书院史略》⑥、《清代书院学风之变迁》⑦，钱穆有《五代时之书院》⑧，邓之诚有《清季书院述略》⑨，张君劢有《书院制度之精神与学海书院之设立》⑩，杨家骆有《书院制之缘起及其优点》⑪。

第一阶段标志性的成果有三。一是曹松叶的《宋元明清书院概况》⑫，取

① 陈东原：《书院史略》，《学风》1931年第1卷第9期。
② 傅顺时：《两宋书院制度》，《之江期刊》1937年第1卷第7期。
③ 盛朗西：《宋元书院讲学制》，《民铎杂志》1925年第6卷第1期。
④ 柳诒徵：《江苏书院志初稿》，《江苏国学图书馆年刊》1931年第4期。
⑤ 陈东原：《庐山白鹿洞书院沿革考》，《民铎杂志》1926年第7卷第12期。
⑥ 陈东原：《书院史略》，《学风》1931年第1卷第9期。
⑦ 陈东原：《清代书院学风之变迁》，《学风》1933年第3卷第5期。
⑧ 钱穆：《五代时之书院》，《贵善半月刊》1941年第2卷第17期。
⑨ 邓之诚：《清季书院述略》，《现代知识》1947年第2卷第2期。
⑩ 张君劢：《书院制度之精神与学海书院之设立》，《新民月刊》1935年第1卷第7、8期。
⑪ 杨家骆：《书院制之缘起及其优点》，《东方杂志》1940年第37卷第15期。
⑫ 曹松叶：《宋元明清书院概况》，《中山大学语言历史研究所周刊》1929—1930年第10集第111-114期。

材于地方志，采用计量统计之法，分析历代书院概况，其统计数据与结论，至今还有学者引用。二是盛朗西的《中国书院制度》，是通史性的总结之作，1934 年中华书局初版。全书分书院起源，宋、元、明、清各代书院及书院废替等六章，叙述中国书院自唐代至清末的千年发展历史，尤详于书院制度的源流、演变，凡职事设置、山长遴选、学生甄别、学术风尚、讲学内容、藏书、祭祀、讲会、会讲、考课、等均有涉及。作者的叙述与议论不到全书十分之一的篇幅，大量取材于正史、文集，兼采笔记，稍征地方志，排列于叙述论文之后，可谓无一言无出处，其法有类清儒汉学，亦似实证史学。1979 年台湾华世出版社再版，杨家骆则将其收入《古今图书集成续编》。三是刘伯骥的《广东书院制度沿革》，是区域性书院研究的开山之作，1939 年商务印书馆（长沙）初版。1958 年台湾编译馆收入"中华丛书"时，改名《广东书院制度》。全书分绪论、起源与变迁、分布的形态、院舍、行政及组织、经费、师生、课程与训导、书院制度在社会的地位、书院制度之没替、结论等十一章，述评广东书院的发展历史及其各种制度。是书实为作者 1938 年向国立中山大学文学院申请学士学位的论文，吴康在其序中称此书"虽以粤省为立论中心，而旁征博引、沿流溯源，两宋以来庠序教育咸萃于是。方今海夷（指日本）入寇，中原板荡，宗国文物，日以陵夷。刘君此编，详述故制，寻两宋以来文教本原，示庠序沿革之要，励民族复兴之心，作新邦建设之助，倘亦为谈抗战教育所不可废者与？"

　　值得注意的是，抗日战争前后，在如何战胜日本军国主义、摆脱民族危机、复兴民族文化的思考中，以新儒家学者梁漱溟、熊十力、马一浮、张君劢为代表的现代思想家创建了勉仁、复性、学海、民族、天目等一批新型书院。将抗日救国和弘扬民族精神连结在一起，将研究儒家学术为主体的国学与培养爱国情怀紧密结合，是这批新式书院的共同主题。如学海书院，"是学者对于国家社会有一种抱负，藉着书院来讲明义理，共同去努力国家社会的事业"，为振兴民族文化，在战前创办起来的，它的宗旨是"振起民族文化，参以西学方法及其观点，以期于融会贯通之中重建新中国文化之基础"，"从民族复兴之需要上研究国故"。[①] 1949 年，钱穆、唐君毅在香港创建新亚书院，将宋明书院传统和新的亚洲建设联系到一起，将人格教育、知识教育、文化教育融为一体，是现代社会实践儒家教育理念的典范。如何正确评价这些书院的地位、作

---

① 张君劢：《书院制度之精神与学海书院之设立》，《新民月刊》1935 年第 1 卷第 7、8 期。

用和影响，也是我们研究书院历史的任务之一。

（三）坠而不绝：1950—1979

第二个阶段自 1950 年至 1979 年，共三十年。这个阶段，中国大陆、中国香港、中国台湾学者基本不相往来，学术隔绝。二十世纪五十年代，中国大陆基本照搬苏联的教育模式，书院史研究受到不应有的冷落，到 1966 年，除各地《文史资料》刊登 17 篇书院资料之外，只发表了三篇论文。"文化大革命"十年，则完全是一段空白期。至 1979 年，《华南师院学报》第 1 期发表了杨荣春《中国古代书院的学风》，这是重新研究书院的工作。这一年发表的另一篇文章是周力成的《漫话东林书院》①。

这个阶段，当大陆的研究停滞不前时，台湾、香港学者则于二十世纪五十年代、六十年代、七十年代分别发表 16 篇、11 篇、15 篇文章，并重刊盛朗西、刘伯骥两书②。所有这些努力，志在保有书院研究这一学术园地不致荒芜。最重要的成果是孙彦民的专著《宋代书院制度之研究》③，曾被港台及海内学者广泛引用。陈道生《中国书院教育新论》④、《书院建设之源流》，张胜彦《清代台湾书院制度初探（上、下）》⑤，王镇华《台湾的书院建筑（上、中、下）》⑥，何佑森《元代书院之地理分布》⑦，严耕望《唐人读书山林寺院之风尚——兼论书院制度起源》⑧，丁肇怡《书院制度及其精神》⑨，等等，是这一时期的代表之作，说明港台地区研究不仅仍沿袭了二十世纪三四十年代中国大陆的传统，而且开拓了不少新的领域，而教育史学家王凤喈指导韩国留学生金相根完成硕士学位论文《韩国书院制度之研究》⑩，更将书院研究领域拓展至海外。这些皆成为二十世纪八九十年代书院研究大发展的基础。

---

① 周力成：《漫话东林书院》，《群众》1979 年第 6 期。
② 盛朗西：《中国书院制度》，华世出版社 1979 年版。刘伯骥《广东书院制度沿革》重刊时改名为《广东书院制度》，台湾编译馆 1958 年初版，1978 年再版，收入"中华丛书"。
③ 孙彦民：《宋代书院制度之研究》，台湾政治大学教育研究所 1963 年版。
④ 陈道生：《中国书院教育新论》，《师大教育研究所集刊》1958 年第 6 卷第 1 期。
⑤ 张胜彦：《清代台湾书院制度初探（上、下）》，《食货月刊》1976 年第 3、4 期。
⑥ 王镇华：《台湾的书院建筑（上、中、下）》，《建筑师》1978 年第 6-8 期。
⑦ 何佑森：《元代书院之地理分布》，《新亚学报》1956 年第 1 期。
⑧ 严耕望：《唐人读书山林寺院之风尚——兼论书院制度起源》，《民主评论》1954 年 12 月号。
⑨ 丁肇怡：《书院制度及其精神》，《民主评论》1959 年第 10 卷第 13 期。
⑩ 金相根：《韩国书院制度之研究》，台湾嘉新水泥公司文化基金会 1966 年版。

（四）勃然兴盛：1980—1999

统计数据表明，二十世纪最后二十年是中国书院研究的兴盛期。需要说明的是，二十世纪八十年代、九十年代各自有一个从初期向中后期攀升的轨迹，在 1986—1988 年、1996—1998 年形成两个高峰期，从某种程度上讲，这是由岳麓书院、白鹿洞书院创立 1010 周年、1020 周年庆典，举行学术研讨会造成的集约效应，初期的低落可以看作中后期冲刺的准备，这是中国庆典式学术活动在书院研究领域的反映。

1981 年，陈元晖、尹德新、王炳照《中国古代的书院制度》①、章柳泉《中国书院史话——宋元明清书院的演变及其内容》②、张正藩《中国书院制度考》③ 三本著作分别在上海、北京、台北出版，这预示着中国书院研究第二个高潮的到来。1985 年这一年，全国发表书院论文 60 篇，首次超过二十世纪二十年代以来任何一个十年的总和。这是一个标志性的数据，从此，中国书院研究进入一个持续高涨期。之所以如此，与八十年代的文化热不无关系。受其影响，文化史、教育史、思想史、学术史、社会史的学者皆涉足书院文化，使其研究进一步深化、细化、系统化，取得了长足的进步。

二十世纪八九十年代的书院研究至少有三个特点：

第一，成立专门的研究机构或组织，开辟学术园地，形成比较稳定的专业研究队伍。1982 年 3 月，随着千年学府岳麓书院修复工作的进行，湖南大学成立岳麓书院研究室。1984 年 3 月，该室扩大为岳麓书院文化研究所，下设书院、理学等研究室。同年 6 月，该所邀请各地三十多位学者召开全国首次书院学术座谈会④。会后，江西教育学院书院史研究室也宣告成立。这是两个全国高校中成立最早也最著名的书院研究机构。1986 年 6 月，湖南省书院研究会在岳麓书院成立。七年之后的 1993 年，江西省书院研究会成立于庐山白鹿洞书院。这是全国两个省级的书院研究学术团体。

最早的书院学术园地是《岳麓书院通讯》，创刊于 1982 年，1986 年年底

---

① 陈元晖、尹德新、王炳照：《中国古代的书院制度》，上海教育出版社 1981 年版。
② 章柳泉：《中国书院史话——宋元明清书院的演变及其内容》，教育科学出版社 1981 年版。
③ 张正藩：《中国书院制度考》，台湾中华书局 1981 年版。张正藩：《中国书院制度考》（简体本），江苏人民出版社 1986 年版。
④ 朱汉民：《书院研究座谈会纪要》，《岳麓书院通讯》1984 年第 2 期，第 33-39 页。

停办，共出 11 期。《白鹿洞书院通讯》创于 1989 年，1993 年改名《白鹿洞书院学报》，1998 年停刊，共出 14 期。1988、1989 年湖南省书院研究会集结三次年会论文，出版两集《书院研究》①。1997 年岳麓书院刊印中、美、日、韩学者组成编委会的国际学术丛刊《中国书院》，至今已出版 8 辑，每辑 35 万～40 万字。受其影响，白鹿洞书院和赣省书院研究会于 2000 年开始刊印《中国书院论坛》，已出版 8 辑，每辑 30 万字左右。除了以上专刊之外，一些综合刊物还开辟书院专栏，如《湖南大学学报》（社会科学版），自二十世纪八十年代设"岳麓书院与传统文化"，坚持至今，已经入选教育部全国高校学报首届 13 个社科"名栏工程"。其他经常不定期刊载书院研究文章的刊物就更多了，涉及教育、史学、哲学、政治、建筑、图书情报、文献、档案、文物等各学科，举不胜举。

举办学术活动，开展学术交流，是书院研究机构和组织推进学术事业的又一有力手段。常见的做法是定期召开年会，或开展重要的纪念性活动。如湘赣两省书院研究会就曾召开过十余次学术年会。1986 年正值白鹿洞、岳麓两大书院创立 1010 周年大典，湘赣两省相关单位分别组织了盛大的学术讨论会，尤其是岳麓庆典有全国 20 个省市及美国、日本学者 147 人参加，收到论文 139 篇，除由湖南人民和湖南大学出版社分别出版文集外②，《岳麓书院通讯》《湖南大学学报》亦各出一期专辑，有力地推动了全国书院研究工作的开展。1994 年，东林书院召开东林党学术研讨会，纪念东林书院重建 390 周年，收到全国各地学者 20 篇论文。1995 年，湖南书院研究会举办"湖湘文化与书院学术研讨会"。1996 年岳麓书院 1020 周年庆典，邀请百余名学者举办"儒家教育理念与人类文明国际研讨会"，收到论文 80 余篇。1999 年开始，岳麓书院和湖南电视台举办"千年学府学术讲座"，邀请杜维明、余秋雨、余光中、黄永玉、傅聪、张朝阳、许智宏、李学勤、金庸等名流登坛讲学，受到国内外学者的广泛关注和积极评价。同年，香港中文大学新亚书院以"中国文化的检讨与前瞻"为题，举办金禧纪念国际学术会议，有来自美国、加拿大、丹麦、

---

① 湖南省书院研究会、衡阳市博物馆：《书院研究》，湖南大学出版社 1988 年版。湖南省书院研究会：《书院研究》（第二集），湖南省书院研究会 1989 年版。

② 湖南大学岳麓书院文化研究所：《岳麓书院一千零一十周年纪念文集》，湖南人民出版社 1986 年版。湖南大学岳麓书院文化研究所：《书院文化史研究文集》，湖南大学出版社 1988 年版。

韩国、澳大利亚及中国的 29 位学者发表论文。①

上述这些机构与组织成为书院研究的中坚力量，而通过其学术活动，将分散于各地各学科的研究人员逐步团结到一起，从而形成了一支比较广泛而稳定的专门研究队伍，有利于书院研究向纵深领域发展。

第二，深化原有议题，开拓新的领域。书院作为读书人经营的文化教育组织，和宋元以来的教育、文化、学术、思想、政治，乃至军事、经济等密切相关，是当时社会生活中不可或缺的组成部分。这些年的研究注意到了这种联系，除了深化、拓展原有的教育、文化、学术、思想、宗教、图书馆、建筑等议题之外，还新辟自然科学、语言文字、军事、经济、出版等诸多新的领域。

原有课题的深化是多方面的。如宗教的议题，历来认为书院受佛道二教的影响，但却没有真正具体而充分的论证，只是泛泛而言。程舜英《佛教对中国教育和书院制度的影响》②、刘国梁《道教对宋明时期书院教育的影响》③、胡青《家族经济、道教与华林书院》④，为弥补这一缺憾做了有益的尝试。与此相关联，由天主教、基督教等外国传教士而涉及教会书院，出现了邓洪波的《教会书院及其文化功效》⑤、黄新宪的《教会书院演变的阶段性特征》⑥ 等讨论教会书院的文章，由宗教议题转化深入，开拓出新的研究领域。又如书院与政治、学术的关系，过去注意的目标是理学、心学、宋学、汉学、伪学案与东林党等，随着改革开放的实施，学人开始关注社会大变革时代的清末书院，对其社会政治功用进行探究，涉及新学、西学、洋务自强、托古改制、变法维新的问题，提出了一些新观点。丁平一《论湖南书院对西学的融合与吸收》⑦，

---

① 刘述先：《中国文化的检讨与前瞻——新亚书院五十周年金禧纪念学术论文集》，香港八方文化企业公司 2001 年版。

② 程舜英：《佛教对中国教育和书院制度的影响》，湖南大学岳麓书院文化研究所：《岳麓书院一千零一十周年纪念文集》，湖南人民出版社 1986 年版，第 214-224 页。

③ 刘国梁：《道教对宋明时期书院教育的影响》，湖南大学岳麓书院文化研究所：《书院文化史研究文集》，湖南大学出版社 1988 年版。

④ 胡青：《家族经济、道教与华林书院》，《宜春师专学报》1994 年第 3 期，第 63-66 页。

⑤ 邓洪波：《教会书院及其文化功效》，《贵州教育学院学报》（社会科学版）1993 年第 3 期，第17-20 页。

⑥ 黄新宪：《教会书院演变的阶段性特征》，《湘潭大学学报》（哲学社会科学版）1996 年第 3 期，第 71-74 页。

⑦ 丁平一：《论湖南书院对西学的融合与吸收》，《求索》1990 年第 3 期，第 60-64 页。

徐启丹《近代吴地书院的新学化趋向》①，徐静玉《近代江苏书院的新学化倾向》②，李志军《格致书院与实学教育》③，熊月之《格致书院与西学传播》④、刘世龙《清末上海格致书院与早期改良思潮》⑤，武占江、赵建强《味经书院与陕西的近代化》⑥，等等，都是这方面有影响的论文。

有关书院与自然科学是一个新的议题。一般认为，古代书院以研习儒家经学为务，在自然科学教育方面几无足观。但许康、劳汉生《书院的自然科学教育初探》⑦，白莉民《论书院与自然科学教育》⑧，史贵全《略论上海格致书院的科技教育》⑨，张惠民《清末陕西的味经、崇实书院及其科技教育活动》⑩、《味经、崇实书院及其在传播西方科技中的历史作用》⑪ 却表明，宋代开始就有书院从事近代意义的自然科学教育，且历金、元、明、清九百余年代不乏院。到清末，正是这种教育使古老的书院经由"格致书院"而发展到新式学校。

书院与语言文字也是这一时期才开始关注的问题。邓洪波《清代的推广官话运动考析》⑫、《正音书院与清代的官话运动》⑬，讨论清代书院推广"普通话"（官话）的贡献；潘建《书院与湖南最初的外语教育事业》⑭，则已推及外

① 徐启丹：《近代吴地书院的新学化趋向》，《苏州大学学报》（哲学社会科学版）1996 年第 4 期，第 110-115 页。

② 徐静玉：《近代江苏书院的新学化倾向》，《南通师范大学学报》（哲学社会科学版）1999 年第 15 卷第 4 期，第 89-92 页。

③ 李志军：《格致书院与实学教育》，《清史研究》1999 年第 3 期，第 45-54 页。

④ 熊月之：《格致书院与西学传播》，《史林》1993 年第 2 期，第 33-41 页和第 16 页。

⑤ 刘世龙：《清末上海格致书院与早期改良思潮》，《华东师范大学学报》1983 年第 4 期。

⑥ 武占江、赵建强：《味经书院与陕西的近代化》，《中国书院》（第三辑），湖南教育出版社 1999 年版，第 58-68 页。

⑦ 许康、劳汉生：《书院的自然科学教育初探》，《湖南大学学报》（社会科学版）1987 年第 14 卷第 1 期，第 102-111 页。

⑧ 白莉民：《论书院与自然科学教育》，《湖南大学学报》（社会科学版）1988 年第 4 期。

⑨ 史贵全：《略论上海格致书院的科技教育》，《教育史研究》1998 年第 2 期。

⑩ 张惠民：《清末陕西的味经、崇实书院及其科技教育活动》，《汉中师院学报》（哲学社会科学版）1991 年第 4 期，第 80-85 页。

⑪ 张惠民：《味经、崇实书院及其在传播西方科技中的历史作用》，《西北大学学报》（自然科学版）1999 年第 29 卷第 1 期，第 88-92 页。

⑫ 邓洪波：《清代的推广官话运动考析》，《教育评论》1989 年第 3 期。

⑬ 邓洪波：《正音书院与清代的官话运动》，《华东师范大学学报》（教育科学版）1994 年第 3 期，第 79-86 页。

⑭ 潘建：《书院与湖南最初的外语教育事业》，《湘潭师范学院学报》（哲学社会科学版）1996 年第 4 期，第 89-93 页。

国语言文字。军事问题，由邓洪波《书院的军事教育与肄武书院》① 首开讨论。以上皆属书院的专科教育，《中国书院制度研究》辟有专章纪述，可以参阅。

经济独立与讲学自由，在 1925 年曾作为"书院的精神"被提出来过。但对以学田为主的书院经济问题的研究一直是空白，到 1985 年邓洪波《岳麓书院学田简述》② 发表以后，才引起重视，目前已有近四十篇论文发表。高烽煜《历代书院若干经济问题述评》③、李才栋《清代书院经济来源变化及其意义》④ 是两篇有影响力的论文。《中国书院制度研究》一书辟有专章对此进行了比较系统的讨论。与此相关联的商人、商业资本与书院的问题，近年也引起了关注。

史有"书院本"的记载，但书院刻书到二十世纪八十年代才引起注意，在刘实《漫谈书院的教育与刻书》⑤ 之后，刘佐之的研究值得重视⑥，至今已有近三十篇文章讨论，《中国书院制度研究》也有专章论述，可资参考。一般认为，书院刻书是其教学与学术活动的需要，所刻为教学的基础教材、书院学术特点的著作、学生学习成果、书院历史资料等图书，既能反映书院的研究成果，又能丰富教学内容，有着活跃学术气氛、提高治学水平、扩大书院影响的作用。

第三，开始与外界展开学术交往。书院学术自由，讲究师生之间、不同地域与学派之间的切磋论辩，但自二十世纪二十年代开始的书院研究却没有注意开展同域外学术界的联系，这不能不说是一大憾事。东邻的韩国、日本差不多与中国同时开始对中国书院的研究，几十年来发表了很多论文，出版了一些专著，尤其是当我们自二十世纪五十年代起，中断工作近三十年的时候，他们则取得了较大的成绩，以至有人发出了书院在中国，书院研究在国外的警讯。国门开放之后，中外书院研究同仁有了交往。大久保英子《明清时代书院之研

---

① 邓洪波：《书院的军事教育与肄武书院》，《船山学刊》1992 年第 1 期，第 234-235 页和第 50 页。

② 邓洪波：《岳麓书院学田简述》，《岳麓书院通讯》1985 年第 2 期，第 5-13 页。

③ 高烽煜：《历代书院若干经济问题述评》，《中国书院》（第一辑），湖南教育出版社 1997 年版，第 17-20 页。

④ 李才栋：《清代书院经济来源变化及其意义》，《江西教育学院学报》1999 年第 20 期第 2 卷，第 80-81 页。

⑤ 刘实：《漫谈书院的教育与刻书》，《浙江师范学院学报》1981 年第 1 期。

⑥ 严佐之：《论书院刻书的历史传统》，湖南大学岳麓书院文化研究所：《岳麓书院一千零一十周年纪念文集》，湖南人民出版社 1986 年版，第 399-400 页。严佐之：《书院藏书、刻书与书院教育》，李国钧、李才栋、王炳照：《中国书院史》，湖南教育出版社 1994 年版，第 951-979 页。

究》①、丁淳睦《中国书院制度》② 等已为中国学人熟知。金相根先生的《韩国书院制度之研究》已被很多学术论文所引用，而金先生本人则在韩国著文介绍中国书院研究的成果。③ 韩、日学者的有关论文也间常见于报刊。邓洪波的《朱熹与朝鲜的书院》④，说明中国学人已注意到书院这一文化组织远输域外的现象。李弘祺在日本发表中国书院研究综述的文章，有利于学术信息的交流。白鹿洞书院、岳麓书院、保定莲池书院等与日本同仁实现了互访交流。而随李弘祺 *Chu Hsi，Academies and the Tradition of Private Chiang-hsueh*"（《朱熹、书院与私人讲学的传统》）的翻译与发表⑤，我们对英语世界的中国书院研究也不再完全陌生。与此同时，1982 年，对书院多有研究的张正藩从台湾返居江苏故里，在《岳麓书院通讯》发表了几篇旧作，江苏人民出版社也再版了他的《中国书院制度考略》。从此，久久隔绝的台湾地区学者之声也开始传于中国大陆书院研究者之中。所有这些都标志着书院研究已打破闭门造车之局，外界信息开始了有意义的输入。中国大陆与港台地区学者之间的切磋，中国与外国同行的交流，必将提升书院研究的整体水平。

第三阶段的研究以九百余篇论文、四十余部著作蔚为大观，标志性成果很多。分而言之，在基础的资料方面，有陈谷嘉、邓洪波主编的《中国书院史资料（全三册）》⑥。是书二百一十余万字，取材于千余种地方志，近两百种书院志、课艺、日记、书目等书院文献，以及数百种正史、别史、类书、总集、文人别集等，并做了全面而系统的分梳、标点整理，分书院的兴起、书院制度的确立、书院的推广与官学化、书院制度的再度辉煌、书院的普及、书院制度的近代化进程、书院制度的影响等七编，附有《四库全书》《四部丛刊》集部著作书院文献篇目索引。由赵所生、薛正兴主编的《中国历代书院志》⑦，影印明清书院文献百余种，凡十六巨册，为研究者提供了难得的原始资料。邓洪波主编的《中国书院文化丛书》⑧，分楹联、学规、章程、揽胜、诗词五册，

① ［日］大久保英子：《明清时代书院之研究》，日本东京图书刊行会 1976 年版。

② 丁淳睦：《中国书院制度》，韩国文音社 1990 年版。

③ 金相根：《评中国书院制度研究》，《中国学研究》（第 14 辑）1998 年。

④ 邓洪波：《朱熹与朝鲜的书院》，《贵州教育学院学报》1989 年第 1 期，第 43-46 页。

⑤ ［美］李弘祺：*Chu Hsi，Academies and the Tradition of Private Chiang-hsueh*，邓洪波、潘建译：《朱熹、书院与私人讲学的传统》，《江西教育科研》1988 年第 2 期，第 61 页和第 39、67 页。

⑥ 陈谷嘉、邓洪波：《中国书院史资料（全三册）》，浙江教育出版社 1998 年版。

⑦ 赵所生、薛正兴：《中国历代书院志》，江苏教育出版社 1995 年版。

⑧ 邓洪波：《中国书院文化丛书》，湖南大学出版社 1999—2002 年版。

一百一十余万字，是分主题整理书院文献的有益尝试。朱瑞熙、孙家骅主持标点整理的《白鹿洞书院古志五种》①，开启了院别书院资料整理的先机。陈连生主编的《鹅湖书院志》②则是新编书院志的第一部。孙家骅、李科友的《白鹿洞书院摩崖碑刻选集》③，让我们的视野首次转向纸质文献之外。如此大规模的文献整理为书院研究的繁盛提供了坚实的资料基础。

在综合性研究方面，有三部标志性著作。李国钧、李才栋、王炳照的《中国书院史》④，分五编二十二章三个附录，叙述书院从唐代至清代千余年的发展历程，介绍书院藏书、刻书、考试情况以及历代书院名录，计有一千一百九十余页。是书以十四章六成以上的篇幅讨论书院与宋元以来中国各主流思想学派的关系，独具匠心。对教育史研究而言，学派的引入使书院制度、教育流派可以上溯到渊源所自；对思想学术研究而言，书院的引入则使学术文化、思想流派可以下导于脉络所向，此所谓学派系于书院，正是学科交叉研究的魅力所在。季啸风主编、岳麓书院组织全国十余所高校学者完成的《中国书院辞典》⑤，一百四十余万字，是中国第一部书院学工具书，集当年书院研究之大成，具有权威性。全书共收词 3683 条，其中书院 1565 条、人物 1083 条、文献 598 条、制度及其他 437 条，所附书院名录，收书院七千三百余所。陈谷嘉、邓洪波的《中国书院制度研究》⑥，分类型、等级差异、职事类别、藏书及其管理制度、刻书事业、经费及其管理、书院的教育特点、考试制度、专科教育、走向世界的中国书院等十章。它是在完成《中国书院史资料》《中国书院辞典》的基础上撰写的，厚积而发，从制度入手，运用大量史料，意在构建有着多种层次级差，涉及学术、文化事业，与官学、私学鼎足而三，具有积累、研究、创造、传播文化功能的中国书院制度体系，人称二十世纪八十年代以来的精品之作，已被国内外学术界认同、采信。另外，白新良《中国古代书院发展史》⑦，大量采用地方志，统计成果远胜于当年的曹松叶，已经被越来越多的学者引用。

在专题性研究方面，亦有不少佳作值得介绍。杨慎初、朱汉民、邓洪波的

① 朱瑞熙、孙家骅：《白鹿洞书院古志五种》，中华书局 1995 年版。
② 陈连生：《鹅湖书院志》，黄山书社 1994 年版。
③ 孙家骅、李科友：《白鹿洞书院摩崖碑刻选集》，燕山出版社 1994 年版。
④ 李国钧、李才栋、王炳照：《中国书院史》，湖南教育出版社 1994 年版。
⑤ 季啸风：《中国书院辞典》，浙江教育出版社 1996 年版。
⑥ 陈谷嘉、邓洪波：《中国书院制度研究》，浙江教育出版社 1997 年版。
⑦ 白新良：《中国古代书院发展史》，天津大学出版社 1995 年版。

《岳麓书院史略》① 是院别史研究的开山之作，随后出版的杨布生《岳麓书院山长考》②、杨金鑫《朱熹与岳麓书院》③、陈谷嘉《岳麓书院名人传》④，使我们对这一世所罕见的千年学府有了比较清晰的了解。李才栋《江西古代书院研究》⑤，内容翔实，时有创获，是区域史研究的力作。1991 年，朱汉民《岳麓书院与湖湘学派》⑥、吴万居《宋代书院与宋代学术之关系》⑦ 两书，分别在北京、台北出版，海峡两岸学者以不同的视角同时进入书院与学术问题的探讨。1992 年，杨布生《中国书院与传统文化》⑧ 及丁钢、刘琪《书院与中国文化》⑨，同时将文化要素引入书院研究。王镇华《书院教育与建筑——台湾书院实例之研究》⑩、林文龙《台湾的书院与科举》⑪，则是台湾学者拓展研究领域的可贵尝试。凡此种种，皆值得重视。

（五）新世纪的新动向：2000—2016

跨世纪、新千年的热情也体现在书院研究上。2000 年一年就发表论文 85 篇，出版著作 10 本⑫，表现强劲。随后研究热情持续走高，在 2002 年突破百篇大关，2005 年再破 200 篇大关，2008 年突破 300 篇大关，2014 年更是突破 400 篇大关，至今仍然居高不下，呈现出一派繁盛景象⑬。纵观近十余年的研

---

① 杨慎初、朱汉民、邓洪波：《岳麓书院史略》，岳麓书社 1986 年版。

② 杨布生：《岳麓书院山长考》，华东师范大学出版社 1986 年版。

③ 杨金鑫：《朱熹与岳麓书院》，华东师范大学出版社 1986 年版。

④ 陈谷嘉：《岳麓书院名人传》，湖南大学出版社 1988 年版。

⑤ 李才栋：《江西古代书院研究》，江西教育出版社 1993 年版。

⑥ 朱汉民：《岳麓书院与湖湘学派》，教育科学出版社 1991 年版。

⑦ 吴万居：《宋代书院与宋代学术之关系》，文史哲出版社 1991 年版。

⑧ 杨布生：《中国书院与传统文化》，湖南教育出版社 1992 年版。

⑨ 丁钢、刘琪：《书院与中国文化》，上海教育出版社 1992 年版。

⑩ 王镇华：《书院教育与建筑——台湾书院实例之研究》，故乡出版社 1986 年版。

⑪ 林文龙：《台湾的书院与科举》，常民文化事业股份有限公司 1999 年版。

⑫ 胡昭曦：《四川书院史》，巴蜀书社 2000 年版。徐梓：《元代书院研究》，社会科学文献出版社 2000 年版。方彦寿：《朱熹书院与门人考》，华东师范大学出版社 2000 年版。邓洪波：《中国书院学规》《中国书院规章》《中国书院揽胜》，湖南大学出版社 2000 年版。樊克政：《书院史话》，中国大百科全书出版社 2000 年版。[日] 沪友会，编，杨华，等译：《上海东亚同文书院大旅行记录》，商务印书馆 2000 年版。朱汉民、李弘祺、邓洪波：《中国书院》（第三辑），湖南教育出版社 2000 年版。闵正国、高峰：《中国书院论坛》（第一辑），中国文联出版社 2000 年版。

⑬ 论文增加，与量化指标考核成风有关，不能排除虚假成分，但还不至于从根本上影响我们的判断。

究，有以下几个新的动向值得注意。

第一，新生力量。大量研究生进入书院研究队伍，其朝气与热情带来了勃勃生机。近年来研究生招生规模扩大，很多学校规定硕士、博士论文答辩前必须发表论文，青年学者在寻找合适的切入点进入研究领域。而书院因其为古代读书人的文化教育组织，涉及各种事业，具有多种功能，今日教育、历史、哲学、文学，甚至管理、经济、传媒、新闻各院系学生，从其已有的知识结构出发，皆可从中找到合适的研究题目。而且，近二十年大规模整理书院文献的努力①，也为青年学者快捷展开研究提供了不少便利。据统计，这个时期的论文有将近一半出自研究生之手，虽然硕士生的论文总体质量有待提高，但博士生的文章可圈可点者不少。近来出版的徐梓《元代书院研究》②、陈雯怡《由官学到书院——从制度与理念的互动看宋代教育的演变》③、刘少雪《书院改制与中国高等教育近代化》④、李兵《书院与科举关系研究》⑤、徐雁平《清代东南书院与学术及文学》⑥、刘玉才《清代书院与学术变迁研究》⑦、宋巧燕《诂经精舍与学海堂两书院的文学教育研究》⑧ 等七部专著，都是由学位论文修写而成的。海峡两岸高质量的学位论文代表着充满朝气的学术追求，其见解和学风颇多可圈可点之处。研究生的勇气，加上其导师的严谨，相信会推动书院研究更好更快地向前发展。

第二，新的热点。近年来，出现了一些围绕热点问题进行研究的趋向。随着教育改革的深入，教育事业的超常规发展，我们遇到了很多问题。除了取法西方、面向现代，回到传统、问计前贤仍然是一种明智的选择。因此，谈论书

---

① 除了前述《中国书院史资料》《中国历代书院志》《中国书院文化丛书》《白鹿洞书院古志五种》之外，还有《起凤书院答问》（广文书局影印 1977 年版）、《诗山书院志》（厦门大学出版社 1995 年版）、《嵩阳书院志》（中州古籍出版社 2004 年版）、《汉口紫阳书院志略》（湖北教育出版社 2003 年版）、《东林书院志》（中华书局 2004 年版）、《明志书院沿革志》（台湾新竹市政府 2002 年版）。另外，邓洪波主编的《中国书院学规集成》，中西书局 2011 年版。影印《中国书院文献丛刊》的工作也在商议中，有望正式启动。

② 徐梓：《元代书院研究》，社会科学文献出版社 2000 年版。

③ 陈雯怡：《由官学到书院——从制度与理念的互动看宋代教育的演变》，联经出版事业股份有限公司 2004 年版。

④ 刘少雪：《书院改制与中国高等教育近代化》，上海交通大学出版社 2004 年版。

⑤ 李兵：《书院与科举关系研究》，华中师范大学出版社 2005 年版。繁体本改名为《书院教育与科举关系研究》，台湾大学出版中心 2005 年版。

⑥ 徐雁平：《清代东南书院与学术及文学》，安徽教育出版社 2007 年版。

⑦ 刘玉才：《清代书院与学术变迁研究》，北京大学出版社 2008 年版。

⑧ 宋巧燕：《诂经精舍与学海堂两书院的文学教育研究》，齐鲁书社 2012 年版。

院与教育的文章很多，仅 2004 年一年，就有 46 篇文章，占到总数的 1/3。其中胡群鸽《私学·书院·民办高校——论我国民办高校的历史、现状及其发展》①，杨炜长《书院的办学特色及对我国民办高校特色建设的启示》②，王鹏《书院教学特色及其对研究生培养的启示》③，张辉《复修懿范　继美前贤——论我国古代书院教育的人文理念及现代启示》④，熊先进《我国古代书院办学理念的现代意义》⑤，谢慧盈、汤善芳《吸取书院教学精髓　深化我国高校教改》⑥，杨果、赵治乐《也谈宋代书院与同时代的欧洲大学》⑦，许志红《宋代书院与中世纪大学教学管理之比较》⑧，慕景强《我国古代书院的教学法特色及现代启示》⑨，吕晓英《书院传统及其对研究性学习的启示》⑩，方彦寿《朱熹书院教学与远程函授教育》⑪，等等，颇具代表性，涉及民办高校、高等教育、研究生教育、办学理念、教学法、学习法、教学管理、教育比较、远程教育等问题，显示出人们希望从书院得到启示的强烈愿望。又如，随着中国书院博物馆建设的推进以及对保护文化遗产的宣传，人们对书院文物的认识加深，如何保护书院文物也成为热点问题。2001—2003 年，《中国文物报》《文物天

---

① 胡群鸽：《私学·书院·民办高校——论我国民办高校的历史、现状及其发展》，《西安教育学院学报》2004 年第 19 卷第 1 期，第 65-68 页。

② 杨炜长：《书院的办学特色及对我国民办高校特色建设的启示》，《船山学刊》2004 年第 2 期，第 171-174 页。

③ 王鹏：《书院教学特色及其对研究生培养的启示》，《学位与研究生教育》2004 年第 2 期，第 34-37 页。

④ 张辉：《复修懿范　继美前贤——论我国古代书院教育的人文理念及现代启示》，《安徽大学学报》（哲学社会科学版）2004 年第 28 卷第 4 期，第 154-156 页。

⑤ 熊先进：《我国古代书院办学理念的现代意义》，《许昌学院学报》2004 年第 23 卷第 4 期，第 126-127 页。

⑥ 谢慧盈、汤善芳：《吸取书院教学精髓　深化我国高校教改》，《海南师范学院学报》（社会科学版）2004 年第 17 卷第 4 期，第 119-123 页。

⑦ 杨果、赵治乐：《也谈宋代书院与同时代的欧洲大学》，《湖北大学学报》（哲学社会科学版）2004 年第 31 卷第 2 期，第 234-237 页。

⑧ 许志红：《宋代书院与中世纪大学教学管理之比较》，《教书育人：高教》2004 年第 4 期，第 44-46 页。

⑨ 慕景强：《我国古代书院的教学法特色及现代启示》，《当代教育论坛》2004 年第 10 期，第 71-73 页。

⑩ 吕晓英：《书院传统及其对研究性学习的启示》，《惠州学院学报》2004 年第 24 卷第 2 期，第 82-87 页。

⑪ 方彦寿：《朱熹书院教学与远程函授教育》，《中国书院》（第六辑），湖南教育出版社 2004 年版，第 277-286 页。

地》辟有专栏，发表了江堤考察调查书院的系列文章近二十篇①，《南方文物》也发表俞怡生、陈新民、刁山景、刘昌兵、王立斌的文章②，介绍江西被列为文物保护单位的书院。张曼西《元代浏阳文靖书院铜器浅识》③、胡彬彬《"书院文物"定义界定初探》④，则对实物和理论进行了有益的探讨。

第三，新视野与新方法。长期以来，书院研究的主力由教育、历史、哲学三大学科的学者组成，其研究方法和视野已成定式。近年由于其他学科学者的加入，新的视野和方法引入书院研究，带来了新的气象。如蒋建国《消费文化视野下的清代广州祠堂与书院》引入消费经济的理论，认为书院、祠堂祭祀是一种宗教和仪式消费，祭祀活动演化成节日聚会和节庆消费，人们在获取信仰和精神动力的同时，通过其消费品（祭品）、颁胙、仪式等，即消费的多少来显示其社会身份的等级秩序，其意义在于能够给富人带来潜在的利益和社会声望，鼓励的是一种金钱文化，而不是传统的伦理秩序⑤。如此诠释祭祀，令人眼界大开。其他如肖永明引入社会学理论，讨论商人、地方官员、家族力量各自推动书院建设的动机与功效⑥；李兵引入统计学的回归分析法，实证书院与科举的相关程度⑦等，这些都是开拓性的有益尝试。

第四，新成果。近年，书院研究的新成果大量出现，由于时间尚短，有待考验，还不能以"标志性"来表示，但值得期待的仍然不少。杨慎初《中国建筑艺术全集 10：书院建筑》⑧、《中国书院文化与建筑》⑨、《岳麓书院建筑与文

① 江堤系列文章分别见《中国文物报》2001 年 8 月 5 日、12 月 28 日，2002 年 3 月 1 日、3 月 22 日、4 月 12 日、5 月 24 日、6 月 14 日、7 月 20 日、7 月 26 日、8 月 9 日、8 月 30 日、9 月 20 日，2003 年 1 月 1 日、1 月 15 日、2 月 5 日、3 月 12 日、4 月 9 日；《文物天地》2002 年第 1、9 期。

② 分别刊于《南方文物》2001 年第 2、3 期，2002 年第 1、2 期。

③ 张曼西：《元代浏阳文靖书院铜器浅识》，《中国书院》（第六辑），湖南教育出版社 2004 年版，第 174-187 页。

④ 胡彬彬：《"书院文物"定义界定初探》，《湖南大学学报》（社会科学版）2005 年第 3 期，第 19-21 页。

⑤ 蒋建国：《消费文化视野下的清代广州祠堂与书院》，《中国书院》（第六辑），湖南教育出版社 2004 年版，第 79-91 页。

⑥ 肖永明：《商人对书院发展的推动及其动机探析》，《大学教育科学》2005 年第 1 期，第 71-74 页。肖永明：《历代地方官员对书院的支持与促进》，《船山学刊》2005 年第 2 期，第 81-84 页。肖永明：《家族力量对书院发展的推动及其动机》，《求索》2005 年第 2 期，第 107-109 页和第 131 页。

⑦ 李兵：《书院与科举关系研究》，华中师范大学出版社 2005 年版，第 288-304 页。

⑧ 杨慎初：《中国建筑艺术全集 10：书院建筑》，中国建筑工业出版社 2001 年版。

⑨ 杨慎初：《中国书院文化与建筑》，湖北教育出版社 2002 年版。

化》①，持续探讨书院建筑的文化内涵和艺术特色。李才栋《中国书院研究》②是其研究书院几十年的论文选集。胡昭曦《四川书院史》③探讨书院与巴蜀学术、文化的发展，是省域书院研究著作。以上是老一代学者从建筑、教育、历史学角度研究书院的力作，可敬可佩。朱汉民、邓洪波、高烽煜《长江流域的书院》④，以"长江文化"的视野来考察书院与学术、文化、家族、社会的关系，颇具特色。钱茂伟《姚江书院派研究》⑤，以整理清刊本《姚江书院志略》作资料篇，可见其研究篇必有功于人们对书院与浙东学派的认识。方彦寿《朱熹书院与门人考》⑥《朱熹考亭书院源流考》⑦，以考据见长。朱汉民、邓洪波、陈和的大型学术画册《中国书院》⑧，以历时六年田野调查的书院照片来诠释书院，81 所书院、380 余幅图片和 10 万文字，首次让读者在视觉的艺术享受中感知书院文化的优雅与醇厚。邓洪波《中国书院史》⑨，展现书院的千年流变历程，既把握发展大势，又注意历代典型。此书在上海、台北、武汉推出简体、繁体、增订三个版本，已经印刷六次，发行万余册。在今天，学术著作有如此成绩，实属难能可贵，看来已经得到学术界认同。徐雁平《清代东南书院与学术及文学》⑩，采用跨学科的研究方法，试图从教育史、学术史、文学史的视角对书院与学术及文学的关系进行探讨。全书共两册，重视个案，呈现细节，重现书院文士活动图景，而且最大限度地使用原始文献，将问题的探讨建立在扎实的文献基础上，以新的研究方式成功地开辟出书院文学研究的新领域。肖永明《儒学·书院·社会——社会文化史视野中的书院》⑪从社会文化史视野对书院进行立体性透视，充分吸收并借鉴了社会学、文化学、传播学等学科的理论和方法，标志着书院学研究正在向纵深方向发展。凡此种种，皆可

---

① 杨慎初：《岳麓书院建筑与文化》，湖南科学技术出版社 2003 年版。
② 李才栋：《中国书院研究》，江西高校出版社 2005 年版。
③ 胡昭曦：《四川书院史》，巴蜀书社 2000 年版。
④ 朱汉民、邓洪波、高烽煜：《长江流域的书院》，湖北教育出版社 2004 年版。
⑤ 钱茂伟：《姚江书院派研究》，中国社会科学出版社 2005 年版。
⑥ 方彦寿：《朱熹书院与门人考》，华东师范大学出版社 2000 年版。
⑦ 方彦寿：《朱熹考亭书院源流考》，中国文史出版社 2005 年版。
⑧ 朱汉民、邓洪波、陈和：《中国书院》，上海教育出版社 2002 年版。
⑨ 邓洪波：《中国书院史》，东方出版中心 2004 年版，2006 年版（第二版）。邓洪波：《中国书院史》（繁体本），台湾大学出版中心 2005 年版。邓洪波：《中国书院史》（增订本），武汉大学出版社 2012 年版（平装）、2013 年版（精装）。
⑩ 徐雁平《清代东南书院与学术及文学》，安徽教育出版社 2007 版。
⑪ 肖永明：《儒学·书院·社会——社会文化史视野中的书院》，商务印书馆 2012 年版。

预示书院研究的灿烂前景。

第五，国际合作研究成为一种方向。书院是东亚儒家文化圈共有的一种文化教育组织，除了中国 7500 余所书院之外，李氏朝鲜书院 900 余所，而在日本，学校性质的书院有 100 余所，作为出版机构的书院也有不少，而且至今还在活动。经过多年推动，近年来各国各自研究书院的格局开始改变，大家都在寻求合作。2006 年 11 月，韩中日书院研究国际会议在韩国首尔国民大学校韩国学研究所召开。2007 年 10 月，东亚书院与儒学国际会议在长沙湖南大学岳麓书院举行，并确立以后每隔一年在中韩轮流召开一次学术会议的机制，至今仍在进行。2008 年 1 月，东亚书院传统的再思考国际会议在日本大阪关西大学东亚文化交涉学中心开幕。2011 年 11 月，在湖南大学岳麓书院举办的以"书院文化的传承与开拓——纪念中国书院改制 110 周年暨岳麓书院创建 1035 周年"为主题的国际学术会议，邀请来自美国、日本、韩国以及国内各地的 50 余名专家学者，就书院改制与现代教育、书院与儒学、韩国书院与国际儒学三个方面议题展开了广泛的学术交流。2013 年 3 月，美国亚洲学会在加利福尼亚州圣地亚哥召开年会，其中就有中国书院的专题小组讨论。2014 年 9 月 29 日，来自白鹿洞书院、嵩阳书院、东林书院、鹅湖书院、石鼓书院、山东尼山圣源书院、贵州大学中国文化书院等全国数十家各类书院的 55 名代表齐聚长沙岳麓书院，共同宣告"中国书院学会"成立。从此，中国的书院研究力量有了共同的组织，相信未来将在国际学术界中听到更多来自中国的声音。如此交流研讨，让我们完全有理由相信一个国际合作研究的新局面即将形成。在更大的格局之下，书院研究必将走向深入、全面，迎来新的繁荣。

执笔：邓洪波

二、书院研究著作提要

本提要著录国内在 1929 年至 2016 年间出版或整理成册的书院研究著作，包括书名、作者等出版信息及主要内容等。对具有典型意义的著作，进行了较为详细的评介，以期大致反映书院学术发展的脉络。

1929 年

书院制度考

周传儒著，上海励志书局 1929 年出版。

1931 年

江苏书院志初稿

柳诒徵著，载《江苏省立国学图书馆年刊》1931 年第 4 期，后收入赵所生、薛正兴主编的《中国历代书院志》第 1 册。柳诒徵（1879—1956），号劬堂、知非，江苏镇江人。我国近现代著名学者，在历史学、古典文学、图书馆学以及书法、诗词等方面都有很高的造诣。著有《中国文化史》《中国历史要义》《国史要义》《中国商业史》《中国财政史》《中国教育史》以及《劬堂学记》等。

《江苏书院志初稿》最早刊于 1931 年的《江苏省立国学图书馆年刊》，是书院研究史上第一部地方性书院研究作品。文章秉承汉学家法，旁征博引，论从史出，大字部分是全文线索和论点，极为简明精炼，小字部分为资料援引，极为详密广泛。文章按照时间先后对江苏各地 246 所书院进行记述，并对东林书院、龙门书院等著名书院进行详细说明。该文最为显著的特征就是资料相当完备，共引用书院志及各家著述 218 种，涵盖方志、书院志、史传、典章以及名人文集等。书院课艺也被首次运用，有张謇《文正书院丙辰课艺序录》和陶澍《钟山书院课艺序》《正谊书院课题二编序》。这些史料涉及的内容相当广泛，从书院院址、沿革、山长、学田、膏火、学规、额数到改制，几乎包罗殆尽。书院的建筑布局、讲义、祭品以及改制等也往往载录之。建筑布局方面，比如记明道书院"祠堂居中"，"春风堂在祠堂之后"，"主敬堂在春风堂之北"，"燕居堂在主敬堂之后"；讲义内容方面，诸如白鹿洞书院讲义"子曰吾十有五""子曰学而时习之""大学之道"等章；具体到书院祭祀的祭品，诸如"尊二罍，一杓，二爵，十三坫，十二俎，十一豆"等。从中我们不难窥见柳诒徵对书院史料的博通与精熟，毫不夸张地讲，江苏书院的基本资料几乎被该长文网罗殆尽。

通过该文的阐释和引用资料，柳诒徵揭示了书院发展与学术盛衰之间的关系，宋代理学兴起，"儒风所扇，遍及大江南北"，作为讲学之所的书院也蓬勃发展起来，"有明学脉，衍于国初，著于宣统，烂漫于正嘉"，其书院也大约是在那个时段"所建尤多"，到清代同样如此。关心书院发展与学术关系，实际上又开辟了一条书院研究之路，此后，从学术与书院发展关系出发进行书院研究的作品亦别有一片天地。

由于柳氏原本就在江苏诸书院求学，既是研究者，又是亲历者，集两重身份于一身是其与其他学者的不同之处。加之柳氏学问渊博，史学积淀甚深，使这篇长文很有价值，尤其是史料价值巨大，即便是与后来很多作品相比，也毫不逊色，甚至比该文中提出的问题、作出的论断对后世影响更大。薛正兴、赵所生编《中国历代书院志》将其与王兰荫《河北省书院志初稿》《山东省书院志初稿》以及古代诸多书志收罗在一起刊印，可以看到它的价值之高。

1932 年

安徽书院志
吴景贤著，载《学风》1932 年第 4—8 期。后收入赵所生、薛正兴主编的《中国历代书院志》第 1 册。

1934 年

中国书院制度
盛朗西著，中华书局 1934 年出版，华世出版社 1979 年第二版。

盛朗西（1901—1974），上海青浦镇人。18 岁毕业于江苏省第二师范学校，先后在上海万竹小学及苏州一师附小等学校任教，后考入东南大学，攻读教育学学士学位。在校期间，曾搜集宋、元、明、清四代书院制度的相关资料，发表于《民铎》杂志。毕业之后，被东南大学延聘为教育系助教，后为青浦县教育会会长、上海中学实验小学校长。中华人民共和国成立后，担任青浦市实验小学校长，三年后调至上海市第一师范学校任教，1957 年退休。1974年病逝于上海。

盛朗西对小学教育进行过广泛而深入的研究，主编出版的《小学教育小问题研究丛书》颇受好评。此外，就是对书院学倾注了许多心血，是与班书阁齐名的民国书院研究专家。《中国书院制度》是盛朗西书院研究的代表作，该书于 1934 年由中华书局出版，全书约 20 万字，堪称中国书院研究史上第一部真正意义的通史性著作。全书共分六章，分别是书院之起源、宋之书院、元之书院、明之书院、清之书院、书院之废替。该书尤详于书院制度的源流、演变，凡职事设置、山长遴选、学生甄别、学术风尚、讲学内容、藏书、祭祀、讲会、会讲、考课、膏火等均有涉及。

大量运用史料是该书最显著的特色。该书在研究方法上运用胡适引进的实证主义精神，也步清代考据学流风，整体写作风格接近资料汇编，与柳诒徵《江苏书院志初稿》很是类似。该书的主体部分用极为简明的文字写成，而其中穿插附录以大量的征引文献，使每个重要问题都有足够的史料予以支撑。这些征引文献都是原始史料，按时间顺序依次排列于正文之下。从分量上来看，书中征引文献远远超过正文，往往一句论断，便会附以甚至十几倍的相关史料，比如《白鹿洞教条》《东林会约仪式》等几乎全文照录。其资料之翔实，后代相关书院通史研究著作都无出其右。

全书大量取材于史传、政典、文集，兼采笔记、地方志，与其他相关著作比，该书使用地方志较少，但是它在材料上也有自己的特色，就是善于征引传记材料。此外，该书还特别运用了唐代诗歌和佛学典籍。在唐代书院部分，作者多次使用《全唐诗》中的材料论证唐代士人构屋读书之处，其名即为"书院"，引用有卢纶、贾岛、王建、杨巨源等诗人的诗篇。佛学典籍的使用也有特色，诸如《佛学大纲》《释氏稽古六略》《坛经》《禅林的学校制度》（陈东原）等。

更重要的是，该书对历史发展的前因后果都有研究，使各个朝代及每朝的各时期连成了有机的整体，从而成为一部真正意义上的通史，对后世研究有重要的启发作用。作者还第一次明确提出了书院有三大事业，一是藏书，二是供祀，三是讲学，后代对书院功能的判断虽然多有出入，但是基本不出此三方面。

《中国书院制度》的出版具有里程碑式的意义，因为它是第一本真正意义上研究书院的学术专著。此后，中国书院的通史性著作出版亦不绝如缕，但是从基本范式上，都多少受到该书的影响。1979 年台湾华世出版社再版，杨家骆将其收入《古今图书集成续编》中。除了这部著作之外，盛朗西还关注了中国书院制度的东渐，即向东洋日本、朝鲜的传播，先后撰写了《中国书院制度之东渐》《中国书院制度之东渐续》（分别发表于《学艺杂志》1937 年第 1 期、第 2 期），第一次将书院研究的视野延伸到域外。这两篇文章与该书一起，使盛朗西的书院研究不仅从时间上成为"通史"，从空间上也成为"全史"。在巨星璀璨的民国学者中，盛朗西以此知名于后世。

1936 年

敷文书院志略

魏颂唐著，浙江财政学校 1936 年铅印。不分卷，列纪述、碑文、题咏、附录四类目。

河北书院志初稿

王兰荫著，1936 年刊于《北平师大月刊》第 25 期、第 29 期，后收入赵所生、薛正兴主编的《中国历代书院志》第 1 册。

山东书院志初稿

王兰荫著，1936 年刊于《北平师大月刊》第 29 期，未完待续，但未见续文刊布。后收入赵所生、薛正兴主编的《中国历代书院志》第 1 册。

近代书院学校制度变迁考

谢国桢著，《张菊生先生七十生日纪念论文集》抽印本。该书分书院缘起、乾嘉以来书院建置之沿革、书院之课业及光绪间新旧学则之条议、吾人对今日教育之感想等四个部分。

学海书院现状

学海书院编。1935 年，广州明德社社长陈维周等人提议创办书院，为重振学海堂定名为学海书院，聘请张东荪为院长。该书介绍了学海书院成立的经过、组织、课业概要、训育方针、管理情形等，并在书末附有办院缘起及简章。

1939 年

广东书院制度沿革

刘伯骥著，商务印书馆 1939 年出版。刘伯骥（1908—1983），广东台山人，号石涛，教育史专家、医史学家。早年就读于国立广东法科学院预科，1937 年毕业于中山大学教育系。毕业后，历任广州市立第一中学教务主任、《更生评论》总编辑。1938 年抵重庆，服务于三青团中央团部。后任台湾"中华学术院"院士。著有《广东书院制度沿革》《宋代政教史》《唐代政教史》《中国医学史》，译有《欧美近代教育史》等。

《广东书院制度沿革》是继柳诒徵《江苏书院志初稿》之后又一部区域性书院研究著作。与柳著不同的是，该书从教育学角度，紧紧地围绕着"制度"展开，将政教合一定义为书院的精神。具体内容分为绪论、起源与变迁、分布的形态、院舍、行政及组织、经费、师生、课程与训导、书院制度在社会的地位、书院制度之没替、结论十一章，述评广东书院的发展历史及其各种制度。在刘伯骥看来，书院"流弊有士风苟且，内容固陋，院产易失。其价值在于尊师重道、供廪养士、自动研究、训教合一等与现代教育合拍之处"，该书的主要精神也基于此。

著者在绪论中指出，要了解古代教育，须从教育制度上研究，以政教合一的观点，方可把握中国古代教育的原理。为此，将广东书院的历史分为四个时期：自南宋嘉定元年（1208）至明弘治末（1505）为开端时期；自正德初年（1506）至明末隆武五年（1649）为创兴时期；自清初顺治七年（1650）至嘉庆末年（1820）为变态时期；自道光六年（1826）至光绪二十七年（1901）为革新时期。著者认为书院变革的动力是根据其学术、政治、社会的背景为转移，尤其经济条件决定书院之力量更大；反过来，书院又通过提倡讲学风气、树立社会清议、培植学术中心、造就治术人才、储藏经籍之府去影响政治、经济和社会。他还认为书院是应封建时代的需要而产生，可以补救古代学校制度课而不教的缺点，达到政教合一的效用，培养能够应试选第的人才。

该书有三个主要特点。一是搜集了大量的书院志、地方志，统计细密。深挖书院志中存在的信息，使用的材料包括奏折、书院学规、书院记等材料，几乎穷尽了书院志的所有内容。二是最先研究了书院地理性分布问题。这时的广东还包括海南岛。作者将广东书院追溯到南宋嘉定间的禺山书院，认为从嘉定时起直到光绪末，广东书院实有七百余年的历史。作者认为，在明代以前，广东书院确实要比北方各省差很多；但自明代之后，广东书院无论质量和数量上都有长足的发展，尤其是诸如湛若水等理学大儒出现，使整个气象为之一新。清代广东出现引领全国风气的学海堂。广东书院从整体上第一次出现在世人面前。三是使用图表、地图。该书使用了大量的图表，比如有关书院的统计、山长的统计、经费的统计等，这些图表又划分得极为细密，比如在山长统计表中，细化到知名山长的主要思想和著作。比如，用历代地图来展示书院的分布情况。在广东地图上，用小点来表示书院，这些小点又分为黑、白两种，白点表示理学家书院，黑点表示官私书院。从地图上我们极为直观地看到书院在广东各地的发展情况，也能较好地对比明、清两代书院的情况。书中对书院的布局也使用了图形，比如潮州城南书院，其头门、门房、两庑、讲堂、学舍甚至正座、甬道等应有尽有，尽管这些图片都来自书院志等史料，但在书院研究中是一个有意义的创新。

该书是作者 1937 年向国立中山大学文学院申请学士学位的论文，吴康在其序中对该文评介甚高。该书在详密的考证之外，与一般教育史研究方式的不同之处在于对书院教化精神内涵的理解，认为政教合一的书院实际上担负着国民教育的作用，而非一般课程教育，对此现代书院学界还较为忽视。该书在战火纷飞的时代，带着民族复兴的意义，于 1939 年在商务印书馆（时因抗战迁至长沙）初版面世。1958 年台湾编译馆将该文收入"中华丛书"时，改名《广东书院制度》。

1951 年

明志书院案底

佚名著，台湾银行 1951 年印，收入"台湾文献丛刊"。该书为台湾地区新竹明志书院原始文献汇编。

1963 年

宋代书院制度之研究

孙彦民著，台湾政治大学教育研究所 1963 年出版，收入"教育研究丛书"。该书分为绪论、宋代书院发达之原因、宋代书院之简史、宋代书院制度之分析、结论五章。

1966 年

韩国书院制度之研究

［韩］金相根著，嘉新水泥公司文化基金会 1966 年出版，收入"嘉新水泥公司文化基金会丛书"。

金相根（1934—），韩国人。毕业于汉城外国语大学。二十世纪六十年代初，曾留学中国台湾，师从著名教育史家王凤喈，获台湾政治大学教育研究所硕士学位，并在该校及台北韩侨学校任教。

金相根认为书院制度"在韩国历史上，如教育、社会、政治、国民思想等方面，均有极大影响"，为了"向中国学术界介绍中国制度在海外的发展与影响"，也为了学术界"认识书院制度的真正地位而多加研究"，遂以"韩国书院制度之研究"为题，完成其硕士学位论文。1966 年 5 月由王云五编入"嘉新水泥公司文化基金会丛书"研究论文第 48 种。

该书分为绪论、韩国书院制度之发生与发达、韩国地方书院简介、韩国书院制度之分析、韩国书院之撤废、结论六章，凡三十节，比较全面地介绍了朝鲜书院的历史沿革、分布状况、制度渊源及其贡献与弊端等。认为朝鲜书院之发生、发展跟中国书院关系甚密，有很多类似之处，但亦有自己的显著特点，对朝鲜儒学的发展起到了重要作用。

金相根认为古代朝鲜书院具有自己的特点，自《李朝世宗实录》二十一年（1439）提到《白鹿洞书院学规》之后，就"不再以'书院'二字为代表单纯的教学之所"了，"当时人明白'书院'不只是单纯的教学场所，而是奉祀先贤祠庙须在内的"，于是"负有教学与奉祀先贤的双重使命，而奉祀先贤尤为重要"的"正轨书院"概念逐渐确立起来。所谓正轨书院，包括祠宇、祠、影堂、别祠、精舍、里社、里祠、影殿、庙、乡社、乡祠、堂宇、书院等，有十四种之多。

该书还特别重视比较研究，在结论中专设有《与中国书院的比较》一节，先以孙彦民《宋代书院制度之研究》为参考系，列表分书院的起源、年代、院数、赐额数、发达原因、与官学不同之点、名称、目的、院址、院舍、院产与经费、组织、教材、师长、入学资格、肄业年限与待遇、学生人数、影响、缺点、发展等二十个项目进行比较。该书通过这些比较，进一步凸显了朝鲜书院的特色。

通过对朝鲜书院的研究，金相根得出一些重要结论，认为朝鲜书院原系模仿中国制度，两者相同点极多，但是由于地域不同，书院也发生了不少变化。比如书院在中国以教育为主、祭祀为辅，韩国恰好相反；中国的书院与众多学术流派相结合，而韩国书院则一主朱子之学；韩国给予书院的特权和优待更多，像免税权、免役权等，都为中国书院所缺乏。

该书是韩国学者研究本国书院的首部中文专著。其后，郑万祚、崔完基、丁淳睦、伊熙勉、李树焕、丁醇祐、李相海、李海濬等大批文史哲、教育、建筑等不同领域的专家加入，并且成立韩国书院研究会。中韩两国学者自 2006 年开始轮值举行东亚书院与儒学的国际研讨会，相信随着交流的深入，中韩书院研究会取得更大的成果。

1977 年

台湾书院小史

马肇选著，台湾彰化社会教育馆 1977 年印。

蓝田书院

佚名著，收入"南投文献丛书"。

我国教育史上之官学私学与书院

张正藩著，"反攻"出版社 1977 年出版，分上下册。

1980 年

上海格致书院志略

王尔敏著，香港中文大学出版社 1980 年出版，收入《香港中文大学中国文化研究所专刊》。该书重点反映书院对于中国科技与新思潮的影响，分为倡议之酝酿及经始活动、书院建筑及其规模、科学知识之引介与推广、科技教育课程之实施、近代新思潮之启发、结论六章。作者认为，格致书院对于中国近代教育及科技知识具有先驱意义和宏伟价值。附录一为上海格致书院发往各国之条陈；附录二为《申报》对于各期《格致汇编》之评介。

1981 年

中国书院制度考

张正藩著，台湾中华书局 1981 年出版，江苏教育出版社 1986 年第二版。该书为作者有关于书院起源、规制、演变与影响方面论文的精选集，共十一篇，分别为中国书院之起源、宋代的书院、元代的书院、明代的书院、清代的书院、宋初的四大书院、明季的东林书院、书院之特色、书院讲学与学术的关系、书院史料拾遗、中国书院制度对韩国的影响。附录中收录了清初讲学书院之三大师、黄梨洲先生之生平与学派两篇文章。

中国书院史话——宋元明清书院的演变及其内容

章柳泉著，教育科学出版社 1981 年出版。该书分为三大部分：书院的含义和特点、书院学术演变、书院的学风。

中国古代的书院制度

陈元晖、尹德新、王炳照著，上海教育出版社 1981 年出版。

陈元晖（1913—1995），福建福清人，现代著名心理学家。曾就读于南京中央大学，1940 年赴延安，任《中国青年》杂志编辑和中央研究院教育研究室研究员。1949 年起，先后执教于哈尔滨大学、东北大学，担任人民教育出版社教育编辑室主任、中央教育科学研究所研究员、中国社科院哲学系研究员、中国社会心理学会首任会长等。著有《实用主义教育学批判》《论冯特》

《中国现代教育史》等。

尹德新，1946 年考入北京师范大学，毕业后留校任教，曾任北京师范大学教育系副主任。

王炳照（1934—2009），河北景县人，我国著名教育史专家。曾任北京师范大学教育与心理科学学院院长以及《教育学报》主编，《高等师范教育研究》和《教育史研究》副主编。主编和参编的著作有《中国教育思想通史》《中国书院史》《中国教育制度通史》等。

《中国古代的书院制度》是改革开放以来第一部重要的书院史著作，1981年由上海教育出版社出版。全书共分七章，分别为书院的起源、宋代的书院、元代的书院、明代的书院、清代的书院、书院的组织和制度、书院在教学上的特点。该书对书院的解读十分明快，理论性强，注重发掘书院发展的历史规律，相对于民国时期的书院研究而言，这种大量减少引文的特点更加突出。

从内涵上，该书将书院视作一种教育组织，并在此基础上，对整个书院的发展史进行梳理。首先，对于学术界争论不休的书院起源问题，该书认为有两个源头：一是官方设立的书院，比如集贤、丽正书院，主要功能是校刊、收藏经籍；一是私人创立的书院，并以《全唐诗》为原始资料，从中进行勾勒提取，认为这些书院的主要功能是读书治学。私人创立的书院，由于具有教育组织形式的萌芽，因此作者认定书院最早起于唐代的私人讲学组织。从这个意义上讲，该书进一步指出唐代以后名称不叫"书院"的各种教育组织机构如"精舍""精庐"等事实上也是书院。

该书还提出了一些新问题。如明末四毁书院的问题，该书认为明代书院自嘉靖之后才发展起来，然而其中又有四次书院大规模被毁，分别是嘉靖十六年（1537）、嘉靖十七年（1538）、万历七年（1579）、天启五年（1625）。在曹松叶统计的基础上，该书提出了明代书院官学化的问题，认为书院官学化源起自元代，而在明代却大量转变为官办。该书认为，这个时候，官学、书院和科举差不多已经融为一体，成为封建社会后期教育制度的重要特点之一。该书在前人的基础上对清初书院的类型再次进行了划分，认为第一类是以讲求理学为主的书院，第二类是以博习经史辞章为主的书院，第三类是以考课为主的书院，第四类是以学习近代西洋课程为主的书院。

书中还辟以专节论述书院的祭祀活动和经费运营。祭祀与讲学、藏书、学田号称是书院的四大制度。前人研究虽有涉及，但都没有展开。该书认为祭祀是书院的主要活动之一，也是对师生进行教育的一种重要措施。该书论述了祭祀的人物，认为除了公认的儒家先圣、先师、先贤之外，还会祭祀自己学派的代表人物，还有就是与本书院相关的先儒，这常常标志着书院的学术风向和学风；书中对祭祀的具体仪式记录得也较为详尽。关于经费运营则以岳麓书院、城南书院等为例进行说明，与对祭祀活动的概括一样，虽然比较简略，但对后来的相关研究无疑有开启之功。

总体上来看，该书对改革开放以来的书院研究影响很大。无论是它提出的问题，比如书院与朝廷政策的关系，与理学的关系，书院的祭祀、经费问题，还是它以朝代为主要线索进行叙述的逻辑构架，以及将引文放入文中一体论述的行文风格，既继承了前人的研究方法，很多地方又有自己的理论创新，是二十世纪八十年代初书院学研究的典范。

1983 年

古莲花池（莲池书院）

孟繁峰等编著，河北人民出版社 1983 年出版。该书追述了古莲花池自金末建成以来的历史变迁，其中对清代莲池书院做了重点介绍。全书分为沿革概说、初建始末、圯后重建、城市蓬莱、莲池书院、古园今貌六大部分。附录部分载有古莲花池大事摘记、临漪亭与古莲花池始建年代考、临漪亭记略、月夜游莲花池、莲池诗选。

张之洞与广雅书院

周汉光著，台湾"中国文化大学"出版部 1983 年出版。该书为作者博士毕业论文修改而成。该书重在探求张氏对我国教育事业之贡献，共有张之洞的生平、张之洞的思想、张之洞对我国教育的贡献、广雅书院的创建与演变、广雅人物传与广雅人物的特色五章。附录为广雅书院同舍录，分"表""传"两部。"表"著录诸生入院、出院与迁斋年月，"传"则分述东西两省肄业生之略历。

1984 年

台湾的书院

王启宗著，台湾行政主管部门文化建设委员会 1984 年出版，收入"文化资产丛书"。中国台湾省当局新闻处 1987 年初印本，收入"民族文化丛书"。该书又由台湾行政主管部门文化建设委员会 1999 年出版增订本。该书概括性地介绍了台湾地区的书院历史和制度，包括五章：前言、何谓书院、台湾书院设立的经过、台湾书院的制度、结论。

1985 年

东坡胜迹诗联选

朱玉书编著，海南人民出版社 1985 年出版。

奉新古代书院

徐冰云、黎松竹、鄢祖莹等编著。奉新县志编委会、奉新县教育局 1985 年出版。该书分为图片集锦、书院掌故、论文汇编、佚作稽考、史料校辑、书院人物六卷。附录为关于奉新古代书院的论著存目。

中国书院史话

李善馨发行，学海出版社 1985 年出版。该书不著作者姓氏，实则章柳泉《中国书院史话》之繁体字本。

广延墨客收经籍——奉新书院学会讨论会资料汇编

徐冰云编，江西奉新县志办 1985 年印。

1986 年

书院教育与建筑——台湾书院实例之研究

王镇华著，故乡出版社 1986 年出版。该书分三章：台湾文教的历史背景、科举制度与书院制度、台湾的书院建筑。在最后一章中，作者用三十所台湾书院的图片来论述。后附《学校建筑设计的纲目及其在教育系统中的地位》。

岳麓书院历代诗选（注释本）

谭修、周祖文选注，湖南大学出版社 1986 年出版。该书搜集了自宋到清近千年来历代名儒大师、岳麓师生、文人墨客留下的关于岳麓书院的诗文，按年代顺序选编，并对所选诗文作有简要注释。

桄榔庵、东坡书院楹联选

海南省儋县东坡书院管理处编，1986 年印。该书收录海南东坡书院和桄榔庵的楹联 35 幅。

桄榔庵、东坡书院历代诗选

海南省儋县东坡书院管理处编，1986 年印。该书收录有关桄榔庵、东坡书院的诗歌 34 首，作者年代从南宋至中华人民共和国成立后皆有分布，著名者包括南宋杨万里，元代虞集，近代郭沫若、田汉等，附录为苏东坡年谱简编。

朱熹与岳麓书院

杨金鑫著，华东师范大学出版社 1986 年出版。该书共分为六章：朱熹的生平、学术师承和教育活动，朱张岳麓会讲，朱熹知潭州荆湖南路安抚使，朱熹兴学岳麓更建书院，朱熹在潭州岳麓的遗迹，朱熹在潭州岳麓的门人和著书叙述朱学的湘人。附录包括岳麓书院兴废年表、宋代湖南的书院等。

岳麓书院山长考

杨布生著，华东师范大学出版社 1986 年出版。该书对宋元明清四朝 53 名岳麓书院山长进行了考证，包括周式、彪居正、张栻、吴猎、顾杞、黎贵臣、凌登龙、欧阳守道、朱某、张厚、陈论、熊宇、张凤山、张元忭、吴道行、郭金台、刘自廷、王祚隆、蔡上宽、车万育、郭金门、李中素、刘大抚、刘琪、陈佑祉、陈际鼎、廖俨、李文照、易宗涒、吴尧山、李天柱、曹耀珩、黄明懿、房逢年、王文清、刘暐泽、周焘、旷敏本、欧阳正焕、刘元燮、万年茂、张九镒、熊为霖、罗典、王坦修、袁名曜、贺长龄、欧阳厚均、龙瑛、丁善庆、周玉麒、徐棻、王先谦。

岳麓书院史略

杨慎初、朱汉民、邓洪波编著，岳麓书社 1986 年出版。该书分为四章：创建时期（唐、北宋）、鼎盛时期（南宋）、延续时期（元明）、演变时期（清）。附录为岳麓书院历史简表。

岳麓书院一千零一十周年纪念文集

湖南大学岳麓书院文化研究所编，湖南人民出版社 1986 年出版。该书是纪念"千年学府"岳麓书院创建 1010 年学术讨论会的论文集，收录论文 36 篇，内容以岳麓历史、学术、人物、教学制度为主。

1987 年

象山书院创办八百周年纪念专辑（1187—1987）

贵溪县、金溪县政协文史资料研究委员会合编，1987 年出版。该书为象山书院创办八百周年纪念论文集。文集收录了有关陆九渊生平、象山书院、陆九渊哲学思想、象山学派等主题的相关文章 19 篇，附录为陆九渊与象山书院研究书目论文的索引。

1988 年

书院文化史研究文集

湖南大学岳麓书院文化研究所编，湖南大学出版社 1988 年出版。该书是纪念岳麓书院成立 1010 年学术讨论会的第二本论文集，共收文章 17 篇。

书院研究（第一集）

湖南省书院研究会、衡阳市博物馆编，湖南大学出版社 1988 年出版。该书是 1987 年 7 月湖南省书院研究会第二届学术年会的会议论文集，共收文章 58 篇。

岳麓书院名人传

陈谷嘉主编，湖南大学出版社 1988 年出版，1995 年再版。该书选录了从南宋到清末民初的岳麓书院名人，共分为九章：湘楚人材的摇篮——岳麓书院；著名理学家张栻；著名理学家和教育家朱熹；湖湘学最盛；"六经责我开生面"的王夫之；著名山长举例；中兴将相，十九湖湘；师夷长技，近代先驱——魏源；"欲栽大木树长天"的杨昌济。

1989 年

嵩阳书院

李振中编著，嵩阳书院文物保管所 1989 年出版。该书对嵩阳书院位置、历史沿革、经费、设施、兴建规模，程颢、程颐在书院讲学的历史背景，二程学说对后世的影响，书院教学特点，书院现存建制，书院的石刻艺术、传说故事，书院诗文等做了简要介绍。

白鹿洞书院史略

李才栋编著，教育科学出版社 1989 年出版。该书是著者在其《白鹿洞书院考略》的基础上充实改写而成，共分为六章：早期的白鹿洞、北宋时期的白鹿洞书院、朱熹与白鹿洞书院、宋（南宋）元时期的白鹿洞书院、明代的白鹿洞书院、清代的白鹿洞书院。该书从纵向上对白鹿洞书院千余年来的兴衰、各个发展时期的重要史实、教育思想主流、代表人物及其沿革多有严密的考证和独到的见解，填补了书院研究的某些空白。

朱熹和白鹿洞书院

李邦国著，湖北教育出版社 1989 年出版。该书将朱熹和白鹿洞书院联系在一起讨论，着重分析朱熹的教育思想与教育实践，是书院与人物研究的代表作，共分为六章：朱熹的生平简介、朱熹的教育思想和实践的哲学基础、朱熹的教育思想、朱熹对白鹿洞书院的振兴、白鹿洞书院的管理制度、白鹿洞书院年表。附录为朱志经介绍我国古代书院发展概况的文章。

中国书院楹联六百副

陈海波、邓洪波、雷树德编，广州文化出版社 1989 年出版。该书分地区编排，收录全国 24 省区所属的 146 所古代书院的 535 副楹联。

新亚遗铎

钱穆著，东大图书股份有限公司 1989 年初版，生活·读书·新知三联书店 2005 年再版。该书为钱穆先生主持香港新亚书院期间相关文献资料的全集，收录文章 142 篇，由此可见书院的历史、制度及理念。该书前有新亚书院校训、学规、校徽、校歌。

书院研究（第二集）

湖南省书院研究会编，1989 年出版。该论文集收录湖南省书院研究会第三届和第四届学术年会的论文，共收录文章 38 篇。

江州陈氏东佳书堂研究

阮志高、凌凤章、孙家骓编著，江西教育学院书院史研究室、九江市市志办公室、德安县县志办公室、《江西教育学院学报》联合编印，1989 年出版。该书收集了东佳书堂的相关资料和论著，分为三个部分：江州陈氏义门的家族文献（7 篇），正史、方志、文集中对东佳书堂的记载（14 篇），有关东佳书堂的今人研究论著（22 篇）。

周恩来少年读书旧址——银冈书院

李奉佐、卢骅著，辽宁人民出版社 1989 年出版。该书为介绍周恩来总理与银冈书院关系的著作，全书分为四部分：铁岭是周恩来同志的第二故乡、敬爱的周恩来总理的故乡行、银冈书院——培育人才的摇篮、世界人民永远怀念周总理。

渌江书院

政协醴陵市文史资料研究委员会、湖南省醴陵市渌江书院合编，1989年出版。该书是纪念渌江书院创建 236 周年暨湖南省书院研究会第四届学术年会的论文集，收录有关渌江书院文章 15 篇，附录为相关人物研究文章 2 篇。

岳麓书院一览

陈海波、唐子畏编著，岳麓书院文化研究所 1990 年出版。

天涯雪爪：苏轼居儋事迹及诗选注

谢良鼐编著，湖南省儋县东坡书院管理处 1990 年出版。

1991 年

白鹭洲书院诗存

刘炎生选编，郭石山注解，吉安博物馆 1991 年出版。该书为纪念白鹭洲书院创立 750 周年而编写，取材于《白鹭洲书院志》，收录近 200 首古、近体诗，诗作者年代从南宋淳祐元年至清同治九年，凡 600 余年。

湖湘学派与岳麓书院

朱汉民著，教育科学出版社 1991 年出版，收入"中国教育史研究丛书"。

朱汉民（1954—），湖南省邵阳人。湖南大学岳麓书院教授，博士生导师，曾任岳麓书院院长。长期从事中国思想文化史与书院史的研究与教学。著有《湖湘学派与岳麓书院》、《岳麓书院史略》（与杨慎初、邓洪波合著）、《岳麓书院的历史与传统》、《岳麓书院史话》（与邓洪波合著）、《长江流域的书院》（与邓洪波、高烽煜合著）、《中国书院文化简史》《书院精神与儒家教育》等。

该书分为四个章节：第一章是北宋湖南的书院与理学；第二章是衡麓书院群的崛起和湖湘学派的形成；第三章是岳麓书院的振兴和湖湘学派的发展；第四章是湖湘学风的形成及对后世的影响。该书重点论述了湖湘学派与湖南书院的相互结合、相互促进、共同发展的全过程。作者创造性地提出并论证了"理学书院一体化"的命题以概括宋明理学和书院在发展过程中逐步不可分割地联为一体的历史事实。一方面，理学思潮的高涨、理学学派的产生、理学学术成果的形成、理学思想的传播等，皆以书院为基地；另一方面，书院独特的教育宗旨、教育内容、教学方法，又是以理学思想为指导而形成的。作者并指出书院、理学的一体化是在南宋时期完成的。

最后，朱汉民教授提出"湖湘学风"这样一个命题，认为它是书院与理学，具体而言是岳麓书院与湖湘学派一体化的产物。在此基础上进一步指出，湖湘学派虽然到宋以后不复存在，但是它所塑造的湖湘学风却依岳麓书院群发展下来，并影响了湖南相当长的历史时期，直到曾、左、彭、胡以及杨昌济、毛泽东。理学和书院二者之间的这种相互作用及其密不可分的关系，在宋明理学和书院学这两大研究领域都曾引起过一定的关注，但将二者结合起来加以深入探讨的却不多。朱汉民教授通过探讨理学的传播形式——书院来研究理学史的发展，又通过探讨书院教育赖以为指导思想、传播内容的理学来研究书院的发展史，这就使得对理学和书院的研究呈现一种立体感，开阔了研究视野。

自该书出版之后，书院与理学一体化的观点不断被学界引用，而探讨书院与理学、学术关系的相关研究也被引向深入，李国钧主编的《中国书院史》、邓洪波所著的《中国书院史》、徐梓所著的《元代书院研究》等都将书院与理学作为一个重要的方面来进行说明。

宋代书院与宋代学术之关系

吴万居著，文史哲出版社 1991 年出版。该书不琐碎于书院制度之考辨，而着眼于书院精神之探究，借以寻绎宋代书院与宋代学术之关系，共分为六章：书院制度之缘起与发展、宋代书院兴盛之原因及其功能、宋代书院之教育宗旨与内涵、宋代书院教育之精神特色、宋代书院与宋代学术之关系、结论。附录包括宋代书院创建一览表、宋代书院师长一览表、宋代书院刊本书影。

河南书院教育史

刘卫东、高尚刚著，中州古籍出版社 1991 年出版。该书共分为四章：河南书院教育简史，河南书院教育史志资料选编，河南各市、地历代书院兴废简况，河南书院教育名人。

中国的书院

朱汉民著，商务印书馆 1991 年初版，台湾商务印书馆 1993 年再版，收入"中国文化史知识丛书"。该书分为四章：书院总述、千年兴衰、制度化的私学、历史的启迪。

1992 年

中国书院与传统文化

杨布生著，湖南教育出版社 1992 年出版。该书从传统文化角度来研究书院，分为七章：中国书院与学校教育、中国书院与藏书刻书、中国书院与学术研究、中国书院与三教合流、中国书院与建筑艺术、中国书院与档案事业、中国书院与文化交流。

书院与中国传统文化

丁钢、刘琪著，上海教育出版社 1992 年出版，收入"中国文化与教育研究丛书"。

丁钢（1953—），浙江绍兴人。教育学博士，现任华东师范大学教育高等研究院院长，博士生导师，中国教育学会副会长、教育学名词审定委员会委员、中国教育史负责人、中国高等教育学会师范教育分会秘书长等职，曾访学加拿大、日本等国。出版著作十余种，在海内外以中英文发表学术论文百余篇。主要研究领域有中国文化与教育、教育文化与社会、中外教育关系、基础教育改革与发展等。

刘琪（1954—），上海人。现为华东师范大学教育科学院副教授，日本筑波大学博士，主要研究领域在中国教育史、比较教育学等方面，曾参与多部著名教育学论著的编写。

该书围绕着书院上千年的发展史，提出了几个重要问题。一是书院的形成与传统文化是什么关系？该书先是抓住了藏书、修书文化，认为"书院名称的产生和中国古代文化传统重视图书的收藏、整理有密切的关系"。该书从追述先秦、秦汉以来中国古人对文化典籍的重视，到唐代刊刻、收藏图书的丽正修书院（集贤殿书院），认为唐代书院的出现，不仅是传统藏书、修书文化的结果，反过来也促进了藏书、修书文化的发展。之后，该书指出书院有另一起源，即民间书院，认为民间书院是古代讲学传统流衍的一个结果。

二是作为传统文化主流的儒家学术的演变与书院关系是什么？该书认为，书院真正实现教育与学术研究相结合始于南宋。当时，不仅理学走向成熟，也恰好出现了一批闻名于世的大学者。由此，书院与各种学术流派结合，从而与官学相区别，成为学术发展的基地，呈现出自身的特色。该书从教育学角度重点论述了这一时期书院教学、学术方面的组织特色，同时还关注到，书院除了内部有学术的发生、演变之外，还将儒家文化进一步地传播到周边，传播到乡间，进而阐释了书院的教化功能。

三是书院在近代改制中走向终结又与文化是什么关系？该书将它纳入到中西文化冲突交流的大背景之下。先是在明末以来西学东渐的大背景下，探讨了汉学重振，对书院进行内部改革，试图改变书院的办学目的、教育内容、教育方法等以适应时代。继而勾勒了教会书院这一特殊形态的书院，认为教会书院传播西方文化大大推进了中国古代书院的近代化。随着时局的变化，社会文化的变动直接影响着书院，鸦片战争、甲午战争是两个重要的节点。文化的选择是书院最终走向终结的终极原因，这种文化选择具有强烈的政治意味，要之，"书院改学堂这一中国近代教育史上的大事是与中西文化冲突交织在一起的"，书院官学化、科举化只是它的催化剂而已。

总之，从文化角度对书院进行研究是一种有益的尝试，它有利用于从综合的、宏观的角度去把握书院，从而涉及许多重要问题。诸如书院与佛道关系，书院与学派关系，书院的社会传播，书院的官学化、科举化，教会书院，书院建置，等等。这些问题在二十世纪九十年代初被提出来，对书院研究无疑有着巨大的促进作用。

1993 年

程颢与大程书院

郝万章著，中州古籍出版社 1993 年出版。该书分四章：程颢、大程书院、程颢在各地的史迹、程颢年谱。

江西古代书院研究

李才栋著，江西教育出版社 1993 年出版。该书分六章：江西古代书院的产生和唐五代的江西书院、北宋时江西的书院、南宋时江西的书院、元代江西的书院、明代江西的书院、清代江西的书院。

台湾的书院

朱汉民著，台湾商务印书馆 1993 年出版，收入"中国文化史知识丛书"。

1994 年

文化的回顾与展望

李中华、王守常编，北京大学出版社 1994 年出版。该书为中国文化书院创建十周年纪念文集，收录书院导师张岱年、季羡林、周一良、汤一介等人文章 30 篇。

白鹿洞书院碑刻摩崖选集

孙家骅、李科友主编，北京燕山出版社 1994 年出版，收入"白鹿洞书院丛书"。白鹿洞书院现存宋至民国初年的碑刻 157 通，摩崖题刻 57 方。该书挑选部分碑刻和摩崖题刻的拓片，对其拍照编录而成，分为碑刻、碑刻图版、摩崖题刻三部分。

中国书院史

李国钧主编，李才栋、王炳照副主编，湖南教育出版社 1994 年出版，1998 年再版。

李国钧（1930—2001），河南临颍人。华东师范大学教授，著名教育史研究专家。1951 年考入北京师范大学教育系，1955 年毕业后，又求学于华东师范大学，师从著名教育家孟宪承。长期从事中国教育史教学和科研工作，曾担任华东师范大学古籍研究所所长、教育部全国高校古籍整理委员会委员等职。著有《中国教育通史》《中国教育家评传》《中国现代教育史》《中国教育思想史》等。

《中国书院史》是李国钧主编的一部重要书院学著作，1994 年由湖南教育出版社出版。它是书院研究史上的扛鼎之作，曾荣获中国优秀图书奖。从总体上看，该书以时间顺序对中国书院发展史进行了梳理，总论、分论结合，兼顾宏观、微观两个方面，史料翔实，多有创获。

第一，从教育学角度研究学派与书院之间的关系。作者一共梳理条列了从北宋以至晚清的主要学术流派与书院的关系，并对自宋代以来与书院有关著名学者的生平和时代也进行了较为详尽的勾勒，尤其重视这些人开展的教育活动，并对这些人的学术思想进行了详尽说明，从而为我们梳理出一个自宋及清近千年的学术发展脉络，展示出书院与中国传统社会后期学术教育发展之间的关系，体现了书院在中国传统学术发展过程中的作用。

第二，对书院教育理念和方法有较深入的研究。以二程（程颢、程颐）为例，书中认为二程的书院教育特征是教育与哲学的结合。从教育内容来看，二程将"四书"作为主要教材，以之取代原来的"五经"；在教学原则上，认为二程在养于蒙正、因材施教、诱导启发、博学与守约等方面都有独到的见解；在教与学的关系上，认为二程主张从立志到专一，到读书，到思考，到行动这样一个渐进的序列。

第三，对各个时期书院发展情况有典型描述，将许多重要观点贯穿在全书之中。如认为书院教育的产生和发展与理学具有同步性，在论述了学术界一般认定南宋时期书院与理学结合之后，认为元代书院同样与理学有密不可分的关系。又指出元代书院出现官学化与程朱理学传播之间的关系，认为元代书院和理学关系的发展是在程朱理学官学化基础上展开的，这些论断都将相关研究引向深入，具有承前启后的意义。

第四，对历代书院及其藏书、考试进行了统计。书后附有《历代书院名录》《书院考试制度》《书院藏书》三篇文章。其中，《历代书院名录》共记录了唐、五代至清末上千年几千所书院，著录有书院的名称、建设者、地点和建设时间。这在书院统计方面是一个重要的发展，与季啸风《中国书院辞典》、白新良《中国古代书院发展史》的相关统计可谓相得益彰。附录的《书院考试制度》一文是第一次系统地对书院考试制度进行研究，这篇文章详尽地考察了书院考试制度的确立及其演变过程，还对当时的考试进行了分类。附录的《书院藏书》是继班书阁之后对书院藏书又一次比较系统的研究。

该书还有一个重要特点就是它集合了一大批学者专家。主编为李国钧教授，王炳照、李才栋为副主编。其他参加执笔者为李才栋、程鹰、朱汉民、高烽煜、胡青、冯小林、柳光敏、于述胜、毕诚、邓洪波、刘琪、金林祥、严佐之、丁益吾等。这些学者大多数是书院学研究专家。该书之编纂集众优秀学者之力，与季啸风主编的《中国书院辞典》交相辉映，都是书院研究史上出于众手的上乘之作。

鹅湖书院志

江西省铅山县地方志编纂委员会办公室编，黄山书社 1994 年出版。该书为新修书院志，以清代的《鹅湖讲学会编》和《鹅湖书田志》为基础，大量参考了地方志、文集和研究资料，共分为自然环境、沿革、建筑、朱陆鹅湖之会、辛陈鹅湖之晤、教学活动、祭祀活动、经费、人物传、文存十章。附录为大事年表。

宋代官学教育与科举

［美］李弘祺著，联经出版事业公司 1994 年出版。

1995 年

广州陈氏书院一百周年，广东民间工艺博物馆三十五周年

广东民间工艺博物馆编，1995 年出版。

宜春地区古代书院研究文集

江西宜春地区古代书院学会编，1995 年出版。该书为宜春地区书院学会总结近十年来的研究成果，为迎接 1995 年全省在白鹭洲书院举行的学术讨论会而选编。全书分为古代书院文化与教育和宜春地区古代书院调查研究两部分，共收录文章 22 篇。

白鹿洞书院

李科友、黎华著，江西美术出版社 1995 年出版，收入"白鹿洞书院丛书"。该书分沿革、书院建筑群两部分，对白鹿洞书院作概要性的介绍，配有相关碑刻的图片。

中国古代书院发展史

白新良著，天津大学出版社 1995 年出版。

白新良（1944—），河北省正定县人。明清史研究专家。1966 年毕业于南开大学历史系，1978 年复入南开大学历史系，师从郑天挺先生，攻读中国古代史专业硕士研究生。1981 年留南开大学任教至今。主持了清代中枢决策研究、明清时期中韩关系研究等国家级课题项目。主编《康熙皇帝全传》，著有《乾隆传》《清史新论》《清史考辨》《中朝关系史——明清时期》《中国古代书院发展史》等。

《中国古代书院发展史》由天津大学出版社于 1995 年出版。2012 年故宫出版社再版，改名为《明清书院研究》。该书从历史学的角度来勾勒中国书院发展的进程，使用了大量第一手方志类文献。创作时间也经历了数年之久，堪称经典之作，其主要特征在于：

第一，集中运用了大量省、府、州、县的相关方志。作者为此查阅了近三千种古籍，书中所用某些方志是罕见的抄本，因此书中有关书院的部分记录直到现在仍被作为第一手资料使用。书中的统计也是其重要特色。其统计不仅是

纯粹的数字，还有很多文字描述，包括书院建立或恢复的时间、地域等。就地域而言，以省为统计单位，省下又细分府、州、县；同时辅之以数据统计表。这就比纯粹的数字统计拥有了更为广泛的应用空间，具有很高的权威性，直到现在仍然被广泛引用。

第二，注重揭示朝廷文化政策与书院发展之间的关系。该书部分章节专门对朝廷书院政策进行说明，并由此提出了一些新见解。如作者在叙述元代书院发展情况时指出，至元二十八年（1291），朝廷号召于"先儒过化之地，名贤经行之所"设立书院，将书院引向突出祭祀功能的岔路，以致有人在书院中祭祀自己的祖先，因而出现了名为书院而实为祠宇的情况。

第三，该书特别注重书院发展年代的划分。以细密的年代划分界定书院的发展是历史学视角的重要体现。作者将中国书院的发展历史分为六个阶段，分别为唐至元朝书院、明朝时期书院、清初书院、清朝中期书院、清朝后期书院、清末书院，清代书院占了全书内容的近城。对每个阶段，同样进行阶段式划分，比如将明代时期书院的发展又分为三个时期，分别是明初书院的凋敝与发展、明朝中叶书院的普及、明朝后期书院的继续发展和衰落。作者特别对各个时期书院的历史特点进行了总结，用兴起、发展、恢复、凋敝、衰落、腐败、废止等词语来进行概括，这些对于展示书院在各个历史时期细密的状态变化、为研究者提供总体判断起到了重要作用。

总体而言，该书从历史学的角度出发，清晰概要地呈现了书院自唐以来在我国古代社会中的发展脉络。书中提出的某些学术观点也相当丰富，如对于书院与科举的关系，书院与理学、心学兴衰的联系，清末书院衰亡问题等，都有自己的独特见解，对文化史、教育史的研究很有参考价值，是难得的一部功力深厚的书院学著作。

白鹿洞书院碑记集

李才栋、熊庆年编纂，江西教育出版社 1995 年出版，收入"白鹿洞书院研究丛书"。该书收集自宋至清有关白鹿洞书院的记事文一百余篇。

中国历代书院志

赵所生、薛正兴编，江苏教育出版社 1995 年出版。

赵所生（1944—），毕业于南京大学化学系，历任江苏人民出版社编辑、江苏科学技术出版社副经理以及江苏教育出版社社长等职。薛正兴（1942—

2010)，江苏江阴人，毕业于南京大学中文系，师从洪诚、徐复、黄侃、周勋初等著名学者，在语言研究、辞书编纂、古籍整理等领域享有很高的声誉，曾任江苏古籍出版社社长兼总编辑，兼任全国古籍整理出版规划领导小组成员、中国训诂学研究会常务理事、江苏省语言学会副会长等职。

本丛书共16册，选收中国历代书院志115种，种类包括书院志、书院章程、课艺、学田志等。所收志书编纂年代至1949年止。编排基本以省为单位，以时间为先后顺序。

第1至10册共收集了84种志书。同一地区的书院基本都排在一起，便于查阅，像第4册中金鹗、岳麓、玉潭、石鼓、洞溪等都是湖南省书院，第6册中百泉、紫云、豫南、明道、南阳、彝山、朱阳都是河南省书院。总之，从华北到东南、从中南到华南、从关中到西南，中国主要书院的院志都被罗网其中。

第11至16册收集田志、课艺、语录等27部。课艺有《致用书院课艺》《端溪书院课艺》《学海堂课艺》等；有生徒的日记，如黄彭年编《莲池书院肄业日记》；有书院讲课记录，如马一浮《复性书院讲录》。对散见于各处的书院文献，例如宋范仲淹《范文正公集》中的《南京书院题名记》，宋王禹偁《小畜集》中的《潭州岳麓书院记》，该丛书也予以收录，附于第16册之末。

该书以影印的方式出版，保证了资料的原始性。为了便于检索，每册又新加页码。该书所集的某些史料相当宝贵，有些已是孤本，到图书馆查阅已非易事，这些孤本的面世对书院学研究具有重要意义。

该书出版之后，许多学者进行了积极的评述，比如王宝华《中国的书院志及其学术价值》（《南京晓庄学院学报》2005年第6期）、古仁《挖掘历史遗产弘扬优秀文化——〈中国历代书院志〉评介》（《中国出版》1997年第2期）等。该书的出版为以后书院研究提供了最基本的原始资料，至今引用者仍多，可以说是书院史研究必备的基础资料。

中国书院史

樊克政著，文津出版社1995年出版，中国大百科全书出版社2000年、"国家"出版社2004年再版，并收入"中国文化史丛书"。该书分为书院的起源、五代的书院、宋朝的书院（上）、宋朝的书院（下）、元朝的书院、明朝的书院、清朝的书院、清末的书院改制等八章。

榕城格致书院——福州私立格致中学简史

郑瑞荣编著，福州格致中学 1995 年出版。

吉安地区古书院简介

吉安市文化局、吉安博物馆编纂，1995 年出版。该书对吉安、安福、吉水、宁冈、泰和、永丰、遂川、万安、永新、新干、峡江 11 个县、市的重点书院做了简要介绍，对一般性书院则以列表的形式介绍。附录为社学、义学。

诗山书院志

[清] 戴凤仪纂，南安市诗山教育史志编纂委员会点校，厦门大学出版社 1995 年出版。该书分为卷首（序言、凡例、图像），卷一（形胜），卷二（列传），卷三（兴建），卷四（书田上），卷五（书田下），卷六（祀典），卷七（考课），卷八（名训），卷九（艺文上），卷十（艺文下）。

岳麓书院

江堤、彭爱学编著，湖南文艺出版社 1995 年出版。该书分为四章：游览胜迹、碑刻文物、书院史话、楚材斯览。

1996 年

东林书院与东林党

朱文杰著，中央编译出版社 1996 年出版。

银冈书院

李奉佐主编，春风文艺出版社 1996 年出版。该书记载了十七世纪中叶至二十世纪初银冈书院的创建、发展及其在地方文化建设中的功效，共分为六章：郝浴与银冈书院、银冈书院名人诗选注、曾宪文与银冈学堂、银冈学堂名人传略、银冈书院碑记。附录包括银冈书院清末、民国间流行的歌曲。

陈氏书院

广东民间工艺博物馆编，中国世界语出版社 1996 年出版。

隆雪陈氏书院宗亲会创办一百周年暨书院落成九十周年院庆纪念特刊

马来西亚吉隆坡隆雪陈氏书院宗亲会编，1996 年出版。该书编印于吉隆坡陈氏书院，分献词、题词、荣誉名誉主席玉照、陈氏书院宗亲会与吉隆坡陈氏书院、陈氏书院创办人四义士传略、历届董事一览表等内容，为海外华侨书院难得的历史文献。

明德新民——联合书院四十年

吴伦霓主编，香港中文大学联合书院 1996 年出版。分上下两篇，有简史、专题、人物介绍、院长感言、生活剪影、统计资料、大事年表等目。前有香港特首彭定康贺辞。

清代书院的特色及其对通识教育的启示

古伟瀛编著，台湾大学历史系 1996 年出版，被列为传统中国教育与现代通识教育研究成果之一。

岳麓书院的历史与传统

朱汉民著，湖南大学出版社 1996 年出版。该书分为北宋创建、南宋鼎盛、元明延续、清代再兴、学制变革、教育传统、人文传统七章。

中国书院辞典

季啸风主编，浙江教育出版社 1996 年出版。

季啸风先生曾任商务印书馆副主编、国家教委教材办公室主任、高教司副司长，曾经领衔编纂过多种大型丛书。作为国家教委“七五”规划项目，《中国书院辞典》的编纂任务当时下达给湖南大学岳麓书院文化研究所，实际编纂工作由时任所长的陈谷嘉先生负责。

陈谷嘉（1934—），湖南宁乡人。1959 年毕业于武汉大学历史系，曾担任《中国哲学》主编，以及《朱子学刊》《中国书院》顾问和编委，兼任国际儒学联合会理事、美国国际中国哲学会顾问、湖南省书院研究会会长等职。主要研究涉及宋明理学、书院教育以及伦理学等多个领域。其中，撰写、主编及参与编纂有关中国书院的著作有《岳麓书院名人传》（湖南大学出版社 1988 年版）、《中国书院制度研究》（与邓洪波合著，浙江教育出版社 1998 年版）、《中国书院史资料》（与邓洪波合著，浙江教育出版社 1998 年版）。

《中国书院辞典》的第一个特点是内容丰富、知识密集、涵盖面广。该辞典共收词条 3683 条，其中各类书院 1565 条，人物类 1083 条，文献类 598 条，制度类 437 条，总计约 142 万字。收录书院时间跨越唐、宋、元、明、清长达上千年历史，地域遍及中国。书院词条内容包括书院创办时间、沿革历史、山长、学规、教学概况、生徒情况、经费来源以及学田经营管理等许多方面。值得一提的是，书后有两个附录，一是《中国书院名录》，收录有史可查的书院 7300 余所，是当时最完备的统计数据。附录中对每所书院均根据第一手资料作了简明扼要的介绍，与正文重点介绍的 1565 所书院一起，有详有略，相得益彰。二是《中国书院研究文献索引》，收论文 700 余篇、论著 39 部，对了解国内外书院研究成果和研究动态提供了帮助。作为书院研究的工具书，采用此种体例者尚不多见。

编排科学、检索便捷是《中国书院辞典》的第二个特点。该书特别注重方便读者检索，全书分书院、人物、文献、制度及其他四类，四类之间有紧密的关系，互相印证，展现出书院四个不可或缺的方面。辞典正文前有《分类词目表》的分类式检索，后面又附有词目的汉语拼音检索，就检索而言，既方便又快捷，且能适用于不同人的检索习惯。如对于岳麓书院，不仅在正文"书院"这一类目中能找到它，读者也可通过查找"人物"类目中张栻、宋真宗、朱熹、欧阳正焕等十多个与岳麓书院有密切关系的人物条目，或"文献"类目中《岳麓书院学规》《岳麓书院山长考》等多篇较有参考价值的文献来进一步获得资料，便于研究者充分挖掘书院这一教育史上重要文化现象的潜在价值。

释义准确、权威性高是《中国书院辞典》的第三个特点。作为辞典类工具书，释义是否准确，从一定意义上讲是它能否具有长久的学术生命，能否在学术界得到认可并站住脚跟的最重要的衡量标准。该辞典的编纂群体孜孜以求，锲而不舍，在浩如烟海、汗牛充栋的史料文献中辛苦爬梳，执行了严格的编纂原则。一是采用第一手资料，反复考订，力求反映历史的本来面目；二是对于学术上有争议的问题，或诸说并存，或以一说为主而兼述他说，力图使读者在获取资料的同时一览各种学术观点。辞典对文中出现的历史地名采用夹注今地名的处理方法，所引用的钱币、田地、房屋等的数量单位都遵从原文献，未作改动，以便于读者古今对照，了解它们的历史变迁。相对于目前学术界存在的浮躁学风和工具书泛滥成灾的状况，《中国书院辞典》呈现给读者的不仅仅是一部涵盖面广，内容丰富，释义准确的专业辞典，更重要的是体现了一种严谨的学风和负责的精神。

印刷精美、图文并茂、装帧考究是该辞典第四个特点。与一般的专业工具书相比，该辞典正文前有数十幅彩色照片，文中大量地选用了有关书院的一百余幅古图，尽量以图解的形式向读者直观地展示书院的有关情况，使得版式既显活泼，又不失凝练。尤其是由台湾地区有关书院提供的照片，堪称弥足珍贵。辞典用纸考究，印刷精美，装帧典雅、古朴，与整个完备、颇具价值的内文相得益彰，堪称精品。

总之，《中国书院辞典》是中国书院研究史上一部里程碑式的著作，填补了书院史研究没有工具书的空白。该书出版于1996年，与几部重要的书院史著作几乎同时面世，共同造就了二十世纪九十年代书院学研究的繁荣。《中国书院辞典》凝聚了众多学者的心血，其编纂工作实际上从1988年年底就已经开始了，前后共经历了六年多的艰辛努力，参与编纂的学者既有著作等身、声名卓著的资深专家，也有在这一领域显示出强劲发展势头、学风严谨的青年学者。除主编、常务副主编之外，还有副主编杨慎初、李国钧、李才栋、邓洪波，参编人员有丁益吾、赵家骥、谭佛佑、高烽煜、朱汉民等共计百余人，分别来自湖南大学、东北师范大学、河北大学、河南大学、华东师范大学、杭州大学、江西教育学院、华南师范大学、贵州教育学院等多所大学，阵容之强大，堪称空前绝后。

该书是第一部也是迄今为止唯一一部书院学研究的工具书。虽然后来书院研究著作层出不穷，但是并没有学者再试图重修或重新撰写一部同类著作，可见《中国书院辞典》编纂难度以及它的权威性。因此，该书自出版之后一直作为书院研究者的必备之书，对后来书院研究的重要意义不言而喻。

书院的社会功能及其文化特色

胡青著，湖北教育出版社1996年出版。

胡青（1953—），江西南昌人。1982年毕业于江西师范学院历史系，江西师范大学教育学院教授，享受国务院和江西省政府津贴专家，兼任江西书院研究会会长、江西教育学会副会长、中国书院学会副会长等职。研究方向为中国教育史、书院史，著有《书院的社会功能及其文化特色》《吴澄教育思想研究》《江西考试史》等。

该书共分为11章，除绪论外，涉及书院研究的11个问题，分别是家族文化、乡村文化与书院教育，山林文化与书院教育，科举、官学与书院教育，学术传递与书院教育，书院学术研究的特色与精神，书院教育方法的评价，书院的讲学与学习，书院的山长与生徒，书院的经费与社会经济，书院与社会政治。著者一改多数书院学著作按时间纵向讨论之势，侧重从横向详细讨论问题，颇有特色。

著者特别关注经济在书院产生和发展过程中的作用，还关注到家族文化及其经济实力对书院的影响，同时还就书院对乡土文化的影响进行了阐述，认为它对地方学术、家族学术的传递发挥了重要作用，又是巩固宗法制度、强化宗族情义的重要力量。著者还认为，并非所有的书院都鼓励人们埋头做圣贤，恰恰相反，倒是越来越多的书院走上了与科举联姻、为科举服务的道路，即使是著名书院也摆脱不了这样的命运。在作者看来，书院官学化是历史的必然趋势，书院在一定程度上就是官学的变种，书院与科举的结合不仅有消极影响，也有它的积极作用，尤其是在保持社会秩序稳定运行等方面。

正如该书的书名，胡青教授最主要的关注点在于书院的社会功能，整本书也是围绕着书院的社会功能而展开的。从社会功能的角度对书院进行研究，为此后的书院研究开辟了新的方向，提出了许多新的研究议题。其中，家族书院、乡村书院、书院与科举的关系等在此之后，都逐渐成为学术界研究的热点问题。

1997 年

白鹿书院的传说

徐顺明、熊炜编著，湖南大学出版社 1997 年出版。该书共分为三大部分：风物名胜传说、名人轶闻、民间故事。

儒学地域化的近代形态——三大知识群体互动的比较研究

杨念群著，生活·读书·新知三联书店 1997 年出版。

该书分为导论、上篇、下篇三部分，分别为：知识群体与作为历史话语的儒学、儒学地域话语的类型化分析——以知识群体为核心、儒学区域话语的功能化体现——以书院研究为核心。上篇包括四章，分别为地域分野类型：近代知识群体话语的三重取向；沟通大小传统：政治思维与湖湘儒学流变；维新变革之源：岭南神秘主义的近代意义；道艺如何相贯？江浙地域的学术专门化思潮。下篇包括四章，分别为权力凝聚的象征：湖湘书院与区域文化霸权；理想主义的没落：岭南书院与精英格局之变；古典偶像的重塑：江浙书院与学风梯级效应；地域文化的冲突：时务学堂与区际学人之争。

该书尝试提出一个"儒学地域化"的解释体系，通过研究儒学、书院从官方的意识形态转化为民间的思想资源这一复杂的过程，展示了不同的儒学形态对近代知识分子言行的影响，这项研究不是对个别思想家脉络的追踪，也不是一般传统意义上的思想史著作，而是突破了以往近代史解释的旧有框架，试图借用新的方法把思想史与社会史加以沟通，从而对一些旧有命题提出新解。所论新颖，也颇受质疑。

古莲池（莲池书院）碑刻选解

郭铮、孙待林、张媛编著，方志出版社 1997 年出版。

中国书院制度研究

陈谷嘉、邓洪波主编，浙江教育出版社 1997 年出版。

该书就书院的类型、等级差异、职事类别、藏书及其管理制度、刻书事业、经费及其管理、书院的教育特点、考试制度、专科教育、走向世界的中国书院等方面进行了鞭辟入里的分析，将书院学从总体概括性推向局部专门性，为今后书院学研究确立了一个新起点。

《中国书院制度研究》是在完成《中国书院史资料》《中国书院辞典》的基础上撰写，由陈谷嘉教授领衔撰写第七章，高烽煜撰写第六章，潘建撰写第九章第四节，其余部分均由邓洪波撰写，邓洪波教授还负责最后的统稿工作。

对中国书院制度资料进行全面挖掘分类，史料翔实而且新颖，是该书的一大特色。书院历经千余年的发展，总量达 7500 余所，遍布于全国 32 个省区的城镇与乡村。明代以后，书院又走出国门，传输到韩国、日本等国家。但书院资料多散见于书院志、地方志以及相关的文人别集之中，这给书院的深入研究带来很多实际困难，因而以往很多研究只是从个案性的书院出发来把握总体发展状况，难免走上以偏概全之歧途。该书的著者则"力求避免大而化之只重几个典型的片面方法，对整体关顾较多"，为此而不惮烦劳，大量翻检相关文献材料，挖掘新的研究素材，丰富研究内容，把研究视野扩展到更多的一般书院中来。

该书赋予了书院特别的理解，研究角度新颖。著者提出了书院是独特的教育组织形式这一新论点，认为书院既不是官学，也不是一般的私学，它是介乎这两者之间的一种独特的教育组织形式。并且认为宋代以降，我国古代教育史即出现了官学、私学和书院平行发展的格局；政府对书院的支持，只是赋予了书院合法化的地位，而没有使之官学化。这种理论的独创，有利于解释书院这种独特的教育组织形式在中国古代封建社会近千年的教育发展史中为传统官学和私学所不能达到的作用。

该书还提出一系列新观点，比如书院等级、专科教育、海外书院等。书院等级是该书的一大亮点，这也是打破原来研究集中在高层，将书院简单地视作大学的一个尝试。该书将中国古代书院比喻成一个宝塔，塔身由县级书院、州级书院、府级书院、道级书院、省级书院五级构成。塔基则是乡村书院、家族书院。省、府、州、县各级书院的提出，对后来的研究影响很大，也成为较为普遍使用的一个名词。书院的专科教育研究进入专著这也是第一次，打破了原来书院研究中仅仅强调它人文性的一方面。对海外书院的介绍也是《中国书院制度研究》的一个重点和特点。在《书院的考试制度》一章里，著者提出书院的考试始于唐代，成为一种制度则是宋代的事情，修正了以前学者所提出的宋代书院尤其是南宋的书院只重老师影响，提倡学生自学，而不用考课，以及认为中国书院的考试始于明代的观点。

对史料的考订，态度严谨，力求科学是该书的又一大特点。在该书第六章《书院的经费及其管理》中，著者曾对历代书院的创建情况做了分析，并提出由于中国历来是一个官本位的社会，因此"大凡与官或官府发生关系的事情都会记到官的身上"，而不会"只记民而不记官"，"更不会将官误入于民"。而在书院的创办建设中，即使是民间倡议甚至是民力创办的，也往往与官或者官府发生联系，以取得更为可靠的保障。在这种情况下创建的书院经常会成为官或者官府的成绩。这就为了解书院的真实创办情况增加了难度，如果不加注意，就有可能形成与实际情况不相符合的看法与观点。该书著者对这类材料倾注了较多注意，对所引用材料进行多方考订，并因此得出了与以往研究不太一致的结论。这种实事求是的学术态度，是著者所坚持的研究原则之一。

该书"所论多属填补空白"，出版以后，《中国史研究动态》《中华读书报》《文汇读书周报》《读书》《湖南大学学报》《华夏文化》等报刊书评文章积极评价，称之为二十世纪八十年代以来的精品之作，已被国内外学术界认同、采信。它开辟了后来书院研究的许多新路径，在书院研究史上有承上启下的重要作用，对书院内涵的把握打开了新思路，开创了很多新的研究领域。

中国书院

朱汉民、李弘祺主编，湖南教育出版社 1997 年出版。该书是湖南大学岳麓书院文化研究所主编的大型国际合作学术丛刊，主要发表中国书院研究及与书院相关的文化、教育、学术等方面的成果，分为九个专栏，包括书院学论坛、书院学人、海外书院研究、比较研究、传统教育与文化、宋明理学研究、今日书院、文献与资料、研究动态。该辑共有论文 34 篇。

中国书院文化

杨布生、彭定国著，云龙出版社 1997 年出版。该书为杨氏《中国书院与传统文化》的修订本，共分为九章：书院文化的原始职能、书院文化的藏书功能、书院文化的教育功能、书院文化的学术功能、书院文化的宗教功能、书院文化的出版功能、书院文化的传播功能、书院文化的档案功能、书院文化的当代功能。

1998 年

中国书院史资料

陈谷嘉、邓洪波主编，浙江教育出版社 1998 年出版。

该书共取材于两千多种地方志、一百四十余种书院志、六百余种文集，历时八年完成，共 203 万字。从形式来看，它是史料编纂性的，也堪称书院学资料整理史的一个高峰。与同类著作相比较，特点极为突出。

取材种类广泛是该书的第一个特点。赵所生、薛正兴主编的《中国历代书院志》一书主要取材于历史上的书院志，而《中国书院史资料》的取材范围则大大拓宽，方志、类书、笔记、文集、史传、书院志、谱牒、报纸、杂志等靡不网罗。还有一些近现代人的相关著作，比如美国人卢茨《中国教会大学史》、中国基督教执行委员会编《中国基督教教会年鉴》等。各种史料中，尤以地方志、文集为多。取材涉及内容也极为广泛。有书院的记，有书院某一建筑的记，有学规、章程，有诏令奏折，还有与书院经营相关的史料及回忆录等，种类数量众多，不能一一列举。

分类编目、加以点校是该书又一大特色。该书共分为上、中、下三册，分为书院的兴起、书院制度的确立、书院的推广和官学化、书院制度的再度辉煌、书院的普及、书院制度的近代化历程以及书院制度的影响等几个部分。每一部分下面又分节目，具体节目的针对性特别强，比如元政府对书院的支持与书院的官学化、禁毁中的明代后期书院、清代书院政策的转变与书院的普及等等。每个具体节目下面的史料又按时间顺序编排，特别容易查到和利用。另外，该书与赵所生、薛正兴主编的《中国历代书院志》相比较，它的特点是进行了点校，更加方便学者使用。一般的史料整理分类，多数是从材料性质的角度，而通过研究问题串联材料还是极少数。这对学者利用也更有利。

值得指出的是，该书还对书院研究相关资料作了最初的梳理，所收集的相关资料有毛泽东《湖南自修大学创立宣言》、胡适《书院制史略》、张君劢《书院制度之精神与学海书院之设立》等名家名篇，可以说是《书院学档案》的"雏形"。最后还附录了《四库全书·集部》《四部丛刊·集部》《四库备要·集部》书院文献篇目索引，辑录三部巨型丛书中的书院文献，具体到篇名、书名、卷数、作者甚至册数和页码，使这部经典之作锦上添花。

《中国书院史资料》全书的编纂是一个浩大工程，出版之后，虽然学术界对此进行评价的不多，只有岳麓书院的内部刊物《中国书院》发表了一个简短的出版说明，但它的实际影响却相当大，到目前为止，它与赵所生、薛正兴主编的《中国历代书院志》、季啸风主编的《中国书院辞典》一样，是书院研究者必备的工具书。

丰城书院研究

邹友兴编著，江西省宜春地区文化局准印 1998 年出版。该书收录论文 13 篇，并包含丰城古代科举人物史话、丰城书院创置一览表、丰城科举人物名录。附录为《书院诗》《书院记》《学田记》《膏火记》《卷价记》《学额记》《考棚记》《试场名目》。

复性书院讲录

马一浮著，山东人民出版社 1998 年出版，收入《现代中国思想论著选粹》。该书是近代新儒家代表马一浮在抗日战争时期主讲复性书院的讲录，共分为六卷：学规、读书法，群经大义和《论语》大义，《孝经》大义，诗教与礼教，《洪范》约义，观象卮言。

莲池书院

陈美健、孙待林、郭铮著，方志出版社 1998 年出版。该书分为十三章：莲池书院的建立与等级、莲池书院的组织与学生、莲池书院的教学、莲池书院的藏书、莲池书院的祭祀、莲池书院的名师（上、中、下）、莲池书院的高材生、莲池书院的经费来源与建筑格局、莲池书院的停办与余绪、对莲池书院的评价、莲池书院的遗存。附录清末直隶校士馆与直隶文学馆始末时间考、河北省莲池讲学院。

东林党学术研讨会、薛福成学术研讨会论文资料集

江苏省政协文史资料委员会、无锡市文物管理委员会办公室、无锡市东林书院文物管理处编，江苏文史资料编辑部 1998 年出版。东林书院重修 390 周年纪念会暨东林党学术研讨会论文资料，共收录文章 20 篇。薛福成逝世 100 周年纪念会暨学术研讨会论文资料，共收录相关文章 14 篇。

中国古代书院

王炳照著，商务印书馆 1998 年初版，收入"中国文化史知识丛书"。中国国际广播出版社 2009 年再版。该书分为六章：书院概说、书院的起源、宋代书院的发展与勃兴、元代书院的官学化、明代书院的新发展、清代书院的衰落和改学堂。附录各省区历代书院统计表。

中国书院（第二辑）

朱汉民、李弘祺主编，湖南教育出版社 1998 年出版。该书分为十二个专栏：书院与社会文化、书院教育、书院专题、书院学人、海外书院研究、比较研究、传统教育与文化、宋明理学研究、今日书院、书评、学术通讯、文献与资料，共收录论文 28 篇。

1999 年

琼台史话

叶凤著，海南省琼台师范学校编，1999 年出版。该书是一部追溯琼台师范学校演变历程的校史著作，介绍了由清代的琼台书院、民国时期的琼台师范

学校，到中华人民共和国成立后的琼台师范学校的变迁历程及琼台地区的佳语流传。附录中收录了一些知名校友对琼台师范学校的回忆文章。

台湾的书院与科举

林文龙著，常民文化出版社 1999 年出版，收入"台湾风土志丛书"。该书分台湾的书院、科举制度及科举习俗等三辑。第一辑为书院及诗文社，包括台湾书院全览、风格书院巡礼、台湾书院讲席录等四章。第二辑为科举在台湾，包括考秀才、举人之路，迈向金銮殿，金榜题名时，科举下的僵化文体五章。第三辑为科举的相关习俗，包括求取登科的民俗、敬惜字纸、清代南投圣迹亭举隅、桃源龙潭的文社与圣迹亭、锣鼓喧天送圣迹五章。

中国书院楹联

邓洪波编著，湖南大学出版社 1999 年初版，2004 年再版，收入"中国书院文化丛书"。该书分省区编排，收录 986 联，涉及全国 27 个省区的 235 所书院。附录韩国、美国书院楹联。再版时，收录 1250 联，涉及中、韩、日、美四国 301 所书院。

山西书院史话

王志超著，山西古籍出版社 1999 年出版。该书简要介绍山西书院的历史，分为四章：书院出现之前的学校和教育、宋元时期的山西书院、明代的山西书院、清代的山西书院。

2000 年

元代书院研究

徐梓著，社会科学文献出版社 2000 年出版，收入"东方历史学术文库"。

徐梓（1962—），本名徐勇，湖北京山人。1998 年获北京师范大学教育学博士学位，师从教育史家王炳照，现为北京师范大学教授，研究领域集中在传统教育和历史文献方面。该书是在其博士毕业论文的基础上修改而成的，是一部断代史的书院研究著作，在近百年书院研究史上显得很特别。该书具体内容包含：理学与书院的关系；朱熹与书院传统的开创；宋代遗民与元初书院传统的弘扬；书院的官学化问题，包括严格批报手续、加强对书院的控制、委任山长并加强对书院的直接管理、拨置学田掌握书院的经济命脉；官学化及其产物"学校化"；书院地理分布与朱子学关系。

该书首先论述了朱熹与书院传统的开创。作者认为，书院不仅是教学机构，也是世人研究学术、传承文化、实施教化的重要基地，它有别于官学以科举考试为目标，它是为了完善个人品德和增进知识。作者认为，这种书院精神是逐渐形成的，其中朱熹起到了重要作用，确立了书院的学统。朱熹大量的门人弟子也都进行书院教育活动，推动书院与理学结合成为传统。

著者集中讨论了元代统治者对书院的矛盾心态及其书院政策的演变进程，详细考察和分析了元代书院在报批创办程序、山长委派、拨置学田、官府直接创建书院等方面的措施，揭示了元代书院官学化的发展趋势及实施状况。认为元代书院在尊崇程朱理学的前提下，丢弃了原有的社会和教育批判性内容，以及朱熹所开创的书院传统和精神，进而导致程朱理学的僵化和空疏。同时，元代政府在大兴书院的过程中，也扼杀了书院讲学研究的特点和学风。作者还指出，尊崇程朱理学和书院的官学化互为因果，几乎是同步得到加强。

作者还认为，书院既是学术研究的基地，也是传授知识的学校，还是祭祀先师乡贤、敦厉风化的场所，这对于书院内涵的开拓也是很有意义的。该书既是一部书院断代史著作，同时也是研究书院官学化的代表作。关于元代书院官学化，前代学者已有提及，比如民国学者梁瓯第《元代书院制度》（《现代史学》1937 年第 3 卷第 2 期）。改革开放以来，陈元晖、尹德新、王炳照《中国古代的书院制度》首次提到元代书院官学化的问题；另外，王炳照《中国古代的书院》（商务印书馆，1998 年）一书，第一次用一章的篇幅对元代书院进行介绍，对其发展特征即以"官学化"名之。陈谷嘉、邓洪波在《中国书院史资料》一书中也关注了这个问题，它是以资料编纂的形式展开的。这说明，元代书院官学化的问题已经成为书院史研究中的一个重要问题，某些论断也在学界渐渐达成共识。

中国书院（第三辑）

朱汉民、李弘祺主编，湖南教育出版社 2000 年出版。该书分为千年讲坛、书院文化、书院教育、书院与建筑、地方书院研究、海外书院研究、传统教育与文化、经学研究、理学研究、大同思想研究、湘学研究、研究生园地、今日书院、书院调查散记、书评、文献与资料、书院动态等十余个专栏，共收文章50 篇。

上海东亚同文书院大旅行记录

［日］沪友会编，杨华等译，商务印书馆 2000 年出版，收入"近代日本人禹域踏查书系"。东亚同文书院是日本 1900 年在中国南京创立的专门研究"中国学"的高等学府，次年迁址上海。1901 年到 1945 年间，东亚同文书院的学生五千余人先后参与调查，并作有调查报告和旅行志。该书即为旅行志文章的选录，包括晋蒙队旅行记、入蜀纪行、从香港到北海、笛声三万里、滇云蜀水、青海行、由朔北到中原、中国北方纪行、阿穆尔河流域。

中国书院论坛（第一辑）

闵正国主编，中国文联出版社 2000 年出版。该书是由江西省书院研究会和庐山白鹿洞书院共同主持的大型学术丛刊，其文集主题包括理学研究和书院研究，共收文章 32 篇。

朱熹书院与门人考

方彦寿著，华东师范大学出版社 2000 年出版。该书共四章，分为"书院考"与"门人考"两个部分。第一部分考证与朱熹生平有关的书院 67 所，分为创建的 4 所、修复的 3 所、读书讲学的 47 所、题诗题词的 13 所，并辨析无关的 8 所；第二部分考证了朱熹创建的 4 所书院的门人，共 276 人。

中国书院学规

邓洪波编著，湖南大学出版社 2000 年出版，收入"中国书院文化丛书"。作者认为学规内容可大略分为三端：一是确立办学、讲会之宗旨；二是规定德育的程序和方法；三是指示治学的门径。该书所收学规代表性较强，可以反映不同时代、地域、学派的书院教育理论的多样性。该书按省分院编排，收录各地书院 42 所，学规 64 条。

中国书院章程

邓洪波编著，湖南大学出版社 2000 年出版，收入"中国书院文化丛书"。该书收录自宋至清的典型书院章程，在内容上包括教学、考课、讲会、经费等主体性章程，也包括乡试会试盘费、兼课武生童、祭祀颁胙、敬惜字纸、修理院舍、院中桥渡等各种专门的章程，并采入国内教会书院、朝鲜书院、日本之中国留学生书院的章程。

中国书院揽胜

邓洪波、彭爱学主编，湖南大学出版社 2000 年出版，收入"中国书院文化丛书"。该书以写书院胜概为主要任务，共介绍 19 个省份的 50 所书院，配有插图数十幅，意欲向公众介绍书院知识，弘扬民族文化教育的优良传统，兼作学术研究之参考。

2001 年

古莲花池图

孙待林、苏禄煊编著，河北美术出版社 2001 年出版。该书收录乾隆二十五年《保定名胜图咏》、咸丰十一年重绘《莲池行宫十二景图》、光绪年间《古莲花池全景图》、光绪二十四年《慈禧行宫御园全景图》四种，可谓图说莲池书院。

中国书院之旅——霍韬晦讲演集（二）

霍韬晦著，法住出版社 2001 年出版。该书为霍韬晦关于书院的讲演录，其讲演内容侧重于书院与思想、哲学、佛学的关系，分为三部分：讲录、体验与回应·答学友问、附录（文章集锦）。

书院精神与中华文化

陈复著，唐山出版社 2001 年出版。该书分六章：书院精神的萌生、宋朝的书院、明朝的书院、文化如何影响书院、书院如何传播文化、书院精神的没落与复造。自序以《出生死，忘患难》为题，述其在台修建书院讲学，以赓续书院精神之志。所论皆磨心泣血，值得珍视。

嵩阳书院

宫嵩涛著，当代世界出版社 2001 年出版。该书分为四章：嵩阳书院春秋、嵩阳书院教育史话、嵩阳书院胜迹、碑志叙录。

潮州的书院

吴榕青编著，艺苑出版社 2001 年出版。

中国书院论坛（第二辑）

闵正国主编，中国戏剧出版社 2001 年出版。该论文集分为三个部分：儒学与传统文化研究、纪念朱熹诞辰 870 周年学术研讨会专辑、书院研究，共收文章 36 篇，后附有白鹿洞书院相关诗词。

香港中文大学新亚书院金禧纪念活动特刊

新亚书院院务室编，2001 年出版。该书分院庆筹款、文化讲座、学术活动、学生活动、校友活动五编，全面记录了新亚书院 1999 年的金禧院庆活动。附录有院史、历任院长、院训等。

2002 年

中国书院对联

梁申威主编，山西教育出版社 2002 年出版，收入"中国对联书系"。该书对书院楹联进行诠释，分省区编排，涉及书院 201 所。

中国书院书斋

程勉中著，重庆出版社 2002 年出版，收入"中国历代人文景观丛书"。该书分为上下两篇。上篇书院揽胜分为六章：古代书院的兴起与发展、书院的类型与特色、风格纷呈的建筑艺术、依山傍水的书院景观、藏书·学规·讲学、传说故事与题咏楹联。下篇书斋探幽分为五章：书斋雅名、藏书与印章、古民居中的书斋建筑、名人的书斋、书斋联选。

中国书院（第四辑）

朱汉民主编，湖南教育出版社 2002 年出版。该书分十三个栏目：千年讲坛、书院与教育、书院制度研究、书院历史、书院与文化、经学研究、理学研究、大同思想研究、海外书院研究、书院调查散记、研究生园地、书评、文献与资料，共有论文 48 篇。

广州越秀古书院概观

广州市越秀区地方志办公室、政协学习文史委员会编，中山大学出版社2002年出版。该书共分为五章：广州越秀古城区书院的源流与变迁、清前期官办书院、清后期官办书院、清代宗族书院、清代越秀古城区书院与岭南社会及文化变迁。

诗说岳麓书院

江堤著，湖南大学出版社2002年出版。该书收录与岳麓书院相关的诗词，从文学的角度予以诠释，共分为四篇：建筑篇——庭院物语；风景篇——山川景色；记游篇——群贤雅游；凋零篇——残垣落花。

十户之村不废诵读——徽州古书院

陈瑞、方英著，辽宁人民出版社2002年出版，收入"中国文化遗珍丛书"。该书图文并茂，生动详实地介绍了徽州古代书院。全书分为六章：开馆助读建书院、朱子理学促发展、乐群会友兴讲学、贾而好儒乐捐输、千院一面官学化、山野文化之嬗变。

琼台三百年

谢越华主编，海南出版社2002年出版。该书分发展、资料两篇，共八章：琼州府立琼台书院、民国时期的琼台、新中国成立后的琼台、建省特区后的琼台、碑文选译、历史档案、古今大事录、琼台史略。

中国书院诗词

邓洪波编，湖南大学出版社2002年出版，收入"中国书院文化丛书"。该书收录有关书院诗词455首，涉及全国21个省、市、自治区的94所书院，涵盖从唐玄宗时期到二十世纪郭沫若、冯友兰等人的诗作。

台湾的书院与乡学

黄新宪著，九州出版社2002年出版，收入"台湾的根与叶丛书"。该书分上下两篇。上篇为书院篇，介绍台湾书院的历史沿革、组织结构、教学活动、经费管理、建筑、文化、人物，以及台湾有代表性的书院。下篇为乡学篇，介绍私塾、义学、社学等。

明志书院沿革志

詹雅能著，台湾新竹市政府 2002 年出版。该书分为三个部分。第一部分为历史沿革，包括历史变迁、制度变迁、经费和其他文化元素。第二部分为人物群像，介绍了 14 位对书院有重大影响的人物。第三部分为史料汇编，其来源为《明志书院案底》、方志和其他档案。附录为明志书院大事记。

中国书院

朱汉民、邓洪波、陈和编著，上海教育出版社 2002 年出版。该书是我国首部介绍中国书院文化的大型画册，共分概论、学府胜地、斯文胜境、名院巡礼、结束语等五大部分，涉及全国二十个省区八十余所书院，精选照片三百八十余幅，图文并茂。附录为该书所收书院名录，另有李弘祺先生所撰英文附册。

中国书院文化与建筑

杨慎初著，湖北教育出版社 2002 年出版。

杨慎初（1927—2003），湖南湘阴人。1951 年毕业于湖南大学土木系，1957 年至 1958 年在南京工学院师从著名建筑历史学家刘敦桢教授。1959 年参加全国《建筑三史》（古代史、近代史、现代史）的编写，负责主持《中国近代建筑史》初稿编写工作。1960 年到 1963 年在湖南大学主持组建建筑学专业，弥补了湖南省的相关空白。自 1979 年起，主持千年学府岳麓书院的全面修复，1984 年担任岳麓书院历史文化研究所首任所长，是首批享受国务院"政府特殊津贴"的专家，名列《中国专家人名辞典》，在中外建筑学界享有盛名。

《中国书院文化与建筑》全书共分为四章，分别为沿革历程、文化特色、建筑特征、研究与保护。在沿革历程中，作者将书院发展分为六个时期，认为唐至五代是书院的起源时期，北宋是书院的发展时期，南宋是书院的兴盛时期，明代是书院的普及时期，清代是书院的演变时期；对于书院的文化特色，作者主要比较了书院与官学、私学的异同，认为书院脱胎于私学，在办学方面有私学性质，但是在办学目的、治学方法以及教学制度等方面又受到官学影响。作者也分析了书院与理学的关系，认为理学的礼乐思想、修身养性、追求天人合一境界等方面对书院建筑和环境产生过重要影响。

该书的重点篇章在于论述书院的建筑特征。分为书院的选址与布局、书院的意境与风格、书院的规制与传统三个部分。作者高度肯定书院建筑的价值，认为书院建筑的选址、形制、造型、装修以及环境小品一定是书院文化特征、功能属性，甚至空间观念（包括世界观念）的象征与符号。在作者看来，书院选址及布局都是利用自然条件，因地制宜，依山就势，院落、天井组合秩序井然，斋舍、讲堂、祠宇尤其是亭池园林等景物的设置，与传统的官学、私学都不相同。书院的境界和风格，展示着人与建筑、环境的协调，反映出天人合一的理想追求，成为书院的突出特色。作者特别以岳麓书院为例，认为岳麓书院采取中开礼殿、讲堂、书楼，左右序列斋舍及专祠、山长居处等布置格局，正是礼乐文化的体现。

作者还考察了书院文昌阁、魁星楼等建筑，认为书院自此开始了世俗化，重科举、求功名、乞神灵这些宗教迷信化的表现已经与书院的基本精神相背离，从而陷入了僵化庸俗的境地，最终没有能够摆脱社会的制约。

此外，作者还特别地提出了书院保护问题，这在书院研究史上极少有人涉及。作者认为可以从保护遗址及重建或修复书院开始，加以利用，同时将之与书院研究结合起来。这对于书院研究有重要的促进作用。书院改制上百年来，绝大多数书院都已毁废，资料损失严重，因此以岳麓书院为代表，很多书院的研究都与其恢复或重建有关，这是一个很值得关注的文化现象。

总之，书院建筑与文化的研究，在杨慎初等学者的努力和影响之下，已经成为书院研究的一个重要方向，并一步步走向深入和多元化。

2003 年

东林旧迹

王柱国主编，朱文杰、时建方编著，东林书院 2003 年出版。该书分为六个部分：书院历史、书院揽胜、书院匾联、书院文翰、书院人物、书院学规。

万松书院

马时雍主编，杭州出版社 2003 年出版。该书分书院史话、游览胜迹、书院三大功能、书院陈列室、碑刻文物、诗文集萃、书院人物、书院与"梁祝"几个方面，介绍了万松书院的历史、建筑、书院功能及与书院有关的物质与文化遗存。

千年学府——白鹿洞书院

周銮书等主编，江西人民出版社 2003 年出版。该书分白鹿胜地、千年学府、建筑特色、白鹿洞规、教学形式、祭祀活动、典籍珍藏、办学经费、碑铭题刻、诗词歌赋、历代人物、白鹿精神十二个部分，详细地介绍了白鹿洞书院的历史。

山间庭院：文化中国·岳麓书院

江堤著，湖南大学出版社 2003 年出版。该书分风华千年、院外风景、建筑阅读、旧梦如烟、名人居舍、文化传统、名碑善本、庭中事物八辑。

千年讲坛——岳麓书院历代大师讲学录

朱汉民、江堤编，湖南大学出版社 2003 年出版。该书辑录历代著名学者的讲学文献，包括宋代的朱熹、张栻、真德秀、魏了翁、元代的吴澄，明代的王阳明，明清之际的吴道行、郭金台，清代的车万育、李文炤、旷敏本、王文清、罗典、欧阳厚均、王先谦等。

泉州古代书院

陈笃彬、苏黎明著，齐鲁书社 2003 年出版。该书分为八章：泉州书院的起源、宋代泉州的书院、元代泉州的书院、明代泉州的书院、清代泉州的书院、泉州书院的组织管理体制、泉州书院的教学活动、泉州书院的影响与启示。

中国书院论坛（第三辑）

闵正国、高峰主编，中国文联出版社 2003 年出版。该论文集分为三个部分：儒家与传统文化研究、江西省书院研究会第四届年会学术论文汇编、书院研究，共收文章 45 篇，后附白鹿洞书院相关诗词。

中国书院（第五辑）

朱汉民主编，湖南教育出版社 2003 年出版。该书共分八个栏目：传统教育、学校与科举制度、书院教育与书院历史、书院与文化、经学与理学、书评、会议纪事、书院动态，共有论文 28 篇。

嵩阳书院志

［清］耿介撰，李远校点。郑州市图书馆文献编辑委员会编，中州古籍出版社 2003 年出版，收入"嵩岳文献丛刊"。《嵩阳书院志》二卷，康熙间嵩阳书院刻本，分图绘、形胜、沿革、礼典、藏书、学田、诗章、文翰八目。

书院中国

江堤著，湖南人民出版社 2003 年出版。该书是一部以书院为主题的文化散文著作。全书共分七章：野性的拓荒时代（山长：文化的野性）、自由文化的流浪之歌（科举：自有文化的桎梏；北宋四大书院）、在延续中顺流而下（南宋四大书院、文本的智慧）、永远的大师（大师张栻、大师朱熹、激情的碰撞）、锋芒消失的时代（自由的沦丧、元代书院与理学）、百年废墟话沧桑（大师：王阳明；党祸，学者政治化的悲剧）、迷乱中的传奇（书院城市化运动；湘军与书院；考察：古村落与书院）。

书院圣地白云庄

虞浩旭著，宁波出版社 2003 年出版，收入"天一文化研究丛书"。该书共分五章：甬上万氏世家、甬上证人书院、清代浙东学派、重建之白云庄、陈列对外开放。

老书院

万书元编，人民美术出版社 2003 年出版，收入"古风：中国古代建筑艺术丛书"。该书以艺术和文化的双重视角、以图文并茂的方式介绍中国书院，共分为五个部分：仁山智水：书院胜境；礼经乐纬：书院语境；端庄典雅：书院艺境；贤关圣域：书院文境；理盛学昌：大师风采。

2004 年

山间庭院——中国第一书院·岳麓书院

江堤著，未来书城股份有限公司 2004 年出版。该书为《山间庭院：文化中国·岳麓书院》繁体本，共分为八辑：风华千年、院外风景、建筑阅读、旧梦如烟、名人居舍、文化传统、名碑善本、庭中事物。

由官学到书院——从制度与理念的互动看宋代教育的演变

陈雯怡著，联经出版社事业股份有限公司 2004 年出版。

陈雯怡，女，台湾书院学研究领域的新生代学者。先后获台湾大学历史学硕士、美国哈佛大学东亚系博士学位，现为台湾"中央研究院"历史语言研究所副研究员，主要研究方向为宋元社会文化史。在哈佛大学就读期间，陈女士师从美国著名汉学家包弼德（Peter K. Bol）教授研究宋元金华地区的儒士。该书是她在台湾大学历史所师从梁庚尧先生写的硕士学位论文，2004 年由台湾联经出版事业公司出版。

陈女士的这部著作在书院学史上的重要意义在于，她第一次专门而深入地探讨了书院与官学的关系。从路径上看，该书是以士人为中心进行教育制度研究。唐宋以降，书院的兴衰实际上与官学有千丝万缕的联系，前贤的研究中提及者不为少，但是系统、深入的论述还未曾有过，因此，该书选择的角度是别出心裁的。借由检讨制度的渊源流变，从"为何这么制定"和"造成什么影响"的思索来处理人、思想、社会、政治的问题。该书在人与制度的互动中观察人受制度影响的轨迹，也可以看出人如何修正或创新制度。从这个方面看，其方法受美国汉学的影响，也具有新意。

从社会文化史的角度，作者探讨了书院勃兴于南宋的原因，认为它与私学对官学的渗透有关，而朱子等理学家起到了重要作用。作者使用了"旧传统与新典范"这样一个描述方式，用以说明这一过程背后的推动性力量不仅来自当时的政治、文化需求，还需要有更加纵深的认识角度。以白鹿洞书院为例，当朱子以知南康军的身份大力推动其复兴时，特别强调书院在北宋时代曾经获得过的官方褒奖与认可，从而将一种当代的教育理想和濂洛之学、祖宗之法相结合。陈女士认为："他们企图以私人教育的因子，加入官方的力量，来创造一种新的教育机构……在兴复的过程中，他们又转换了书院的性质，建立了新的教学组织模式……使其赋予的新精神随之流传，成为影响南宋书院的新典范。"

作者特别探讨了白鹿洞、石鼓、岳麓这些复兴运动早期的著名书院在制度上所拥有的鲜明的官学痕迹，如筹措经费、置田延师等等。然而在教育目标与制度运用上却另有考虑，集中表现在书院教育理念的核心文件——学规上面。作者用一节的篇幅来讨论《白鹿洞书院揭示》所代表的独特理念，并将学规这样一种制度性文件放在思想史和制度性的大背景下加以比较考察。一方面，可以看到宋代一般官学的学规，在"为科举养士"的机械模式下，仅仅规定日常起居课程规范，类似现代的学生守则，并无精神内涵；另一方面，白鹿洞书院学规在精神上秉承胡瑗"苏湖教法"，注重希贤希圣的精神理想和救世济民的政治关怀。朱子本人虽然反对流于形式的学规，但是自己在教学实践中又逐步接纳了"学规"这种方法，并将新的教育精神熔铸其中，这样就把北宋以来零散缺乏系统且人亡政息的私人讲学，用严格而不失本旨的规章整合成为制度化的、可以模仿的蓝本。白鹿洞正是在这个意义上成为南宋书院复兴运动的典范。

最后，作者在结论一章中把这一思维与考察的过程归纳为"两宋教育理想的转变"，用理想的提出、落实、现实中的表现、意义以及在历史中的延续这五个层次，概括书院理想与科举制度、士人精神和时代风气的互动关系。在上述的思考之后，我们回过头来审视"书院"这样一个"场所"，不难发现其意义要远远超出一个"载体"或"平台"；与其说制度与理念在这里发生了"融合"，不如从动态的历史变化中来看，书院本身就是制度的理念化与理念的制度化的长期过程。

岳麓书院概览

唐子畏编著，严小涛英文节译，湖南大学出版社 2004 年出版。该书分为六个部分：历史沿革、建筑古迹、著名匾额、楹联、重要碑刻、园林八景。附录为岳麓书院千年大事记、岳麓书院历代山长一览。

中国书院史

邓洪波著，东方出版中心 2004 年初版，2006 年第二版，收入"中华文化专题史系列丛书"。

邓洪波（1961—），湖南岳阳人。历史学博士，现任湖南大学岳麓书院教授，博士生导师。兼任中国书院研究中心主任，中国书院学会副会长，湖南省历史学会常务理事，国际合作学术丛刊《中国书院》副主编兼编辑部主任，《书院文化数据库》首席专家。二十世纪九十年代遴选为机械部跨世纪学术骨干，湖南省高校跨世纪学科带头人，2005 年入选湖南省首届新世纪"121 人才工程"第二层次人选。

邓洪波教授研究书院始于二十世纪八十年代初，到该书的撰写和出版，已经二十年。在此期间，已相继编选出版有二百余万字的《中国书院史资料》

（全三册，与陈谷嘉合著）以及包括书院学规、章程、诗词、楹联、揽胜五册的《中国书院文化丛书》，可以说是集书院研究资料之大成。不仅如此，他还走出书斋，搜集书院文物，寻访考察了全国二十多个省区的书院遗迹，而且访学美国、日本，考察移植海外的书院，并与国内外书院研究专家进行广泛的学术交流。同时，香港孔安道基金会资助的《中国书院教育规章集成与研究》、国家"十五"教育科研重点项目《中国书院教育制度研究》也在执行。凡此皆是该书前期的学术准备。故而在《中国书院史》一书中，邓教授发掘了许多新史料，提出了许多新观点，既是其书院研究阶段性成果的总结，也是二十一世纪书院研究精神、方法和方向的新开拓。该书由中国出版集团东方出版中心于2004年初版，2006年出版第二版；台湾大学出版中心2005年出版繁体字修订版；武汉大学出版社2012年出版增订版。

该书突破了旧有研究的习惯性思维，将书院作为一个独立的教育现象和历史事物，视书院研究为一个独立的领域，站在学科研究的高度，按中国书院这一特定历史事物本身的萌生、发展、成熟、繁荣、流变的全过程，将全书宏观地分为六个部分：第一章讲述了书院作为一种新生文化教育组织的最初起源和初级形态；第二章介绍了书院的进一步发展及其开始名扬天下的历程；第三章介绍了书院制度的确立和完善；第四章侧重介绍了书院的推广与官学化进程；第五章重点写书院制度成熟后的进一步繁荣和辉煌；第六章侧重写了书院鼎盛发展后的流变和落幕。纵观全书，我们可以清晰地看到书院从悄然降生到骤然落幕的全部历史过程。虽然该书部分观点已经以单篇论文的形式发表过，然而著者在书中又作了更集中、更精辟的论断。

全书六个部分又巧妙地暗含着书院发展的时间线索。从唐中期、五代书院的民间起源到北宋书院的迅速发展、南宋书院制度的确立和规制完备，再到元代书院的推广和官学化、明代书院的兴废与辉煌，最后到清代书院的鼎盛发展和盛极而衰，我们看到的是一条清晰的时间脉络，从而展示出书院在上千年发展过程中不同阶段的变化特征。全书的六个部分还灵活地涵盖了中国书院制度几乎所有内容，使读者在清晰地掌握书院发展的历史进程外，还能从大量具体而生动的专项研究中全面而深刻地认识书院和书院文化。该书对书院的性质、分布、类型、级别、管理制度、学术研究、讲学、藏书、刻书、祭祀、学田，书院与科举，书院的海外移植等诸多方面进行了全方位的介绍和系统研究。作者将学术、教育、管理制度熔为一炉，注意各个时期书院的典型介绍，点、线、面有机结合，力求反映书院与中国传统文化的紧密关系以及书院在近代西学东渐后的变革。具体而言，该书有几个显著的特征。

首先，该书打破了传统上将书院视为高等教育机构的观念，给予书院以"士人的文化教育组织"的新内涵。特别关注"书"在其中起到的作用，认为所谓书院就其内涵、外延而言都是围绕着书进行的，包括藏书、校书、修书、著书、刻书、读书、教书等活动，是文化积累、研究、创造、传播的必然结果。邓洪波教授还指出："学校性质的书院虽然是后世书院的主体，但教育与教学不能涵盖书院的所有功能，更不能无限度地强调这种功能，而将书院仅仅定义为某种程度和某种性质的学校。这样做的危险是，历朝历代曾经实实在在存在过的不具有学校性质的那部分书院就会被人为地排斥到我们的研究之外。"

其次，在文化组织的新内涵中，对书院起源作出了新的判断。书院起源是书院研究史上既重要又复杂的问题，主要涉及对书院性质的判定，前代学者多强调书院的学校性质，或者自由讲学精神，因此多论证书院的民间性起源，即便是不能否认唐代的官方书院，也是要指出它因无讲学、不具教育功能而非真正意义的书院。邓教授则从更加广阔的书院观出发，认为官方、民间都是书院的起源，并且通过史料发掘，发现最早名为"书院"的不是一般学术界所认为的丽正、集贤书院，而是湖南攸县的光石山等民间书院。官方、民间不仅成为著者定义书院性质、阐述书院起源的立论基础，也是这部《中国书院史》的一条重要的线索，通观全书，我们可以看到无论官办、民间，省级书院还是家族书院，都极有秩序地出现在历史舞台。

最后，对于书院分级、分类的思考也贯穿在该书之中。著者认为中国书院有不同的等级与类型，继《中国书院制度研究》一书之后，再次肯定"省会书院"的概念并加以深入，将省会书院称为"遍布全国的教育学术中心"。该书重点刻画了作为元代国家出版中心的西湖书院，提出和梳理了"军事书院""社团书院""王府书院"以及教授医学等独具特色的书院，还有少数民族书院、教会书院等。

该书继承了前代书院研究的长处，并进行了进一步的拓展式研究，最为显著的是大量使用统计学的方法。首先引入统计学方法的是曹松叶《宋元明清书院概况》，邓洪波教授在这个方面的特点是占有的资料更多、统计数据更为精确。比如，前人的统计中多以朝代为单位，但朝代长短往往相差极大，因此作者引入以年代为单位和以朝代为单位，从而在一定程度上减少了可能因朝代长短不一而出现的误差。同时，作者将许多统计精确到小数点后三位。这使得书院在统计数据的准确性上大大增加。无论是统计法，还是地图法，在现在书院学研究中仍然不是特别广泛，这就成为该书的一大亮点。

《中国书院史》自 2004 年初版至今，十年间在上海、台北、武汉，已经有四个版本，七次印刷，发行万余册，影响较大。它与《中国书院制度研究》纵横呼应，为二十世纪以来的书院学研究探索道路，深刻地展示出书院学已经逐渐脱离历史学、教育学，进而形成一门以"书院"为特定对象的新学科。

书院改制与中国高等教育近代化

刘少雪著，上海交通大学出版社 2004 年出版。

刘少雪（1967—），女，山东莱阳人。1998 年毕业于厦门大学，获得高等教育学博士学位，现任上海交通大学高等教育研究院副院长、党委书记，管理科学与工程专业博士生导师。研究方向为教育学，著有《中国大学教育史》《高等学校学科专业结构、设置及管理机制研究》等。该书原为其博士论文，指导教师为潘懋元、刘海峰先生。

该书是第一部真正意义上探讨书院改制并将其与中国高等教育现代化结合起来的著作，认为近代化其实就是一个为了适应资本主义革命，社会的方方面面同步进行协调、合理、有序的发展与变化和整理过程。中国高等教育的现代化，不像西方那样是一个外因作用于内因，由量变到质变的积累变化过程，而是与中国近代化一样，属于"后发外生型"，即在外力强制和压迫下的被动变化过程。

书中分析了书院教育与现代高等教育的区别，有三点：一是性质不同，书院实行的是古典教育，以应试教育、官吏教育为特色，而近代高等教育培养的是专门知识，培养的是工业专门技术人才。二是教育内容上不同，书院教育主要传授中国的人文学科知识，具体教学内容也是应付考试的四书五经，其他不为科举所需要的自然科学、社会科学方面的知识就付之阙如。三是作为教育机构，书院也不能与近代教育相比，前者只是凭借获得功名的档次和山长本身的威望，之间虽有层级，但是也相当混乱，而西方近代教育则是极为明确的三级制。

著者还详细地论述了书院的改制过程，分为改制前的书院发展与改革状况、西方近代教育思想和制度的传播、改革中国传统教育思想与决策的形成、戊戌变法时期书院的改制、书院改制政策的实施情况、书院改革过程中的困难以及书院改制的结果等几个方面。对改制过程的论述实际上构成了整部书的主干。

书院改制涉及书院与官学尤其是与科举的关系，问题极为复杂。书院、官学、科举以及理学四者关系特别密切，既有共存，又有冲突。历史上对四者关系的评价也莫衷一是，到清末，对书院的批判更是达到了极致。自从毛泽东、胡适等人对改废书院进行反思以来，学术界对书院的评价多持肯定意见，尤其是到改革开放之后，探讨书院弊端的学者越来越少，甚至刘少雪本人后来也一定程度上改变了自己的看法，认为书院、学堂其实没有内在、本质的区别，只是在当时特殊历史背景之下，"书院"与"学堂"这两种不同的名称代表了两种不同的思想倾向。另外，原来学术界一般认为科举对书院有不利的影响，而近十余年以来，这种意见也几乎被抛弃，相反，以刘海峰、李兵等学者的研究为代表，肯定科举对书院有积极意义的意见占据了主流。刘少雪书中认为科举制度不仅妨碍书院改学堂的进度，而且也影响了近代教育观念在士子中的传播，因此书院改制为现代学校是历史发展的必有之义。虽然该书在书院学研究的时代潮流中略显孤单，但我们在进行书院研究时保持一种辩证而冷静的思考总是有益无弊的。

从文翁石室到尊经书院

李殿元著，巴蜀书社 2004 年出版，收入"巴蜀文化走进千家万户丛书"。该书以西汉文翁兴学为起点，以尊经书院及近代教育兴起为终点，描绘了四川教育的发展史，共分为六章：文翁兴学及其教化、诸葛亮的教育谋略、孟蜀石经与蜀文化、宋元时的兴学及书院、尊经书院及新学、近代教育的兴起及影响。

鹅湖书院

王立斌主编，中国戏剧出版社 2004 年出版。该书分为七章：鹅湖山及其传说，建筑，书院碑刻、文物，鹅湖书院与鹅湖之会研究，鹅湖书院考据记游，鹅湖之会与鹅湖书院相关人和事，鹅湖山、寺、书院诗词。

山东书院史话

李伟著，山东文艺出版社 2004 年出版。该书分山东书院的演变、山东书院的类型、管理与学风、山东历史上的重要书院四个方面对山东书院的历史作了简要介绍。

长江流域的书院

朱汉民、邓洪波、高烽煜著,湖北教育出版社 2004 年出版,收入"长江文化研究文库"。该书分为九章:导论、长江流域书院的历史演进、学术研究、藏书事业、刻书事业、管理制度、家族与村社文化、士绅社会、海外影响。

东林书院志

《东林书院志》整理委员会整理,中华书局 2004 年出版。该书以光绪七年(1881)重刊《东林书院志》22 卷本为底本,校以雍正十一年(1733)初刊本。全书共 22 卷,分建置、院规、会语、列传、祀典、公移、文翰、典守、著述、轶事等类目。书后附录康熙本《东林书院志》辑存、东林书院碑记辑存、雍正刻东林书院志跋。

书院的思与在

张炜著,广西师范大学出版社 2004 年出版。该书收录山东万松浦书院创始人张炜 2003 年下半年至 2004 年上半年的最新散文,作者用平实的笔调抒写了自己对书院生活、对世界、对文学的深度思考,共分为五辑:关于万松浦书院的文字、叙事散文和读书笔记等,对文学和思想的议论,一年来接受的提问和采访记录,对作者朋友作品的赏读。

岳麓书院

朱汉民主编,湖南大学出版社 2004 年出版。该书深入浅出地介绍岳麓书院的文化,包括四部分:古迹漫步(讲学部分、藏书部分、祭祀部分)、历史探幽、铭刻欣赏、人物寻访。

中国书院(第六辑)

朱汉民、李弘祺主编,湖南教育出版社 2004 年出版。该书分十二个栏目:书院研究、书院与科举、书院与理学、书院文物、海外书院研究、传统教育、传统文化、近现代史研究、书评、研究生园地、文献与资料、书院动态,共有论文 30 篇。

张载与横渠书院

赵军良编著，三秦出版社 2004 年出版，收入"陕西旅游历史文化丛书"。

关中书院与关中学派

岳少峰著，三秦出版社 2004 年出版，收入"陕西旅游历史文化丛书"。该书分为三篇，第一篇为溯源篇，内容包括关中书院、关学鼻祖张载、关学的千年兴衰。第二篇为人物篇，包括宋代苏昞、范育、蓝田诸吕、李复，明代吕柟、韩邦奇、马理、杨爵、冯从吾、王徵，清代关中三李（李颙、李柏、李因笃）、王杰、王鼎、贺瑞麟、刘光蕡、宋伯鲁、牛兆濂、于右任。第三篇为理学篇，介绍张载、吕柟、冯从吾、李颙、刘光蕡的理学思想。

澹浮院·砚峰书院

李闻海编，该院 2004 年刊印。书院在广东潮州，由李闻海创建。

2005 年

书院北京

俞启定编著，旅游教育出版社 2005 年出版，收入"文化北京丛书"。该书主要介绍北京的教育系统，并涉及晚清的教育变革和民国的教育状况，分八个部分：最高学府——北京国子监（太学）；具有民族特色和特权的八旗学校；发达的北京地方官学；各类专门人才学校；书院与乡里教化；选拔人才的中心——北京的科举；走向近代化——晚清时期的北京教育；曲折发展——民国时期的北京教育。

《岳阳楼记》诞生地——花洲书院

杨德堂主编，中国文化出版社 2005 年出版，收入"花洲文化丛书"。该书成于邓州市委市政府重修花洲书院之际，共分为七章：花洲春秋、花洲览胜、花洲翰墨、花洲精英、文化宝库、灵石有言、中国书院史话。

中国书院研究

李才栋著，江西高校出版社 2005 年出版。

李才栋（1934—2009），祖籍湖南新化，生于苏州，出身于教师世家。1958 年毕业于北京师范大学教育系，师从成方吾、陈元晖、何寿昌、张述宜等。1964 年，在陈元晖先生的指引下，李才栋走上了书院研究之路，尤其是将精力集中在江西书院的研究中，多有创新突破，填补了不少学术空白。李才栋是中华人民共和国成立后第一位将全部精力萃于书院研究的学术大家，共发表相关论文二百余篇，著有《白鹿洞书院史略》（教育科学出版社 1989 年版）、《江西古代书院研究》（江西教育出版社 1993 年版）、《白鹿洞书院碑记集》（江西教育出版社 1993 年版）等经典书院学作品。

《中国书院研究》是李才栋先生晚年自选的论文集，共收录论文四十余篇，涵盖了书院研究的方方面面，比如书院的起源，书院内涵的界定，区域性书院，书院与学派的互动，书院的经费、学田，书院的教学形式，书院讲会和会讲，书院教育与科举关系的互动等多个方面。这些论文有一个共同特点，就是针对学界有争议性的问题而论。

李才栋先生将书院界定为"古代的大学"，认为书院应为私人讲学之所。通过考察史料《江州陈氏义门宗谱》，指出具有教学性质的书院起于唐德宗贞元年间（785—805）到唐宪宗元和年间（806—820），即"公元 8 世纪末至 9 世纪初，我国已有从事于教学活动的书院"。

讲会也是书院研究中的一个热点，在《关于书院讲会与会讲的答问》《关于书院讲会与会讲的再答问》《书院讲会的几个问题》等几篇论文中，李先生对"会讲"与"讲会"的联系与区别进行了分析，认为"讲会"与"会讲"是两个根本不同的概念，前者是学术组织、学术团体，后者是指学术聚会、学术讨论或会同讲学等活动。讲会必有会讲活动，而会讲未必形成讲会。

学田也是书院研究中的一个重要问题。改革开放之后，学田问题最早由孟繁清《元代学田》（《北京大学学报》1981 年第 6 期）一文提出，李先生针对该文发表了《学田之设，非自北宋始》，列举陈舜俞《庐山记》、朱熹《申修白鹿洞书院状》、洪迈《容斋随笔·州县书院》、王应麟《玉海》、吴任臣《十国春秋》等多条例证，指出学田实际上在唐代就已经出现，影响甚大。《清代书院经济来源的变化及其意义》（《江西教育学院学报》1999 年第 2 期）考察商人阶层对书院的影响，认为城市中经营工商业的儒生对书院的捐赠在清代中后期逐渐成为书院流动资金的重要来源，此论值得引起特别注意。

该书是多篇论文的合集，这在一定程度上展示了李才栋先生书院研究的水平。书后附有其一生书院研究论著索引，记录了其研究动态，史料价值甚高。

除了这些论文之外，李才栋先生成就最高的就是对江西书院的研究，像《白鹿洞书院史略》《江西古代的书院》都是书院研究史上难得的上乘之作。

书院与科举关系研究

李兵著，华中师范大学出版社 2005 年出版。

李兵（1971—），湖南浏阳人。2004 年毕业于厦门大学，获教育学博士学位，现为湖南大学岳麓书院教授，主要从事科举史与书院史研究。李兵与其博士生导师刘海峰教授合作完成了《中国科举史》（东方出版中心 2004 年出版，2006 年再版）、《学优则仕：教育与科举》（长春出版社 2004 年出版，与刘海峰合著）等著作。近年来，发表了不少与书院相关的研究论文。

该书是李兵的博士学位论文，获福建省 2005 年优秀博士论文一等奖，中国高等教育学会优秀博士论文奖。2005 年在华中师范大学出版社出版简体字版（另有台湾大学出版中心繁体字版，名为《书院教育与科举关系研究》）。全书基本上以时间为线索展开书院与科举关系的研究，共有十个部分，分别为晚唐五代科举制度演变与书院萌芽、北宋前期书院与科举关系、北宋中晚期文教改革和书院转型、南宋书院与科举关系、元代书院与科举关系、明代书院与科举关系、清代考课式书院与科举关系、清代汉学书院与科举关系、清末书院改制与科举革废、书院与科举关系的相关性分析。该书的主要思路及创新之处有以下几个方面。

一是关注各历史时期以科举制度为核心的文教政策对书院的影响。对于书院的起源，李兵认为它与科举制度的出现和变化有重要关系。与原来的明经取士不同，唐代主要是以诗赋为主的取士，而这又不是官学所教授，因此，弃官学而进山林研修就成为士人群体的一个重要趋向。士人从读书于山林、将书存放书院一起研读，于是形成书院的雏形。在分析北宋书院发展时，作者指出以程颢、程颐为代表的理学家讲学书院，有对抗当时以王安石为代表的官方学术，进而争夺话语权的用意。作者在探求明初书院沉寂的原因时，认为是由于当时政策"科举必由学校"而造成的，国初以国子监为代表的官学体系无论从学校数量、办学质量还是办学规模等方面都能够满足当时社会发展的需要。

二是关注各个时期官学与书院发展之间的关系。该书在叙述科举与书院之间的关系时，实际上以官学为过渡，认为科举政策的变化首先影响到的是官学，而书院基本是私学，它受科举政策的影响是间接的。官学与书院其实是在争夺受教育的士人群体。

三是关注科举考试对以书院为研究、传播基地的学术发展的影响。作者认为，书院与科举的关系经历了由疏离到紧密连为一体的过程。南宋中叶以前，新儒家利用书院培养德业与举业并重的科举人才。理宗之后，随着新儒学成为官学，书院与科举的关系变得更加直接。而元代书院官学化的发展使书院又直接为科举服务。对明代的讲会书院，作者也认为应举是它的主要内容。到清代，许多书院的目的就是为了科举考试。考课式书院就直接以教授科举之学为主，即便是理学书院，也会讲授科举之学，清中叶兴起的汉学书院也不例外。作者以作为程朱理学研究和传播基地的江西白鹿洞书院为例，认为它到清代道光时期，基本上已经和考课式书院没有本质区别了。

四是关注书院山长对科举的态度。山长是一所书院的灵魂，重要性自不待言。作者认为许多理学家书院山长对科举的态度都是主张科举与理学统一，比如作者特别关照了清代中叶汉学式书院与科举的关系，分析了钟山书院、紫阳书院、安定书院、暨阳书院、金华书院等书院山长，认为这些学者科举出身，而且绝大部分是进士。虽然表面上这些书院山长对科举进行了不少批评，但却并未因此取消书院的科举教学。相反，这些汉学式书院往往在科举考试中有很强的竞争力，而且当时科举考试的内容实际上也转向了汉学，因此汉学与科举的关系是相当紧密的。从这个角度来看，讲求汉学的书院虽然不直接教授科举之学，但是研究和传播汉学有利于生徒应举。

对科举与书院的关系，前人研究著作中实际上已有提及，专论研究有向群《简论中国古代书院与科举的关系》（《书院研究》，1988 年）、王兴国《略论古代科举制度对书院之影响》（《书院研究》，1989 年）等。但第一部专门研究书院与科举关系的著作则非李教授之书莫属，它拓展了书院研究的领域。自此之后，杨杰《两宋江西的官学、书院与科举》，胡定鸿《明代江西书院与科举互动关系研究》（均为江西师范大学 2008 年硕士论文），常德增、刘雪君著《书院与科举》（山东教育出版社 2009 年版）等论著陆续面世。

朱熹考亭书院源流考

方彦寿著，中国文史出版社 2005 年出版。该书考察了朱熹在建阳考亭书院的兴学、著述、出版等历史活动，共分为六章：朱熹考亭书院创建、续修始末考，朱熹在建阳讲学考，朱熹在建阳著述考，朱熹与考亭书院刻书考，朱熹考亭沧州精舍的门人，考亭书院山长考。

书院与园林的胜境——雄村

汪昭义著，合肥工业大学出版社 2005 年出版，收入"徽州古村落文化丛书"。该书以优美的语言介绍雄村的自然风光与人文古迹，分为六章：南山翠峰，浙江画屏；竹山书院，丹桂夺魁；一祖两祠，五世一品；茹古涵今，人文轶事；菲园咏迹，南海拂尘；所在近世，雄落谁家。

19 世纪晚期中国民间知识分子的思想——以上海格致书院为例

郝秉键、李志军著，中国人民大学出版社 2005 年出版。该书力图通过格致书院师生在西学影响下的观念，反映 19 世纪晚期中国民间知识分子的思想，共分为七章：上海格致书院的教育创新、西洋观、实学教育思想、国防思想、重商思想、实业思想、财金思想。附录包括格致书院西学课程表、课艺征引书目表、特课与季课历年优奖课生名表、课艺一览表。

中国书院论坛（第四辑）

闵正国、胡青主编，中国文联出版社 2005 年出版。该书分为三个部分：学术论文、其他书院研究、白鹿洞书院专辑，共收文章 39 篇，后附有诗词楹联。

姚江书院派研究

钱茂伟著，中国社会科学出版社、文化艺术出版社 2005 年出版。该书分上下两篇。上篇为研究篇，共分为十章：晚明浙东王学的分化、姚江书院的建立、姚江书院的分化、姚江书院的社团管理体制、书院殿军邵廷采的人生之路、邵廷采的社会政治思想、邵廷采的理学及学术史总结、邵廷采的史学成就及思想、邵廷采的古文成就、邵廷采与清代浙东学派。下篇为资料篇，即清刻《姚江书院志略》整理本。

儒家大讲堂：长江流域的古代书院

金敏、周祖文编著，浙江大学出版社 2005 年出版。

2006 年

皇城下的市井与士文化——商号、茶馆、会馆、书院、学堂

尹庆民、方彪等编著,光明日报出版社 2006 年出版,收入"北京人文古迹旅游丛书"。该书分上下两篇。上篇为北京的老字商号;下篇为北京的茶楼会馆、书院学堂。书院相关内容包括:书院的史话、书院的教学方式和教学内容、书院的影响、改书院为学堂、北京行政区内的历朝书院。

广州越秀古书院

黄泳添、陈明著,广东人民出版社 2006 年出版,收入"岭南文化知识书系"。该书分为七章:广州书院的起源、元代和明代的书院、清代前期的书院群、清代后期的书院群、清代的宗族(祠)书院、书院的没落与新学堂的兴起、书院群的修复及现状。

陈家祠 (陈氏书院)

黄淼章著,广东人民出版社 2006 年出版,收入"岭南文化知识书系"。该书分九章:陈家祠的兴建、建筑布局与形制、营建商号和艺人、冠名为书院的祠堂、"七绝"装饰艺术、陈家祠的楹联、建立广东民间工艺馆、在"文化大革命"期间、百年古祠留芬芳。

韩文公祠与韩山书院

黄挺著,广东人民出版社 2006 年出版,收入"岭南文化知识书系"。该书分为九章:从韩愈讲起、宋代韩祠和韩山书院的创建、元代韩祠与韩山书院、明代韩祠与韩山书院的衰落、清代韩祠与韩山书院的别建、韩山书院的转型、韩山精英、韩祠风物、韩祠的新功能。

四川书院史

胡昭曦著,巴蜀书社 2000 年出版,四川大学出版社 2006 年出版修订本,收入四川大学"儒藏"学术丛书。该书原为五章:四川书院的兴起与形成制度,四川书院的衰落与缓慢恢复,四川书院的发展,四川书院的普遍发展与改制(上、下)。修订本增加了书院举略一章。附录为抗战时的复性书院、勉仁书院、灵岩书院。

紫阳书院志（1713—1904）

杨镜如主编，苏州大学出版社 2006 年出版。该书为千年学府江苏省苏州中学校本系列教材卷一，分为紫阳书院概述、书院人物、书院碑刻、紫阳书院大事记四部分。

银冈书院博览

张艳秋主编，辽海出版社 2006 年出版。该书分为七章：历史沿革、历史名人、碑记掠影、名人诗选、今人楹联、银冈别识、学术研究。

岳麓书院史话

朱汉民、邓洪波著，湖南大学出版社 2006 年出版。该书图文并茂，分为北宋创建、南宋鼎盛、元明延续、清代再兴、学制变革五部分，附录为文物古迹。

天目书院古今

刘樟荣主编，浙江古籍出版社 2006 年出版。该书分为八篇：中国书院史话、临安历史上的书院、历史上的天目书院、发展中的天目书院、浙江天目书院、文章选辑、诗词选读、书院重建后的公文，附录为天目书院大事记。

中国书院（第七辑）

朱汉民、李弘祺主编，湖南大学出版社 2006 年出版。该书共分十个栏目：书院研究、传统教育、湖湘文化、传统文化、海外书院研究、书院调查散记、研究生园地、书评、文献与资料、书院动态，共有论文 32 篇。

2007 年

中国书院论坛（第五辑）

高峰、胡青、赖功欧、叶存洪主编，作家出版社 2007 年出版。该书分为四个栏目：中国书院讲坛、书院教育思想研究、纪念白鹿洞书院建院 1030 周年暨"全国书院与理学传播"学术研讨会纪要、白鹿洞书院研究，共收文章 47 篇。

中国牌坊书院楹联

解维汉编选，陕西人民出版社 2007 年出版，收入"龙魂楹联文化丛书"。该书分为上、下两编，按省区编排。上编收录全国 412 座牌坊的楹联 704 副，下编收录 454 所书院的楹联 1671 副。

中国古代的学校、书院及其刻书研究

赵连稳、朱耀廷著，光明日报出版社 2007 年出版，收入"光明学术文库"。该书分为十二章：原始社会学校的萌芽，夏商周时期的学校，春秋战国时期的私学，齐国的稷下学宫和法家的教育主张，秦汉时期的学校，魏晋南北朝时期的学校，隋唐时期学校及书院的萌芽，五代与两宋时期的学校、书院及其刻书活动，辽金元时期的学校、书院及其刻书活动，明朝时期的学校、书院及其刻书活动，清朝前期的学校、书院及其刻书活动，鸦片战争后学校和书院的改革。

王闿运与晚清书院研究

李赫亚著，光明日报出版社 2007 年出版，收入"教育学研究论丛"。该书由作者的博士论文修改而成，分为五章：晚清变局与王闿运、王闿运与晚清四川书院教育、王闿运与晚清湖南书院教育、王闿运教育思想及书院教育活动特征之分析、王闿运书院教育在中国近代史上的地位。附录为王闿运生平大事年表、王闿运部分书院弟子名录。

清代东南书院与学术及文学

徐雁平著，安徽教育出版社 2007 年出版。

徐雁平（1968—），湖北浠水人。1997 年毕业于南京大学信息管理系，获理学硕士学位，2002 年毕业于南京大学中文系，获文学博士学位。同年留南京大学任教。现为中国古典文献学专业教授，主要研究方向是文学、文献学。《清代东南书院与学术及文学》由安徽教育出版社 2007 年出版。该书文学的视角使其在书院学研究中别具特色，系统深入探讨书院与文学的关系，实则首开书院与文学研究的先河。

《清代东南书院与学术及文学》是著者在阅读与研究五千余种清代文献的基础上，以 68 万字的篇幅，重现了清代东南文士的活动图景。作者所说的

"东南"是指江苏、安徽、浙江三省。这三省在清代文化发达、书院众多、整体性强，是书院研究的重要区域。全书分为上、中、下三编。上编分为清初无锡徽州之书院及其会讲、书院与桐城文派的传衍、一时之学术与一地之风教：李兆洛和暨阳书院、诂经精舍的学术与文学：从阮元到俞樾、道光以来金陵书院与文人活动五章，是对三地最具代表性书院的个案研究；中编分为清代东南书院与文士之风气、东南书院与地方人文的营建、课作中的文学与学术三章，是综合性的分析；下编分为清代东南书院课艺提要、清代东南重要书院山长考、清代东南书院文士活动年表三章，为文献的考订，是上、中两编的基础。文中对清代东南书院与学术及文学种种关系的探讨，因有坚实的文献基础，所以所得结论可靠，令人信服。文末附表甚多，可见文献使用的翔实与广泛，足资研究参考。

该书注重个案研究，上编纯以五个个案展开。分别是清初无锡、徽州地方书院的讲学活动，桐城文派的书院，李兆洛与暨阳书院，从阮元到俞樾的诂经精舍以及道光以来的金陵书院。这些地区和学派的书院构成了东南书院的主体，既不繁杂，又具有典型性。

个案研究中，桐城文派与书院关系最是亮点。桐城派是清代最著名的文派，一般认为发端于明末文学家归有光，到清代初期达到鼎盛，以戴名世、刘大魁、方苞为代表，基本上是清代桐城人，其最主要的特点是文学与理学结合，讲求义法，风格崇尚典雅简洁。到姚鼐时期，桐城派达到鼎盛；乾嘉时期，又出现了梅宗亮、管同、方东树等人。晚期桐城派仍然声势很盛，像曾国藩、吴汝伦、张裕钊、马其昶等人都是尊法桐城。这一时期，桐城派的影响不仅在桐城一地，而且扩展到东南，甚至传衍到北方。徐雁平对此都进行了考察。虽然这种考察不是首次，但是在如此广阔的角度进行研究却还没有过，而且作者从文学的角度进行切入，是一个很新颖的视角。

该书的另一个特点是特别注意细节描述。作者认为书院作为文士的活动空间，表现为以山长为中心的学术交流，作者通过爬梳《暨阳答问》《荔园诗续钞》《复盦类稿》等史料，为书院讲习勾画了一个较完整的图景，并重点描绘了文士雅集活动的盛况，有讲院荷觞、湖舫文会及"一个小镇上的诗酒之会"。这个文人雅会以山长为中心，在这样的环境中，师生之间可以脱去身份的外衣，自由畅谈，共同探讨，两者关系也因此变得更加融洽。由于作者深入细节之中，因此发现讲会的性质其实更多是文人结社。关于讲会或会讲，前辈学者研究相当之多，但多是粗线条描述，缺乏细节探究，往往把它看作学术传播。

书院具体的讲习也是如此，由于资料零散，很少有学者对此进行细致的勾画，以致讲起书院具体的讲习，几乎是一片茫然，虽然该书作了一定的努力，但是待开发的空间仍然很大。

该书的出版，标志着书院文学研究领域的成功开辟。之后，书院与文学的相关研究成果陆续出现，诸如程嫩生《朱阳书院雅集活动与文学创作》（《大学教育科学》2010 年第 5 期）、许结《论清代书院与辞赋创作》（《湖北大学学报》2009 年第 5 期）等。

书院春秋

程维著，江西人民出版社 2007 年出版，收入"经典江西丛书"。该书分为四章：寂寞松门——江西书院早期萌芽形态；风雨书声——江西书院兴盛气象的标志；理学狂欢——江西理学的著名学派及其他；江右材贤——从江西走出的状元与才子。

闽南书院与教育

王日根、李弘祺主编，福建人民出版社 2007 年出版，收入"闽南文化丛书"。该书分为六章：唐五代闽南教育的初兴、两宋闽南教育的大发展、元代闽南教育的中落、明代闽南教育的官私系统、清代闽南教育的时代更替、闽南教育与台湾教育的渊源关系。

历代茶陵书院

阳卫国、刘振祥、彭东明著，湖南人民出版社 2007 年出版。该书由阳卫国的硕士学位论文修改而成，共分为三篇。第一篇为茶陵书院发展史略，分为七章：茶陵私学的缘起、茶陵书院的兴起与发展、茶陵书院的刻书和藏书、茶陵书院的师长、茶陵书院的人才培养和茶陵进士群体、茶陵书院学产筹措及管理、茶陵书院对茶陵地方文化的影响。第二篇为历代茶陵书院概览，介绍历代茶陵的典型书院。第三篇为茶陵书院及其人物诗文选，共分三章：茶陵书院诗文选、茶陵籍"四大学士"诗文选、茶陵籍科甲抡元人物诗文选。

石鼓书院诗词选

戴述秋编著，湖南地图出版社 2007 年出版，收入"石鼓书院文化旅游丛书"。该书精选自东晋至清末吟咏石鼓书院及与书院密切相关的石鼓山、合江亭、朱陵洞、书院八景的诗、词作品共 189 篇，诗词作者计 135 人。诗词按朝代编排，分为东晋、唐代、宋代、元代、明代、清代六部分。附录为朱熹《石鼓书院记》《石鼓书院概览》。

2008 年

无锡国专与传统书院的转型

唐屹轩著，台湾政治大学历史系 2008 年出版。

清代书院与学术变迁研究

刘玉才著，北京大学出版社 2008 年 3 月出版，收入北京大学"明清研究丛书"。

刘玉才（1964—），山东人。1981 年起就读于北京大学中文系古典文献学专业，获得文学博士学位，曾在比利时根特大学、韩国淑明女子大学、日本早稻田大学访学和任教，现任北京大学中文系、中国古文献研究中心教授，兼任高校古籍整理研究工作委员会《中国典籍与文化》编辑部主任，《中国诗学》《古典文献研究》《古典文学知识》编委等职。

该书利用清人文集、日记、课艺、书院志等文献资料，通过对书院与重要学术环节关系的梳理来考察书院学术风气的演变轨迹，进而达到丰富清代学术史场景的目的。通过对清代书院和学术问题的剖析，探讨了清代学术发展的脉络。全书除导论、余论两章外，其他章节均以清代的学术变迁为序，分讲学的余波、理学传统在书院的展开、乾嘉学术与书院的关系、诂经精舍、学海堂的学术示范、晚清书院学术取向的演变五大部分，条理清晰，论证源于厚实的文献积累，令人信服。

刘玉才教授对书院内涵进行了新的阐释，认为书院作为有别于传统官学体系的教育形式，在教育职能之外，同时还是学术文化原创、传衍的基地。著名的书院往往既是学术派别的活动中心，又是地方文化教育的重镇，指称清代书院本身"依然是所在地区汇聚士人的中心，而主持者多是知名度较高的学者，在没有讨论会和公共刊物等学术平台的时代，无疑仍会起到交流传播学术成果的作用，且对于学派、学风的形成有促进之功"。因此，书院在清代学术中扮演着重要的角色。

关于书院与学术的关系，前贤已经涉及较多。该书吸纳了前人的看法，以卢文弨、钱大昕为例，指出乾嘉学术职业化的走向，将两人大半生在钟山书院等著名书院中的活动及讲学作了介绍，还涉及众多考据学家之间的学术交往。由于视角不同，在某些细节和材料的处理上也展示了一些独特观点。

书中首次专门勾勒了程朱理学在清代书院的传播，这一点是前代书院研究中所忽略的。作者认为理学传统在书院的展开与理学名臣有重要关系，在理学名臣的示范下，许多地方官员都将建设书院作为一种形象工程。书中并列举了张伯行、汤斌、李卫、陈宏谋等人，认为这些人既是程朱理学的信徒，也是书院创建的代表人物。像张伯行是程朱理学的忠实信徒，具有朝廷官员与理学家双重身份，在福建鳌峰书院、江苏紫阳书院都有重要的活动。汤斌恢复鹤山书院，李卫创建莲池书院，陈宏谋更是于所到之处兴文重教，延揽名师，课书院诸生，等等。

该书书末附有《清代书院师生情况表》，该表根据严文郁《清儒传略》所作，表格基本按照人物生平排序。虽然收录人物不是很多，但是基本是学术名家，具有典型性，便于查阅，可以视作清代学术与书院关系研究的参考工具。

白鹿洞书院艺文新志

李宁宁、高峰主编，江西人民出版社2008年出版，收入"庐山文化研究丛书"。该书分为四卷。第一卷为文章，分为书院兴复类、洞内建筑类、学田膏火类、洞规教条类、洞主掌教类、游记序赋类；第二卷为诗歌，按体裁分为五言古诗、七言古诗、五言律诗、七言律诗、五言绝句、七言绝句；第三卷为提要存目，分为《白鹿洞书院志》中的序和凡例，白鹿洞书院研究论著存目和白鹿洞书院碑刻存目；第四卷为中华人民共和国成立以来的白鹿洞书院。

白鹭洲书院志

高立人主编，江西人民出版社2008年出版，收入"庐陵文化丛书"。该书为清人刘绎同治十年《白鹭洲书院志》点校本，包括卷首、卷一至卷八和附录。卷首为重修义例和原序旧序；卷一至卷八分别为概况，书院教育情形，书院经济，艺文（四卷），公移。附录为复古书院、厚俗书院、兴文书院、复真学堂等残存书院志杂录，白鹭洲书院山长名录，吉安古书院一览，吉安历代鼎甲名录，吉安历代进士名录。

万松书缘

邵群著，杭州出版社 2008 年出版，收入"西湖全书"。该书分为上下两篇。上篇为万松书院，包括书院史话、游览胜迹、奇闻轶事、名人履痕；下篇为万松书缘，包括万松讲堂、万松相亲、万松公益、万松旅游。

书院与文化传承

卞孝萱、徐雁平编，中华书局 2008 年出版，收入"文献传承与文化认同研究丛书"。该书选录《南京晓庄学院学报》"书院研究"专栏三年中发表的论文 20 余篇。附录为民国学人胡适《书院制史略》、聂崇岐《书院和学术的关系》、邓之诚《清季书院述略》、瞿宣颖《书院文献》。

重庆的书院

吴洪成、张阔著，西南师范大学出版社 2008 年出版，收入"重庆教育史——从巴国到清代研究书系"。该书分为六章：宋代重庆书院的兴起与制度的形成，元代重庆书院的衰落，明代重庆书院的发展，清代书院的普遍发展（上、下），重庆书院的近代改制。

2009 年

中国书院藏书

赵连稳编著，贵州人民出版社 2009 年出版，收入"中国·藏书系列丛书"。该书图文并茂，首先对书院藏书做了概述，之后选取甘肃、陕西、贵州、四川、云南、河北、山西、辽宁、河南、湖南、广东、安徽、江苏、江西、浙江、福建 16 省的 38 所书院，对各省的藏书情况进行介绍。

诂经精舍与晚清浙江学术文化研究——以俞樾为中心

张欣著，中国文联出版社 2009 年出版。该书主要探讨"同治中兴"时期俞樾受聘为诂经精舍山长后，对精舍尊经崇汉、经世致用精神的传承与发扬，描述了以俞樾及其精舍弟子为中心的学缘群体对晚清学术文化变迁及浙江学术地位崛起的深刻影响，分为五章：书院学术的转向与诂经精舍的创设、"乾嘉汉学"在诂经精舍的传递、诂经精舍的学术研究精神与特色、俞樾学术文化的价值理念、诂经精舍与晚清浙江学术文化兴起的关系。

科举与书院

常德增、刘雪君编著，山东教育出版社 2009 年出版，收入"中华文化丛书"。该书分为两部分。第一部分为科举，其内容包含：渊源——从世卿世禄到汉代自下而上的推荐制；朝为田舍郎，暮登天子堂；北宋科举制；辽、金、元——少数民族政权下的科举制度；科举鼎盛；科举终结。第二部分为书院，内容包括：十年寒窗苦，蒙学到书院；著名书院；书院规制；书院黄昏。

山西书院

王欣欣著，三晋出版社 2009 年出版。该书分为四部分：山西书院历史概述、山西书院制度、山西省各市县书院、山西历代书院一览表。

中国书院论坛（第六辑）

高峰、胡青主编，作家出版社 2009 年出版。该书分为四个栏目：传统文化研究、书院研究、江西省书院研究会第四次会员大会暨"理学与书院研究"学术研讨会辑要、白鹿洞书院文化交流动态，收文章 39 篇。

石鼓书院志

［明］李安仁、王大韶，［清］李扬华撰，邓洪波、刘文莉辑校，岳麓书社 2009 年出版，收入"湖湘文库"。该书分为三部分。第一部分为万历十七年（1589）刊李安仁、王大韶《重修石鼓书院志》，内容包括：地理志、室宇志、人物志、述教志、词翰志（诗、记）；第二部分为清光绪六年（1880）刊李扬华《国朝石鼓志》，分为事迹、散文、韵语、规费等 4 卷；第三部分为邓洪波、刘文莉点校《石鼓书院志补遗》，分图录、事迹、散文、韵语 4 卷。

白鹿—嵩阳书院文化之旅

九江学院编，2009 年出版。该书记录了郑州大学、九江学院两校师生在 2008 年和 2009 年两次书院文化之旅的活动内容，分书院与人文、书院与大学、书院漫步、白鹿诗苑以及摄影、绘画、书法、剪纸作品等五辑。

2010 年

信江书院志

〔清〕钟世桢编著，徐公喜、林方明点校，黄山书社 2010 年出版，收入"信江书院研究丛书"。该书为同治六年（1867）钟世桢撰《信江书院志》点校本，分为绘图、源流、条规、公牍、田亩租单、斋舍、考课章程、收用章程、艺文上下、外编等十卷。后附光绪年间广信知府查恩绥增建经训堂课试实学时务诸文献。

万松讲堂 2009. 10—2010. 10 纪念文集

任晓红主编，2010 年出版。该书为万松书院恢复讲学一年来的讲学录音整理和相关资料，分为两部分。第一部分收录曾仕强、段怀清、袁腾飞、吴子建、寿勤泽、王同、林为林、戚姚云、王镇华九篇演讲稿。第二部分收录一年来所收到的名家贺词、名家留书、名人掠影、名笔评论。

岳麓书院

王观编著，吉林文史出版社 2010 年出版，收入"中国文化知识读本丛书"。该书分为六章：历史沿革、教育传统、规制演变、学术传统、名人简介、景观介绍。

白鹿洞书院

王秀明编著，吉林文史出版社 2010 年出版，收入"中国文化知识读本丛书"。该书分为八章：白鹿胜地的渊源、白鹿洞书院悠久的历史、独具特色的书院建筑格局、严格的学规、严密的教学组织形式、神秘的祭祀活动、丰富的白鹿文化、白鹿英才。

中国书院文化简史

朱汉民著，中华书局、上海古籍出版社 2010 年出版，收入"文史中国丛书文化简史系列"。该书图文并茂，分为四章：书院及其文化功能、中国书院的历史、中国书院的制度、中国书院的精神。

紫阳书院志

〔清〕施璜编，吴瞻泰、吴瞻淇补，陈联、胡中生点校，黄山书社 2010 年出版，收入"徽学研究资料辑刊"。该书以雍正三年（1725）《紫阳书院志》刻本为底本，分为图考、建置、祀典、朱献靖公本末、子朱子文公本末、列传、表奏、会规、会纪、土宇、艺文等十八卷，附录为《四书讲义》五卷。

古代书院

王越编著，吉林文史出版社 2010 年出版，收入"中国文化知识读本丛书"。该书分为八章：唐代——书院的起源；五代——书院的萌芽期；北宋——书院的短暂勃兴；南宋——书院的成熟期；元代——书院的官学化时期；明代——书院的承前启后时期；清代——书院的繁盛期；清末——书院的终结。

中国历代书院学记

王涵主编，首都师范大学出版社 2010 年出版。该书选录 20 家著名书院的学记进行介绍，依次为白鹿洞书院、岳麓书院、石鼓书院、应天书院、嵩阳书院、丽泽书院、象山书院、白鹭洲书院、东林书院、万松书院、首善书院、关中书院、姚江书院、钟山书院、莲池书院、学海堂、南菁书院、万木草堂、复性书院和新亚书院。

书院·福建

金银珍、凌宇著，同济大学出版社 2010 年出版。该书分为三篇：八闽长歌——福建书院史略；八闽书声——福建书院品论；八闽风光——福建书院卧游。

书院·闽北

金银珍、牟娟著，同济大学出版社 2010 年出版。该书共分三篇：闽北书院史略、闽北书院品论、闽北书院卧游。内容与《书院·福建》有部分重叠。

2011 年

从书院到大学：湖南大学文化研究

章兢主编，高等教育出版社 2011 年出版，收入"中国大学文化百年研究丛书"。该书分为八章：千年学府：湖南大学发展的脉络；传道济民：湖南大学文化的核心；著名校长：传统与现代相融合的大学文化建构者；学府名师：践行与培育大学文化的楷模；文化育人：提高大学生人文素质；人文化成：千年学府的文化熏陶；"千年论坛"：湖南大学在文化传播上的创举；走向未来：湖南大学文化选择与发展路径。

近代上海科技先驱之仁济医院与格致书院

王尔敏著，广西师范大学出版社 2011 年出版。该书研究西洋教士在中国科技史上的影响，分为两个部分：上海仁济医院史略，上海格致书院志略（已著录，香港中文大学 1980 年版）。附录为上海格致书院发往各国之条陈和《申报》对于各期《格致汇编》评介。

中国书院学规集成

邓洪波编，中西书局 2011 年出版。

邓洪波教授早在 21 世纪 80 年代就已经注意从文化角度对书院文献进行研究和整理，由《中国书院楹联》《中国书院学规》《中国书院章程》《中国书院揽胜》《中国书院诗词》构成的"中国书院文化丛书"便是当时的代表性作品。《中国书院学规集成》是在此基础上的进一步拓展与精进，其编纂历时十余年，2011 年由中西书局出版，精装三卷本，二百八十余万字，堪称工程浩大。诚如岳麓书院院长朱汉民教授所指出的，它是一部"有益于中国书院史、中国教育史、中国文化史学习、研究、教学的重要工具书"。

该书所收录的书院学规与章程，贯通性之强，涉及范围之广，取材之丰富，前所未有。从时间上看，它上起宋代乾道四年（1168）吕祖谦的丽泽书院《规约》，下至 2006 年张新民教授贵州大学中国文化书院的《学规》《条规》，涵盖了宋、元、明、清、民国至今前后八百余年的书院发展史。据统计，该书搜集并整理出了中国 371 所书院的学规与章程，还附录了 43 所韩国书院、12 所日本书院。国内的 371 所书院，包括始建于宋代及之前的 29 所，元代 13

所，明代 59 所，清代 265 所，民国 4 所，现代 1 所。其中，收录学规的有 102 所，收录章程的有 184 所，学规与章程皆收录的有 85 所。所涉及之史料不仅包括历代书院志、各省府厅州县志、文人别集、近代报刊，还旁及正史、别史、笔记、总集、类书、丛书以及档案文书、碑刻资料等，范围极广。

　　事实上，该书已是一部建立在长期研究基础上的学术著作，与一般资料类编书籍不同的是，它实现了资料集成与学术研究的统一。作为高水准的学术著作，它有以下几个方面的特点。

　　第一，对书院进行精当的选择，展现了书院地理分布与文化之间的关系。书中所选 371 所书院既注意到地域的平衡，又突出了书院设置本身的多样性、时代性等特点，同时对典型书院加以注意，由点到面，由古至今，使中国书院制度的全貌得以准确地展现。比如，从书院的设置主体来看，全书所选书院就有官办、绅办、官绅合办、家族书院、姓氏宗祠书院、教会书院、乡村书院等。从地域来看，该书所选书院较多的有湖南 34 所，浙江 32 所，江西 28 所，四川 27 所，江苏 25 所，山东 24 所，广东 23 所，河南 22 所。如果加上对各省疆域以及书院分布时代等因素进行分析，不难明白这些省份在近现代人才辈出、文化发达的原因。而该书所选取上海 8 所书院的学规与章程则充分说明了上海作为近代中国西学中心的关键所在。同时，细心的读者如欲对同是近代人才大省的湖南和江苏的书院学规加以比较，对于江苏为何科举人才辈出，又将有新的认识。

　　第二，对每所书院都进行概要说明，展示了八百余年 371 所书院的兴废全貌。全书对 426 所书院均作了简介，介绍了这些书院的历史沿革、办学特色，乃至学规作者的基本情况。其中，许多书院的简介来自史志、碑文等原始材料，本身就是一篇简短而准确的考证性论文。如始建于宋代的江西豫章书院、友教书院等，传承数百年，几度兴废，作者仅用寥寥数百字，即将其沿革、兴废以及目前状况等一一进行了清楚的介绍。全书中八条简短的"洪波按"，类皆可以成为学术研究的课题。如《中国书院学规集成》第 228 页所附《靖安文舍章程》按语，邓教授指出："清代后期，句容县各乡，以其地离县城较远，不及与试书院，有志者乃思续社学之遗意，创立文舍……类皆乡村书院。"并指出乡村书院是目前书院研究的薄弱点，有意为研究者提供资料线索。

　　第三，收集资料集中、专题性强，为后续研究奠定了良好基础。许多课题，几乎不用再查找别的资料即可解决。如古代书院学规的共性与其基于地域和时代的特性，书院制度的演进在地域与时代上的特点，朱熹《白鹿洞书院揭示》对明清书院教育的影响等课题，通过对该书相关书院的研究，即不难得出结论。其他如书院与儒学的关系等课题，阅读和研究该书后，亦会有不同的认识。例如，有论者指出宋明道学或儒学的种种风尚及学派往往依附书院而发扬光大，进而认为书院是宋明以降以复兴儒学为职志的理学在制度上的保障。这是从书院对宋明道学的重要性立场而论。但从理学对书院制度的重要性而言，恐怕这样说也不为过，即书院制度的盛行是因为有了宋明理学作为灵魂，而成为传承和传播儒家人文理想的场所，因而得以持续千年。该书所收录的 187 所书院学规中，明确以朱子《白鹿洞书院揭示》为学规的即有 28 所之多。其他化用朱子、阳明思想为学规的，占绝大多数。清末改书院为学堂，也是因为近代以来对儒学特别是对理学的批判，书院制度失掉了理学这个灵魂，便是徒具形骸了。理学思想在书院制度中的灵魂地位在该书所收录学规中是显而易见的。

中国书院的故事

曹华清、别必亮著，山东画报出版社 2011 年出版。该书图文并茂，分为三个部分。第一部分为书院成长轨迹；第二部分为书院名人寻踪，收录了 16 个典型人物；第三部分为名院集萃，介绍了岳麓书院、白鹿洞书院、石鼓书院、应天府书院、嵩阳书院、象山书院、丽泽书院等著名书院。

岭南书院

王志发、阎煜著，华南理工大学出版社 2011 年出版，收入"岭南建筑经典丛书"。该书图文并茂，对岭南著名书院进行了介绍，包括贵生书院、菁莪书院、广雅书院、三都书院、丰湖书院、庐江书院、万木草堂、新会书院、孔林书院、格致书院、广州学海堂、圣心书院、东山书院、兴道书院。附录为广东省内国家级、省级文物保护单位书院列表。

风闻百世——东林书院创建 900 周年纪念文集

无锡市文化艺术管理中心、东林书院文物管理处编著，方志出版社 2011 年出版。该书选录东林书院 900 周年华诞之际学术会议文集，收录文章 32 篇。附录为东林论著目录索引。

河北书院史

吴洪成、刘园园等著，河北大学出版社 2011 年出版。该书分为七章：唐代的河北书院，宋代的河北书院，元代的河北书院，明代的河北书院，清代的河北书院（上、下），清末河北书院的近代改制。

中国书院论坛（第七辑）

黎华、胡青、李宁宁、袁旭良主编，江西人民出版社 2011 年出版。该书分为两个栏目：传统文化研究、"纪念朱子诞辰 880 周年暨鹅湖书院建院 760 周年"全国学术研讨会专辑，收录文章 28 篇。

2012 年

莲池书院研究

柴汝新主编，河北大学出版社 2012 年出版。该书选录莲池书院相关的论文，分为四个栏目：总论、院长与讲席、学生、其他。收录文章 65 篇。附录为书院珍藏的碑刻资料、清宫珍藏的档案史料。

浙江古书院

胡佳编著，浙江古籍出版社 2012 年出版。该书分为上、下两编。上编为总体研究，分为五章：书院制度的发展轨迹、浙江书院思想文化之旅、浙江书院的建筑形制、浙江书院的制度化管理、浙江书院的地域分布；下编对著名书院进行了介绍，包括甬上证人、紫阳、龙山、求是、独峰、五峰、立志、万松、仁山、鼓山、桐江、鹿门、石镜精舍、石洞、育英、蕺山、鹿田、芙蓉等书院。

岳麓书院志

〔明〕吴道行、〔清〕赵宁等撰，邓洪波、杨代春、谢丰等点校，岳麓书社 2012 年出版，收入"湖湘文库"。该书收录历代岳麓书院史志八种，包括明吴道行《重修岳麓书院图志》十卷，清赵宁《新修岳麓书院志》八卷首一卷，瞿中溶《岳麓书院新置官书目录》一卷，丁善庆《续修岳麓书院志》四卷首一卷终一卷，周玉麟《岳麓书院续志补编》一卷，王先谦《岳麓书院记事录存》，民国咸嘉森《岳麓小志》，胡庶华题签《岳麓小志》。有布面深色、纸面彩色两封面本行世。

真光书院校祖——那夏理

程强强、夏泉、苟万祥著，暨南大学出版社 2012 年出版。该书考察真光书院校祖传教士那夏理同治年间来华后的教育、传教活动，并阐述他对清末广东女学、女子教育的重大影响，分为六章：那夏理入华背景、那夏理入华初期的传教活动、那夏理以办学为途径开展的传教活动、那夏理对广东女学发展的开创作用、那夏理与清末民初广东女学的发展、那夏理对广东女子教育事业的积极推动。附录为那夏理生平事迹。

城南书院志·校经书院志略

〔清〕余正焕、左辅撰，〔清〕张亨嘉撰，邓洪波等校点，岳麓书社 2012 年出版，收入"湖湘文库"。该书城南书院志部分包含余正焕辑《城南书院志》四卷，左辅辑《城南书院新置官书条款目录》及邓洪波辑《城南书院文献辑存》四卷。《官书条款目录》分经史子集四部类录院藏之书 403 部，计 3714 本，凡 10550 卷。校经书院志部分包含张亨嘉《校经书院志略》、佚名《湘水校经堂书目》、邓洪波《校经书院志补遗》。志不分卷，仅分图、记、奏折、文牍、经费、章程六目。书目分经类、史类、子类杂编、子类、集类五类，著录院藏图书 34396 卷。

明清书院研究

白新良著，故宫出版社 2012 年出版，收入"明清史学术文库"。该书为 1995 年《中国古代书院发展史》的修订版本。

儒学·书院·社会——社会文化史视野中的书院

肖永明著，商务印书馆 2012 年出版。

肖永明（1968—），湖南武冈人。1986 年考入湖南大学，毕业后留校工作。1995 年师从中国思想史专家张岂之先生，1998 年获西北大学博士学位。1999 年入南开大学历史学博士后流动站进行中国思想史研究，师从著名学者刘泽华教授。2003 年 9 月到 2004 年 8 月在英国伦敦大学访学，现任岳麓书院院长。

该书是一部从社会文化史视野对书院进行研究的力作。该书从书院的兴起与其文化环境、书院发展的社会动力、书院与宋元时期的理学、书院与明代的心学、书院与社会政治、书院的祭祀文化、书院与地域文化的发展等方面展开论述。该书的主要创获如下：

首先，从社会文化史的特殊视野考察书院与儒学关系。在以前的书院研究中，儒学与书院关系是研究的重要方面，以书院与学派、理学家与书院、书院儒学教育等为主要内容，但从总体上看，这一方面的研究仍然比较薄弱。该书最为核心的内容就是探讨书院与儒学的关系，书中集中考察了宋元时期的理学发展与书院相互作用、明代阳明心学的兴起对书院讲学的影响。在作者看来，书院是外在的"形"，儒学是内在的"灵魂"，"书院从其产生之日起，就是作为儒学的一种象征物而出现的，与儒学有着天然的联系。书院的教育活动，也是紧紧围绕着儒学而展开的。"同时，该书又放大视角，将对儒学与书院关系的考察放置于社会文化的大背景之中，放眼于书院与学术、书院与文化教育、书院与社会政治之间的互动关系，从社会文化角度阐释了书院的讲学、藏书、刻书、祭祀、教化等多方面的功能，并在这个基础上给予了书院一些新的定义。

其次，考察书院与地域文化关系。从更大的地域范围、更宽的文化视野、更长久的历史时段来考察书院与地域文化之间的内在关联是该书的特色。一方面，作者指出由于地域性儒学的民间性特点，学者们在对儒学进行理论创发的过程中，往往选择处于体制外的书院作为集聚之地，使书院成为不同地域中儒者进行学术研究与创造的中心。无论是宋明时期的理学研究，还是清代的考据学研究，都与书院存在着一种相互依存、相互促进的关系。另一方面，作者从社会影响的角度出发，认为书院为了实现其教化民众、传播文化的功能，不断向其他地区推进、扩张。在书中，作者着重勾勒了某些地区儒家与道家、佛家文化力量的消长，诸如江西、湖南、湖北等地的道观向儒家书院的转向，江西庐山、安徽九华等地区的佛家寺庙向书院的转变，并对其文化地理格局进行了深入的分析。

再次，关注祭祀活动在书院文化中的重要地位。书院祭祀与其学风变化是该书中最为精华的部分，作者曾于若干年前发表相关论文阐述其观点，通过四则事例对此进行论证：一是南宋中期，周、张、二程等理学大师登上祭祀祭坛，此时正是理学大发展和成熟时期；二是宋末到明初，理学的兴盛与对朱、陆的祭祀；三是明代中叶，王学的风行与对阳明的祭祀；四是对经学家的祭祀及乾嘉汉学的兴起。另外，肖永明教授还强调祭祀引起的书院与社会的互动关系，认为当社会成员走进书院，书院的影响也渗透到社会。

最后，对书院发展的动力进行考察分析，生动展示了儒学传播与社会各阶层之间的互动关系。作者在书中详尽地考察了从朝廷到民间的诸多阶层，认为在书院发展过程中，历代君主、各级地方官员以及来自民间的士人、商人、家族等社会力量基于不同的动机与目的，以种种不同方式致力于书院事业，推动着书院事业的发展。在分析这些阶层创建书院的动因时，作者从社会心理学的角度进行了深入探究，其中，对地方官员和商人阶层的分析尤具特色。

总之，肖永明教授的这部著作采用了社会学、文化学、传播学等学科的理论和方法，标志着书院学研究正在向着纵深方向发展。

中国书院史

邓洪波著，武汉大学出版社 2012 年出版，收入"中国专门史文库"。该书由中国台湾大学繁体本增删修订而成。2013 年 4 月出版精装本。

扬州书院和藏书家史话

朱军编著，广陵书社 2012 年出版。该书分为上、下两编。上编为扬州的书院，共分为五章：扬州书院史话，扬州三大书院，泰州的书院，仪征、高邮、宝应的书院，兴化、泰兴、靖江的书院。下编分为四章：扬州藏书史概述、清代扬州藏书家、近代扬州藏书家、《四库全书》与文汇阁。

东亚同文书院中国调查资料选译

冯天瑜、刘柏林、李少军选编，社会科学文献出版社 2012 年出版，收入"中国社会科学院中日历史研究中心文库"。同文书院是近代日本为培养"中国通"而在华开办的高等学校。1901 年到 1945 年，书院学生有 5000 余人先后参与调查，著有旅行记与调查报告。该书即为相关文献的选录，共分为三部分：东亚同文书院学生大旅行秘话、关于各地情况的调查报告、大运河调查报告书。

宋代书院与欧洲中世纪大学之比较研究

刘河燕著，人民出版社 2012 年出版。该书由作者博士论文修改而成，分为六章：宋代书院与欧洲中世纪大学产生的背景之比较，宋代书院与欧洲中世纪大学兴起之比较，师生之比较，课程内容之比较，教学方式、方法及考核之比较，经费收支之比较。

诂经精舍与学海堂两书院的文学教育研究

宋巧燕著，齐鲁书社 2012 年出版。该书由作者博士论文修改而成，以阮元在清代嘉庆、道光年间所创建的诂经精舍和学海堂两书院为研究对象，重点考察两书院丰富多彩的文学教学活动，全书共分八章：诂经精舍与学海堂的创建、沿革和建制，诂经精舍与学海堂文学教学概述，阮元的骈文理论与两书院的骈文教育，俞樾掌教时期诂经精舍的文学教育，两书院文学教育中对外部世界的现实关注，两书院文学教育中的科举色彩，两书院文学教育对肄业弟子文学活动之影响，清代各类型书院文学教育的地位与影响。

2013 年

中国书院（第八辑）

朱汉民主编，湖南大学出版社 2013 年出版。该书分六个栏目：书院改制、书院教育、书院文化、海外书院研究、书院规制研究、书院与社会，收录论文45 篇。

杨时教育思想研究——杨时教育思想与书院文化学术研讨会论文集

张品端主编，厦门大学出版社 2013 年出版。该书为 2011 年 7 月在武夷山召开的全国杨时教育思想与书院文化学术研讨会论文的选编，分为五个栏目：教育思想、理学思想、书院文化、文献研究、其他。书院文化栏目收录论文八篇。

台湾的书院之社会功能及文化特色

施玉柔著，花木兰文化出版社 2013 年出版。该书共分为六章：绪论、书院的起源与历史变迁、书院祭祀活动与社会功能、台湾的书院与科举承继之关联性、台湾的书院文化特色、结论。作者在介绍台湾地区书院的历史及基本情况的基础上，着重探讨了台湾书院的祭祀活动及其社会功能及台湾书院的文化特色。

白鹿洞书院

吴国富、黎华著,湖南大学出版社 2013 年出版,收入"中国书院文化丛书"。该书分为七章:白鹿洞书院的历史沿革、白鹿洞书院的教学与管理、白鹿洞书院的三大规制、白鹿洞书院的建筑、白鹿洞书院的石刻、白鹿洞书院的诗赋、白鹿洞书院的历代名人。

书院精神与儒家教育

朱汉民著,华东师范大学出版社 2013 年出版。该书收录作者在书院文化与儒家教育领域发表的文章、演讲和接受的访谈,分为三辑:书院精神与书院制度、儒家的人文教育、演讲与访谈,收录文章 39 篇。

起凤书院答问(外一种《左传义法》)

[清] 姚永朴、方苞著,郭康松、王璐、林久贵校注,华夏出版社 2013 年出版,收入"清人经史遗珠丛编"。该书上半部分为姚永朴 1901 年在广东起凤书院任教习时与弟子的问答记录——《起凤书院答问》,分为经、史、子、集、杂类等五卷,共 80 条记录。下半部分为方苞《左传义法》,是其以举例形式专门讲述《左传》文辞义例的书籍,由其口授,门人记录。

钟山书院志

[清] 汤椿年撰,濮小南点校,南京出版社 2013 年出版,收入"南京稀见文献丛刊"。该书以雍正三年刊本《钟山书院志》为底本,分为 16 卷。卷首为创建钟山书院者爵秩姓氏和该书凡例,卷一匾额,卷二图像,卷三形势,卷四创建,卷五飏言,卷六文告,卷七延师,卷八养士,卷九经籍,卷十教条,卷十一讲义,卷十二至卷十五为艺文,卷十六肄业诸生姓氏。

乐清古代书院考述

吴济川主编,线装书局 2013 年出版,收入"乐清市地域文化丛书"。该书分为六章:宋代乐清书院考述、元代乐清书院考述、明代乐清书院考述、清代乐清书院考述、书院制度与书院文化、书院及其他。

书院传统与未来发展论丛

马一弘编，湖南大学出版社 2013 年出版。该书收录了由中国书院研究中心、白鹿洞书院、七宝阁书院共同主办的第一届和第二届"书院传统与未来发展论坛"中的优秀会议论文 30 余篇。

岳麓书院史

朱汉民、邓洪波著，湖南教育出版社 2013 年出版，收入"湖湘文库"。该书考察了岳麓书院从五代初到演变成湖南大学的历史过程，分为五章：称名天下、湖湘学派的基地、维系斯文与再造辉煌、兴盛与变革、千年弦歌。附录为岳麓书院历史年表。

湖南书院史稿

邓洪波著，湖南教育出版社 2013 年出版，收入"湖湘文库"。该书分为上、中、下三编。上编为湖南书院发展史略，阐述自唐而清湖南书院的演变过程，共分为六章：起于民间、源自书斋；天下名院，半属湖南；学术之盛，无右湖湘；斯文之盛，引领南北；王湛振美，再创辉煌；繁荣昌盛，改革转型。中编为湖南书院名录，为湖南各府州县 522 所书院的简史。下编为湖南书院规程辑录，为原始文献，采自诸多史志、文人别集。

中国书院论坛（第八辑）

黎华、胡青主编，江西人民出版社 2013 年出版。该书分为两个栏目："纪念书院改制 110 周年暨象山思想研究"全国学术研讨会论文辑要，"书院文化在当代人文环境下的传承与发展论坛"全国学术研讨会论文辑要，共收论文44 篇。

异质同构：从岳麓书院到湖南大学

魏春雨、宋明星著，中国建筑工业出版社 2013 年出版。该书为建筑学著作，分为四篇：书院篇、先贤篇、营造篇、异质同构的校园。

尼山铎声：尼山圣源书院

尼山圣源书院编，人民出版社 2013 年出版。该书围绕"当代儒学的创新发展"主题，集中精选了在当代儒学创新发展中有重要成就的学者的成果，包括牟钟鉴的新仁学、成中英的儒家理论重建、吴光的民主仁学、黄玉顺的生活儒学、郭沂的道哲学等。

鹅湖书院

王立斌、刘东昌著，湖南大学出版社 2013 年出版，收入"中国书院文化丛书"。该书分为八章：鹅湖书院的地理山川、鹅湖书院的历史沿革、鹅湖书院的教学与管理、鹅湖书院的三大规制、鹅湖书院的建筑、鹅湖书院的碑刻、鹅湖书院的诗赋、鹅湖书院历代名人。附录为鹅湖书院大事记。

四川尊经书院举贡题名碑

党跃武主编，四川大学出版社 2013 年出版。该书介绍了四川大学 2013 年 4 月出土的《四川尊经书院举贡题名碑》的主要内容和初步研究成果，分为两部分。第一部分为信息发布，为碑刻拓片；第二部分为专题研究。

2014 年

万松书院

邵群著，湖南大学出版社 2014 年出版，收入"中国书院文化丛书"。该书记录了万松书院的历史变迁、环境陈设和保留的资料，还对我国历史上的书院文化以及和科举有关的内容作了简单的介绍。

石鼓书院

郭建衡、郭幸君著，湖南人民出版社 2014 年出版。该书分为石鼓胜迹、书院春秋、历代碑刻文字选录和历代楹联一览四部分，附录为回望石鼓书院重修。

中国古代书院学礼研究

生云龙著，清华大学出版社 2014 年出版。该书有七章，即引言、古代书院学礼变迁、书院学礼中的学仪、书院学礼承载的学理、书院学礼的教育意其实现方式、古代书院学礼的遗产、结论，对中国古代书院学礼进行了历史梳理，分析了主要特点与教育意义，以及对当代教育的价值。

中国书院文学教育研究

程嫩生著，中国社会科学出版社 2014 年出版。该书是对中国书院文学教育的专题研究，分为绪论、道德教化与中国书院文学教育、中国书院科举文教育、中国书院活动与文学教育、清代书院文学教育探微、中国书院文学教育影响六个章节。

河北书院史研究

吴洪成、刘园园、王蓉、刘达著，河北大学出版社 2014 年出版。该书分作七章，即唐代的河北书院、宋代的河北书院、元代的河北书院、明代的河北书院、清代的河北书院（上）、清代的河北书院（下）、清末河北书院的近代改制，为区域书院史研究成果。

中国古代书院

徐潜主著，吉林文史出版社 2014 年出版，收入"辉煌的文教科技"丛书。该书共分为四部分，主要内容包括：古代书院、东林书院、岳麓书院、白鹿洞书院。

嵩阳书院

宫嵩涛著，湖南大学出版社 2014 年出版，收入"中国书院文化丛书"。该书从历史沿革、教学管理、祭祀、藏书、学田、建筑、碑刻、诗赋、历史名人等方面对嵩阳书院进行了通俗而全面的介绍。

白鹿洞书院的秘密

李科友著，江西人民出版社 2014 年出版。该书以章回体形式，对白鹿洞书院的发展历史按朝代顺序进行叙述，并介绍了在白鹿洞兴废过程中产生重大影响的人物和事件。

保定莲池书院善本图录

保定图书馆编，高玉主编，王大琳副主编，国家图书馆出版社 2014 年出版。该书收入河北保定莲池图书馆所藏珍贵古籍六百余种，分上下两册。大体依经、史、子、集、丛五部分分类，每类之下再依作者姓名的四角号码笔画排序。每种古籍分别著录书名、卷数、著者、版本和保存情况等信息，并附一幅书影。

鹿因时鸣：白鹿洞书院

吴秦荔著，中州古籍出版社 2014 年出版。该书着重讲述了闻名遐迩的南宋白鹿洞、大儒朱熹在知南康军任上对白鹿洞书院的重建等内容。

三水书院文化

张雷著，广东经济出版社 2014 年出版。该书是三水区第三次全国文物普查的工作成果，从发展历程、经费来源、建筑布局、开发保护和利用等几个方面，对三水书院进行了全面的概述，提示了三水书院社会学的功能和意义。

北京书院史

赵连稳著，研究出版社 2014 年出版。该书集中探讨了北京古代书院的历史发展、改制与沿革、类型与特征、讲学与管理、经费与藏书以及它的历史作用和对学校教育的启示。其中对历代统治者的文教政策、北京书院教学的内容及管理制度等，都展开了详细的论述和介绍。

河南古代书院研究

周保平著，河南大学出版社 2014 年出版。该书首先从河南书院的起源谈起，接着以在河南书院发展历史中有着举足轻重地位的宋、元、明等朝代为重点探讨对象，探究了河南书院的发展沿革，总结分析了河南书院的历史作用和历史地位，彰显了其对中华传统文化的传播所产生的积极影响和卓越贡献。

中国书院德育研究

唐亚阳、吴增礼著，人民出版社 2014 年出版，收入"思想政治教育研究文库"。该书运用教育史、社会史和文化史等研究方法，全面而系统地梳理了从书院的发展历程和功能、办学宗旨、人才培养模式到德育课程体系和内容、德育实施系统、德育考评等，系统地考察了书院德育的全过程，深入挖掘了书院德育为先的育人理念及其现代价值，并就书院德育为先、以德育人的教育理念的历史根源、主要特点以及内化为受教育者的内在德性的条件进行了全面的阐发。

皆山书院

杜慎庭著，线装书局 2014 年出版。该书为皆山书院的资料锦集，含有信件三百余封，各类信息三千余条，涉及了书院的历史、环境、建筑、组织机构、教学管理等。

三原书院人物

张征主著，三秦出版社 2014 年出版。该书收录了近二百位从学古、宏道、嵯峨、正谊四大书院中走出的学子及培养出这些学子的师长，以翔实的史料传写了这些或造福一方，或博古通今，或留名青史的书院英才的不凡人生。

书院与地方社会——以明清湖北书院为中心考察

蔡志荣著，中国社会科学出版社 2014 年出版，收入"群体·社会丛书"。该书通过对明清湖北书院运行模式和特点，以及书院与地方社会文化之间的双向良性互动的考察，来总结反思明清湖北书院的发展历程，探讨书院的发展与地方政治、经济关系以及与社会各阶层关系。

重修岳麓书院图志

邓洪波校补，湖南大学出版社 2014 年出版，收入"千年学府文库"。该书原由陈论编集，吴道行续正，刊于明万历二十二年。志凡十卷，分三十六目，含道统、书院、崇道祠、六君子堂图志、禹碑考、石本图志、建造、沿革、书院兴废年表志、山川、古迹、疆界、先贤、山长、儒吏、器数、教条、食田、艺文等，记录了明代岳麓书院的诸多史实，具有重要的史料价值。

河东地区书院碑刻辑考

李文、李爽著，山西人民出版社 2014 年出版。该书以运城地区的书院为基点，对其中留存的碑刻进行收集、整理和誊抄，并结集出版，是关于运城地区书院碑刻的一本专著。

鳌峰书院志校注两种

许维勤点校注释，海风出版社 2014 年出版。该书主要是对清朝嘉庆年间的《鳌峰书院志》和道光年间的《鳌峰书院纪略》两种刻本进行校勘、加注和标点，并改用简体横排，旨在便于读者研究和使用。

2015 年

万松书院名人志略

金志敏著，西泠印社出版社 2015 年出版。该书以万松书院的发展沿革为脉络，着重对书院各个历史时期政治、教育、文化领域相关人物的研究与考证，如创始人周木，山长金甡、齐召南，知名学生袁枚等，通过他们探讨书院发展兴盛、文脉传承的联系。

新纂白鹿洞书院志

吴国富著，江西人民出版社 2015 年出版。该书共 14 卷，分沿革、建筑、人物、学规、讲义、祀典、经籍、学田、诗歌和杂纪，搜集了与白鹿洞书院密切相关的各类文献，包括古志、碑刻资料和其他文献资料，并进行了必要的解读和注释。

清代书院课艺总集叙录

鲁小俊著，武汉大学出版社 2015 年出版，收入"武汉大学学术丛书"。该书是关于清代书院课艺整理与研究的专著，全书以地区进行编排，分为三卷两册，著录现存清代书院课艺总集 196 种。各总集之叙录分为四部分：书院简介、版本序跋、课艺内容及作者考略。

南菁书院志

赵统、杨培明著，上海书店出版社 2015 年出版，收入"南菁文化丛书"。该书详述了南菁书院的沿革、治学和名人事迹，考证精详，条理分明，完整地呈现了南菁师生的治学理路和文化影响。

长江流域的文庙书院

邓爱民、桂橙林著，长江出版社 2015 年出版，收入"长江文明之旅"丛书。该书分为圣泽流长、存续千年、开创新篇、初具规模、空前辉煌、顺势而为、一波三折、日渐黄昏、文明传承九个板块。

客家书院

曾令存编著，暨南大学出版社 2015 年出版，收入"岭南文化书系"。该书以岭南文化、客家自然环境为背景，以梅州地区的书院为例，介绍了客家文化的形成与传播、客家（梅州）本土的文化教育与民风教化等问题。

杭州书院史

马晓春著，中国社会科学出版社 2015 年出版，收入"杭州历史文化研究丛书"。该书以杭州书院的发展历程为主线，阐述了杭州书院起于唐、兴于宋、延续于元、全面普及于明清的阶段性特点，并对各个时期的杭州书院进行了典型介绍，反映了书院与杭州传统文化之间的紧密关系以及书院在近代的变革。

中国书院小史

江堤著，中国长安出版社 2015 年出版，收入"中国小史丛书"。该书以朝代为纲，对唐五代、宋代、元代、明代、清代的书院发展特点进行了介绍。

朱熹学派与闽台书院刻书的传承和发展

方彦寿著，福建教育出版社 2015 年出版，收入"福建思想文化大系"丛书。该书通过对朱熹学派与闽台两地书院刻书历史的追溯，揭示了朱熹学派与闽台两地之间密不可分的文化、教育和学术渊源。其主要内容包括：朱熹学派刻书的传承与发展、闽台书院刻书的传承与发展等。

松林书院及其文化传承

夏永军、王岩主编，社会科学文献出版社 2015 年出版，收入"青州文库"。该书分为上、下两编，主要包括：青州松林书院的历史及其现代传承、传承书院文化，发展现代教育——青州一中教育观；书院文化和校训精神；秉古城松风，办现代书院；书院翰墨沉香久，松林歌诗万年长——松林书院历史上办学兴盛的原因等。

儒林芳草：广州书院史话

叶曙明著，广东教育出版社 2015 年出版。该书运用丰富的历史资料，图文并茂，生动而真实地再现了广州书院的发展史，让读者在了解历史的同时，获得文化熏陶和审美享受。

客家古邑河源传统书院考略

邱远、刘安华、唐汉芳著，北京理工大学出版社 2015 年出版。该书是对古邑河源客家书院文化的一次详细梳理，对"耕读传家"的客家人从秦汉以来读书教育、设置书院教书育人的历史进行了描述和总结，对每个时期的书院进行了尽可能详细的介绍，具有较强的史料价值。

明清时期南阳地区书院研究

叶后坡著，吉林大学出版社 2015 年出版。该书共八章，主要内容有：明清以前南阳地区书院的发展情况研究、明清时期南阳地区书院数目及其时空分布研究、明清时期南阳地区书院的性质研究、明清时期南阳地区书院的环境营造及其文化意向研究等。

明清黔东南书院研究

王雨容著，贵州人民出版社 2015 年出版。作者从文献入手，对明清黔东南书院进行了专门研究，认为书院教学风气的转变，对一地文化的集中起到了巨大作用。

端溪书院志二种

［清］赵敬襄，［清］傅维森编，岳麓书社 2015 年出版，收入"西江历史文献丛书"。该书是清代嘉庆、光绪两部《端溪书院志》的校点本，反映了端溪书院的沿革历史，对研究广东教育史有重要意义。

现代高校书院制教育研究

张军、武立勋主编，北京航空航天大学出版社 2015 年出版。该书为 2015 年海峡两岸高校现代书院制教育论坛录用的论文集，从书院理念与特色、书院文化育人、书院通识教育、书院社区建设与学生发展等方面，对现代高校书院制教育进行了研究，旨在分享理论研究成果和实际工作经验，推动现代高校书院制教育的发展。该书可供教育管理部门和高等院校教育管理人员及其他相关教育工作者阅读参考。

朗朗书院：书院文化与教育特色

肖东发、董胜著，现代出版社 2015 年出版，收入"中华精神家园书系"。该书共分为六部分，主要内容包括：第一书院——白鹿洞书院，千年学府——岳麓书院，唯楚有材——石鼓书院，中州明珠——嵩阳书院，千年书声——应天书院等，对这五所书院的历史作了简要介绍。

中国古代书院

陈薛俊怡著，中国商业出版社 2015 年出版，收入"中国传统民俗文化·文化系列"丛书。该书分为书院发展史、书院制度、名院名人寻踪与书院文化集萃四个部分，简要叙述了我国古代书院的演变历程，以期为人们追忆书院历史、从古代书院中汲取办学智慧打开一扇窗。

贵州书院史

张羽琼著，中国文联出版社 2015 年出版。该书对南宋以来贵州书院的发生、发展及其流变进行了较为系统的历史梳理。通过对明清时期贵州书院的教学管理、学术传统、学风建设、社会影响等方面的深入研究，揭示了贵州书院发展的历史特征及其对贵州经济社会发展的深刻影响，并丰富了贵州传统文化史的研究内容，填补了贵州书院史研究的学术空白。

陈氏书院

崔惠华、黄海妍著，祁庆国摄影，中国建筑工业出版社 2015 年出版，收入"中国精致建筑 100"丛书。该书以简要文字和大量图片，阐述了广东陈氏书院的创办历史、书院建筑、文物古迹、学术源流、人物风貌等，详细介绍了五座三进、九堂六院的主体建筑，以及既独立又互相联系的各个建筑，探讨了书院建设的文化内涵。

书院建筑

殷永达著，中国建筑工业出版社 2015 年出版，收入"中国精致建筑 100"丛书。该书以简要文字和大量图片，宣传、介绍了中国的私学渊源、传统私学的类型、书院的选址与环境、书院建筑的艺术特色、书院的教学方式与教学空间、书院的礼仪场所、藏书楼、书院与官学、中国的四大书院等。

岳麓书院

杨慎初著，中国建筑工业出版社 2015 年出版，收入"中国精致建筑 100"丛书。该书以简要文字和大量图片，阐述了作为"四大书院"之一的湖南岳麓书院办学至今的历史、书院建筑、文物古迹，及其学术源流、人物风貌等，探讨了书院建设的文化内涵。

厦门书院史话

李启宇著，鹭江出版社 2015 年出版，收入"2015 年同文书库"。该书主要讲述了厦门书院的发展历史，其中还伴有对厦门岛的发展和全国书院概况的些许描述，从文化和历史的角度还原了厦门书院史。

江西三大书院（中文版）

姚糖著，中国建筑工业出版社 2015 年出版，收入"中国精致建筑 100"丛书。该书以简要文字和大量精美图片，全面而系统地阐述了作为江西三大书院的庐山白鹿洞书院、铅山鹅湖书院、吉安白鹭洲书院的历史沿革，中国的官学制度和私学渊源，三大书院的选址与环境，书院建筑的布局及艺术特色，教学方式，文物古迹，学术渊流，风景胜地，文人雅士，人物风貌，以及名人轶事等，探讨了书院建设的文化内涵。

2016 年

格致书院课艺

上海图书馆编，上海科学技术文献出版社 2016 年出版。该书汇选了上海格致书院于 1886—1894 年间所举行的历次季考之优胜课艺，原辑为十五册，此次影印，合为四册予以出版。此外还有上海社会科学院熊月之教授撰写的长篇导论，对上海格致书院及《格致书院课艺》作了较为翔实的介绍评析。

横山书院永丰塔

王丹、吴晓东、邵明著，江苏科学技术出版社 2016 年出版，收入"大连古建筑测绘十书"。该书是大连理工大学建筑学院的师生所作的测绘资料集，展示了横山书院和永丰塔整体与局部的结构、造型与细部，尽可能多地保留了横山书院和永丰塔测绘的原始数据，对大连地区历史文化遗产的保护具有重要意义。该书不仅可为古建筑研究爱好者所用，也可为从事古建筑修复、保护与传统风格设计的建筑师们提供较为丰富的资料。

书院纵横（第一辑）

北京七宝阁书院组编，王立斌主编，湖南大学出版社 2016 年出版。该书分为人物风采、书院论坛、书院史话、学林随笔、讲堂札记、书院建筑、创新探索、书画欣赏八个栏目，收入相关文章 31 篇。

书院纵横（第二辑）

北京七宝阁书院组编，王立斌主编，湖南大学出版社 2016 年出版。该书分为人物风采、书院论坛、书院史话、学林随笔、讲堂札记、书院建筑、创新探索、书画欣赏八个栏目，收入相关文章 38 篇。

西湖书院史料（一）

魏得良、徐吉军整理，杭州出版社 2016 年出版，收入"杭州全书"之"西湖文献集成续辑"，为该丛书第 14 册。该书收录了清人阮元《诂经精舍文集》、罗文俊《诂经精舍续集》，对其进行了点校整理，是反映清代嘉庆、道光时期诂经精舍教学与研究状况的重要资料。

西湖书院史料（二）

魏得良、徐吉军整理，杭州出版社 2016 年出版，收入"杭州全书"之"西湖文献集成续辑"，为该丛书第 15 册。该书收录了清人俞樾《诂经精舍三集》《诂经精舍自课文》，对其进行了点校整理，是反映清代同治、光绪年间诂经精舍教学与研究状况的重要资料。

书院

邓洪波、兰军著，长春出版社 2016 年出版，收入"中华文化元素丛书"。全书分为唐五代、北宋、南宋、元代、明代、清代及走向世界七个章节，附录有《历代书院统计表》。该书以中国书院为考察对象，介绍了书院精神与物质构成的文化内涵，以及中华文化累积起来的生存智慧和生活艺术。

关学与陕西书院

史飞翔著，西北工业大学出版社 2016 年出版。该书以地方志为依托，对陕西历史上不同时期的书院进行了梳理，并对当下新兴的现代书院进行了分析。在史料的基础上，作者总结出陕西书院的文化传统、陕西书院与关学的互动关系以及陕西书院和关学对陕西人精神的塑造。

东亚同文书院中国调查手稿丛刊

国家图书馆编，国家图书馆出版社 2016 年出版。东亚同文书院是近代日本为培养"中国通"而开办的高等学校，该校从清末至 1945 年，每年派学生到中国各地进行调查，以调查报告书作为毕业论文，分别向日本外务省和军方呈送，前后持续四十余年，总计派出四千余名日本学生，分成近七百个小组，足迹遍布中国各地，进行了地毯式的调查，形成调查报告千余份。这些调查使用了现代社会学、人类学的调查方法，持续时间、调查地域都超过满铁调查，调查报告也极为详细，令研究者叹为观止。本次出版，以国家图书馆所藏的调查手稿为底本，系首次对外公布。手稿的时间跨度从 1927 年第 24 期生至 1943 年第 40 期生，包括将近两千名调查人员撰写的约一千本的旅行日志手稿和八百余本的调查报告手稿。其中日志手稿远比后来整理的年度调查日志丰富，记录了不同时期中国社会的状态，比如军阀统治时期各地土匪猖獗情况，抗战时期学生从军见闻等。调查报告手稿内容未经删减和筛查，保留了大量涉密文献，记录了中国各地经济、政治、社会等方面的细节，是研究民国史、中国社会史、经济史、地方史极为重要的资料。

邵廷采与姚江书院派研究

邢舒绪著，浙江大学出版社 2016 年出版。该书主要研究了邵廷采与姚江书院的相关问题，对邵廷采的生平、史学成就、理学成就及其与姚江书院的关系进行了详尽的梳理，不仅将邵廷采置于姚江书院的发展史中进行研究，也将邵廷采和姚江书院同时置于明清之际社会变迁中进行考量，内容涉及明清史、明清理学、宁波地方文化等多个方面的热点。

叠山书院

吴海生、王立斌著，湖南大学出版社 2016 年出版。该书对谢枋的人格精神和叠山书院的历史沿革、管理、祭祀、建筑、诗、赋、碑、记、名人等方面，进行了全面而通俗的介绍，以便广大读者和书院文化爱好者清晰地了解这一厚重的文化。

张之洞与梁鼎芬两湖书院手札

武汉市档案馆、武汉博物馆编，武汉出版社 2016 年出版。该书收录张之洞手札 27 件 34 幅，梁鼎芬手札 13 件 13 幅，对手札进行了全文释读，配有影印件相互映衬，还对相关人物、事物进行了简略介绍。

特色书院教育

周丽霞主编，汕头大学出版社 2016 年出版。该书分为白鹿洞书院、岳麓书院、石鼓书院和应天书院四部分，具体包含的内容有：李渤开创白鹿洞书院先河、朱熹对白鹿洞书院的复兴、王阳明心学在书院的传播等。

遂川书院文化

郭良芬著，江西人民出版社 2016 年出版。该书共分为遂川书院概述、遂川书院与名人、遂川书院文存、遂川书院诗选、附录五部分，其主要内容包括：遂川先贤崇文重教，遂川书院的起源、鼎盛、式微，遂川现存书院建筑管窥等。

东亚同文书院研究

郭晶著，中国社会科学出版社 2016 年出版。该书通过介绍东亚同文书院大旅行调查的报告书、大旅行日志以及在此基础上整理的专书，来方便中国读者和研究人员了解东亚同文书院（大学），进而认识近代日本对华态度等关键问题。

大德敦化：河南敦复书院落实中华传统美德的真实故事

宵旰、雪晴著，世界知识出版社 2016 年出版。该书选取了发生在当代新办书院——敦复书院的六十个真实故事，记录了王英杰从千万富翁到平民教育家，出资兴办敦复书院的故事，也记录了引导及襄助王英杰兴办敦复书院的父母、妻儿及义工的故事。

书院何为

龚鹏程著，山东画报出版社 2016 年出版。该书汇集了作者对当下国学教育的思考与具体实施意见，包括对传统核心的礼乐文化如何落实于现代城市文明建设的相关设想，以及作者本人近年开创书院的实际经验等。

现代高校书院制教育研究

程海东、宫辉主编，西安交通大学出版社 2016 年出版。该书收录了"2016 年海峡两岸及港澳地区高校现代书院制教育论坛"的部分优秀论文，分为书院教育价值的评估、书院与学院间的合作、学生成长的教育计划、书院特色之发展等部分。

南昌书院史

温江斌著，南昌市社会科学界联合会、南昌社会科学院编，江西人民出版社 2016 年出版。该书对南昌古代书院的发展脉络、重要人物、重大事件及其对南昌文化教育的影响进行梳理、介绍和论述，文字浅显易懂，对了解和研究南昌历史上的书院情况和作用具有参考意义。

成都尊经书院史

魏红翎著，巴蜀书社 2016 年出版。该书分为尊经书院成立，尊经书院建制，尊经书院的教学，张之洞与尊经书院，王闿运与尊经书院，伍肇龄、宋育仁与尊经书院，尊经书院的藏书与刻书，尊经书院的弟子，尊经书院与蜀学复兴九章，系统回顾并总结了尊经书院的产生背景、办学特点、杰出人物、历史影响，对中国当代教育不乏启示意义。

学海堂与汉宋学之浙粤递嬗

於梅舫著，社会科学文献出版社 2016 年出版。该书分为学海堂与江浙学术入粤，入粤江浙学人与汉宋叙述，东塾之学与浙粤学术递嬗，东塾之学的确立、反响与意义四章，主要内容包括文笔考试与桐城义法、学海堂与经解之学、《汉学师承记》与汉学名义、《汉学商兑》与汉宋之争等。

出版日期待考

东林书院揽胜

陈宏华主编。该书介绍了东林书院概况及书院的代表建筑，包括门厅、石牌坊、院旗、泮池、东林精舍、门额"洛闽中枢"、丽泽堂、燕居庙、典籍室、祭器室、三公祠、小辨斋、西长廊、心鉴斋、寻乐处、来复斋、晚翠山房、东长廊、东林报功祠、再得草庐、时雨斋、东林庵旧址、还经亭、弓河、道南祠、正心亭。出版日期待考。

琼台书院话沧桑

叶风著。该书包括两编，分别介绍清代的琼台书院和民国时期的琼台学校，附有琼台书院部分山长名单。

执笔：王胜军、兰军、何君扬、赵伟

三、书院研究期刊论文索引

本索引著录 1923 年至 2016 年中国有关书院研究的期刊论文，分作者、篇名、来源三栏，按论文发表年代排序。

1923 年

作　者	篇　名	来　源
毛泽东	湖南自修大学创立宣言	《新时代》1923 年第 1 卷第 1 期
胡　适	书院的历史与精神	《教育与人生》1923 年第 9 期

1924 年

作　者	篇　名	来　源
胡　适	书院制史略	《东方杂志》1924 年第 21 卷第 3 期

1925 年

作　者	篇　名	来　源
盛朗西	宋元书院讲学制	《民铎杂志》1925 年第 6 卷第 1 期

1926 年

作　者	篇　名	来　源
陈东原	庐山白鹿洞书院沿革考	《民铎杂志》1926 年第 7 卷第 12 期

1927 年

作　者	篇　名	来　源
王镜第	书院通证·订名	《国学论丛》1927 年第 1 卷第 1 期

1929 年

作　者	篇　　名	来　　源
曹松叶	宋元明清书院概况	《中山大学语言历史研究所周刊》第 10 集，1929—1930 年第 111-114 期

1930 年

作　者	篇　　名	来　　源
班书阁	明季毁书院考	《睿湖》1930 年第 2 期

1931 年

作　者	篇　　名	来　　源
陈东原	书院史略	《学风》1931 年第 1 卷第 9 期
柳诒徵	江苏书院志初稿	《江苏国学图书馆年刊》1931 年第 4 期
班书阁	书院藏书考	《北京图书馆馆刊》1931 年第 5 卷第 3 期

1932 年

作　者	篇　　名	来　　源
吴景贤	安徽书院志	《学风》1932 年第 2 卷第 4-8 期
周书舲	书院制度之研究	《师大月刊》1932 年第 1 期

1933 年

作　者	篇　　名	来　　源
陈东原	清代书院风气之变迁	《学风》1933 年第 3 卷第 5 期
陈章楚	书院评议	《浙江省图书馆馆刊》1933 年第 2 卷第 5 期
班书阁	书院掌教考	《女师学院期刊》1933 年第 1 卷第 2 期
班书阁	书院兴废考	《女师学院期刊》1933 年第 2 卷第 1 期

1934 年

作　者	篇　　名	来　　源
湖南时务学堂	湖南时务学堂遗编	《大道》1934 年第 16、17、19-24 期
吴景贤	安徽书院沿革考	《学风》1934 年第 4 卷第 7 期
吴景贤	紫阳书院沿革考	《学风》1934 年第 4 卷第 7 期
上海通志馆编	龙门书院课程	《上海通志馆期刊》1934 年第 1 卷第 2 期
容肇祖	学海堂考	《岭南学报》1934 年第 3 卷第 4 期

1935 年

作　者	篇　　名	来　　源
古公愚	学海堂述略	《新民月刊》1935 年第 1 卷第 7、8 期
张天量	宋代书院的兴起	《大公报史地周刊》1935 年第 30 期
张君劢	西洋的大学和我国的书院	《宇宙旬刊》1935 年第 2 卷第 3 期
张君劢	书院制度之精神与学海书院之宗旨	《宇宙旬刊》1935 年第 4 卷第 7 期
张君劢	书院制度之精神与学海书院之建立	《新民月刊》1935 年第 1 卷第 7、8 期
郑师许	龙溪书院考略	《岭南学报》1935 年第 4 卷第 1 期
班书阁	书院生徒考	《女师学院期刊》1935 年第 3 卷第 1 期
梁瓯第	宋代的书院制度	《社会研究季刊》1935 年第 1 卷第 1 期
梁瓯第	明代的书院制度	《现代史学》1935 年第 2 卷第 4 期

1936 年

作　者	篇　　名	来　　源
王兰荫	河北省书院志初稿	《师大月刊》1936 年第 25、29 期
王兰荫	山东省书院志初稿	《师大月刊》1936 年第 29 期
张崟	诂经精舍志初稿	《文澜学报》1936 年第 2 卷第 1 期
郑浩然	歙县之飞布书院与师山书院	《学风》1936 年第 6 卷第 3 期
耀堤	书院制度	《江苏学生》1936 年第 7 卷第 1 期

1937 年

作　者	篇　　名	来　　源
吴景贤	洋川毓文书院考	《学风》1937 年第 7 卷第 4 期
沈思孚	上海龙门书院纪略	《人文月刊》1937 年第 8 卷第 9、10 期
盛朗西	中国书院制度之东渐	《学艺》1937 年第 16 卷第 1-3 期
梁瓯第	元代书院制度	《现代史学》1937 年第 3 卷第 2 期
傅顺时	两宋书院制度	《之江期刊》1937 年新 1 卷第 7 期
谢国桢	近代书院学校制度变迁考	《张菊生先生七十生日纪念论文集》1937 年
潜　山	谈谈以往的莲池	《河北月刊》1937 年第 5 卷第 2、3 期

1938 年

作　者	篇　　名	来　　源
林衡道	明志书院	《公论报》1938 年 12 月 19 日
俞敏良	白鹿书院之研究	《协大艺文》1938 年第 9 期

1939 年

作　者	篇　　名	来　　源
刘伯骥	师范学院与书院制度	《青年中国季刊》1939 年第 1 卷
李牧伯	中国书院制度论	《教育学报》1939 年第 2 期
张君劢	民族文化书院缘起	《中西印哲学文集》（下）1939 年
	评《广东书院制度沿革》	《图书季刊》1939 年新 1 卷第 4 期

1940 年

作　者	篇　　名	来　　源
吕　方	历代书院诸生考	《新东方》（上海）1940 年第 2 卷第 2 期
许梦瀛	广东书院制度沿革（书评）	《史学年报》1940 年第 3 卷第 2 期
李德晖	贵州明清两代建学纪略	《贵州文献汇刊》1940 年第 4 期
杨家骆	书院制之缘起及其优点	《东方杂志》1940 年第 37 卷第 15 期
翟宣颖	学海堂沿革	《中和月刊》1940 年第 1 卷第 4 期

1941 年

作　者	篇　　名	来　　源
钱　穆	五代时之书院	《责善半月刊》1941 年第 2 卷第 18 期

1942 年

作　者	篇　　名	来　　源
李景铭	历代书院沿革考略	《师大学刊》1942 年第 1 集

1943 年

作　者	篇　　名	来　　源
大　经	东南书院考	《东南》1943 年第 1 卷第 5-8 期
勉仁书院文书股	勉仁书院讲学旨趣	《图书季刊》1943 年新 4 卷第 1、2 期

1945 年

作　者	篇　　名	来　　源
孙延钊	浙江紫阳书院掌故征存录	《浙江省通志馆馆刊》1945—1946 年第 1 卷第 2-4 期
贺扬灵	浙江天目书院讲录序	《浙江省通志馆馆刊》1945 年第 1 卷第 3 期
黄绍竑	浙江天目书院讲录序	《浙江省通志馆馆刊》1945 年第 1 卷第 2 期
德　文	台湾的书院	《中央日报》1945 年 4 月 15 日

1946 年

作　者	篇　　名	来　　源
刘祝群	青田石门洞书院考	《浙江省通志馆馆刊》1946 年第 2 卷第 1 期

1947 年

作　者	篇　　名	来　　源
于乃仁	五华书院创立之宗趣与实践	《五华》1947 年第 4 期
邓之诚	清季书院述略	《现代知识》1947 年第 2 卷第 2、3 期
张清津	东林书院杂识	《中央日报》1947 年 6 月 9 日

续表

作　者	篇　名	来　源
张清津	东林书院与东林党	《中央日报》1947 年 8 月 4 日
聂崇岐	书院和学术的关系	《现代知识》1947 年第 2 卷第 2、3 期
辜天祐	时务学堂纪略	《湖南教育》1947 年新 1 卷第 2 期

1948 年

作　者	篇　名	来　源
太　玄	书院教育	《中央日报》1948 年 10 月 22 日
洪焕椿	明清间之浙江三大书院	《读书通讯》1948 年第 162 期
雷　震	广西宋元明书院纪略	《广西省通志馆馆刊》1948 年第 2 期

1957 年

作　者	篇　名	来　源
史炳坤	南菁略史	《史学工作通讯》1957 年第 3 期
奚友松	清代安徽书院的兴废问题	《史学工作通讯》1957 年第 3 期
钱均夫	杭州求是书院罪辩文案始末记略	《近代史资料》1957 年第 1 期

1958 年

作　者	篇　名	来　源
陈道生	中国书院教育新论	《台师大教研所集刊》1958 年第 1 辑

1960 年

作　者	篇　名	来　源
胥端辅	王湘绮与尊经书院	《台湾教育辅导月刊》1960 年第 1 期

1964 年

作　者	篇　名	来　源
龚志鎏	广州西关士绅和文澜书院	《广州文史资料》1964 年第 12 辑

1965 年

作　者	篇　名	来　源
沈琼楼	清末省办各书院及几间公私立学堂简介	《广州文史资料》1965 年第 10 辑
费海玑	宋代书院新考	《现代学苑》1965 年第 10 期

1967 年

作　者	篇　名	来　源
邱兆伟	宋代书院教育之成因	《台湾教育辅导月刊》1967 年第 2 期
邱兆伟	宋代书院教育之规制考	《今日教育》1967 年第 11 期
邱兆伟	宋代书院教育之沿革	《今日教育》1967 年第 12 期

1971 年

作　者	篇　名	来　源
陈记新	从教育观点析论宋代书院制度	《学记》1971 年第 3 期

1972 年

作　者	篇　名	来　源
赵汝福	中国书院制度	《台中师专学报》1972 年第 2 期

1973 年

作　者	篇　名	来　源
叶鸿丽	宋代书院教育之产生及其影响	《“国立”编译馆馆刊》1973 年第 3 期
张正藩	清代书院略述	《“国立”编译馆馆刊》1973 年第 3 期

1976 年

作　者	篇　名	来　源
张正藩	我国书院之起源与发展	《反攻》1976 年第 404 期
辜瑞兰	中国书院刊刻图书考	“中央图书馆”1976 年馆刊

1977 年

作　者	篇　名	来　源
叶鸿丽	宋代书院教育之特色及其组织	《淡江学报》1977 年第 15 期

1979 年

作　者	篇　名	来　源
杨荣春	中国古代书院的学风	《华南师院学报》1979 年第 1 期
张正藩	我国书院史料	《反攻》1979 年第 422 期
张正藩	书院讲学对学术的影响	《反攻》1979 年第 425 期
张正藩	中国书院之兴起与发展	《海外学人》1979 年第 80 期

1980 年

作　者	篇　名	来　源
方　华	庐山白鹿洞书院与朱熹的教育思想	《文汇报》1980 年 7 月 16 日
卢春荣	武昌文华书院的始末	《湖北文史资料》1980 年第 1 辑
白彦巴图	汪睿昌和他创办的蒙文书社	《内蒙古文史资料》1980 年第 5 辑
邢赞亭	莲池书院回忆录	《河北文史资料》1980 年第 1 辑
李国强	庐山白鹿洞书院	《江西教育》1980 年第 1 期
陈元晖 等	书院制度简论	《北京师范大学学报》（社会科学版）1980 年第 5 期
陈元晖 等	中国古代的书院	《百科知识》1980 年第 11 期
洪焕椿	明清间之浙江三大书院	《东方杂志》1980 年复刊第 9 期
［日］森时彦	东亚同文书院和根津精神——读史札记	《辛亥革命史丛刊》1980 年

1981 年

作　者	篇　名	来　源
刘文麟	关于嵩阳书院	《郑州师专学报》1981 年第 1 期
阮志高	鹅湖书院与鹅湖之会	《争鸣》1981 年第 3 期
何静梧 等	明清两代贵州的书院	《贵州文史丛刊》1981 年第 1 期
郝树侯	源远流长的山西大学——略述明清的晋阳书院	《山西大学学报》1981 年第 2 期
殷亮轩	贵山书院改办学堂的经过	《贵阳文史资料》1981 年第 2 辑

续表

作 者	篇 名	来 源
黄庆来	贵溪象山书院	《江西教育》1981 年第 3 期
萨伯森	清代福州的书院	《福州历史与文物》1981 年第 1 期
梁启勋	"万木草堂"回忆	《文史资料》1981 年第 25 辑
蒋制心 张嘉馥	浅谈清代兰州的书院	《兰州学刊》1981 年第 1 期
潘序伦	东坡书院史话	《宜兴文史资料》1981 年第 1 辑

1982 年

作 者	篇 名	来 源
王立斌	鹅湖书院	《江西历史与文物》1982 年第 2 期
王兴国	杨昌济与岳麓书院	《岳麓书院通讯》1982 年第 3 期
竹 立 等	《嵩阳书院志》简介	《河南图书馆季刊》1982 年第 3 期
刘 实	略论我国书院的教学与刻书	《浙江师院学报》1982 年第 1 期
刘志盛	《岳麓书院志》考	《岳麓书院通讯》1982 年第 3 期
孙钟逊	星川书院在平塘县	《贵州文史论丛》1982 年第 4 期
李才栋	唐至北宋的江西书院——江西书院略稿之一	《江西教育学院学刊》1982 年第 2 期
李才栋	朱熹兴复白鹿洞书院考	《江西师院南昌分院学报》1982 年第 3 期
李国钧	清代考据学派和最高学府（诂经精舍与学海堂）	《岳麓书院通讯》1982 年第 1 期
李致宁	邓中夏在岳麓书院	《岳麓书院通讯》1982 年第 3 期
杨金鑫	湖南宋代书院概况	《岳麓书院通讯》1982 年第 1 期
杨慎初	岳麓书院源流与前景	《岳麓书院通讯》1982 年第 1 期
邵 鸿	清代前期白鹿洞书院学田租佃制的若干问题之考察	《江西地方史论文选编》1982 年油印本
岳麓书院研究室	千年学府年表——岳麓书院部分	《岳麓书院通讯》1982 年第 2 期
秦寿容	东林书院和明末东林党	《江苏教育》1982 年第 1 期
黄庆来	朱熹和白鹿洞书院	《江西社会科学》1982 年第 3 期
盛 丰	银冈书院	《社会科学辑刊》1982 年第 2 期
程 磊	古代书院藏书流通的传统	《宁夏图书馆通讯》1982 年第 2 期

续表

作　者	篇　名	来　源
谢先模 徐冰云	奉新华林书院	《江西教育》1982 年第 8 期
蔡崇武	中国学校设演讲科之始应是南菁书院	《文汇报》1982 年 12 月 3 日

1983 年

作　者	篇　名	来　源
王炳照	古代书院的"讲会"制度	《光明日报》1983 年 8 月 26 日
卢字会	朱熹与白鹿洞书院	《江西教育学院学刊》1983 年第 1 期
申　畅	大梁书院及其藏书	《河南图书馆季刊》1983 年第 3 期
刘世龙	清末上海格致书院与早期改良思想	《华东师范大学学报》1983 年第 4 期
关履权	宋代的学校制度与书院	《两宋史论》中州书画社 1983 年版
李才栋	白鹿洞书院历史沿革简述	《岳麓书院通讯》1983 年第 2 期
李才栋	关于白鹿洞书院史实的若干质疑	《江西教育学院学刊》1983 年第 1 期
李才栋	关于朱熹兴复白鹿洞书院刍议	《江西教育学院学刊》1983 年第 2 期
李才栋	北宋时期白鹿洞书院规模考	《苏州大学学报》1983 年第 3 期
李行之	洪大全初居岳麓书院	《岳麓书院通讯》1983 年第 2 期
杨布生	学行兼优、训诲不倦——罗典掌教岳麓书院事略	《岳麓书院通讯》1983 年第 2 期
杨金鑫	岳麓书院与朱熹	《岳麓书院通讯》1983 年第 1 期
杨慎初	岳麓书院与岳麓山	《岳麓书院通讯》1983 年第 2 期
张正藩	中国书院之特色	《岳麓书院通讯》1983 年第 2 期
张定邦	清代的青海书院概况	《青海教育》1983 年第 5 期
张唐生 谭惠全	明清时期广州地区书院的发展	《广州研究》1983 年第 1 期
泉　蓉	宋代的书院	《河南教育》1983 年第 10 期
唐效实	复性书院始末	《乐山市志资料》1983 年第 3 期
章觐华	安徽的书院	《安徽教育》1983 年第 6 期
熊　寥	景仰书院——陶瓷专业教育的雏形	《江西教育》1983 年第 2 期
陈顺珍	国父孙中山先生与阿湖书院	《公民训育学报》1983 年创刊号

1984 年

作 者	篇 名	来 源
王 颋	元代书院考略	《中国史研究》1984 年第 1 期
王炳照	书院研究应进一步深入	《岳麓书院通讯》1984 年第 2 期
邓洪波	试论宋代岳麓书院的作用和影响	《岳麓书院通讯》1984 年第 2 期
卢光跃	广雅书院沿革	《岳麓书院通讯》1984 年第 1 期
朱文杰	无锡东林书院	《岳麓书院通讯》1984 年第 1 期
朱令民	岳麓书院学员蓊山胜	《岳麓书院通讯》1984 年第 2 期
朱汉民	书院研究座谈会纪要	《岳麓书院通讯》1984 年第 2 期
刘志盛	岳麓书院藏书史话	《岳麓书院通讯》1984 年第 1 期
孙国常 钟乐生	湘西文化摇篮——虎溪书院	《岳麓书院通讯》1984 年第 2 期
李才栋	《白鹿洞书院志》考	《九江师专学报》1984 年第 1 期
李才栋	白鹿洞书院能称是北宋四大书院之一吗?	《江西教育学院学刊》1984 年第 1 期
李才栋	白鹿"洞"考	《江西教育学院学刊》1984 年第 2 期
李才栋	鹅湖书院与鹅湖之会	《岳麓书院通讯》1984 年第 1 期
李才栋	漫谈书院的几个问题	《岳麓书院通讯》1984 年第 2 期
李国钧	在世界教育史上独具特色的中国书院	《岳麓书院通讯》1984 年第 2 期
杨布生	治院有箴规,读书有良法——山长王文清掌教岳麓书院考	《岳麓书院通讯》1984 年第 1 期
杨金鑫	朱张岳麓会讲考略	《岳麓书院通讯》1984 年第 2 期
杨湖礁	经心书院述略	《文史资料选辑》(第 99 辑)文史资料出版社 1984 年版
吴书锦	徐州古代书院	《徐州师院学报》1984 年第 4 期
邹邦奴	陆九渊与象山书院	《语文教学》1984 年第 2 期
张惠芬	要从宏观与微观两方面来考察书院的历史地位及作用	《岳麓书院通讯》1984 年第 2 期
陈利今	漫话中国古代书院和欧洲中世纪的大学	《岳麓书院通讯》1984 年第 2 期
陈英才	两湖书院忆闻	《文史资料选辑》(第 99 辑)文史资料出版社 1984 年版
陈和华	两宋书院的教学特点	《人民教育》1984 年第 4 期
陈家经	宋元明清的广西书院	《玉林师专学报》1984 年第 1 期

续表

作 者	篇 名	来 源
周祖文	欧阳厚均与岳麓书院	《岳麓书院通讯》1984 年第 2 期
郭令吾	关于书院的性质与特点	《岳麓书院通讯》1984 年第 2 期
韩 达	书院是我国古代教育的一颗明珠	《岳麓书院通讯》1984 年第 2 期
谭 修	张栻在湖南	《岳麓书院通讯》1984 年第 1 期
翟林东	东林书院和东林党	《文史知识》1984 年第 11 期
霍益华	上海格致书院述评	《华东师范大学学报》（教育科学版）1984 年第 4 期

1985 年

作 者	篇 名	来 源
王立斌	鹅湖之会与鹅湖书院	《江西地方志通讯》1985 年第 2 期
方祖猷	黄宗羲与甬上证人书院	《浙江学刊》1985 年第 1 期
邓洪波	湖南书院述略——元代部分	《岳麓书院通讯》1985 年第 1 期
邓洪波	岳麓书院学田简述	《岳麓书院通讯》1985 年第 2 期
邓洪波	岳麓书院祭祀述略	《广延墨客收经籍——奉新书院学术讨论会资料汇编》1985 年
甘泽民	略谈丰城古代书院的兴起与作用	《广延墨客收经籍——奉新书院学术讨论会资料汇编》1985 年
卢光跃	广州学海堂概述	《岳麓书院通讯》1985 年第 2 期
邝振华	全国书院对联集锦	《岳麓书院通讯》1985 年第 1 期
邝振华	试论古代诗人歌咏岳麓书院的诗篇	《岳麓书院通讯》1985 年第 2 期
朱文杰	杨时在东林书院讲学时间考辨	《岳麓书院通讯》1985 年第 1 期
朱汉民	湖湘学的发源地——述胡安国、胡宏父子所创碧泉书院、文定书堂	《岳麓书院通讯》1985 年第 1 期
朱志经	中国古代的书院述要	《广延墨客收经籍——奉新书院学术讨论会资料汇编》1985 年
刘 平	我国书院的产生发展及其历史意义	《长春师院学报》1985 年第 1 期
刘孔伏	古代书院起源辨	《社会科学研究资料》（江西）1985 年第 1 期
刘光智	云南书院及其向学校的转化过程	《云南师范大学学报》1985 年第 2 期
江东阁	对《中国图书馆史·崇文书院》中两个观点的不同看法	《内蒙古图书馆工作》1985 年第 4 期
江向东	简论宋代书院与藏书	《高校图书馆动态》1985 年第 1 期

续表1

作 者	篇 名	来 源
李才栋	我国古代书院的一种教学形式——升堂讲说述评	《岳麓书院通讯》1985 年第 2 期
李才栋	白鹿洞书院编年稿	《江西教育学院学刊》1985 年第 1 期
李才栋	江西始建书院年代考	《江西教育科研》1985 年第 2 期
李才栋	白鹿洞书院考略	《江西教育学院学刊》1985 年 18 期
李才栋	我国古代书院的特点和研究书院的价值	《教育研究》1985 年第 10 期
李才栋	南昌东湖书院考述	《南昌师专学报》1985 年第 2 期
李才栋	书院的起源与宋代书院的发展	《华东师范大学学报》（教育科学版）1984 年第 4 期
李才栋	我国古代书院的特点和研究书院的价值	《广延墨客收经籍——奉新书院学术讨论会资料汇编》1985 年
李汉武	魏源与岳麓书院	《岳麓书院通讯》1985 年第 1 期
李晓钟	宁乡水云山下的云山书院	《岳麓书院通讯》1985 年第 1 期
杨 帆	岳麓书院历史地理考	《岳麓书院通讯》1985 年第 2 期
杨布生	恒于治学，笃于人伦——山长李文炤掌教岳麓书院考	《岳麓书院通讯》1985 年第 1 期
杨布生	奉新书院汇新编，桑梓文踪面貌全——喜读《奉新古代书院》	《广延墨客收经籍——奉新书院学术讨论会资料汇编》1985 年
杨金鑫	朱熹与江西古代书院	《广延墨客收经籍——奉新书院学术讨论会资料汇编》1985 年
杨建东	古代书院藏书概述	《四川图书馆学报》1985 年第 5 期
吴晓明	唐代的书院制度	《上海师范大学学报》1985 年第 3 期
吴新雷	南菁书院的学术研究及其对文化界的贡献	《南京大学学报》1985 年第 2 期
邹邦奴	宋代的江西教育（书院）	《上饶师专学报》1985 年第 2 期
张正藩	教训合一的中国书院制度	《岳麓书院通讯》1985 年第 1 期
张正藩	大学与书院	《岳麓书院通讯》1985 年第 2 期
张雨青	安徽书院考	《安徽史学》1985 年第 5 期
张宪文	清代温州东山、中山书院史事考录	《温州师专学报》1985 年第 1 期
陈富安	鳌溪书院拾零	《广延墨客收经籍——奉新书院学术讨论会资料汇编》1985 年
武陵人	漫谈古代书院制度	《编辑之友》1985 年第 2 期

续表2

作　者	篇　名	来　源
拓　夫	岳麓书院藏书略述	《图书馆》1985 年第 4 期
罗佐才	庐山白鹿洞、濂溪书院若干事实商榷	《岳麓书院通讯》1985 年第 1 期
周铭生	从古代书院的起源看奉新书院的特点	《广延墨客收经籍——奉新书院学术讨论会资料汇编》1985 年
赵汝福	中国书院制度	《台中师专学报》1985 年第 2 期
胡　青	象山精舍与陆九渊教学	《广延墨客收经籍——奉新书院学术讨论会资料汇编》1985 年
俞润生	南京书院述略	《南京师大学报》1985 年第 4 期
徐　文	我国书院藏书漫谈	《图书馆杂志》1985 年第 3 期
萨伯森	清代福州的书院	《福州文史资料》1985 年第 4 辑
曹　之	谈书院刻书	《高校图书馆工作》1985 年第 3 期
曹　锐	中国古代书院的藏书建设和藏书特色	《岳麓书院通讯》1985 年第 1 期
阎国华	我国古代书院的三个特点	《光明日报》1985 年 3 月 1 日
彭石居	桂岩书院考	《广延墨客收经籍——奉新书院学术讨论会资料汇编》1985 年
彭明哲	石鼓书院历代兴废沿革简述	《岳麓书院通讯》1985 年第 2 期
谢先模 等	试论华林书院的特色	《广延墨客收经籍——奉新书院学术讨论会资料汇编》1985 年
谢先模 等	华林书院究竟创建于何时	《广延墨客收经籍——奉新书院学术讨论会资料汇编》1985 年
谢雪屏 等	宋代的官学与书院	《传习》1985 年第 3 期
甄子农	象山书院故址变迁史略	《江西地方志通讯》1985 年第 3 期
雷方圣	从《龙山书院条约》看清末书院的考试制度	《湖北教育史志资料》1985 年第 3 期
肇　予	五华、经正、育材书院考略	《云南教育学院学报》1985 年第 4 期
黎松竹	简述华林书院与宗教	《广延墨客收经籍——奉新书院学术讨论会资料汇编》1985 年

1986 年

作　者	篇　名	来　源
王　毅	文艺应轸宿，诗教传西河——试论岳麓书院的读书诗	《岳麓书院一千零一十周年纪念文集》湖南人民出版社 1986 年版

续表 1

作　者	篇　名	来　源
王卫平	略论古代书院的性质	《南昌职业技术师范学院学报》1986年第 2 期
王卫平	试论古代书院的性质	《岳麓书院通讯》1986年第 1 期
王兴国	岳麓书院与青年毛泽东	《岳麓书院一千零一十周年纪念文集》湖南人民出版社 1986 年版
王治浩 杨　根	格致书院与《格致汇编》	《徐寿和中国近代化学史》科学技术文献出版社 1986 年版
王炳照	书院研究与教育改革	《岳麓书院一千零一十周年纪念文集》湖南人民出版社 1986 年版
王维佳	试论湖南自修大学与我国书院传统的继承关系	《湖南教育学院学报》1986年第 2 期
车树实	中国古代书院的教学传统及其现实意义	《教育丛刊》1986年第 2 期
方世飞	古老书院话兴衰	《岳麓书院通讯》1986年第 2 期
邓洪波	解放前中国书院史研究述评	《岳麓书院通讯》1986年第 1 期
邓洪波	中国书院史研究论文专著索引	《岳麓书院通讯》1986年第 2 期
邓洪波	湖南书院述略——唐代部分	《岳麓书院通讯》1986年第 2 期
邓洪波	试论岳麓书院的历史地位和作用	《岳麓书院一千零一十周年纪念文集》湖南人民出版社 1986 年版
甘泽民	略谈丰城古代书院的兴起与作用	《宜春师专学报》1986年第 3 期
史文山	古代书院的地位与价值	《晋图学刊》1986年第 4 期
白莉民	对传统教育的历史反思——清代名人论书院	《岳麓书院一千零一十周年纪念文集》湖南人民出版社 1986 年版
冯玉辉	衡州府书院概述	《岳麓书院通讯》1986年第 2 期
朱汉民	张栻主教岳麓考辨	《岳麓书院通讯》1986年第 1 期
伍新福	邵州濂溪书院史考	《岳麓书院通讯》1986年第 2 期
向　群	试论岳麓书院的性质	《岳麓书院通讯》1986年第 2 期
刘　琪	诂经精舍创建年份考	《岳麓书院通讯》1986年第 1 期
刘　琪 朱汉民	湘水校经堂述评	《岳麓书院一千零一十周年纪念文集》湖南人民出版社 1986 年版
刘志盛	中国书院刻书纪略	《岳麓书院一千零一十周年纪念文集》湖南人民出版社 1986 年版
刘泱泱	岳麓书院与时务学堂	《岳麓书院一千零一十周年纪念文集》湖南人民出版社 1986 年版

续表2

作　者	篇　名	来　源
许梦瀛	清初的嵩阳书院	《岳麓书院一千零一十周年纪念文集》湖南人民出版社 1986 年版
严佐之	论书院刻书的历史传统	《岳麓书院一千零一十周年纪念文集》湖南人民出版社 1986 年版
杜成宪	全祖望教育思想述评	《岳麓书院一千零一十周年纪念文集》湖南人民出版社 1986 年版
李才栋	朱熹和白鹿洞书院	《江西教育科研》1986 年第 2 期
李才栋	关于书院研究的通讯（五则）	《宜春师专学报》1986 年第 3 期
李才栋	简论我国书院的起源	《岳麓书院一千零一十周年纪念文集》湖南人民出版社 1986 年版
李书有	东林书院及其在我国书院发展史上的地位	《岳麓书院一千零一十周年纪念文集》湖南人民出版社 1986 年版
李汉武	岳麓书院与魏源	《岳麓书院一千零一十周年纪念文集》湖南人民出版社 1986 年版
李国钧	论东林讲学	《岳麓书院一千零一十周年纪念文集》湖南人民出版社 1986 年版
李俊朝	左宗棠与渌江书院	《岳麓书院通讯》1986 年第 2 期
李彦福 雷　坚	试论宋元明清时期的广西书院	《广西社会科学》1986 年第 4 期
杨进康 胡能益 等	从儒林书院的创建谈古代城步教育之发达	《岳麓书院通讯》1986 年第 2 期
杨荣春 王建军	广州学海堂考略	《岳麓书院一千零一十周年纪念文集》湖南人民出版社 1986 年版
杨慎初	岳麓书院的建设特点	《岳麓书院一千零一十周年纪念文集》湖南人民出版社 1986 年版
旷光辉	略述文明奥区南岳书院	《岳麓书院通讯》1986 年第 2 期
何光岳	金鹗书院沿革考	《岳麓书院通讯》1986 年第 2 期
何楷儒	渌江书院及其影响	《岳麓书院通讯》1986 年第 2 期
余永德	略论我国古代书院的教学特点	《安徽师范大学学报》1986 年第 1 期
邹昌盛	两湖书院的建立与改革	《湖北教育史志资料》1986 年第 6 期
邹振环	傅兰雅与上海格致书院图书馆	《图书馆杂志》1986 年第 3 期
汪根年 笔　策	东明书院考述	《浙江师范大学学报》1986 年第 1 期
宋良文	安徽历史上的书院	《安徽教育》1986 年第 9 期

续表3

作　者	篇　名	来　源
张玉玲	简论宋代书院	《岳麓书院通讯》1986 年第 2 期
张相楚	永顺书院建置史略	《岳麓书院通讯》1986 年第 2 期
陈正夫	宋明理学与书院教育	《岳麓书院一千零一十周年纪念文集》湖南人民出版社 1986 年版
陈左高	清代日记中的书院史料	《岳麓书院一千零一十周年纪念文集》湖南人民出版社 1986 年版
陈祖武	从关中、漳南二书院看清初的关学与北学	《岳麓书院一千零一十周年纪念文集》湖南人民出版社 1986 年版
陈海波	安化崇文书院述略	《岳麓书院通讯》1986 年第 1 期
陈梦良	常德书院与地方儒学	《岳麓书院通讯》1986 年第 2 期
拓　夫	六十年来中国书院史研究述评	《南昌职业技术师范学院学报》1986 年第 2 期
林英仪	潮州韩山书院沿革述略	《岳麓书院通讯》1986 年第 2 期
欧阳宗鉴 等	攸县的书院与理学	《岳麓书院通讯》1986 年第 2 期
尚乐林	从刘尔炘的学术思想看书院过渡到大学时期的理学动向	《岳麓书院一千零一十周年纪念文集》湖南人民出版社 1986 年版
易懋官	平江书院初探	《岳麓书院通讯》1986 年第 2 期
罗庆康	箴言书院简述	《益阳师专学报》1986 年第 4 期
罗庆康 等	箴言书院简述	《岳麓书院通讯》1986 年第 2 期
金林洋	论书院改学堂	《岳麓书院一千零一十周年纪念文集》湖南人民出版社 1986 年版
金景芳	从抗日战争时期的复兴书院谈起	《岳麓书院一千零一十周年纪念文集》湖南人民出版社 1986 年版
周树人	《白鹿书院经久规模议》浅说	《岳麓书院通讯》1986 年第 2 期
周铭生	略谈古代书院的起源兼述奉新书院的特点	《宜春师专学报》1986 年第 3 期
周德昌	南宋的教育流派与书院教学	《岳麓书院一千零一十周年纪念文集》湖南人民出版社 1986 年版
赵文雍	衡山书院初考	《岳麓书院通讯》1986 年第 2 期
赵永东	唐代集贤殿书院考论	《南开学报》1986 年第 4 期
赵国权	百泉书院考略	《岳麓书院通讯》1986 年第 2 期
重　峻	晚清大梁书院藏书管理简介	《河南图书馆学刊》1986 年第 3 期
莫善钊	台湾港澳中国古代书院研究	《岳麓书院通讯》1986 年第 2 期

续表 4

作　者	篇　　名	来　源
徐冰云	奉新古代书院史略	《教育评论》1986 年第 1 期
徐冰云	奉新的古代书院	《江西教育》1986 年第 6 期
徐冰云	华林书院考	《宜春师专学报》1986 年第 3 期
唐伯固	岳麓书院与贺长龄	《岳麓书院一千零一十周年纪念文集》湖南人民出版社 1986 年版
唐明邦	试论书院的哲学教育传统	《岳麓书院一千零一十周年纪念文集》湖南人民出版社 1986 年版
唐德元	嘉禾珠泉书院初探	《岳麓书院通讯》1986 年第 2 期
梅　季	光辉与阴影——论岳麓书院最后一任山长王先谦	《岳麓书院一千零一十周年纪念文集》湖南人民出版社 1986 年版
曹　锐	书院刻书考略	《岳麓书院通讯》1986 年第 1 期
曹　锐	清代湖南书院建置与规模考述	《岳麓书院通讯》1986 年第 2 期
曹国庆	浅论江西书院发展的原因	《岳麓书院通讯》1986 年第 2 期
彭石居	桂岩书院考	《宜春师专学报》1986 年第 3 期
彭声涌	白鹭洲书院调查报告	《江西师大函授》1986 年第 2 期
彭明哲	长沙城南书院及其藏书考	《岳麓书院通讯》1986 年第 2 期
彭清野	益阳龙洲书院	《岳麓书院通讯》1986 年第 1 期
程舜英	佛教对中国教育和书院制度的影响	《岳麓书院一千零一十周年纪念文集》湖南人民出版社 1986 年版
虞崇胜	湖北武汉书院史略	《岳麓书院通讯》1986 年第 1 期
蔡尚思	朱熹的书院教育与礼教思想	《复旦大学学报》1986 年第 4 期
熊痕戈	宜春古代书院的寻根与反思	《宜春师专学报》1986 年第 3 期
黎松竹	简述华林书院与宗教	《宜春师专学报》1986 年第 3 期

1987 年

作　者	篇　　名	来　源
王现国	谈奎光书院与至诚书院教学之竞争	《宜春师专学报》1987 年第 6 期
王宜汉	清季福州各书院丛谈	《福建文史资料》1987 年第 16 辑
韦　刚	龙溪书院始末考	《广西教育学院学报》1987 年第 2 期
车树实	古代书院的形式与当前的教育改革	《湖南大学学报》（社会科学版）1987 年第 1 期
邓洪波	三十六年来书院史研究综述	《宜春师专学报》1987 年第 6 期

续表 1

作　者	篇　名	来　源
永济县教育志	蒲坂古郡书院多——永济县历代书院兴废考略	《山西教育史志》1987 年第 1 期
朱志经	张之洞和两湖书院	《湖南大学学报》（社会科学版）1987年第 1 期
华　风	一部钩沉探幽考证谨严的书院研究专著——《岳麓书院山长考》评介	《湖南大学学报》（社会科学版）1987年第 1 期
华　风	兴学岳麓更建书院的不朽功臣朱熹——《朱熹与岳麓书院》评介	《湖南大学学报》（社会科学版）1987年第 1 期
刘　虹	从书院讲学看古代集体教学	《湖南大学学报》（社会科学版）1987年第 1 期
刘文源	宋代教育家欧阳守道	《争鸣》1987 年第 1 期
刘锡辰	范仲淹与应天书院	《湖南大学学报》（社会科学版）1987年第 1 期
许　康 等	书院自然科学教育初探	《湖南大学学报》（社会科学版）1987年第 1 期
孙映球	元代书院的特点	《湖南大学学报》（社会科学版）1987年第 1 期
李才栋	关于白鹿洞书院在朝鲜、日本影响点滴	《江西教育学院学刊》1987 年第 3 期
李才栋	关于书院"讲会"与"会讲"之答问	《江西教育学院学刊》1987 年第 4 期
李才栋	书院、书堂通用或混用的若干事例	《宜春师专学报》1987 年第 6 期
李才栋	关于象山书院的答问	《象山书院创办八百周年纪念专辑》贵溪、金溪两县文史资料研究委员会编，1987 年
李行之	城南书院述略	《长沙史志通讯》1987 年第 4 期
李泽钧	清末沂州书院简况	《山东教育史志资料》1987 年第 4 期
李竞成	永兴金陵书院简史	《湖南大学学报》（社会科学版）1987年第 4 期
杨　帆	岳麓书院历史地理研究	《湖南大学学报》（社会科学版）1987年第 4 期
杨布生	衡州石鼓书院考略	《衡州今古》1987 年第 2 期
杨岳平	书院史著作的新篇章——评《岳麓书院史略》	《湖南大学学报》（社会科学版）1987年第 1 期
杨金鑫	朱熹与石鼓书院	《湖南大学学报》（社会科学版）1987年第 4 期

续表 2

作　者	篇　名	来　源
肖栋梁	批判继承书院传统的典范——湖南自修大学述论	《湖南大学学报》（社会科学版）1987年第 1 期
吴翼鉴	试论我国传统教育的扬弃——兼谈古代书院的教风与学风	《九江师专学报》1987 年第 4 期
忻　平	论王韬与上海格致书院	《档案与历史》1987 年第 1 期
张　庆	大学·书院·书塾	《阅读与写作》1987 年第 5 期
张洪生	宋元明清山东书院一览表	《山东教育史志资料》1987 年第 4 期
张惠芬	试论宋代的精舍与书院	《华东师范大学学报》（教育科学版）1987 年第 1 期
陈有期	宋明理学大师与衡州书院	《衡阳师专学报》1987 年第 4 期
陈光贻	书院的起源、演变与发展	《湖南大学学报》（社会科学版）1987年第 1 期
陈谷嘉	中国传统文化与现代化的关系及书院文化史讨论的综述	《湖南大学学报》（社会科学版）1987年第 1 期
陈谷嘉	论张栻的教育思想	《湖南大学学报》（社会科学版）1987年第 4 期
陈炎成	象山书院及其历史变迁史略	《江西教育学院学刊》1987 年第 4 期
陈炎成	象山书院及其历史变迁	《争鸣》1987 年第 1 期
陈炎成	象山书院及其变迁史略	《象山书院创办八百周年纪念专辑》贵溪、金溪两县文史资料研究委员会编，1987 年
陈炎成	贵溪知县与象山书院	《象山书院创办八百周年纪念专辑》贵溪、金溪两县文史资料研究委员会编，1987 年
陈炎成	象山书院大事年表	《象山书院创办八百周年纪念专辑》贵溪、金溪两县文史资料研究委员会编，1987 年
陈炎成	象山书院大事年表	《江西教育科研》1987 年第 5 期
陈炎成	颇具特色的象山精	《历史大观园》1987 年第 1 期
陈善从 等	济南的书院	《山东教育史志资料》1987 年第 4 期
易　行	象山书院的兴废	《象山书院创办八百周年纪念专辑》贵溪、金溪两县文史资料研究委员会编，1987 年
罗佐才	中国古代书院办学的优良传统	《湖南大学学报》（社会科学版）1987年第 1 期

续表 3

作　者	篇　名	来　源
周秋光	熊希龄与书院改革	《湖南大学学报》（社会科学版）1987 年第 4 期
周铭生	书院教育方法初探	《宜春师专学报》1987 年第 6 期
赵宗道	我国书院的发生发展和演变管窥	《湖南大学学报》（社会科学版）1987 年第 1 期
赵家骥	吉林省书院考略	《湖南大学学报》（社会科学版）1987 年第 1 期
郝喜明	书院管理特色初探	《教学与管理》1987 年第 2 期
养　拙	范仲淹与应天书院	《商丘师专学报》1987 年第 2 期
骆承烈	孔府书院及其特点	《山东教育史志资料》1987 年第 4 期
袁爱国	宋代泰山书院初考	《山东教育史志资料》1987 年第 4 期
徐冰云	赣中著名书院一览表	《宜春师专学报》1987 年第 6 期
容敬榛	漫谈白鹭洲书院	《吉安师专学报》1987 年第 4 期
菏泽地区教育志	曹州重华书院简介	《山东教育史志资料》1987 年第 4 期
曹继英	中国书院史略	《济宁师专学报》1987 年第 4 期
阎国华	莲池书院史略	《湖南大学学报》（社会科学版）1987 年第 1 期
彭国兴	江标与湖南书院制度的初步改革	《湖南大学学报》（社会科学版）1987 年第 1 期
蒋东溪	应天山象山精舍	《象山书院创办八百周年纪念专辑》贵溪、金溪两县文史资料研究委员会编，1987 年
程禹文	阮元办学与古代书院教育	《高教研究》1987 年第 1 期
雷庆翼	书院的产生及其历史作用刍议	《衡阳师专学报》1987 年第 2 期
熊承涤	略论清代书院教学内容的演变	《湖南大学学报》（社会科学版）1987 年第 1 期

1988 年

作　者	篇　名	来　源
［日］牧野修二（著）赵　刚（译）	论元代庙学书院的规模	《齐齐哈尔师院学报》1988 年第 4 期
丁平一	清末船山书院课艺考略	《书院研究》湖南大学出版社 1988 年版

续表1

作　者	篇　名	来　源
王　毅	卢挚诗文中所反映的元代湖南书院	《书院研究》湖南大学出版社 1988 年版
王兴国	近代湖南书院教育与学风	《书院研究》湖南大学出版社 1988 年版
王迎喜	简谈清代甘肃的书院	《西北史地》1988 年第 1 期
王忠文	悬棺之谜与朱熹的紫阳书院	《光明日报》1988 年 10 月 9 日
王朝柏	龙山县书院的创办与演变	《书院研究》湖南大学出版社 1988 年版
车树实	中国古代书院教学的传统及其现实意义	《书院文化史研究文集》湖南大学出版社 1988 年版
仇文农 等	岳麓门生黄凤岐	《书院研究》湖南大学出版社 1988 年版
方世飞	汝城县书院简况	《书院研究》湖南大学出版社 1988 年版
尹海清	船山书院概述	《书院研究》湖南大学出版社 1988 年版
邓洪波	箴言书院及其藏书（上）	《图书馆》1988 年第 6 期
邓洪波	湖南书院述略——明代部分	《书院研究》湖南大学出版社 1988 年版
龙　洸	江华三宿书院简介	《书院研究》湖南大学出版社 1988 年版
龙家富	宁远崇正书院概况	《书院研究》湖南大学出版社 1988 年版
龙震球	零陵群玉书院	《书院研究》湖南大学出版社 1988 年版
白莉民	论书院与自然科学教育	《湖南大学学报》（社会科学版）1988 年第 4 期
冯玉辉	石鼓书院教学宗旨初探	《书院文化史研究文集》湖南大学出版社 1988 年版
朱汉民	简论书院的性质	《宜春师专学报》1988 年第 4 期
朱汉民	论胡宏的教育思想	《书院研究》湖南大学出版社 1988 年版
向　群	简论中国古代书院与科举的关系	《书院研究》湖南大学出版社 1988 年版
刘　琪	清代书院发展史上的里程碑——阮元诂经精舍、学海堂的创建	《书院文化史研究文集》湖南大学出版社 1988 年版

续表2

作　者	篇　名	来　源
刘石林 等	汨罗书院考略	《书院研究》湖南大学出版社 1988 年版
刘朴生	临湘莼湖书院	《书院研究》湖南大学出版社 1988 年版
刘志盛	茶陵东山书院刻书考	《书院研究》湖南大学出版社 1988 年版
刘国梁	道教对宋明时期书院教育的影响	《书院文化史研究文集》湖南大学出版社 1988 年版
汤羽扬 等	湖南现存书院建筑调查	《书院研究》湖南大学出版社 1988 年版
孙映球	资兴辰冈书院碑记及方志初探	《湖南大学学报》（社会科学版）1988 年第 4 期
孙映球	资兴县辰冈书院碑记方志初考	《书院研究》湖南大学出版社 1988 年版
李　扬	书院学需要时代，时代需要书院学	《书院研究》湖南大学出版社 1988 年版
［美］李弘祺	朱熹、书院与私人讲学的传统	《江西教育科研》1988 年第 2 期
李才栋	关于几所书院研究中的若干问题	《江西教育学院学报》1988 年第 3 期
李才栋	关于江西书院的若干问题	《江西教育学院函授教学》1988 年第 3 期
李才栋 等	江西书院简介	《江西教育志通讯》1988 年第 3 期
李文祥 等	宁远泠南书院概述	《书院研究》湖南大学出版社 1988 年版
李行之	城南书院不建于宋代考	《书院研究》湖南大学出版社 1988 年版
李昌明	宋教仁与漳江书院	《书院研究》湖南大学出版社 1988 年版
李晓钟	水云山下的云山书院	《书院研究》湖南大学出版社 1988 年版
李竟成	略述永兴安陵书院及其周围的古迹	《书院研究》湖南大学出版社 1988 年版
李麟书	祁阳文昌书院	《书院研究》湖南大学出版社 1988 年版
杨进廉 等	白云书院初考	《书院研究》湖南大学出版社 1988 年版

续表3

作　者	篇　　名	来　源
杨金鑫	论《潭州重修岳麓书院记》	《书院研究》湖南大学出版社 1988 年版
杨慎初	编写《湖南书院》的几点设想	《书院研究》湖南大学出版社 1988 年版
肖栋梁	书院教育对林伯渠的影响	《书院研究》湖南大学出版社 1988 年版
旷光辉	郪侯书院考	《书院研究》湖南大学出版社 1988 年版
何明栋	白鹭洲书院发展史略	《江西教育学院学报》1988 年第 3 期
汪庆元	徽商与两浙崇文书院	《江淮论坛》1988 年第 3 期
张玉玲	论城南书院"异才"邓辅纶的爱国诗歌	《书院研究》湖南大学出版社 1988 年版
张振莘	大庸书院概况	《书院研究》湖南大学出版社 1988 年版
陈有期	宋明理学大师与衡州书院	《书院研究》湖南大学出版社 1988 年版
陈远发	清末的两湖书院	《中国教育报》1988 年 6 月 25 日
陈谷嘉	关于书院研究中的几个问题	《书院研究》湖南大学出版社 1988 年版
陈海波	安化中梅书院	《湖南大学学报》（社会科学版）1988 年第 4 期
陈海波	陶澍建设书院事迹考	《书院研究》湖南大学出版社 1988 年版
林宪民	螺洲观澜书院简史	《福建图书馆学刊》1988 年第 1 期
易懋官	从《天岳书院记》看清代平江书院建设的始末	《书院研究》湖南大学出版社 1988 年版
罗　新	湖北历代书院考	《江汉论坛》1988 年第 10 期
罗元丽	慈利县书院简介	《书院研究》湖南大学出版社 1988 年版
季羡林	论书院	《群言》1988 年第 3 期
周协和	新化的书院	《书院研究》湖南大学出版社 1988 年版
周秋光	朱其懿与沅水校经堂	《书院研究》湖南大学出版社 1988 年版
周铭生	试论古代书院的道德教育	《宜春师专学报》1988 年第 4 期

续表 4

作　者	篇　名	来　源
周铭生	试论古代书院的道德教育	《书院研究》湖南大学出版社 1988 年版
周群华	张栻与王闿运——蜀湘学术文化与书院教育	《社会科学研究》1988 年第 3 期
郑均生	衡阳濂溪书院考	《书院研究》湖南大学出版社 1988 年版
赵文雍	衡山书院调查录	《书院研究》湖南大学出版社 1988 年版
郝喜明	书院管理特色初探	《书院文化史研究文集》湖南大学出版社 1988 年版
洪　波	朱熹在瀛山书院讲学及其轶文墨宝考	《中国哲学史研究》1988 年第 4 期
贺兴武	中国古代书院对王船山的影响	《书院研究》湖南大学出版社 1988 年版
徐冰云 等	关于梧桐书院的若干资料	《宜春师专学报》1988 年第 4 期
徐祥玲 杨本红	扬州书院与扬州学派	《扬州大学学报》1988 年第 2 期
徐镇寿	景仰书院小考——兼评《景仰书院——陶瓷专业教育的雏型》史料失真	《江西教育学院学报》1988 年第 3 期
高时良	清季书院改革述评	《书院文化史研究文集》湖南大学出版社 1988 年版
郭仁成	论岳麓书院的爱国主义传统（上）	《书院文化史研究文集》湖南大学出版社 1988 年版
唐敷伟	零陵濂溪书院考略	《书院研究》湖南大学出版社 1988 年版
唐德元	书院学与教育学、方志学、档案学的关系	《书院研究》湖南大学出版社 1988 年版
黄新宪	论张之洞与两湖书院的兴办及改制	《齐齐哈尔师院学报》1988 年第 4 期
黄新宪	略论广雅书院的创设及其主要特点	《华中师范大学学报》1988 年第 4 期
萧平汉	试论书院的产生	《湖南大学学报》（社会科学版）1988 年第 4 期
彭士芳	城南书院考略	《书院研究》湖南大学出版社 1988 年版
彭国兴	王闿运与衡阳船山书院	《书院研究》湖南大学出版社 1988 年版

续表5

作　者	篇　　名	来　　源
彭定国	岳麓书院碑刻档案考略	《书院研究》湖南大学出版社 1988 年版
韩淑举	清代书院藏书初探	《山东图书馆季刊》1988 年第 3 期
童焕云	陕西清代五大书院的始末	《陕西地方志》1988 年第 1 期
温克勤	评书院的道德教育	《书院文化史研究文集》湖南大学出版社 1988 年版
谢秉忠	东山书院考略	《书院研究》湖南大学出版社 1988 年版
廉湘民	从会讲到讲会看书院的创造作用	《书院研究》湖南大学出版社 1988 年版
蔡周宽	黔阳县龙标书院初考	《书院研究》湖南大学出版社 1988 年版
颜之江	李金镛与长春养正书院	《东北地方史研究》1988 年第 2 期
颜宝琳	宜章县书院的始末及演变	《书院研究》湖南大学出版社 1988 年版

1989 年

作　者	篇　　名	来　　源
王光华	萃文书院开新加坡华文教育之端	《书院研究》（第二集）湖南省书院研究会 1989 年版
王兴国	略论古代科举制度对书院之影响	《书院研究》（第二集）湖南省书院研究会 1989 年版
王炳如	朱熹与白鹿洞书院的影响长存	《白鹿洞书院通讯》1989 年第 1 期
卜孝萱	从对联看书院	《白鹿洞书院通讯》1989 年第 1 期
邓洪波	朱熹与朝鲜书院	《贵州教育学院学报》1989 年第 1 期
邓洪波	箴言书院及其藏书（下）	《图书馆》1989 年第 2 期
邓洪波	清代的推广官话运动考析（正音书院）	《教育评论》1989 年第 3 期
邓洪波	唐代书院诗初考	《湖南大学学报》（社会科学版）1989 年第 5 期
朱汉民	南宋岳麓书院的学风	《书院研究》（第二集）湖南省书院研究会 1989 年版
刘　琪	"五四"时期的书院研究与教育改革	《书院研究》（第二集）湖南省书院研究会 1989 年版

续表1

作　者	篇　名	来　源
江咏梅	渌江书院修复简记	《书院研究》（第二集）湖南省书院研究会 1989 年版
阮志高	白鹿洞书院师长小传选	《白鹿洞书院通讯》1989 年第 1 期
孙家骅	陈崇与东佳书堂	《白鹿洞书院通讯》1989 年第 1 期
李才栋	白鹿洞书院简述	《白鹿洞书院通讯》1989 年第 1 期
李才栋	关于丽正书院、集贤书院的问题	《书院研究》（第二集）湖南省书院研究会 1989 年版
李晓钟	评《岳麓书院名人传》	《湖南大学学报》（社会科学版）1989 年第 5 期
杨布生	渌江书院首届山长陈梦元考略	《书院研究》（第二集）湖南省书院研究会 1989 年版
杨布生	周敦颐筑濂溪书堂与书院教育考略	《湖南大学学报》（社会科学版）1989 年第 6 期
杨志超	左权在渌江书院等地的读书生活	《书院研究》（第二集）湖南省书院研究会 1989 年版
吴绪成	郴州地区书院规制考略	《书院研究》（第二集）湖南省书院研究会 1989 年版
何楷儒	渌江书院与醴陵知县	《书院研究》（第二集）湖南省书院研究会 1989 年版
辛继湘	岳麓书院堂长吴猎	《书院研究》（第二集）湖南省书院研究会 1989 年版
张天岳	魏定国与白鹿洞书院	《南方文物》1989 年第 1 期
张惠芬	论宋代的精舍与书院	《华东师范大学学报》1989 年第 1 期
陈友期	《石鼓书院记》与石鼓的理学教育	《书院研究》（第二集）湖南省书院研究会 1989 年版
陈海波	渌江书院山长周锡溥述略	《书院研究》（第二集）湖南省书院研究会 1989 年版
陈海波	湖南省书院研究会第四届年会纪要	《书院研究》（第二集）湖南省书院研究会 1989 年版
［日］林友春（著）赵　刚（译）	唐宋书院及其教育	《辽宁师范大学学报》1989 年第 1 期
明文榆	津市市三书院考略	《书院研究》（第二集）湖南省书院研究会 1989 年版
罗绍志 等	湘乡县境五书院综述	《书院研究》（第二集）湖南省书院研究会 1989 年版

续表 2

作　者	篇　名	来　源
周铭生	书院的学术研究与人才培养	《教育评论》1989 年第 6 期
王宪章	白鹿洞书院拾零二则	《白鹿洞书院通讯》1989 年第 1 期
祝林浩	鹅湖寺、鹅湖之会与鹅湖书院	《江西方志》1989 年第 4 期
桂多荪	祁阳书院三记	《书院研究》（第二集）湖南省书院研究会 1989 年版
高中晓	形成书院学风的几方面因素	《书院研究》（第二集）湖南省书院研究会 1989 年版
唐先华	船山书院用人制度浅议	《书院研究》（第二集）湖南省书院研究会 1989 年版
黄绘新	江华书院与瑶族文化事业	《书院研究》（第二集）湖南省书院研究会 1989 年版
黄新宪	张之洞与尊经书院	《教育评论》1989 年第 3 期
曹　锐	湖南书院藏书考	《书院研究》（第二集）湖南省书院研究会 1989 年版
彭世政	论书院人才培养目标	《书院研究》（第二集）湖南省书院研究会 1989 年版
彭定国	渌江、城南书院志与档案史料编纂	《书院研究》（第二集）湖南省书院研究会 1989 年版
蒋圣培	陈仁子与东山书院	《书院研究》（第二集）湖南省书院研究会 1989 年版
游唤民	论孔子的私学及对后世书院的影响	《书院研究》（第二集）湖南省书院研究会 1989 年版
谢义逊	新田县族办书院	《书院研究》（第二集）湖南省书院研究会 1989 年版
廉湘民	试论书院和佛教的关系	《书院研究》（第二集）湖南省书院研究会 1989 年版
廖子季	渌江书院山长左宗棠与边疆书院	《书院研究》（第二集）湖南省书院研究会 1989 年版
熊庆年	郑廷鹄《白鹿洞志》校勘后记	《白鹿洞书院通讯》1989 年第 1 期
穆　紫	白鹿洞刻书拾贝	《白鹿洞书院通讯》1989 年第 1 期

1990 年

作　者	篇　名	来　源
丁平一	试论湖南书院对西学的融合与吸收	《求索》1990 年第 3 期

续表

作　者	篇　　名	来　　源
王炳如	白鹿洞书院十年修复和发展纪实	《白鹿洞书院通讯》1990 年第 1 期
邓洪波	中国书院研究十年（1979——1988）	《江西教育科研》1990 年第 1 期
邓洪波	唐代地方书院考	《教育评论》1990 年第 2 期
冉　苒	铜仁地区书院建置沿革述略	《贵州方志》1990 年第 1 期
邢赞亭	莲池书院忆旧	《河北文史集萃·教育卷》河北人民出版社 1990 年版
任赣生	白鹿洞书院 1949—1989 年大事	《白鹿洞书院通讯》1990 年第 1 期
李才栋	关于白鹭洲书院的几个问题	《白鹿洞书院通讯》1990 年第 1 期
杨本红	清代扬州书院教学及其管理述评	《扬州师院学报》1990 年第 2 期
杨布生	陆九渊与书院教育	《抚州师专学报》1990 年第 3 期
杨金鑫	江西的濂溪书院	《白鹿洞书院通讯》1990 年第 1 期
何　如	我国书院藏书制度述略	《黑龙江图馆》1990 年第 1 期
张文山	南阳地区书院简介	《南都学坛》1990 年第 2 期
林衡道	浅谈台湾书院的发展	《台声》1990 年第 7 期
［日］林友春（著）徐国栋（译）	中国元明时代的书院及其教育	《教育评论》1990 年第 1 期
罗庆康	《箴言书院简述》补遗	《益阳师专学校》1990 年第 1 期
高　峰	白鹿洞学田概述	《白鹿洞书院通讯》1989 年第 1 期
曹　锐	古代书院的藏书与刻书考略	《云南图书馆》1990 年第 2 期
梁　励	书院兴衰考略	《徐州师院学报》1990 年第 2 期
董超文摘译	1900—1945 年上海的日本东亚同文书院	《档案与历史》1990 年第 1 期

1991 年

作　者	篇　　名	来　　源
［日］平坂谦二（著）刘小燕 等（译）	朱子《白鹿洞揭示》在日本的影响	《白鹿洞书院通讯》1991 年第 1 期
王宪章	王阳明讲学与白鹿洞书院	《白鹿洞书院通讯》1991 年第 1 期
邓洪波	朱熹与朝鲜书院	《朱熹、教育和中国文化》燕山出版社 1991 年版
石　之	白鹿书院史事杂考	《朱熹、教育和中国文化》燕山出版社 1991 年版
石　之	白鹿洞书院史事杂考五则	《白鹿洞书院通讯》1991 年第 1 期

续表

作 者	篇 名	来 源
朱汉民	士文化与书院精神	《白鹿洞书院通讯》1991 年第 1 期
朱汉民	张栻和岳麓书院	《朱熹、教育和中国文化》燕山出版社 1991 年版
朱松乔	纵横考述，见微见著——《白鹿洞书院史略》与《朱熹与白鹿洞书院》两书评介	《白鹿洞书院通讯》1991 年第 1 期
刘文政	就读执教于白鹿洞书院的吴庭芝	《白鹿洞书院通讯》1991 年第 1 期
刘海峰	唐代集贤书院有教学活动	《上海高教研究》1991 年第 2 期
孙邦华	傅兰雅与上海格致书院	《近代史研究》1991 年第 6 期
［美］李弘祺（著）熊庆年（译）	中国书院史研究——研究成果现状和展望	《白鹿洞书院通讯》1991 年第 1 期
李科友	白鹿洞书院首次发现清代试卷	《白鹿洞书院通讯》1991 年第 1 期
杨凤光 李再华	江西古代书院遗存及其利用	《朱熹、教育和中国文化》燕山出版社 1991 年版
杨布生	山长吴嵩梁与书院教育	《白鹿洞书院通讯》1991 年第 1 期
杨金鑫	朱熹在江西的门人	《白鹿洞书院通讯》1991 年第 1 期
何一民	试论尊经书院与四川士林风气的变化	《四川师范大学学报》1991 年第 1 期
何明栋	佛教对我国古代书院的影响	《朱熹、教育和中国文化》燕山出版社 1991 年版
张国宏	《白鹿洞学规》的理论与实践	《白鹿洞书院通讯》1991 年第 1 期
张惠民	清末陕西的味经崇实书院及其科技教育活动	《汉中师范学院学报》1991 年第 4 期
陈谷嘉	岳麓书院	《湖南大学学报》（社会科学版）1991 年第 6 期
林伟功	福州陈宝琛、谢章铤与白鹿洞书院	《朱熹、教育和中国文化》燕山出版社 1991 年版
顾吉辰	宋初庐山白鹿洞书院生徒考	《江西社会科学》1991 年第 5 期
彭明瀚	朱子《学规》与个体人格修养	《白鹿洞书院通讯》1991 年第 1 期
游唤民	孔子的私学及其对后世书院的影响	《朱熹、教育和中国文化》燕山出版社 1991 年版
谭佛佑	黔中王门与贵州明代的书院	《朱熹、教育和中国文化》燕山出版社 1991 年版
约翰·W·查非（著）潘 建、邓洪波（译）	朱熹与白鹿洞书院的复兴	《白鹿洞书院通讯》1991 年第 1 期

1992 年

作　者	篇　　名	来　　源
丁　钢	传统与创造：论书院与学术文化的推进	《华东师范大学学报》1992 年第 2 期
王增清	论中国古代的书院藏书	《湖州师专学报》1992 年第 1 期
邓星明	白鹿洞书院	《文史知识》1992 年第 9 期
邓洪波	书院的军事教育与肄武书院	《船山学刊》1992 年第 1 期
邓洪波	《天下书院总志》作于王昶考	《华东师范大学学报》1992 年第 2 期
邓洪波	从朝鲜书院看中国书院文化的传播	《延边大学学报》1992 年第 3 期
白新良	明清山东书院述论	《齐鲁学刊》1992 年第 4 期
刘丽新	书院制度兴衰的历史背景	《渤海学刊》1992 年第 3 期
李才栋	我国古代书院的历史地位与特点	《江西教育学院学报》1992 年第 1 期
杨布生	吴澄草庐讲学与书院教育	《抚州师专学报》1992 年第 2 期
吴祖鲲	中国古代书院及其文化影响	《长白学刊》1992 年第 6 期
张　岩	广东书院制度沿革	《广东史志》1992 年第 1 期
郁中秀	试析宋代官立大学和书院中的学生管理	《上海师范大学学报》1992 年第 4 期
柳光敏	明代四毁书院始末及历史原因	《教育评论》1992 年第 6 期
徐祥玲	宋代扬州书院考述	《扬州师院学刊》1992 年第 2 期
董丽燕	中国古代书院文化	《人民日报·海外版》1992 年 4 月 10 日
詹开逊	周敦颐濂溪书院考	《江西方志》1992 年第 6 期
魏佐国 李　萍	中国书院史研究拾零	《南方文物》1992 年第 2 期

1993 年

作　者	篇　　名	来　　源
［日］平坂谦二	一个假定：中国古代书院的一个发源地不是在江州陈氏居里吗？	《江西教育学院学报》1993 年第 2 期
［美］约翰·W·查非（著） 邓洪波（译）	朱熹与白鹿洞书院的复兴（1179—1181）	《湘潭大学学报》1993 年第 2 期
王炯尧	李才栋与中国书院研究：《江西古代书院研究》述评	《江西社会科学》1993 年第 6 期

续表1

作　者	篇　　名	来　源
戈春源	清代苏州的紫阳书院	《铁道师院学报》1993 年第 2 期
邓洪波	近代书院与中西文化交流	《河北学刊》1993 年第 2 期
邓洪波	教会书院及其文化功效	《贵州教育学院学报》1993 年第 1 期
邓洪波	中国书院的历程	《中华文化》1993 年第 2 期
白新良	江苏书院论述	《南开学报》1993 年第 1 期
白新良	安徽书院考述	《史学集刊》1993 年第 2 期
任汝平	论书院在中国近代的嬗变	《白鹿洞书院学报试刊》1993 年
庄华峰	明清徽州书院考述	《江淮论坛》1993 年第 3 期
刘秉铮	论徽州的书院	《江淮论坛》1993 年第 3 期
李才栋	周敦颐与濂溪书院	《江西教育学院学报》1993 年第 3 期
李才栋	周敦颐在书院史上的地位	《江西教育学院学报》1993 年第 3 期
李才栋	李觏与盱江书院	《白鹿洞书院学报试刊》1993 年
邹友兴	宋至清代丰城书院设置与教学	《白鹿洞书院学报试刊》1993 年
张志茹 王书兰	广雅书院概略	《图书馆学研究》1993 年第 6 期
张克伟	姚江书院与清初国学	《中国国学》1993 年第 21 辑
陈炎成	象山书院及其历史变迁	《白鹿洞书院学报试刊》1993 年
陈炎成	象山书院大事年表	《白鹿洞书院学报试刊》1993 年
陈雁南	东佳书院的沿革	《白鹿洞书院学报试刊》1993 年
陈雁南	东佳书院创建时间考	《白鹿洞书院学报试刊》1993 年
邵　芳	明代的书院与学风	《山东师范大学学报》1993 年第 3 期
林有能	广东端溪书院述略	《学术月刊》1993 年第 4 期
松　涛	周濂溪与白鹿洞书院	《白鹿洞书院学报试刊》1993 年
罗继祖	于省吾《奉天萃升书院记》并书后	《辽海文物学刊》1993 年第 2 期
金林祥	试论清末书院改革	《教育史研究》1993 年第 4 期
周铭生	书院的学术研究与人材培养	《白鹿洞书院学报试刊》1993 年
赵秉忠 等	清代江苏书院述论	《社会科学辑刊》1993 年第 4 期
郝化冲	赣东北地区书院教育初探	《白鹿洞书院学报试刊》1993 年
夏俊霞	论晚清书院改革	《近代史研究》1993 年第 4 期
徐祥玲	明代扬州书院的建置与发展	《扬州师院学报》1993 年第 3 期

续表 2

作　者	篇　　名	来　　源
高　峰	白鹿洞书院摩崖题刻小议	《白鹿洞书院学报试刊》1993 年
黄海妍	清代书院学风之流变	《中山大学研究生学刊》1993 年第 2 期
[美]琳达·沃尔特（著）邓洪波（译）	南宋书院的地理分布	《湖南大学学报》（社会科学版）1993 年第 1 期
熊月之	格致书院与西学传播	《史林》1993 年第 2 期
魏佐国 刘维蓁	明代江西书院浅论	《白鹿洞书院学报试刊》1993 年
魏佐国 李　萍	中国书院史研究拾零	《白鹿洞书院学报试刊》1993 年
朱荣贵	清初書院之學術自主性及其反政治意涵	《中国文哲研究集刊》1993 年第 3 期

1994 年

作　者	篇　　名	来　　源
王凤雷	元代书院考遗	《内蒙古社会科学》1994 年第 4 期
王炯尧	论祭祀在书院中的地位和作用	《白鹿洞书院学报》1994 第 1 期
王路平	王阳明与贵州明代书院	《贵州社会科学》1994 年第 4 期
方品光 陈爱清	元代福建书院刻书	《福建师范大学学报》1994 年第 3 期
邓洪波	正音书院与清代的官话运动	《华东师范大学学报》1994 年第 3 期
邓洪波	元代书院及其特点	《内蒙古社会科学》1994 年第 6 期
刘海峰	"书院学"引论	《教育评论》1994 年第 5 期
刘裕黑	桂岩书院考	《白鹿洞书院学报》1994 年第 1 期
孙家骅	白鹿洞精神在日本弘扬光大	《白鹿洞书院学报》1994 年第 1 期
李　刚	江万里与白鹭洲书院	《白鹿洞书院学报》1994 年第 1 期
李科友	略述白鹿洞书院建筑	《白鹿洞书院学报》1994 年第 1 期
杨方岗 范恩玲	河东书院"游"记	《运城高专学报》1994 年第 3 期
邱小云	书院教育的校园文化特征及其历史地位	《赣南师院学报》1994 年第 4 期
邹友邦	宋至清代丰城书院设置与教学	《白鹿洞书院学报》1994 年第 1 期

续表

作 者	篇 名	来 源
闵正国	白鹿洞书院中的武宁学子	《白鹿洞书院学报》1994 年第 1 期
陈 岌	略议"朱子教条"的伦理观	《白鹿洞书院学报》1994 年第 1 期
陈炎成	贵溪古代的书院	《白鹿洞书院学报》1994 年第 1 期
松 涛	白鹿洞书院地面采集陶瓷遗物	《白鹿洞书院学报》1994 年第 1 期
周铭生	论古代书院的优良学风	《宜春师专学报》1994 年第 1 期
周铭生	论古代书院的优良学风	《白鹿洞书院学报》1994 年第 1 期
胡 青	家族经济、道教与华林书院	《宜春师专学报》1994 年第 3 期
胡卫清	博习书院述论	《苏州大学学报》1994 年第 1 期
柳光敏	试论明代书院官学化的历程	《齐鲁学刊》1994 年第 4 期
徐启彤	清代吴地书院的演进与学术思潮	《苏州大学学报》1994 年第 2 期
高立人 黄年凤	试论白鹭洲书院与庐陵文风	《白鹿洞书院学报》1994 年第 1 期
黄 鹤	"惟楚有材,于斯为盛":长沙岳麓书院	《文史知识》1994 年第 1 期
黄荣祥	赣中书院明珠:白鹭洲书院	《江西图书馆学刊》1994 年第 2 期
康 钊	白鹭洲书院经济来源考	《白鹿洞书院学报》1994 年第 1 期
葛 飞	晚清书院制度的兴废	《史学月刊》1994 年第 1 期
傅荣贤	中国古代书院沿革考略	《盐城师专学报》1994 年第 4 期
曾子鲁	试论书院对江西文化发展的作用	《江西师范大学学报》1994 年第 2 期
漆子扬	古代甘肃书院考	《西北史地》1994 年第 4 期

1995 年

作 者	篇 名	来 源
丁 钢	书院精神与中国现代大学的民族性	《高等教育研究》1995 年第 3 期
万小仿	明初著名学府石门书院初探	《白鹿洞书院学报》1995 年第 2 期
邓洪波	中国书院的起源及其初期形态	《湖南大学学报》(社会科学版)1995 年第 1 期
邓洪波	南宋书院的蓬勃发展与书院制度的确立	《江西教育科研》1995 年第 4 期
邓洪波	云南书院藏书目录集要	《云南图书馆季刊》1995 年第 4 期
邓洪波	走出低谷的明代前期书院	《白鹿洞书院学报》1995 年第 1 期

续表 1

作 者	篇 名	来 源
任冠文	论张居正毁书院	《晋阳学刊》1995 年第 5 期
刘志惠	从辽南横山书院看我国南北书院的兴起与演进	《辽海文物学刊》1995 年第 2 期
刘启明	刘绎与白鹭洲书院	《白鹿洲书院学报》1995 年第 2 期
刘学洪	白鹭洲书院任教与讲学名录	《白鹿洲书院学报》1995 年第 2 期
刘海峰	论书院与科举的关系	《厦门大学学报》1995 年第 3 期
江 耕	书院史研究的新成果：读李国钧教授主编的《中国书院史》	《教育史研究》1995 年第 2 期
许怀林	建设需要人才，人才要靠教育——读《中国书院史》	《白鹿洲书院学报》1995 年第 2 期
苏茂盟	昌黎书院	《白鹿洲书院学报》1995 年第 2 期
苏智良	上海东亚同文书院述论	《档案与史学》1995 年第 5 期
李 刚	白鹭洲书院与汪可受	《白鹿洲书院学报》1995 年第 1 期
李 刚	白鹭洲书院的道德教育	《白鹿洲书院学报》1995 年第 2 期
李 伟	白鹭洲书院与吉安历史文化名人	《白鹿洲书院学报》1995 年第 2 期
李才栋	朱熹与福建书院	《白鹿洲书院学报》1995 年第 2 期
［美］李弘祺	传统中国的书院教育：有"自由教育"效果的"前自由教育"	《通识教育季刊》1995 年第 1 期
李邦国	朱熹与白鹿洞书院在朝鲜日本的影响	《湖北师范学院学报》1995 年第 1 期
李劲松	邹元标与仁文书院	《白鹿洲书院学报》1995 年第 1 期
李建兰	旅游胜地白鹭洲书院	《白鹿洲书院学报》1995 年第 1 期
李科友	白鹿洞书院摩崖题刻考释	《白鹿洲书院学报》1995 年第 1 期
李贵荣	从清代漳南书院看颜元的教育改革	《台湾教育》1995 年总第 539 期
邹元樭	白鹭洲书院藏书考述	《白鹿洲书院学报》1995 年第 2 期
邹友兴	谈陈瑞父子创办龙光书院	《白鹿洲书院学报》1995 年第 1 期
张 强	明清时期的闽西书院教育	《龙岩师专学报》1995 年第 2 期
陈 岌	王守仁白鹿洞书院"四碑"琐谈	《白鹿洲书院学报》1995 年第 2 期
金达胜 方建新	元代杭州西湖书院藏书刻书述略	《杭州大学学报》1995 年第 3 期
周百鸣	略论南宋时期的浙江书院	《浙江学刊》1995 年第 4 期
周铭生	弘扬古代书院德育和爱国主义教育的优良传统	《白鹿洲书院学报》1995 年第 2 期

续表 2

作　者	篇　名	来　源
陕西省西安师范学校	关中书院碑刻档案考录	《学校档案》1995 年第 5 期
赵国权	略论百泉书院的学术文化活动及兴衰	《河南大学学报》1995 年第 4 期
胡　青	华林书院再研究	《白鹿洞书院学报》1995 年第 1 期
胡　青	对中国古代"尊师重教"传统的再认识——从清代书院山长说开去	《白鹿洞书院学报》1995 年第 2 期
胡春涛	正德书院——开创我国厂矿办学之路	《白鹿洞书院学报》1995 年第 1 期
姚公骞	在江西书院研究会成立大会闭幕式上的讲话	《白鹿洞书院学报》1995 年第 2 期
钱茂伟	《姚江书院志略》的编刊与史料价值	《清史研究》1995 年第 2 期
徐玉福	萍乡金鳌书院及其楹联	《白鹿洞书院学报》1995 年第 1 期
徐冰云	浅论华林书院道德教育的成效	《白鹿洞书院学报》1995 年第 2 期
徐启彤	吴地书院的创建与发展	《铁道师院学报》1995 年第 4 期
徐祥玲杨本红	清代扬州书院的兴衰	《扬州师院学报》1995 年第 1 期
黄荣祥	井冈山下好去处——白鹭洲书院	《白鹿洞书院学报》1995 年第 2 期
黄惠运	志念在国家，精神在庐陵——白鹭洲书院的奠基人江万里	《白鹿洞书院学报》1995 年第 2 期
梁芳龄	白鹭洲书院	《白鹿洞书院学报》1995 年第 2 期
傅算宝	试论泉州古代的书院	《福建文博》1995 年第 1 期

1996 年

作　者	篇　名	来　源
［日］平板谦二	《白鹿洞规》在日本还活着	《白鹿洞书院学报》1996 年第 1 期
丁平一	岳麓书院山长丁善庆述评	《湖南大学学报》（社会科学版）1996 年第 4 期
乃　鼎	陕北榆林之书院	《陕西史志》1996 年第 4 期
王金科	张裕钊主讲莲池书院时的几封家书	《文物春秋》1996 年第 3 期
王淑良	康有为与书院教育改革	《白鹿洞书院学报》1996 年第 1 期
尤文远陈美健	论莲池书院的办学特色	《文物春秋》1996 年第 3 期

续表 1

作　者	篇　名	来　源
邓洪波	王湛之学与明代书院的辉煌	《湖南大学学报》（社会科学版）1996年第1期
邓洪波	县级书院述略	《湖南大学学报》（社会科学版）1996年第4期
邓洪波	湖湘文化与书院学术研讨会述略	《教育评论》1996年第1期
邓洪波	明清时期江苏书院藏书目录辑略	《江苏图书馆学报》1996年第1期
邓洪波	明代书院的藏书事业	《江苏图书馆学报》1996年第6期
邓洪波	北宋书院的发展及其教育功能的强化	《河南大学学报》1996年第1期
邓洪波	中国书院的职事	《中国哲学》1996年总第17辑
邓洪波	元代书院的藏书事业	《图书馆》1996年第4期
邓洪波	试论书院藏书的管理体系	《图书馆理论与实践》1996年第3期
邓洪波	白鹿洞书院文献书目提要	《白鹿洞书院学报》1996年第2期
史　明	明末书院的创建与毁禁	《齐鲁学刊》1996年第3期
朱林枫	汉中的书院	《陕西史志》1996年第6期
孙秀棣	明代东北书院考略	《教育科学》1996年第3期
李邦国	白鹿洞书院的历史地位	《白鹿洞书院学报》1996年第1期
李邦国	白鹿洞书院在国外的影响	《白鹿洞书院学报》1996年第2期
李科友	白鹿洞书院明代至民国重建维修碑记综述	《白鹿洞书院学报》1996年第2期
邹友兴	朱熹与盛家洲书院	《白鹿洞书院学报》1996年第2期
闵正国	白鹿洞书院与都昌"朱门四友"	《白鹿洞书院学报》1996年第1期
闵正国	武宁古代书院概述	《白鹿洞书院学报》1996年第2期
陈　岌	王守仁与书院教育琐谈	《白鹿洞书院学报》1996年第1期
何静梧	王阳明在与贵文明书院	《王阳明与贵州》贵州人民出版社1996年版
武世俊	简述徐州古代书院	《江苏图书馆学报》1996年第1期
松　涛	李梦阳留迹白鹿洞	《白鹿洞书院学报》1996年第2期
罗凯桑	孔林书院钩沉	《广东史志》1996年第3期
罗晋辉	书院若干问题辨析	《学术月刊》1996年第5期
罗晋辉	书院若干问题辨析	《白鹿洞书院学报》1996年第1期
赵子富	明代的书院	《中国文化研究》1996年第2期

续表 2

作　者	篇　名	来　源
姚公骞	在（江西）省书院研究会第二届年会上的讲话	《白鹿洞书院学报》1996 年第 1 期
秦德增	历代陕西书院简述	《陕西史志》1996 年第 1 期
振　戈	《白鹿洞书院古志五种》出版发行	《白鹿洞书院学报》1996 年第 2 期
顾吉辰	宋初庐山白鹿洞书院生徒考	《白鹿洞书院学报》1996 年第 1 期
徐　勇	胡瑗与安定书院	《湖南大学学报》（社会科学版）1996 年第 4 期
徐启彤	近代吴地书院的新学化趋向	《苏州大学学报》1996 年第 3 期
徐顺明	理学发展的里程碑——白鹿洞书院	《白鹿洞书院学报》1996 年第 1 期
高烽煜	探书院经验，促高教改革	《清华大学教育研究》1996 年第 1 期
郭纪青	宋代书院特色及其对教育的影响	《台中师院学报》1996 年第 10 期
诸焕灿	《姚江书院》志略与姚江书院	《大陆杂志》1996 年第 2 期
黄冬梅	樟树市古代书院	《江西方志》1996 年第 6 期
黄冬梅	樟树的古代书院	《白鹿洞书院学报》1996 年第 2 期
黄年凤	书院与科举	《白鹿洞书院学报》1996 年第 1 期
阎国义	《莲池书院法帖》杂谈	《文物春秋》1996 年第 3 期
彭　术	古代书院研究的新成果：《中国古代书院发展史》评介	《史学集刊》1996 年第 1 期
董丽燕	中国古代书院文化	《白鹿洞书院学报》1996 年第 2 期
谢水华	朱熹与南宋书院	《上饶师专学报》1996 年第 5 期
熊　红	试论东林书院与明末政治的密切关系	《江西教育科研》1996 年第 2 期
潘　建	书院与湖南最初的外语教育事业	《湘潭师院学报》1996 年第 4 期
魏佐国	明代江西书院浅论	《江西社会科学》1996 年第 5 期
魏佐国 李　萍	王守仁与江西书院教育	《白鹿洞书院学报》1996 年第 2 期
魏际昌 吴占良	桐城古文学派与莲池书院	《文物春秋》1996 年第 3 期

1997 年

作 者	篇 名	来 源
王水宝	略述万载古代的书院	《白鹿洞书院学报》1997 年第 1 期
王 文	记"龙泽书院"	《白鹿洞书院学报》1997 年第 1 期
王立斌	鹅湖书院的变迁与发展	《白鹿洞书院学报》1997 年第 1 期
王兴国	郭嵩焘与湖南近代书院	《中国书院》（第一辑）湖南教育出版社 1997 年版
王炳照	书院研究的回顾与瞻望	《中国书院》（第一辑）湖南教育出版社 1997 年版
王淑良	康有为与书院教育改革	《东南文化》1997 年第 2 期
邓 芬	西樵山书院话沧桑	《广东史志》1997 年第 4 期
邓洪波	中国家族书院述略	《吉安师专学报》1997 年第 1 期
邓洪波	简论中国书院藏书的五个来源	《江苏图书馆学报》1997 年第 1 期
邓洪波	宋代书院的藏书事业	《中国典籍与文化》1997 年第 2 期
邓洪波	中国古代的州级书院述略	《湖南大学学报》（社会科学版）1997 年第 4 期
邓洪波	清代书院的藏书事业	《中国书院》（第一辑）湖南教育出版社 1997 年版
邓洪波 拓 夫	中国书院文献书目提要（湖南部分）	《中国书院》（第一辑）湖南教育出版社 1997 年版
邓洪波	书院的历史作用与现实意义	《人民日报·海外版》1997 年 3 月 27 日
古清美	明末书院的讲学及教育思想	《中国书院》（第一辑）湖南教育出版社 1997 年版
［日］平板谦二（著） 熊庆年（译）	日本的兴让馆：《白鹿洞书院揭示》还活在日本	《江西教育学报》1997 年第 1 期
［日］平板谦二（著） 熊庆年（译）	被称作书院的日本学校	《中国书院》（第一辑）湖南教育出版社 1997 年版
朱文杰	东林书院被毁经过	《东南文化》1997 年第 3 期
朱荣贵	学规与书院教育	《中国书院》（第一辑）湖南教育出版社 1997 年版
刘 巍	从新亚书院看钱穆先生的教育思想	《中国书院》（第一辑）湖南教育出版社 1997 年版
刘秉铮	漫话徽州书院与学术之关系	《中国典籍与文化》1997 年第 2 期
刘 霄	中国古代书院制度探微	《函授教育》1997 年第 9 期
江 堤	废书院百年祭：读《中国书院辞典》	《高校图书馆工作》1997 年第 1 期

续表1

作 者	篇 名	来 源
许恺景	问津书院纵谈	《湖北方志》1997 年第 6 期
许梦瀛 孙顺霖	嵩阳书院理学教育窥探	《河南师范大学学报》1997 年第 4 期
阳 春	为中国书院立传树碑——评《中国书院辞典》	《中国书院》（第一辑）湖南教育出版社 1997 年版
［美］李弘祺	中国书院的历史与精神	《中国书院》（第一辑）湖南教育出版社 1997 年版
李才栋	甬上四先生及其后学与书院教育	《江西教育学报》1997 年第 1 期
李才栋	刘元亨任教白鹿洞考	《中国书院》（第一辑）湖南教育出版社 1997 年版
李才栋	关于书院"讲会"与"会讲"的再答问	《教育史研究》1997 年第 4 期
李才栋	朱熹与中国书院	《白鹿洞书院学报》1997 年第 1 期
李劲松	邹元标与仁文书院	《南昌职业技术师范学报》1997 年第 1 期
李科友	朱熹与白鹿洞书院	《人民日报·海外版》1997 年 3 月 27 日
李科友	李渤在江州	《白鹿洞书院学报》1997 年第 1 期
李文杰	对《万木草堂回忆》的质疑	《文史资料》（全国）1997 年第 31 辑
李淑华	真德秀门人后学与宋末元初的书院教育	《中国书院》（第一辑）湖南教育出版社 1997 年版
杨 豹	庐山申报《世界遗产》庆典大会即景	《白鹿洞书院学报》1997 年第 1 期
杨慎初	岳麓书院建筑文化特点	《中国书院》（第一辑）湖南教育出版社 1997 年版
吴 霓	论书院是中国古代私学发展的制度化阶段	《中国书院》（第一辑）湖南教育出版社 1997 年版
吴荣政	岳麓书院山长王先谦的学术成功之路	《中国书院》（第一辑）湖南教育出版社 1997 年版
苏启明	台湾古书院小史	《历史文物》1997 年第 4 期
张铁夫	《从弟子箴言》到箴言书院	《中国书院》（第一辑）湖南教育出版社 1997 年版
张海林	论王韬的教育实践	《江海学刊》1997 年第 5 期
陈东辉	阮元创设诂经精舍考略	《中国文化研究》1997 年第 4 期

续表 2

作　者	篇　名	来　源
陈谷嘉	书院是私学和官学相结合的产物	《中国书院》（第一辑）湖南教育出版社 1997 年版
陈明杰	略述白鹿洞书院牌坊	《白鹿洞书院学报》1997 年第 1 期
陈岳芬	中国书院消亡原因浅探	《汕头大学学报》1997 年第 2 期
陈炎成	贵溪历代知县与象山书院	《白鹿洞书院学报》1997 年第 1 期
陈登贵	浅述广州的学宫（孔庙）书院及其历史作用	《羊城今古》1997 年第 6 期
拓　夫	中国书院的发展历程	《人民日报·海外版》1997 年 3 月 27 日
松　涛	略述《白鹿洞书院志》中之序、凡例及跋	《白鹿洞书院学报》1997 年第 1 期
易自岐	张自烈年谱	《白鹿洞书院学报》1997 年第 1 期
季羡林	论书院	《中国书院》（第一辑）湖南教育出版社 1997 年版
金燕峰	整理文化遗产　展示书院风采：评《中国书院辞典》	《江西教育科研》1997 年第 1 期
［韩］金相根	儒家教育在韩国	《中国书院》（第一辑）湖南教育出版社 1997 年版
周洪林	古代书院的历史鉴略	《复旦教育》1997 年第 6 期
胡卫清	东吴大学起源：上海中西书院简论	《档案与史学》1997 年第 4 期
振　戈	清代道光"白鹿古洞"粉彩瓷盘	《白鹿洞书院学报》1997 年第 1 期
振　戈 小　张	《白鹿洞书院学报》1—12 期总目录	《白鹿洞书院学报》1997 年第 1 期
徐　梓	书院研究的新成果——评陈谷嘉、邓洪波主编的《中国书院制度研究》	《教育史研究》1997 年第 4 期
［日］难波征男	书院教育在日本之展开	《中国书院》（第一辑）湖南教育出版社 1997 年版
［美］秦博理（著） 潘　建（译）	长江中下游的（书院）日记教学法	《中国书院》（第一辑）湖南教育出版社 1997 年版
高明士	书院祭祀空间的教育作用	《中国书院》（第一辑）湖南教育出版社 1997 年版
高　峰	略述白鹿洞书院之匾与联	《白鹿洞书院学报》1997 年第 1 期
高烽煜	历代书院若干经济问题述评	《中国书院》（第一辑）湖南教育出版社 1997 年版

续表3

作　者	篇　名	来　源
黄书光	中国早期书院与欧洲中世纪大学之比较	《中国书院》（第一辑）湖南教育出版社1997年版
黄惠运	书院旧址在井冈山斗争中的作用	《白鹿洞书院学报》1997年第1期
龚抗云	论湖南书院在湖湘文化发展中的重要作用	《中国书院》（第一辑）湖南教育出版社1997年版
彭爱学	道脉流传，千古不衰——今日岳麓书院	《中国书院》（第一辑）湖南教育出版社1997年版
韩　明	儒家教育理念及书院教育实践的深入探索	《中国书院》（第一辑）湖南教育出版社1997年版
舒　原	千年弦歌在岳麓	《人民日报·海外版》1997年3月27日
舒　平	中国书院研究的权威工具书——《中国书院辞典》	《白鹿洞书院学报》1997年第1期
蓝雪花	浅话福州凤池书院	《福建图书馆学刊》1997年第4期
赖功欧	书院教育的对话精神及其对人格形成的影响	《中国书院》（第一辑）湖南教育出版社1997年版
漆子扬	科举、书院与陇石学术	《中国典籍与文化》1997年第3期
魏佐国 李　萍	王守仁与江西书院教育	《南方文物》1997年第1期

1998 年

作　者	篇　名	来　源
房建昌	上海东亚同文书院（大学）档案的发现与价值	《档案与史学》1998年第5期
［马来西亚］ 洪恩赐	儒家思想与新加坡的振兴	《白鹿洞书院学报》1998年第1期
丁平一	湖南书院向现代学校的转型	《中国书院》（第二辑）湖南教育出版社1998年版
丁文平	简论书院对我国古代学术文化发展的贡献	《中国书院》（第二辑）湖南教育出版社1998年版
王　煜	新生亚书院概述	《中国书院》（第二辑）湖南教育出版社1998年版
王立斌	马寅初与鹅湖斜塔	《白鹿洞书院学报》1998年第1期
王　均 雷　伟	宋代民间办学的创举：书院制度	《延安大学学报》（哲学社会科学版）1998年第2期

续表1

作　者	篇　名	来　源
王炳如 松　涛	白鹿洞书院现代学术、教学活动的开展	《白鹿洞书院学报》1998 年第 1 期
王　蕾 等	台湾书院发展述略	《台湾研究》1998 年第 1 期
戈中博	中国文化的传承之所：古代书院	《集邮》1998 年第 4 期
邓　刚 李淑兰	庐山国学与白鹿洞书院的课程设置	《江西教育学院学报》1998 年第 5 期
邓洪波	元代书院刻书三记	《中国书院》（第二辑）湖南教育出版社 1998 年版
史贵全	略论上海格致书院的科技教育	《教育史研究》1998 年第 2 期
［日］平坂谦二	日本有仿中国书院	《中国书院》（第二辑）湖南教育出版社 1998 年版
吕熹虎	临夏书院的创建、发展、废止及其历史功绩	《甘肃民族研究》1998 年第 3 期
朱汉民	主体性人格——儒家人文教育的目标	《中国书院》（第二辑）湖南教育出版社 1998 年版
刘少雪	清末书院内部改革状况分析	《中国书院》（第二辑）湖南教育出版社 1998 年版
刘秀兰	清代四川书院的教学和组织管理述论	《西南民族学院学报》（增刊）1998 年第 19 期
刘晓祥	《春风楼记》和骆应炳	《白鹿洞书院学报》1998 年第 1 期
江飒英	书院启发式教学及其对后世的影响	《北京科技大学学报》（人文社会科学版）1998 年第 4 期
李才栋	北宋时期白鹿洞书院历史问题刍议	《江西教育学院学报》（社会科学版）1998 年第 1 期
李才栋	关于中国书院史研究对象	《教育史研究》1998 年第 2 期
李才栋	散议中国书院	《江西教育科研》1998 年第 3 期
李才栋	北宋时期白鹿洞书院历史问题刍议	《白鹿洞书院学报》1998 年第 1 期
李才栋	关于书院"讲会"与"会讲"的再答问	《白鹿洞书院学报》1998 年第 1 期
李才栋	关于"中国书院制度"的通讯	《白鹿洞书院学报》1998 年第 1 期
李才栋	关于《中国书院制度研究》的通讯	《中国书院》（第二辑）湖南教育出版社 1998 年版
［美］李弘祺（著） 潘　建（译）	书院、社会及地方文化的发展——以 1000－1400 年福建建阳的新儒学教育为例	《中国书院》（第二辑）湖南教育出版社 1998 年版

续表 2

作　者	篇　　名	来　　源
李科友	白鹿洞书院之碑刻	《白鹿洞书院学报》1998 年第 1 期
李琳琦	略论徽州书院与徽州学术思想之演变	《学术界》1998 年第 6 期
杨念群	从知识、权力的互动关系看书院功能的演变——以湖湘书院为例	《中国书院》（第二辑）湖南教育出版社 1998 年版
杨慎初	论书院建筑的文化内涵	《中国书院》（第二辑）湖南教育出版社 1998 年版
肖永明	论清初关中书院与漳南书院教学方法的差异	《中国书院》（第二辑）湖南教育出版社 1998 年版
吴榕青	宋元潮州的书院	《岭南文史》1998 年第 4 期
闵正国	一位承前启后的爱国先驱——江万里与古代书院的爱国教育	《白鹿洞书院学报》1998 年第 1 期
张良才	山东古代书院的特点	《中国书院》（第二辑）湖南教育出版社 1998 年版
张国朝	欧阳厚均与岳麓书院藏书	《中国书院》（第二辑）湖南教育出版社 1998 年版
陆建猷	马一浮书院思想论要	《中国书院》（第二辑）湖南教育出版社 1998 年版
陆新朔	唐代的书院	《文史研究》1998 年第 5 期
陈　媛	中国古代书院教学特点述评	《有色金属高教研究》1998 年第 4 期
拓　夫 段　欣	中国书院研究论文索引（1991—1997）	《中国书院》（第二辑）湖南教育出版社 1998 年版
欧阳斌	曾国藩治学生涯记略	《中国书院》（第二辑）湖南教育出版社 1998 年版
［美］罗伯特·海姆斯（著）潘　建等（译）	陆九渊、书院与乡村社团问题	《中国书院》（第二辑）湖南教育出版社 1998 年版
易自岐	试论朱熹对白鹿洞书院的历史功勋	《白鹿洞书院学报》1998 年第 1 期
金　锵	特色鲜明，内容丰厚：评《中国书院辞典》	《湖南大学学报》（社会科学版）1998 年第 4 期
周汉光	张之洞与广雅书院	《中国书院》（第二辑）湖南教育出版社 1998 年版
周铭生	书院研究的新思路——评《中国书院制度研究》	《白鹿洞书院学报》1998 年第 1 期
周铭生	书院研究的新思路——评陈谷嘉、邓洪波的《中国书院制度研究》	《中国书院》（第二辑）湖南教育出版社 1998 年版

续表3

作 者	篇 名	来 源
赵 旗	浅说宋代书院的设施和组织	《华夏文化》1998年第3期
胡 炜	华林书院创办时间考	《宜春师专学报》（社会科学版）1998年第3期
俞兆鹏	朱熹与庆元"伪学之禁"	《白鹿洞书院学报》1998年第1期
振 戈	白鹿洞书院的藏书	《白鹿洞书院学报》1998年第1期
聂志刚	匡山书院探古	《白鹿洞书院学报》1998年第1期
顾宏义	王夫之论宋代书院析	《教育史研究》1998年第3期
顾宏义	试论宋代书院的官学化	《中国书院》（第二辑）湖南教育出版社1998年版
徐 梓	论元代书院的学校化	《中国书院》（第二辑）湖南教育出版社1998年版
徐冰云	华林书院教学方法初探	《白鹿洞书院学报》1998年第1期
徐冰云	浅论华林书院的女学	《白鹿洞书院学报》1998年第1期
徐俊华	略论我国古代书院的教学的特点	《徽州师专学报》（哲学社会科学版）1998年第11期
徐 梓	朱学与元代书院	《文史知识》1998年第4期
高天德	常州古代书院	《龙城春秋》1998年第4期
高烽煜	乾嘉汉学与岳麓书院	《中国书院》（第二辑）湖南教育出版社1998年版
唐永干	乾嘉道三朝巴县书院考	《江苏文史研究》1998年第2期
黄 白	宋朝书院的教学特点及其启示	《河池师专学报》（社会科学版）1998年第1期
黄海妍	论广州陈氏书院的性质与功能	《广东史志》1998年第4期
龚抗云	论欧阳修对宋学的开创作用	《中国书院》（第二辑）湖南教育出版社1998年版
梁芳苓	试析白鹭书院的盛衰及其影响	《白鹿洞书院学报》1998年第1期
梁芳苓	试论白鹭书院的"官学化"及其影响	《白鹿洞书院学报》1998年第1期
韩 明	张载及其关学论	《中国书院》（第二辑）湖南教育出版社1998年版
程禹文	从诂经精舍和学海堂看阮元的办学特色	《教育史研究》1998年第1期
舒 原	试论书院经费的管理	《中国书院》（第二辑）湖南教育出版社1998年版

续表4

作　者	篇　名	来　源
舒　原 余　峰	中国书院的图书征集制度	《湖南大学学报》（社会科学版）1998年第1期
虞浩旭	《中国书院制度研究》评价	《中国史研究动态》1998年第8期
廖燕玲	中国古代四大书院	《中国档案报》1998年第8期
熊庆年	中国书院与日本近世塾	《中国书院》（第二辑）湖南教育出版社1998年版
黎　华	白鹿洞书院记事（1993—1997）	《白鹿洞书院学报》1998年第1期
黎　华	《古代书院·白鹿洞书院》邮票发行仪式暨座谈会在白鹿洞举行	《白鹿洞书院学报》1998年第1期
魏常海	中国文化书院的特色	《中国书院》（第二辑）湖南教育出版社1998年版
吕妙芬	阳明学讲会	《新史学》1998年第9卷第2期

1999 年

作　者	篇　名	来　源
丁玉辉	我国古代书院的发展及其特点	《工会论坛》1999年第3期
马阿宁	银冈书院的创始与发展	《北方文物》1999年第3期
王炳照	《元代书院研究》序	《教育史研究》1999年第1期
王腊波	问津书院探微	《湖北方志》1999年第4期
王慧娟	清代福建书院简述	《文献信息论坛》1999年第1期
王慧娟	福建书院述略	《福建图书馆学刊》1999年第2期
邓洪波	元代书院藏书研究	《湖南大学学报》（社会科学版）1999年第3期
邓洪波	简论晚清江苏书院藏书事业的特色与贡献	《江苏图书馆学报》1999年第4期
朱小农	书院制度在巴蜀	《文史杂志》1999年第4期
朱汉民	湖南的书院学研究	《湖南大学学报》（社会科学版）1999年第3期
刘少雪	书院研究的新起点：《中国书院制度研究》评介	《华夏文化》1999年第1期
刘迪香	存古学堂从书院到学堂的过渡	《湖南大学学报》（社会科学版）1999年第1期
许维勤	叩开消逝的斋院：鳌峰书院衰记	《炎黄纵横》1999年第2期

续表 1

作　者	篇　名	来　源
李　兵	透过芸香看书院：评《中国书院制度研究》	《图书馆》1999 年第 4 期
李才栋	清代书院经济来源变化及其意义	《江西教育学院学报》1999 年第 2 期
李才栋	《白鹿洞书院志》考述	《教育史研究》1999 年第 2 期
李才栋	《白鹿洞书院志》考述	《江西社会科学》1999 年第 9 期
［美］李弘祺	《中国书院史资料》序	《教育史研究》1999 年第 1 期
李琳琦	徽州书院略论	《华东师范大学学报》（教育科学版）1999 年第 2 期
吴榕青	潮汕地区明清书院发展述略	《韩山师院学报》1999 年第 3 期
张如珍	白鹿洞书院学规发微	《西北大学学报》（社会科学版）1999 年第 4 期
张羽琼	王守仁与明代书院的复兴	《贵州师大学报》（社会科学版）1999 年第 3 期
陈国灿 张伟锋	略谈南宋婺州丽泽书院的管理和教学	《社科学论坛》1999 年第 1 期
陈炎武	象山书院及其历史变迁	《抚州师专学报》1999 年第 2 期
林孟辉	从书院学规看清代台湾书院的儒学教育宗旨	《孔孟月刊》1999 年第 6 期
周振鹤	晚清上海书院西学与儒学教育的进退	《华东师范大学学报》（教育科学版）1999 年第 3 期
孟丽菊	中国古代书院的教学方法及其启示	《江西教育科研》1999 年第 3 期
孟丽菊	中国古代书院的治学精神及其现实意义	《辽宁师范大学学报》（社会科学版）1999 年第 5 期
段求玲 童晓林	庐山国学和白鹿洞书院的教学方式	《江西教育学院学报》1999 年第 5 期
侯　勇	论书院的教育管理	《湖北大学学报》（哲学社会科学版）1999 年第 2 期
郭纪青	浅谈南宋书院名师的教育观	《台中师院学报》1999 年第 13 期
秦玉清 张　彬	吕祖谦与丽泽书院	《杭州师范学院学报》1999 年第 2 期
徐静玉	近代江苏书院的新学化倾向	《南通师范学院学报》（哲学社会科学版）1999 年第 4 期
郭汉民	书院传统与研讨式教学改革	《衡阳师专学报》（社会科学版）1999 年第 5 期
黄丽芬	南菁书院的办学特色	《常熟高专学报》1999 年第 5 期

续表 2

作　者	篇　名	来　源
程勉中	东林书院与东林党	《中学历史教学参考》1999 年第 3 期
童然星	求是书院与求是精神	《华夏文化》1999 年第 3 期

2000 年

作　者	篇　名	来　源
［日］平坂谦二（著）熊庆年（译）	《白鹿洞书院揭示》在日本的传播	《中国书院》（第三辑）湖南教育出版社 2000 年版
［美］李弘祺	宋元书院与地方文化——吉州地区学统与民间宗教关系试析	《中国书院》（第三辑）湖南教育出版社 2000 年版
刁山景	邹守益与书院	《中国书院论坛》（第一辑）中国文联出版社 2000 年版
王凤玉	中国书院与欧洲中世纪大学的不同历史命运及文化潜因	《河北师范大学学报》（教育科学版）2000 年第 4 期
王心喜	浙江古代书院通论	《杭州教育学院学报》2000 年第 5 期
王立斌	江西书院在中国书院史上的地位	《中国书院论坛》（第一辑）中国文联出版社 2000 年版
王立新	碧泉书院及其在湖湘教育史中的地位	《中国书院》（第三辑）湖南教育出版社 2000 年版
王志超	山西书院文化的历史流变	《山西师范大学学报》（社会科学版）2000 年第 3 期
卜国金	亘古教育话书院	《大学图书情报学刊》2000 年第 3 期
卜国金	庐阳书院变迁述略：从庐阳书院到合肥一中	《安徽史学》2000 年第 3 期
闵正国	白鹿洞庭湖书院的历史、现状和发展前景	《中国书院》（第三辑）湖南教育出版社 2000 年版
方卫平	鹅湖书院的历史地位	《中国书院论坛》（第一辑）中国文联出版社 2000 年版
邓洪波	中国书院史略	《井冈山师范学院学报》（哲学社会科学版）2000 年第 4 期
邓洪波	中国书院的类型与等级	《华夏文化》2000 年第 4 期
邓洪波	明代书院藏书目录提要	《书目季刊》2000 年第 3 期
邓洪波	唐代民间书院研究	《中国书院》（第三辑）湖南教育出版社 2000 年版
古伟瀛	清代书院的量化及其历史意义	《中国书院》（第三辑）湖南教育出版社 2000 年版

续表1

作　者	篇　名	来　源
东　甫	教会书院与中国新式教育	《阅读与写作》2000 年第 5 期
刘少航	书院教育启示略谈	《佳木斯大学社会科学学报》2000 年第 5 期
江　堤	秋风庭院半掩扉	《中国书院》（第三辑）湖南教育出版社 2000 年版
江应中	古代书院教育特点和当代高等教育的改革摭探	《黑龙江高教研究》2000 年第 4 期
安国楼	嵩阳书院与二程理学	《郑州大学学报》（哲学社会科学版）2000 年第 5 期
许维勤	论鳌峰书院及其对闽台教育文化的影响：兼及闽台学缘	《福建论坛》（文史哲版）2000 年第 6 期
李　兵	罗典与岳麓书院	《中国书院》（第三辑）湖南教育出版社 2000 年版
李　颖	道林三百众，书院一千徒：朱熹与岳麓书院	《炎黄纵谈》2000 年第 3 期
李才栋	唐代书院的创建与功能	《江西教育学院学报》2000 年第 1 期
李才栋	关于书院史研究的几个问题	《中国书院论坛》（第一辑）中国文联出版社 2000 年版
李才栋	关于古代书院中实施大学教育的教学组织形式	《中国书院》（第三辑）湖南教育出版社 2000 年版
李才栋	关于鹅湖之会与鹅湖书院	《南昌航空工业学院学报》（社会科学版）2000 年第 2 期
李才栋	关于书院讲会的几个问题	《教育史研究》2000 年第 4 期
李邦国	张之洞与两湖书院	《中国书院论坛》（第一辑）中国文联出版社 2000 年版
李邦国	白鹿书院的历史地位	《中国书院》（第三辑）湖南教育出版社 2000 年版
李希朗	吉水仁文书院与邹元标的理学思想	《中国书院论坛》（第一辑）中国文联出版社 2000 年版
李建兰	白鹭洲书院经费来源	《中国书院论坛》（第一辑）中国文联出版社 2000 年版
李科友	读《丰城书院研究》	《中国书院论坛》（第一辑）中国文联出版社 2000 年版
杨凤光	书院与理学	《中国书院论坛》（第一辑）中国文联出版社 2000 年版

续表 2

作 者	篇 名	来 源
杨玉芬	元代书院资料索引	《中国书院》（第三辑）湖南教育出版社 2000 年版
吴传志	书院在办学经费问题上值得我们借鉴的几个方面	《中国书院论坛》（第一辑）中国文联出版社 2000 年版
吴定安	金溪古代县学与书院	《中国书院论坛》（第一辑）中国文联出版社 2000 年版
吴眉静	近五十年来台湾地区关于宋代书院研究的回顾	《史耘》2000 年第 6 期
邹重华	宋代四川书院考——兼论宋代书院研究的若干问题	《中国书院》（第三辑）湖南教育出版社 2000 年版
应万淦	明代中国书院举业化初探	《教育史研究》2000 年第 4 期
闵正国	白鹿洞书院与世界文化景观	《中国书院论坛》（第一辑）中国文联出版社 2000 年版
闵正国	王贞白的《白鹿洞》诗	《中国书院论坛》（第一辑）中国文联出版社 2000 年版
闵正国	白鹿洞书院与世界文化景观	《江西社会科学》2000 年第 10 期
沈瑞英	略论中国古代书院与欧洲中世纪大学	《上海大学学报》（社会科学版）2000 年第 6 期
张丹青	清代台湾的书院	《统一论坛》2000 年第 1 期
张兆伟 王凤玉	中国书院和欧洲中世纪大学不同历史命运的文化潜因	《中国书院论坛》（第一辑）中国文联出版社 2000 年版
陈时龙	书院志述略	《湖南大学学报》（社会科学版）2000 年第 3 期
陈泽泓	学海堂考略	《广东史志》2000 年第 1 期
罗肇锦	清代台湾书院童蒙教本与教学理念	《台湾源流》2000 年第 17 期
武占江 赵武强	味经书院与陕西的近代化	《中国书院》（第三辑）湖南教育出版社 2000 年版
周劲松 蒋 梅	古代书院教育对我国当代高等教育的启示	《华北电力大学学报》（社会科学版）2000 年第 3 期
周铭生	古代书院对社会教育的巨大作用	《宜春师专学报》2000 年第 3 期
周铭生	古代书院与社会教育	《中国书院论坛》（第一辑）中国文联出版社 2000 年版
赵映林	明代书院的兴衰	《文史杂志》2000 年第 3 期
赵映林	古代书院发展略述	《中国文化月刊》2000 年总第 246 期

续表3

作 者	篇 名	来 源
郝化冲	赣东北地区书院的创建、教学与经费问题	《中国书院论坛》（第一辑）中国文联出版社 2000 年版
胡 青	书院与科举的思考	《中国书院论坛》（第一辑）中国文联出版社 2000 年版
胡迎建	浅论白鹿洞书院的古代诗歌	《中国书院论坛》（第一辑）中国文联出版社 2000 年版
胡昭曦	四川书院的发展与改制	《中华文化论坛》2000 年第 3 期
胡昭曦	《锦江书院纪略》：一部稀见的书院志	《四川文物》2000 年第 5 期
钟肇鹏	书院研究的专著——评《中国书院制度研究》《中国书院辞典》	《中国书院》（第三辑）湖南教育出版社 2000 年版
段 欣 拓 夫	中国书院研究论文索引（1998）	《中国书院》（第三辑）湖南教育出版社 2000 年版
俞怡生	鹅湖之会与鹅湖书院	《中国书院论坛》（第一辑）中国文联出版社 2000 年版
振 戈	文韬武略的白鹿洞生——余应桂	《中国书院论坛》（第一辑）中国文联出版社 2000 年版
晓 杨	评《元代书院研究》	《中国书院》（第三辑）湖南教育出版社 2000 年版
徐冰云	华林书院繁衍初探	《中国书院论坛》（第一辑）中国文联出版社 2000 年版
高 峰 李科友	明代白鹿洞书院经费概述	《中国书院论坛》（第一辑）中国文联出版社 2000 年版
高敏贵	广西的书院	《广西教育学院学报》2000 年第 5 期
郭汉民	书院传统的现代意义	《中国书院》（第三辑）湖南教育出版社 2000 年版
黄新宪	闽台书院的历史渊源	《华东师范大学学报》（教育科学版）2000 年第 2 期
黄新宪	闽台书院建筑特色考	《中国书院》（第三辑）湖南教育出版社 2000 年版
常大群	宋代的泰山书院	《文史知识》2000 年第 8 期
章启辉	中国历史最悠久的高等学府：从岳麓书院到湖南大学	《湖南大学学报》（社会科学版）2000 年第 4 期
梁兆民 刘宝玲	耿介与嵩阳书院	《信阳师范学院学报》（哲学社会科学版）2000 年第 4 期

续表4

作　者	篇　　名	来　　源
彭　岚	宗教对中国书院与欧洲中世纪大学影响之比较	《北京科技大学学报》（人文社会科学版）2000 年第 3 期
彭平一	从思贤讲舍到湖南自修大学	《中国书院》（第三辑）湖南教育出版社 2000 年版
舒松钰	从古黟碧阳书院碑石看清代书院教育	《徽州社会科学》2000 年第 3 期
曾佳晖	浅谈岳麓书院的德育教育	《中国书院》（第三辑）湖南教育出版社 2000 年版
谢寸金	怀玉书院	《中国书院论坛》（第一辑）中国文联出版社 2000 年版
甄　国	元代的白鹿洞主——陈澔	《中国书院论坛》（第一辑）中国文联出版社 2000 年版
敷阳野人	为白鹿洞书院延宾馆撰联为叠山书院撰联	《中国书院论坛》（第一辑）中国文联出版社 2000 年版
黎　华	庐山白鹿洞书院 1998—1999 年记事	《中国书院论坛》（第一辑）中国文联出版社 2000 年版
潘泽泉	论书院的文化功能	《中国书院》（第三辑）湖南教育出版社 2000 年版

2001 年

作　者	篇　　名	来　　源
丁润生	传统书院与民办高校的对比研究	《黄河科技大学学报》2001 年第 1 期
王立斌	论朱熹与书院教育改革	《中国书院论坛》（第二辑）中国文联出版社 2001 年版
邓洪波	中国古代书院的教学制度	《华夏文化》2001 年第 1 期
邓洪波	元代书院藏书四记	《中国文化的检讨与前瞻——香港新亚 50 周年金禧纪念学术论文集》美国八方文化企业公司 2001 年版
正　国	冯友兰与白鹿洞书院	《中国书院论坛》（第二辑）中国文联出版社 2001 年版
正　国	"都昌三彭"与白鹿洞书院	《中国书院论坛》（第二辑）中国文联出版社 2001 年版
东　华	黄兴是否是岳麓书院学生	《益阳师专学报》2001 年第 5 期
卢　山	书院建筑的文化意向浅谈	《南方建筑》2001 年第 2 期

续表 1

作　者	篇　名	来　源
朱文杰	白鹿洞规与东林讲学	《中国书院论坛》（第二辑）中国文联出版社 2001 年版
朱瑞熙	南宋时期白鹿洞书院学田的一桩公案	《中国书院论坛》（第二辑）中国文联出版社 2001 年版
刘卫东	论应天府书院教育的历史地位	《河南大学学报》（社会科学版）2001 年第 5 期
刘先悦	古代书院小议	《历史教学》2001 年第 8 期
江　堤	岳麓书院御书楼千年记	《高校图书馆工作》2001 年第 4 期
江　堤	秋风庭院半掩扉——鹅湖书院游记	《中国文物报》2001 年 8 月 5 日
江　堤	雪花飞翔——道南书院记游	《中国文物报》2001 年 12 月 28 日
孙成岗	论明清徽州的书院	《史学集刊》2001 年第 1 期
李　艳	我国古代书院教育的特点及对当前高教改革的启示	《云南社会科学》2001 年第 1 期
李才栋	关于古代书院中实施大学教育的教学组织形式	《中国书院论坛》（第二辑）中国文联出版社 2001 年版
李才栋	古代书院实施大学教育的教学组织形式	《南昌航空工业学院学报》（社会科学版）2001 年第 1 期
李邦国	书院小议	《中国书院论坛》（第二辑）中国文联出版社 2001 年版
李劲松	唐代江西石室、仰山二书堂（书院）考	《江西教育学院学报》2001 年第 5 期
李科友	汤显祖与书院	《中国书院论坛》（第二辑）中国文联出版社 2001 年版
李琳琦	明清徽州书院的官学化与科举化	《历史研究》2001 年第 6 期
李森林 陶学斌	近代书法家张荆野与"问津书院"石匾	《湖北档案》2001 年第 3 期
杨　龙	江西的书院与书院研究	《教育史研究》2001 年第 3 期
杨凤光	书院与理学	《南方文物》2001 年第 1 期
杨本红	"用其经济所长，辅之以学问"——小议清代扬州书院兴盛之由	《中国典籍与文化》2001 年第 3 期
杨渭生	宋代书院与欧洲中世纪大学之比较	《浙江社会科学》2001 年第 3 期
肖东发 钟　洪 王　波	中国古代书院藏书概论	《图书馆》2001 年第 1 期
吴　迪	笔山书院	《贵州文史丛刊》2001 年第 2 期

续表2

作　者	篇　名	来　源
闵正国	江万里与古代书院的爱国教育	《江西社会科学》2001 年第 5 期
张　烨 刘　煜	建立书院式的新型民办高校——从书院的兴衰看我国民办高校的"生存空间"	《现代大学教育》2001 年第 5 期
张佳林 李石纯	兴学千年弦歌不绝——从岳麓书院到湖南大学	《中国高等教育》2001 年第 7 期
张德山	浮梁的古代书院	《景德镇高专学报》2001 年第 3 期
陈大远	书院、家祠与祭祀文化	《岭南文史》2001 年第 4 期
陈谷嘉	千年学府精神追寻——南宋时期岳麓书院"忠孝廉节"校训诠释	《湖南大学学报》（社会科学版）2001 年第 3 期
陈启伟	再谈王韬和格致书院对西方哲学的介绍	《东岳论丛》2001 年第 5 期
陈新民	礼乐相成　斯文宗主——书院建筑文化初探	《南方文物》2001 年第 3 期
林吉玲	明代运河区域的书院教育	《聊城师范学院学报》（哲学社会科学版）2001 年第 2 期
尚智丛	1886—1894 年间近代科学在晚清知识分子中的影响——上海格致书院格致类课艺分析	《清史研究》2001 年第 3 期
罗　立 罗晓鸣	古代书院的藏书制度	《高校图书馆工作》2001 年第 4 期
罗时叙	疑案：紫霞真人抄袭了王阳明的诗	《中国书院论坛》（第二辑）中国戏剧出版社 2001 年版
罗雨林	广州陈氏书院建筑艺术	《华中建筑》2001 年第 3 期
罗雨林	广州陈氏书院建筑艺术（续）	《华中建筑》2001 年第 4 期
罗雨林	广州陈氏书院建筑艺术（续）	《华中建筑》2001 年第 5 期
罗雨林	广州陈氏书院建筑艺术（续）	《华中建筑》2001 年第 6 期
金绍菊	朱熹《白鹿洞书院揭示》浅释	《中国书院论坛》（第二辑）中国戏剧出版社 2001 年版
金绍菊	《朱子家训》今译	《中国书院论坛》（第二辑）中国戏剧出版社 2001 年版
金绍菊	明紫霞真人《游白鹿洞歌》今译赏析	《中国书院论坛》（第二辑）中国戏剧出版社 2001 年版
周铭生	古代书院与素质教育	《中国书院论坛》（第二辑）中国戏剧出版社 2001 年版

续表3

作　者	篇　名	来　源
屈乾娜	明清白鹿洞书院学田的租佃经营	《江西社会科学》2001年第4期
赵平分	李治和封龙山书院	《保定师专学报》2001年第3期
赵春娟	中国早期书院与西欧中世纪大学的比较研究	《外国教育研究》2001年第1期
胡昭曦	宋代书院与宋代蜀学	《四川大学学报》（哲学社会科学版）2001年第1期
俞怡生	鹅湖书院价值谈	《南方文物》2001年第2期
剑　川	白鹿洞歌罗洪先及其他	《中国书院论坛》（第二辑）中国戏剧出版社2001年版
洪　波	书院讲学、自修与研究精神及其现实意义	《玉溪师范学院学报》2001年第2期
振　戈	白鹿洞的第一位状元——伍乔	《中国书院论坛》（第二辑）中国戏剧出版社2001年版
振　戈	日本侵略者对白鹿洞书院的侵占与掠夺	《中国书院论坛》（第二辑）中国戏剧出版社2001年版
莫守忠 刘梦兰	论书院教育对封建社会官学的改革	《船山学刊》2001年第2期
徐冰云 徐　进	华林书院风貌考	《中国书院论坛》（第二辑）中国戏剧出版社2001年版
翁礼华	万松岭上话书院	《浙江财税与会计》2001年第6期
郭宏达	朱熹与白鹿洞书院	《中国书院论坛》（第二辑）中国戏剧出版社2001年版
陶用舒	陶澍是否岳麓书院的学生	《湖南大学学报》（社会科学版）2001年第3期
陶善耕	河南古代书院楹联中的掌故和雅趣	《河南图书馆学刊》2001年第3期
黄泳添	张之洞与广雅书院	《羊城今古》2001年第1期
黄建华	谈岳麓书院御书楼的历史沿革及重建原则	《古建园林技术》2001年第4期
龚良才	修水书院考	《中国书院论坛》（第二辑）中国戏剧出版社2001年版
康咏秋	论碧泉书院的教育思想	《湘潭师范学院学报》（社会科学版）2001年第3期
梁芳苓	名胜古迹白鹭洲与白鹭洲书院	《中国书院论坛》（第二辑）中国戏剧出版社2001年版

续表 4

作 者	篇 名	来 源
彭拥军	书院与大学的超时空共振——湖南高等教育史研究之一	《南华大学学报》（社会科学版）2001年第1期
粟品孝	《四川书院史》读后	《中国史研究动态》2001年第3期
曾佳晖	全面、新颖、翔实——评《中国书院制度研究》	《中国书院论坛》（第二辑）中国戏剧出版社2001年版
曾燕闻	明清时期的岭南书院及其对文化的贡献	《广州大学学报》（社会科学版）2001年第4期
谢笑珍	古代书院的教育教学特色及其对高等教育改革的启示	《娄底师专学报》2001年第1期
靳环宇	湘乡东山精舍创兴述论	《船山学刊》2001年第3期
蔡淑闵	王阳明与书院	《孔孟月刊》2001年第2期
樊树志	东林书院的实态分析——"东林党"论质疑	《中国社会科学》2001年第2期
黎 华	2000年庐山白鹿洞书院记事	《中国书院论坛》（第二辑）中国戏剧出版社2001年版

2002 年

作 者	篇 名	来 源
刁山景	理学名家与安福书院	《南方文物》2002年第1期
于淑丽	书院教学的特点及对我国当前教育、教学启示	《中外教育》2002年第1期
王一珺	玉岩书院和萝峰寺的空间分析	《华中建筑》2002年第1期
王立斌	鹅湖书院牌坊考	《南方文物》2002年第2期
王立斌	鹅湖书院	《文物世界》2002年第5期
王立新	衡山胡安国文定书堂的历史兴衰	《中国书院》（第四辑）湖南教育出版社2002年版
王兴国	左宗棠与西北书院	《中国书院》（第四辑）湖南教育出版社2002年版
王洪瑞 吴宏岐	明代河南书院的地域分布	《中国历史地理论丛》2002年第4期
王献军	端溪书院史话	《广东史志》2002年第2期
方彦寿	福建书院刻书述评	《中国书院》（第四辑）湖南教育出版社2002年版

续表 1

作　者	篇　　名	来　　源
邓洪波	五代十国时期书院述略	《湖南大学学报》（社会科学版）2002年第2期
邓洪波	从目录学名著看宋代目录学的成就——宋代目录学研究之三	《湖南大学学报》（社会科学版）2002年第3期
邓洪波	墨海书香李邺侯	《船山学刊》2002年第4期
邓洪波	岳麓书院屈子祠的创建及其文化意义	《湖南大学学报》（社会科学版）2002年第5期
邓洪波	宋代湖南书院与湖南文化的形成	《湖湘文化论坛》湖南大学出版社2002年版
邓洪波	唐代官府书院研究	《中国书院》（第四辑）湖南教育出版社2002年版
邓洪波	中国书院非大学说	《教育评论》2002年第6期
邓洪波	北宋湖南书院研究	《湘学》（第二辑）湖南人民出版社2002年版
卢　山	书院建筑的文化意向浅论	《中外建筑》2002年第2期
田正平 朱宗顺	传统教育资源的现代转化——晚清书院嬗变的历史考察	《厦门大学学报》（哲学社会科学版）2002年第5期
白新良	德川时期日本书院述论	《中国书院》（第四辑）湖南教育出版社2002年版
朱汉民 刘　平	简论书院的学统	《教育评论》2002年第1期
朱汉民 唐亚阳	书院改制百年，传统启迪未来——"传统中国教育在21世纪的价值与挑战"	《现代大学教育》2002年第4期
朱汉民 曾佳晖	"士绅—书院—儒学"之考察——以长江流域为例	《中国书院》（第四辑）湖南教育出版社2002年版
朱琴辉	中国古代书院及其藏书	《古今艺文》2002年第3期
刘　平	书院学统与地域文化	《中国书院》（第四辑）湖南教育出版社2002年版
刘　琪	中国书院对日本江户时代教育的影响	《中国书院》（第四辑）湖南教育出版社2002年版
刘少雪	中国教育近代化改革的历史延误	《中国书院》（第四辑）湖南教育出版社2002年版
刘昌兵	白鹿洞书院的环境艺术	《南方文物》2002年第2期
刘玲娣	宋代书院及宋代学术文化的发展	《湖北师范学院学报》（哲学社会科学版）2002年第2期

续表 2

作　者	篇　名	来　源
闫卓娉	探索环境功能的实现——深圳市东方英文书院创作思考	《中外建筑》2002 年第 1 期
江　堤	青年毛泽东与岳麓书院	《文物天地》2002 年第 1 期
江　堤	天地有正气——白鹭洲书院记游	《中国文物报》2002 年 3 月 1 日
江　堤	江山有待，心有沧桑——道州濂溪书院遗址考察散记	《中国文物报》2002 年 3 月 22 日
江　堤	千载月夜——白鹿洞书院记游	《中国文物报》2002 年 4 月 12 日
江　堤	江山有待，心有沧桑——濂溪书院遗址考察记	《中国书院》（第四辑）湖南教育出版社 2002 年版
江　堤	平和：一种永恒的形态——湘水校经堂笔记	《中国文物报》2002 年 5 月 24 日
江　堤	超越俗尘的精致——广州陈氏书院记游	《中国文物报》2002 年 6 月 14 日
江　堤	天下四书院——石鼓书院考察笔记	《中国文物报》2002 年 7 月 26 日
江　堤	历史是一条河——沅溪书院考察笔记	《中国文物报》2002 年 8 月 9 日
江　堤	在废墟上唱歌——城南书院散记	《中国文物报》2002 年 8 月 30 日
江　堤	孔子与洙泗书院	《文物天地》2002 年第 9 期
江　堤	满天鸡毛——贵州黔江三台书院考察笔记	《中国文物报》2002 年 9 月 20 日
许吟雪	试述宋代书院文化与佛教的关系	《宗教学研究》2002 年第 4 期
李　兵 唐亚阳	民间捐输对清代书院发展的影响及其现代意义	《交通高教研究》2002 年第 4 期
李　兵	略论宋代书院与科举的关系	《中国书院》（第四辑）湖南教育出版社 2002 年版
李　兵	科举制度对两宋书院发展的影响及其对高考改革的启示	《湖北招生考试》2002 年总第 20 期
李才栋	庐陵地区古代的书院	《文史知识》2002 年总第 3 期
李才栋	关于书院讲会的几个问题	《中国书院》（第四辑）湖南教育出版社 2002 年版
李劲松	五代时期的江西书院考述	《中国书院》（第四辑）湖南教育出版社 2002 年版
李定仁 赵昌木	论书院的教学特点及其现实意义	《高等教育研究》2002 年第 6 期

续表3

作　者	篇　　名	来　　源
李森林 陶学斌	近代书法家张荆野与问津书院石匾	《武汉文史资料》2002年第1期
［新加坡］ 李诗锦	中华文化传统与文化中国的诠释	《中国书院》（第四辑）湖南教育出版社2002年版
杨纯	学术与书院	《华夏文化》2002年第1期
杨慎初	重视书院文化教育研究保护，展现地方文化历史特色	《中国书院》（第四辑）湖南教育出版社2002年版
肖永明 唐亚阳	书院：社会教化功能简论	《河南大学学报》（社会科学版）2002年第4期
肖红艳	岳麓书院的办学特色及对我国民办高校的启示	《理工高教研究》2002年第5期
邱昌员 黄　敏 谢精兵	"凤林书院"词人群体略论	《赣南师范学院学报》2002年第2期
何生根	朱熹与浙江书院	《宁波大学学报》（教育科学版）2002年第3期
何华连	浙江古代的书院	《浙江师范大学学报》（社会科学版）2002年第2期
何镜堂 郭卫宏 等	浪漫与理性交融的岭南书院——华南师范大学南海学院的规划与建筑创作	《建筑学报》2002年第4期
汪书贵	岳麓书院游记	《文化时空》2002年第7期
沈　潜	顾维钧与圣约翰书院	《档案与史学》2002年第5期
宋少珍	直隶省最高学府——莲池书院	《档案天地》2002年第1期
宋洪飞 郝万章	程颢与大程书院	《中州今古》2002年第1期
张　雷	淮河流域皖境古代书院简述	《治淮》2002年第6期
张羽琼	论明代贵州书院的发展	《贵州社会科学》2002年第5期
陆建伟	朱熹家族与湖州长春书院考略	《湖州师范学院学报》2002年第5期
陈　复	新竹明志书院记	《中国书院》（第四辑）湖南教育出版社2002年版
范逸清	王韬主持的格致书院实开创西学之先河	《江苏图书馆学报》2002年第5期
罗　立	书院的改革与近代化	《中国书院》（第四辑）湖南教育出版社2002版

续表4

作　者	篇　名	来　源
罗雨林	广州陈氏书院建筑艺术（续）	《华中建筑》2002 年第 1 期
周　进 高　鹏 等	试论清代书院的兴衰及其学术活动	《中国农业大学学报》（社会科学版） 2002 年第 3 期
周　洁	伦理道德教育：中国书院教育之支撑	《湖南省政法管理干部学院学报》 2002 年第 2 期
拓　夫 车今花	韩国书院研究论著索引	《中国书院》（第四辑）湖南教育出版社 2002 年版
赵　旗	宋代书院的兴起及其意义	《西安电子科技大学学报》（社会科学版）2002 年第 2 期
赵　旗	宋代书院兴起的背景	《中国书院》（第四辑）湖南教育出版社 2002 年版
胡滔滔	岳麓书院与麓山寺的历史渊源	《湖南大学报》2002 年 3 月 30 日
段　欣 拓　夫	中国书院研究论文索引（1999 —2001）	《中国书院》（第四辑）湖南教育出版社 2002 年版
顾宏义	宋代学规考论	《中国书院》（第四辑）湖南教育出版社 2002 年版
徐守成	杭州崇文书院	《古今谈》2002 年第 1 期
高烽煜	论书院的区别性特征	《中国书院》（第四辑）湖南教育出版社 2002 年版
唐亚阳	书院德育内容试探	《中国书院》（第四辑）湖南教育出版社 2002 年版
［美］秦博理（著） 潘　建（译）	以中国书院教学方式振兴美国文科教育	《中国书院》（第四辑）湖南教育出版社 2002 年版
黄新宪	丘逢甲与台湾的私塾及书院	《教育评论》2002 年第 2 期
黄新宪	澎湖文石书院考略	《教育评论》2002 年第 4 期
黄瑾瑜	谈潮州书院的建置	《广东史志》2002 年第 4 期
彭长歆	岭南书院建筑的择址分析	《古建园林技术》2002 年第 3 期
彭世文 肖时义	临风追忆有余怀——湘赣书院记行	《中国书院》（第四辑）湖南教育出版社 2002 年版
蒋建国	论书院祭祀的作用及借鉴意义	《中国书院》（第四辑）湖南教育出版社 2002 年版
靳怀宇	试论罗泽南的教育思想	《中国书院》（第四辑）湖南教育出版社 2002 年版
詹杭伦	杜甫诗与清代书院诗赋试题	《杜甫研究学刊》2002 年第 1 期

续表5

作　者	篇　名	来　源
蔡　仪 蔡晓初	书院藏书谈	《江西教育学院学报》2002年第1期
熊庆年	书院东瀛谱新篇——日本简素书院述评	《中国书院》（第四辑）湖南教育出版社2002年版
潘　建 拓　夫	岳麓书院的外语教育	《湖南大学学报》（社会科学版）2002年第6期

2003 年

作　者	篇　名	来　源
"渝东南少数民族地区教育发展史研究"课题组	乌江下游民族地区清代书院的管理	《涪陵师范学院学报》2003年第6期
丁金华	宋代书院谈略	《图书与情报》2003年第1期
刁山景	理学名家与安福书院	《中国书院论坛》（第三辑）中国文联出版社2003年版
王立斌	吴嵩梁与鹅湖书院	《中国书院论坛》（第三辑）中国文联出版社2003年版
王明芳	论乾嘉学者与藏书家、书院及江南学风之间的关系	《山东社会科学》2003年第5期
王忠强	鹅湖书院石坊浅谈	《中国书院论坛》（第三辑）中国文联出版社2003年版
王洪亮	古代书院教学思想的现代启迪	《商丘师范学院学报》2003年第3期
王晓龙	宋代武将孟珙与公安、南阳书院	《唐都学刊》2003年第2期
邓　刚 李淑兰	庐山国学与白鹿洞书院的课程设置	《中国书院论坛》（第三辑）中国文联出版社2003年版
邓洪波	中国书院的教师与学生管理制度	《河北师范大学学报》（教育科学版）2003年第4期
邓洪波	乡村书院的演变及特点	《教育评论》2003年第4期
邓洪波	中国书院管理体制的形成与演变	《大学教育科学》2003年第4期
邓洪波 肖新华	宋代书院藏书研究	《高校图书馆工作》2003年第5期
邓洪波	中国书院考试及其对当今考试改革的启示	《湖北招生考试》2003年第6期
邓洪波	中国书院都是大学吗？	《中国书院论坛》（第三辑）中国文联出版社2003年版

续表 1

作 者	篇 名	来 源
邓洪波	中国书院教育概论	《中国书院》（第五辑）湖南教育出版社 2003 年版
邓洪波	中国古代家族书院简论	《湖南大学学报》（社会科学版）2003 年第 4 期
邓洪波	岳麓书院改制百年祭	《湖南大学报》2003 年 11 月 3 日
邓洪波	湖南书院与湖湘学统	《光明日报》2003 年 12 月 2 日
邓洪波	试论书院藏书与学术流变的互动关系	《中国藏书文化研究》宁波出版社 2003 年版
古伟瀛	明清变局下的书院	《中国书院》（第五辑）湖南教育出版社 2003 年版
正 国 筱 花	浅论朱陆白鹿洞之会	《中国书院论坛》（第三辑）中国文联出版社 2003 年版
龙小玲	吉安地区书院	《江西图书馆学刊》2003 年第 3 期
田正平 朱宗顺	传统教育资源的现代转化——以晚清书院的嬗变为例的个案研究	《中国书院》（第五辑）湖南教育出版社 2003 年版
付 瑛	佛教的传入与书院制度的形成	《教书育人》2003 年第 4 期
代晓丽	郝浴与银冈书院	《兰台世界》2003 年第 12 期
白新良	试论清初书院的恢复与发展	《中国书院》（第五辑）湖南教育出版社 2003 年版
宁德舟	复州横山书院	《兰台世界》2003 年第 10 期
成臻铭 麻荣富	试破永绥厅书院房契之谜	《湖北民族学院学报》（哲学社会科学版）2003 年第 2 期
朱文杰	东林书院讲学性质转化考述	《中国书院论坛》（第三辑）中国文联出版社 2003 年版
朱协棠	朱熹在江西的二三事	《中国书院论坛》（第三辑）中国文联出版社 2003 年版
伍运文	宋代书院管理述评	《辽宁教育学院学报》2003 年第 1 期
刘卫东	论百泉书院的历史地位	《河南职业技术师范学院学报》（职业教育版）2003 年第 6 期
刘伟红	试析书院的形成与发展历程	《北方论丛》2003 年第 5 期
刘昌兵	白鹿洞书院的环境特色	《中国书院论坛》（第三辑）中国文联出版社 2003 年版
刘海峰	岳麓之会感怀	《湖南大学报》2003 年 3 月 10 日
刘祥光	书院与社会：徽州书院之研究（1200—1644）	《中国书院》（第五辑）湖南教育出版社 2003 年版

续表2

作 者	篇 名	来 源
江 堤	由四大书院说起——石鼓书院考察笔记	《中国文物报》2003年1月1日
江 堤	文物在不断摹刻中前行——"忠孝廉节"碑的"版权"之争	《中国文物报》2003年1月15日
江 堤	这样的地这样的天——山东青州松材书院考察笔记	《中国文物报》2003年2月5日
江 堤	布道与办学——广德书院与培真书院考察笔记	《中国文物报》2003年3月12日
江 堤	文化的加法与减法——汨罗书院考察散记	《中国文物报》2003年4月9日
杜新艳	上海格致书院中西董事之争	《东方文化》2003年第6期
李 兵 宋宙红	论庆历兴学对北宋书院发展的影响	《集美大学学报》（教育科学版）2003年第3期
李 兵	官学的替代机构——北宋前期的书院	《河北师范大学学报》（教育科学版）2003年第4期
李才栋	江梦孙亦耕亦教小陂书院耕读并行	《江西教育学院学报》2003年第1期
李才栋	李觏与盱江书院	《抚州师专学报》2003年第2期
李才栋	关于书院讲会的几个问题	《中国书院论坛》（第三辑）中国文联出版社2003年版
李才栋	关于《中国大学》一书"书院观"	《中国书院》（第五辑）湖南教育出版社2003年版
李天凤	明清云南书院发展述略	《教育评论》2003年第2期
李永红 林阅春	杭州万松书院复建工程规划设计	《中国园林》2003年第4期
李劲松	书院传统人文精神对高校学生思想教育的启示	《长沙民政职业技术学院学报》2003年第1期
李劲松	五代时期的江西书院考述	《中国书院论坛》（第三辑）中国文联出版社2003年版
李建兰	欧阳守道与白鹭洲书院	《中国书院论坛》（第三辑）中国文联出版社2003年版
李科友	略谈南昌东湖书院	《中国书院论坛》（第三辑）中国文联出版社2003年版
杨玉芬 程仁桃	程端礼与《江东书院讲义》	《殷都学刊》2003年第3期
肖永明 刘 平	书院社会教化的实施途径	《教育评论》2003年第3期

续表3

作　者	篇　名	来　源
肖永明 龚抗云	湖南书院与湖湘文化的发展	《湖湘论坛》2003年第5期
肖永明 唐亚阳	书院与社会教化	《中国书院》（第五辑）湖南教育出版社2003年版
肖爱芝	中国教育史上的一大进步与发展——古代书院教育与古代传统教育功能的比较	《焦作师范高等专科学校学报》2003年第1期
吴怿	白鹿洞书院藏书考略	《中国书院论坛》（第三辑）中国文联出版社2003年版
吴小红	论元代的书院官学化与社会教化	《江西社会科学》2003年第6期
吴争春 唐晓涛	唐代私学与科举制度	《玉林师院学报》2003年第1期
邱笋	江西古代书院藏书事业尝析	《江西图书馆学刊》2003年第2期
沈晴	通经明道，经世致用——试论广雅书院的教学风格及其现实意义	《新乡教育学院学报》2003年第2期
宋巧燕	岭南学海堂书院的文学教学	《学术研究》2003年第4期
张伟	近代上海书院变革略述	《文史杂志》2003年第5期
张世清	西北书院制度略论	《兰州大学学报》（社会科学版）2003年第1期
张国宏	谁是白鹿洞诗作第一人？	《中国书院论坛》（第三辑）中国文联出版社2003年版
张国宏	《游白鹿洞歌》及作者的思考	《中国书院论坛》（第三辑）中国文联出版社2003年版
陆汉荣 钱万里 等	高校文库之起源——书院藏书	《图书情报工作》2003年第10期
陈炭 谢青	王守仁书院教育思想浅谈	《中国书院论坛》（第三辑）中国文联出版社2003年版
陈成国 孙思旺	略论朱熹与白鹿洞书院之关系	《湖南大学学报》（社会科学版）2003年第4期
陈时龙	晚明书院结群现象研究——东林书院网络的构成、宗旨与形成	《安徽史学》2003年第5期
陈时龙	从首善书院之禁毁看晚明政治与讲学的冲突	《史学月刊》2003年第8期
陈谷嘉 黄沅玲	论中国古代书院的教育理论及人文精神	《湖南大学学报》（社会科学版）2003年第3期

续表 4

作　者	篇　名	来　源
陈遵沂	朱子学派在武夷精舍的群体研究课题	《中国书院论坛》（第三辑）中国文联出版社 2003 年版
幸友金	桂岩书院新考	《中国书院论坛》（第三辑）中国文联出版社 2003 年版
林振礼	鹅湖书院与白鹿洞书院朱子传说的文化意蕴	《中国书院论坛》（第三辑）中国文联出版社 2003 年版
欧阳霞	我国书院制度特征及其对现代民办高等教育的启示	《内蒙古师范大学学报》（教育科学版）2003 年第 1 期
周建华	周濂溪与赣南三大"濂溪书院"考释	《江西教育学院学报》2003 年第 1 期
周建华黄宗理	赣县濂溪书院考	《九江师专学报》2003 年第 3 期
郑晓江	走近象山	《中国书院论坛》（第三辑）中国文联出版社 2003 年版
赵有翼	宋代书院与中国儒家文化关系说	《甘肃高师学报》2003 年第 4 期
赵慧兰	万松书院重建记略	《浙江档案》2003 年第 1 期
赵慧兰	万松书院史略	《浙江方志》2003 年第 2 期
郝秉键	上海格致书院及其教育创新	《清史研究》2003 年第 3 期
胡　青	古代书院与今日高等教育经费	《中国书院论坛》（第三辑）中国文联出版社 2003 年版
胡迎建	论白鹿洞书院的古代诗歌	《九江师专学报》2003 年第 2 期
钟华英	从庐山国学到白鹿洞书院	《江西教育学院学报》2003 年第 4 期
钟坤杰	书院教育制度文化的现代启迪	《曲靖师范学院学报》2003 年第 5 期
姜广辉	书院制度与理学的形成	《中国书院》（第五辑）湖南教育出版社 2003 年版
姜新生	书院的办学经验及其对我国民办高等教育发展的启示	《乐山师范学院学报》2003 年第 6 期
贾俊侠	冯从吾与关中书院的教学思想及教学特点	《唐都学刊》2003 年第 1 期
夏　泉徐天舒	嘉道年间英华书院创校南洋研究	《东南亚研究》2003 年第 5 期
徐冰云徐　进	黄庭坚与华林书院	《中国书院论坛》（第三辑）中国文联出版社 2003 年版
徐静玉	清末江苏书院的变革与衰亡	《南通师范学院学报》（哲学社会科学版）2003 年第 1 期

续表5

作　者	篇　名	来　源
徐德龙 潘中伟 等	试行书院学院学科制，探索素质教育的新模式	《中国高教研究》2003 年第 1 期
奚可桢	南京书院考述	《东南文化》2003 年第 11 期
郭宏达	白鹿洞书院旅游刍议	《中国书院论坛》（第三辑）中国文联出版社 2003 年版
郭树森 龙迪勇	传统书院与现代教育	《中国书院论坛》（第三辑）中国文联出版社 2003 年版
浙江省馆 编研征集处	东方剑桥之雏形——求是书院	《浙江档案》2003 年第 5 期
黄年凤	白鹭洲书院楹联赏析	《中国书院论坛》（第三辑）中国文联出版社 2003 年版
黄海妍 鲍　炜	从《陈氏宗谱》看陈氏书院的兴修	《岭南文史》2003 年第 2 期
黄新宪	清代福建书院的若干特色及当代价值	《中国书院》（第五辑）湖南教育出版社 2003 年版
崔金生	北京名校金台书院	《北京档案》2003 年第 9 期
梁正君	广州陈氏书院建筑装饰工艺中的吉祥文化	《岭南文史》2003 年第 2 期
彭康清	建昌雷塘书院与洪氏父子史事考述	《江西教育学院学报》2003 年第 3 期
蒋建国	20 世纪的书院学研究	《湖南大学学报》（社会科学版）2003 年第 4 期
蒋建国	清代湖南书院的内部管理	《零陵学院学报》2003 年第 6 期
蒋建国	清代湖南书院的功能与管理	《中国书院论坛》（第三辑）中国文联出版社 2003 年版
童　潇	浅说江南书院	《文史杂志》2003 年第 5 期
雷凤忠	书堂、书院与兴化文化	《莆田学院学报》2003 年第 1 期
简红莲 郑胡艳	关于中国古代书院制度的几点思考	《理论月刊》2003 年第 6 期
黎　华	白鹿洞书院 2001 年大事记	《中国书院论坛》（第三辑）中国文联出版社 2003 年版
冀　滨	上海格致书院述论	《内蒙古师范大学学报》（教育科学版）2003 年第 4 期
魏金玲	浅述都昌书院之一二	《中国书院论坛》（第三辑）中国文联出版社 2003 年版

2004 年

作 者	篇 名	来 源
丁 伟	伦敦会新教传教士与马六甲英华书院的英语教学	《文本社会科学》2004 年第 2 期
万书元	简论书院建筑的艺术风格	《南京理工大学学报》（社会科学版）2004 年第 2 期
马学强	略论清代山东书院	《山东档案》2004 年第 4 期
王 珊 吕思为	书院"讲会"的历史沿革及其启示	《高教发展与评估》2004 年第 6 期
王 鹏	书院教学特色及其对研究生培养的启示	《学位与研究生教育》2004 年第 2 期
王元林 林杏容	明代西樵四书院与南海士大夫集团	《中国文化研究》2004 年第 2 期
王国银	论朱熹的书院理念	《湖州师范学院学报》2004 年第 3 期
王国银	古代书院的教学方式及其对当代大学教学改革的启示	《湖州职业技术学院学报》2004 年第 4 期
王建军	论元代西湖书院的刻本	《中国书院》（第六辑）湖南教育出版社 2004 年版
王胜军 邓洪波	实学思潮影响下的漳南书院	《河北师范大学学报》（教育科学版）2004 年第 6 期
王洪亮	论古代书院的社会教育功能	《南阳师范学院学报》2004 年第 2 期
王洪瑞	清代河南书院的地域分布特征	《史学月刊》2004 年第 10 期
王雁杰	白鹿洞书院的藏书事业初探	《江西图书馆学刊》2004 年第 4 期
牛红亮	略论我国古代的书院藏书	《晋图学刊》2004 年第 4 期
方彦寿	朱熹书院教学与远程函授教育	《中国书院》（第六辑）湖南教育出版社 2004 年版
尹选波	明中后期书院的勃兴及其影响论略	《社会科学战线》2004 年第 4 期
孔 莹 志 敏	曲阜书院考略	《山东档案》2004 年第 1 期
邓 雄	略谈朱熹与紫阳书院	《邵阳学院学报》（社会科学版）2004 年第 2 期
邓洪波	面向平民：明代书院发展的新动向	《井冈山师范学院学报》2004 年第 2 期
邓洪波 肖新华	中国书院藏书与学术流变	《高校图书馆工作》2004 年第 2 期
邓洪波	南宋书院与理学的一体化	《湖南大学学报》（社会科学版）2004 年第 5 期

续表1

作　者	篇　　名	来　　源
邓洪波	日本书院概述	《中国书院》（第六辑）湖南教育出版社 2004 年版
叶宝根 丁云川	梁山伯与祝英台同窗共读的地点在杭州万松书院	《中国地方志》2004 年第 9 期
叶宪允	浅论嵩阳书院的教育及其影响	《大学教育科学》2004 年第 4 期
皮德宁	中国古代书院与欧洲中世纪大学的比较研究	《南昌教育学院学报》2004 年第 4 期
吕建中	中国古代书院制度述略	《青海民族学院学报》2004 年第 3 期
吕晓英	书院传统及其对研究性学习的启示	《惠州学院学报》2004 年第 2 期
朱汉民	《岳麓书院学术文库·湖湘文化研究系列》丛书总序	《湖南大学学报》（社会科学版）2004 年第 2 期
朱汉民 黄梓根	王先谦汉学研究与书院传播	《湖南大学学报》（社会科学版）2004 年第 4 期
朱秀平	简论教会书院的产生及其影响	《晋图学刊》2004 年第 3 期
刘　青	明清书院刻书与藏书的发展及其影响试论	《河南图书馆学刊》2004 年第 3 期
刘　青	明清书院刻书与藏书的发展及其影响	《图书馆学刊》2004 年第 5 期
刘卫东	论南阳书院教育及其独特的人才培养模式	《南阳师范学院学报》2004 年第 2 期
刘卫东	论大梁书院的办学特色	《河南社会科学》2004 年第 4 期
刘海峰	钟情书院谱新篇——评邓洪波著《中国书院史》	《中国书院》（第六辑）湖南教育出版社 2004 年版
许志红	宋代书院与中世纪大学教学管理之比较	《教书育人》2004 年第 8 期
孙显军	江苏宋元时期书院考论	《盐城师范学院学报》（人文社会科学版）2004 年第 1 期
牟　子	成都龙江书院成立	《文史杂志》2004 年第 3 期
李　兵	书院大师朱熹的科举生涯与科举观评析	《湖南大学学报》（社会科学版）2004 年第 3 期
李　兵	晚唐五代科举制度演变与书院萌芽论略	《中国书院》（第六辑）湖南教育出版社 2004 年版
李　晴	书院的现代意义探究	《河南教育学院学报》（哲学社会科学版）2004 年第 5 期

续表 2

作　者	篇　名	来　源
李才栋	从早期江南三书院看书院教育、科举制度的互动关系	《江西教育学院学报》2004 年第 2 期
李才栋	访台书院纪行	《江西教育科研》2004 年第 9 期
李才栋	《中国书院》画册读后	《中国书院》（第六辑）湖南教育出版社 2004 年版
李邦国	白鹿洞书院在国外的影响	《中国书院》（第六辑）湖南教育出版社 2004 年版
李伟波	论颜元对书院制度的改革	《阿坝师范高等专科学校学报》2004 年第 4 期
李伟波	颜元的书院教育及其现代价值	《石油大学学报》（社会科学版）2004 年第 6 期
李伟波	颜元的实学思想与书院制度改革	《零陵学院学报》2004 年第 9 期
〔韩〕李树焕	朝鲜时代书院的成立与发展	《湖南大学学报》（社会科学版）2004 年第 3 期
〔韩〕李树焕	朝鲜时代书院的成立与发展	《中国书院》（第六辑）湖南教育出版社 2004 年版
李庭辉	思茅明清书院研究	《思茅师范高等专科学校学报》2004 年第 2 期
杨　果 赵治乐	也谈宋代书院与同时代的欧洲大学	《湖北大学学报》（哲学社会科学版）2004 年第 2 期
杨　萍	从西云书院到大理一中	《云南档案》2004 年第 6 期
杨炜长	书院的办学特色及对我国民办高校特色建设的启示	《船山学刊》2004 年第 2 期
吴定安	陆九渊办书院	《江西教育》2004 年第 4 期
何礼平 郑健民	我国古代书院园林的文化意义	《中国园林》2004 年第 8 期
汪效驷	吴汝纶与莲池书院	《安庆师范学院学报》（社会科学版）2004 年第 3 期
张　宇	古代书院教育特点及其现代启示	《扬州大学学报》（高教研究版）2004 年第 1 期
张　欣	论甲午战前清代书院改革的价值取向	《晋阳学刊》2004 年第 4 期
张　艳	略论"同治中兴"清政府书院重建政策	《湖南大学学报》（社会科学版）2004 年第 3 期
张　辉	复修懿范，继美前贤——论我国古代书院教育的人文理念及现代启示	《安徽大学学报》（哲学社会科学版）2004 年第 4 期

续表 3

作　者	篇　名	来　源
张玉蓉	宋代书院办学特色述评	《重庆交通学院学报》（社会科学版）2004 年第 3 期
张华腾	1882－1895 年中西书院诸问题的考察	《史林》2004 年第 5 期
张麦青	略论我国书院藏书与刻书	《鄂州大学学报》2004 年第 2 期
张品端	朱熹《白鹿洞书院揭示》在日本的流传及其影响	《南平师专学报》2004 年第 3 期
张曼西	元代浏阳文靖书院铜器浅识	《中国书院》（第六辑）湖南教育出版社 2004 年版
陈　忠	文华书院——清末民初西方文化传入武汉的窗口	《武汉文史资料》2004 年第 4 期
陈业强	广西书院研究	《广西地方志》2004 年第 2 期
陈桃兰	书院教育特色及其对研究生培养的启示	《交通高教研究》2004 年第 3 期
陈晓强 陈小艺	江西书院文化谈	《西南民族大学学报》（人文社科版）2004 年第 11 期
拓　夫 林尔吉	八十年中国书院研究综述	《中国书院》（第六辑）湖南教育出版社 2004 年版
范　龙	论中国古代书院的三种功能	《高等工程教育研究》2004 年第 5 期
周国平	宋代私学与理学传播：以书院为中心	《浙江树人大学学报》2004 年第 3 期
周惠琴	元代书院藏书重要来源之一——书院刻书	《图书情报工作》2004 年第 4 期
周德喜	东亚同文书院始末	《兰州大学学报》（社会科学版）2004 年第 3 期
［韩］郑万祚	韩国书院研究动向综述	《中国书院》（第六辑）湖南教育出版社 2004 年版
郑慎德	中国书院教育与大学精神	《湖北经济学院学报》2004 年第 1 期
胡　青 周雪敏	白鹭洲书院朱子后学的气节修养思想	《教育评论》2004 年第 3 期
胡　青 简　虎	论宋元之际江南书院对社会的教化	《江西社会科学》2004 年第 6 期
胡发贵	蓄德为先——论书院教育的道德诉求及其历史影响	《金陵科技学院学报》2004 年第 1 期
胡群鸽	私学·书院·民办高校：论我国民办高校的历史现状及其发展	《西安教育学院学报》2004 年第 1 期

续表 4

作　者	篇　　名	来　　源
段　欣 拓　夫	中国书院研究论文索引（2002－2003）	《中国书院》（第六辑）湖南教育出版社 2004 年版
侯　敏	新儒家与现代书院	《华夏文化》2004 年第 2 期
侯宏业	宋代理学和书院教育在河南的发展及其影响	《教育与职业》2004 年第 2 期
姚艳霞	书院深深深几许——读《中国书院史》	《中国书院》（第六辑）湖南教育出版社 2004 年版
袁彩楚	清末书院改学堂历史述评	《社会科学家》2004 年第 3 期
聂付生	论明代书院文化的传播机制	《湖南大学学报》（社会科学版）2004 年第 3 期
徐丽琴 刘　超	朱熹和白鹿洞书院	《江西教育》2004 年第 3 期
徐丽琴	修复书院，振兴理学——朱熹与白鹿洞书院	《江西教育学院学报》2004 年第 4 期
徐明德 江梓荣 等	论江万里在南宋书院发展史上的贡献	《浙江大学学报》（人文社会科学版）2004 年第 3 期
黄育芳	清末书院到学堂的现代化转换——以广雅书院为中心	《思茅师范高等专科学校学报》2004 年第 2 期
黄育芳	清末书院到学堂的现代化转换	《五邑大学学报》（社会科学版）2004 年第 4 期
黄育芳	清末广雅书院变迁分析	《广州大学学报》（社会科学版）2004 年第 10 期
黄梓根	千年弦歌论书院——读邓洪波教授《中国书院史》有感	《大学教育科学》2004 年第 4 期
黄新宪	台湾彰化的书院述评	《中国书院》（第六辑）湖南教育出版社 2004 年版
龚抗云	书院研究中的社会文化视野——读邓洪波《中国书院史》有感	《湖南大学学报》（社会科学版）2004 年第 6 期
盛　洪	从宋代书院到现代大学	《杭州金融研修学院学报》2004 年第 1 期
雪　松	要令今古播清芬——周敦颐与濂溪书院	《江西教育》2004 年第 12 期
彭文军 丁三伏	岳麓书院德育传统对建构现代德育模式的启示	《株洲师范高等专科学校学报》2004 年第 4 期
蒋建国	南宋时期湖南书院的创建与理学的传播	《现代哲学》2004 年第 2 期

续表5

作　者	篇　　名	来　　源
蒋建国	消费文化视野下的清代广州祠堂与书院	《中国书院》（第六辑）湖南教育出版社 2004 年版
储朝晖	颜元对书院理念的变革及其启示	《河北师范大学学报》（教育科学版）2004 年第 2 期
谢慧盈 汤善芳	吸取书院教学精髓，深化我国高校教改	《海南师范学院学报》（社会科学版）2004 年第 4 期
雷晓云	道势相依：关于书院制度盛衰循环内在脉络的探讨	《湖南师范大学教育科学学报》2004 年第 6 期
慕景强	我国古代书院的教学法特色及现代启示	《当代教育论坛》2004 年第 10 期
慕景强	我国古代书院的教学法特色及现代启示	《中国书院》（第六辑）湖南教育出版社 2004 年版
蔡立丰	书院无缘近代化的五大内因及启示	《长春工业大学学报》（高教研究版）2004 年第 2 期
廖　佳	王阳明与书院	《中国书院》（第六辑）湖南教育出版社 2004 年版
谭有余	岭南建筑艺术的明珠——广州陈氏书院	《建筑知识》2004 年第 4 期
谭佛佑	贵山书院始末述略	《贵州文史丛刊》2004 年第 3 期
熊先进	我国古代书院办学理念的现代意义	《许昌学院学报》2004 年第 4 期
魏　伟	我国古代书院教育对当代研究生教育的启示	《山西高等学校社会科学学报》2004 年第 7 期

2005 年

作　者	篇　　名	来　　源
马泓波	《中国书院史》中 12 所书院非北宋考	《史学月刊》2005 年第 3 期
王卫国	古代书院藏书管理及利用	《科技情报开发与经济》2005 年第 6 期
王忠强	一代名相与鹅湖书院的情怀	《中国书院论坛》（第四辑）中国文联出版社 2005 年版
王建军 慕容勋	论清代广州书院城市化	《华东师大学报》（教育科学版）2005 年第 1 期
王洪瑞	清代河南书院的分布级差与成因分析	《殷都学刊》2005 年第 2 期

续表1

作　者	篇　　名	来　　源
王晓龙 张春生	宋代书院教育与宋代理学的传播	《贵州社会科学》2005 年第 1 期
邓美姣	论康有为与书院教育	《中国书院论坛》（第四辑）中国文联出版社 2005 年版
邓洪波	简论南宋书院的六大事业	《大学教育科学》2005 年第 1 期
邓洪波	宋代湖南书院与湖湘文化的形成	《船山学刊》2005 年第 2 期
邓洪波	走向东洋：移植日本的书院制度	《湖南大学学报》（社会科学版）2005 年第 2 期
邓洪波	儒学诠释的平民化：明代书院讲学的新特点	《湖南大学学报》（社会科学版）2005 年第 3 期
邓洪波	中国书院的教学管理制度	《河北师范大学学报》（教育科学版）2005 年第 3 期
吕建昌	上海格致书院大铁房博物馆质疑	《上海大学学报》（社会科学版）2005 年第 1 期
朱文杰	邹元标与其所撰《依庸堂记》	《中国书院论坛》（第四辑）中国文联出版 2005 年版
朱汉民	长江流域书院与长江文化	《湖南大学学报》（社会科学版）2005 年第 3 期
刘　虹	中国书院史研究领域的又一力作——《中国书院史》评介	《河北师范大学学报》2005 年第 6 期
刘海峰	钟情书院谱新篇——评邓洪波著《中国书院史》	《大学教育科学》2005 年第 3 期
孙建平	赵复和太极书院对元代理学发展的促进	《湖南大学学报》（社会科学版）2005 年第 3 期
孙适民	中国书院文化与教育	《广东教育》2005 年第 9 期
孙海林	张栻与城南书院研究	《湖南第一师范学院学报》2005 年第 1 期
杜海柱	嵩阳书院话今昔	《文史月刊》2005 年第 2 期
李　兵	科举学与书院学	《集美大学学报》（教育科学版）2005 年第 1 期
李　兵	一部书院学研究的力作：读邓洪波教授新著《中国书院史》	《高校图书馆工作》2005 年第 2 期
李　兵	清初文教政策与书院科举化关系论略	《大学教育科学》2005 年第 4 期
李　兵	清末科举革废对书院改革的影响探析	《教育研究》2005 年第 6 期

续表 2

作　者	篇　名	来　源
李　兵	18 世纪汉学书院与科举关系新论	《厦门大学学报》（哲学社会科学版）2005 年第 2 期
李　兵	19 世纪中后期汉学书院与科举关系论略	《湖南大学学报》（社会科学版）2005 年第 3 期
李才栋	从书院起源、发展阶段、办学性质说开去	《扬州大学学报》（高教研究版）2005 年第 1 期
李才栋	关于书院史研究的若干问题	《中国书院论坛》（第四辑）中国文联出版社 2005 年版
李才栋	唐代洪州的书院	《中国书院论坛》（第四辑）中国文联出版社 2005 年版
李才栋	白鹿洞精神长存	《中国书院论坛》（第四辑）中国文联出版社 2005 年版
［美］李弘祺	书院与科举关系研究的一项重要成果：评李兵著《书院与科举关系研究》	《大学教育科学》2005 年第 4 期
李伟波	颜元对书院教育的改革创新及其价值	《东疆学刊》2005 年第 1 期
李伟波	浅议颜元的书院教育改革	《河北师范大学学报》（教育科学版）2005 年第 2 期
李伟波	颜元对书院制度的革新	《忻州师范学院学报》2005 年第 2 期
李伟波	试论颜元对书院制度的改革	《理论界》2005 年第 1 期
李并成　吴　超	清代甘肃书院的时空分布特征	《青岛科技大学学报》2005 年第 2 期
李良品	试论元代书院的特征	《黑龙江民族丛刊》2005 年第 1 期
李良品　彭规荣	论乌江流域民族地区明清书院的组织、教学与藏书管理	《重庆社会科学》2005 年第 6 期
李春萍　刘　洁	西学教育与书院的历史命运	《中国书院论坛》（第四辑）中国文联出版社 2005 年版
杨向明	从嵩阳书院到古越藏书楼——参加中国图书馆学会青年学术论坛的几点思考	《河南图书馆学刊》2005 年第 1 期
杨远征　田丽娟	清同治光绪时期陕西书院及其活动	《宁夏社会科学》2005 年第 2 期
杨焕英	中国书院对世界教育发展的影响	《中国书院论坛》（第四辑）中国文联出版社 2005 年版

续表3

作　者	篇　名	来　源
肖永明	商人对书院发展的推动及其动机探析	《大学教育科学》2005 年第 1 期
肖永明	历代地方官员对书院的支持与促进	《船山学刊》2005 年第 2 期
肖永明	家族力量对书院发展的推动及其动机	《求索》2005 年第 2 期
肖永明 唐亚阳	书院祭祀的教育及社会教化功能	《湖南大学学报》（社会科学版）2005 年第 3 期
吴　刚	谒岳麓书院	《集邮博览》2005 年第 2 期
吴忠礼	宁夏的儒学教育和书院	《宁夏史志》2005 年第 1 期
吴洪成	历史时期重庆地区书院的变革	《中国书院论坛》（第四辑）中国文联出版社 2005 年版
吴碧宇	从中国古代书院制度看大学英语教学改革	《和田师范专科学校学报》2005 年第 2 期
余　涂	河南省图书馆馆藏《明道书院志》	《河南图书馆学刊》2005 年第 1 期
应坚志 吕水珍	古代书院给现代教育的几点启示	《中国书院论坛》（第四辑）中国文联出版社 2005 年版
闵正国 高　峰	弘扬古代书院爱国教育的优良传统	《中国书院论坛》（第四辑）中国文联出版社 2005 年版
闵正国	历代帝王青睐白鹿洞	《中国书院论坛》（第四辑）中国文联出版社 2005 年版
闵正国	状元、宰辅与白鹿洞书院	《中国书院论坛》（第四辑）中国文联出版社 2005 年版
汪昭义	从竹山书院看徽州的书院文化情结	《黄山学院学报》2005 年第 2 期
张传燧	自由自主：书院教育精神及其现代启示	《大学教育科学》2005 年第 1 期
张秀琴	中国古代书院的教学特点及其现实意义	《西南民族大学学报》（人文社会科学版）2005 年第 4 期
张学军 马明霞	简论我国古代书院藏书	《图书馆理论与实践》2005 年第 1 期
张晓婧	论明清徽州书院的社会功能：一种社会学视角	《淮南师范学院学报》2005 年第 4 期
陈·巴特尔	元代书院官学化的历史文化解释	《新疆大学学报》（社会科学版）2005 年第 3 期
陈桃兰	书院教育特色及其对研究生培养的启示	《中国书院论坛》（第四辑）中国文联出版社 2005 年版

续表4

作　者	篇　名	来　源
陈璧显	繁荣地方历史文化，弘扬爱国主义精神——《东林书院志》出版感言	《江南论坛》2005 年第 2 期
尚　进	古代江西四大书院	《中国书院论坛》（第四辑）中国文联出版社 2005 年版
金绍菊	对朱子《白鹿洞书院教条》的一些思考	《中国书院论坛》（第四辑）中国文联出版社 2005 年版
周铭生	古代书院集资措施给现代民办学校的借鉴	《中国书院论坛》（第四辑）中国文联出版社 2005 年版
赵　统	试述江阴南菁书院的治学特点	《南京晓庄学院学报》2005 年第 2 期
赵国权	宋代河南书院制度的确立与经营管理模式	《大学教育科学》2005 年第 3 期
胡方砚	兰山书院述	《西北民族大学学报》（哲学社会科学版）2005 年第 2 期
胡彬彬	"书院文物"定义界定初探	《湖南大学学报》（社会科学版）2005 年第 3 期
柯美尧	白鹿洞书院纪行	《中国书院论坛》（第四辑）中国文联出版社 2005 年版
姜国柱	中国书院的社会功能	《中国书院论坛》（第四辑）中国文联出版社 2005 年版
振　戈	紫霞真人《游白鹿洞歌》作者难考	《中国书院论坛》（第四辑）中国文联出版社 2005 年版
袁彩楚	传统书院精神的失落与现代弘扬	《中国书院论坛》（第四辑）中国文联出版社 2005 年版
哲　夫	书院研究的学术价值：评邓洪波著《中国书院史》	《探求》2005 年第 1 期
夏吉莉 刘　英	中国古代书院兴衰对大学的启示	《重庆邮电学院学报》（社会科学版）2005 年第 3 期
［日］柴田笃（著） 杜　娟（译）	《白鹿洞书院揭示》与江户儒学	《湖南大学学报》（社会科学版）2005 年第 2 期
徐明德 江梓荣 等	论江万里在南宋书院发展史上的贡献	《中国书院论坛》（第四辑）中国文联出版社 2005 年版
徐雁平	清代书院研究的价值、现状及问题——以江南地区为讨论范围	《南京晓庄学院学报》2005 年第 2 期
徐魁鸿	古代书院的经费筹措对当代民办高校的启示	《成人教育》2005 年第 2 期

续表 5

作　者	篇　　名	来　　源
衷海燕	宋元时期书院与理学的发展：以江西吉安府为例	《宁波大学学报》（教育科学版）2005年第 2 期
衷海燕 唐元平	白鹭洲书院的历史变迁与儒学教育	《大学教育科学》2005 年第 3 期
高　峰	书院情怀	《中国书院论坛》（第四辑）中国文联出版社 2005 年版
郭东曙	冠山书院略记	《文史月刊》2005 年第 6 期
黄海丰	古代书院与佛教的比较研究	《中国书院论坛》（第四辑）中国文联出版社 2005 年版
崔惠华	陈氏书院建造年代考	《四川文物》2005 年第 2 期
傅治淮	有幸白鹿洞	《中国书院论坛》（第四辑）中国文联出版社 2005 年版
湛伟恩	湛甘泉与紫云书院	《岭南文史》2005 年第 1 期
蓝甲云 张长明 易永卿	论中国古代书院的学礼制度	《湖南大学学报》（社会科学版）2005年第 3 期
虞浩旭	介绍邓洪波先生《中国书院史》	《中国史研究动态》2005 年第 8 期
简　平	湖湘文化研究的重要成果——"岳麓书院学术文库·湖湘文化研究系列"丛书简介	《湖南大学学报》（社会科学版）2005年第 3 期
简　虎	书院学规与当代教育	《中国书院论坛》（第四辑）中国文联出版社 2005 年版
蔡纯华	"鹿洞薪传"在台湾	《中国书院论坛》（第四辑）中国文联出版社 2005 年版
谭曙光 胡弼成	湖南古代书院及其对现代大学教育的启示	《高等教育研究学报》2005 年第 1 期
樊志坚 郑章飞 等	书院文化数据库的设计与实现	《图书情报工作》2005 年第 3 期
魏　伟	中国书院制度及其对当代研究生教育的启示	《北京航空航天大学学报》（社会科学版）2005 年第 1 期

2006 年

作　者	篇　　名	来　　源
丁　伟	马六甲英华书院英语教学历史研究	《中国科技信息》2006 年第 14 期
九　江 陈　军	白鹿洞书院：惟有暗香来	《旅游时代》2006 年第 4 期

续表1

作　者	篇　名	来　源
大理市龙尾古城保护协会	对下关玉龙书院的保护开发建议	《大理文化》2006 年第 3 期
万书元 田晓冬	理学的变脸与学人的变身——王阳明与书院综论	《南京理工大学学报》（社会科学版）2006 年第 3 期
马一浮	书院之名称旨趣及简要办法	《南京晓庄学院学报》2006 年第 2 期
马玉娟	保定莲池书院	《河北教育》（综合版）2006 年第 5 期
王　丽	简述书院制度在北宋的发展	《商丘师范学院学报》2006 年第 6 期
王　娟 宋媖琦	"书院道德教育"研究述评	《通化师范学院学报》2006 年第 3 期
王　瑜	颜元实学教育思想的实践探索——以漳南书院为例	《理论月刊》2006 年第 6 期
王丹儒	略论 LindaWalton 的《南宋书院与社会》	《中国书院》（第七辑）湖南大学出版社 2006 年版
王扬宗	上海格致书院的一份译书清单	《中国科技史杂志》2006 年第 1 期
王李金	山西大学堂与壬寅大学堂的兴衰	《山西大学学报》（哲学社会科学版）2006 年第 2 期
王建伟	花洲书院育英才，览秀亭边著华章——记蓬勃发展中的邓州市第二高级中学	《农村·农业·农民》（B 版）2006 年第 3 期
王勋成	兰山书院之始末	《南京晓庄学院学报》2006 年第 5 期
王俊才	论东林讲学议政与明末经世致用之学	《燕山大学学报》（哲学社会科学版）2006 年第 2 期
王炳照	书院教学的革新精神	《寻根》2006 年第 2 期
王根顺 王彬斐	宋代书院与欧洲中世纪大学课程比较探析	《高等理科教育》2006 年第 5 期
王恩妹	师傅领进门，修行靠自身——也谈书院自学辅导法对中学历史课堂教学的启示	《现代教育科学》2006 年第 6 期
王福鑫	宋代书院与休闲	《贵州社会科学》2006 年第 4 期
韦　娜	论古代书院制度对现代教育的启示	《现代教育科学》2006 年第 12 期
尤　农 焦亚奎	中国宋朝四大书院	《甘肃教育》2006 年第 22 期
卜孝萱	桐城派与书院	《南京晓庄学院学报》2006 年第 1 期
卜孝萱	解放前书院研究一瞥	《南京晓庄学院学报》2006 年第 2 期
卜孝萱	书院的德育	《南京晓庄学院学报》2006 年第 3 期

续表2

作 者	篇 名	来 源
卞孝萱	旧书院与新书院	《南京晓庄学院学报》2006 年第 5 期
方彦寿	闽学与福州书院考述	《中国书院》（第七辑）湖南大学出版社 2006 年版
方 勇	吕祖谦朱熹共讲月泉说质疑	《浙江大学学报》（人文社会科学版）2006 年第 5 期
尹 华	中国古代书院与欧洲中世纪大学的比较研究	《辽宁教育行政学院学报》2006 年第 7 期
邓洪波	千年弦歌：中国书院的历程	《寻根》2006 年第 2 期
邓洪波	湖南大学筹备处：从书院到大学的关键	《大学教育科学》2006 年第 6 期
邓洪波	理学家与南宋书院的兴起	《湖南大学学报》（社会科学版）2006 年第 6 期
邓洪波	明季三毁书院及其影响	《中国书院》（第七辑）湖南大学出版社 2006 年版
［美］艾尔曼（著）车行健（译）	学海堂与今文经学在广州的兴起	《湖南大学学报》（社会科学版）2006 年第 2 期
［美］田浩（著）黄梓根（译）	宋代中国的儒家书院	《中国书院》（第七辑）湖南大学出版社 2006 年版
禾 子千 里	鹅湖书院	《合肥学院学报》（社会科学版）2006 年第 4 期
付朝兵张卫良	浅析中国早期书院与西欧中世纪大学	《当代教育论坛》2006 年第 7 期
吕旭峰	洛学与宋代河南书院	《大学教育科学》2006 年第 4 期
朱汉民	茶陵书院的发展特点	《湖南大学学报》（社会科学版）2006 年第 6 期
朱汉民	长江流域书院与长江文化	《中国书院》（第七辑）湖南大学出版社 2006 年版
华 琼	宋朝的书院	《楚雄师范学院学报》2006 年第 11 期
刘 畅	唐代东都集贤殿书院的沿革及特色	《现代教育科学》2006 年 S1 期
刘 琪	清代书院的膏火奖赏——以助贫养士为中心	《教育评论》2006 年第 2 期
刘东兴匡令芝	中国书院与欧洲中世纪大学的比较研究	《金融经济》2006 年第 12 期
刘景纯	清代西安、兰州和太原的书院分布与选址	《中国历史地理论丛》2006 年第 3 期

续表3

作　者	篇　名	来　源
江小角	清代晚期书院教育的范例——戴钧衡创办桐乡书院探析	《南京晓庄学院学报》2006年第1期
许吟雪	初探道教思想对我国古代书院文化的影响	《宗教学研究》2006年第2期
孙立天	读John Meskill的《明代书院——历史散论》	《中国书院》（第七辑）湖南大学出版社2006年版
孙运君杨振姣	从书院祭主变化看晚清学术思想之转圜——以诂经、南菁两书院为例	《船山学刊》2006年第2期
孙君恒	湖北问津书院	《寻根》2006年第6期
严家威	继承古书院传统，丰富新书院理念	《现代语文》（文学研究版）2006年第6期
苏启敏	清代著名高等学府学海堂的教学特色	《湖北成人教育学院学报》2006年第1期
李　兵	书院学研究的领域拓展和视角转换探析——读朱汉民等著《长江流域的书院》	《船山学刊》2006年第1期
李　兵	书院：科举应试教育的承担者与矫正者	《寻根》2006年第2期
李　兵	书院人文教育及其实施探析	《大学教育科学》2006年第3期
李　兵	书院大师：中国古代大学教育与学术创新的中坚	《中国大学教学》2006年第10期
李　兵	书院：明代心学建构与传播的主要依托	《现代哲学》2006年第4期
李　兵	明代人才选拔、培养模式与书院发展关系探析	《湖南大学学报》（社会科学版）2006年第6期
李　兵	书院大师：在困境中实现超越——兼论大学校长的素质	《高等教育研究》2006年第8期
李才栋	直面书院研究中的分歧与辨析	《江西教育学院学报》2006年第4期
李才栋	访台书院纪行（外一篇）	《中国书院》（第七辑）湖南大学出版社2006年版
李元洛	书院清池	《中学语文园地》（高中版）2006年第6期
［美］李弘祺	书院研究的里程碑——读邓洪波新著《中国书院史》	《船山学刊》2006年第4期
［美］李弘祺	宋元书院与地方文化——吉州地区书院、学术与民间宗教	《湖南大学学报》（社会科学版）2006年第6期

续表4

作　者	篇　名	来　源
［美］李弘祺	新的里程，新的见解——评邓洪波《中国书院史》	《中国书院》（第七辑）湖南大学出版社 2006 年版
李贞涛 解　辉	中国古代书院的文化精神	《中国成人教育》2006 年第 9 期
李应赋	中日两国书院异同比较分析	《湖湘论坛》2006 年第 5 期
李良玉	清代书院与历史教育	《清史研究》2006 年第 1 期
李琳琦 张晓婧	明代安徽书院的数量、分布特征及其原因分析	《华东师范大学学报》（教育科学版）2006 年第 4 期
李景旺	百泉书院与元初理学的复兴	《史学月刊》2006 年第 9 期
李景旺	谈百泉书院与宋明理学的传播	《教育与职业》2006 年第 21 期
李景旺	百泉书院与元初理学的实践	《教育与职业》2006 年第 26 期
李赫亚	湖南"二王"与近代湖南书院改制	《北京理工大学学报》（社会科学版）2006 年第 4 期
杨华芳	江万里与白鹭洲书院	《南方文物》2006 年第 4 期
杨洪升	缪荃孙与泺源书院	《山东图书馆季刊》2006 年第 3 期
肖卫东	清代四川的书院	《文史杂志》2006 年第 5 期
肖正德	书院教学特点对当今大学教学改革的启示	《江苏高教》2006 年第 3 期
肖永明	历代地方官员支持书院发展的动机探析	《中州学刊》2006 年第 2 期
肖永明	士人对书院事业的推动及其动机探析	《首都师范大学学报》（社会科学版）2006 年第 5 期
肖永明	南宋时期书院与理学结合的内在原因探析	《西安交通大学学报》（社会科学版）2006 年第 6 期
肖永明	南宋前中期理学家的官学教育实践及其反思——对南宋理学与书院结合原因的一种解释	《湖南大学学报》（社会科学版）2006 年第 6 期
肖永明	商人对书院发展的推动及其动机探析	《中国书院》（第七辑）湖南大学出版社 2006 年版
吴　超 张之佐	2003 年书院研究综述	《船山学刊》2006 年第 1 期
吴小红 胡　青	论书院教育与宋末元初江南地区的抗元斗争	《江西社会科学》2006 年第 6 期
吴仰湘	朱一新、张之洞龃龉事与广雅书院无关——苏云峰《广雅书院》论朱一新事纠误	《中国书院》（第七辑）湖南大学出版社 2006 年版

续表5

作 者	篇 名	来 源
吴洪成	宋代重庆书院与学术文化的发展	《重庆社会科学》2006 年第 11 期
吴道良	方学渐布衣振风教	《安庆师范学院学报》（社会科学版）2006 年第 5 期
余文祥	武汉最古老的书院——问津书院	《武汉文史资料》2006 年第 7 期
应方淦	明代书院举业化探析	《晋阳学刊》2006 年第 4 期
宋国臣	理学孕育下的南宋书院	《河南图书馆学刊》2006 年第 1 期
张 维	"岭西五大家"与书院	《南京晓庄学院学报》2006 年第 1 期
张 阔	论北岩书院的理学教育精神	《四川教育学院学报》2006 年第 5 期
张本义	书院和"学为己"的书院精神	《南京晓庄学院学报》2006 年第 5 期
张亚骥	钱穆美育思想探论——从新亚校训谈起	《江南论坛》2006 年第 8 期
张传燧	古代书院传统及其现代大学借鉴	《湖南师范大学教育科学学报》2006 年第 1 期
张劲松	书院与科举关系的再认识——以唐至五代时期的书院为例	《江西教育学院学报》2006 年第 1 期
张劲松	论科举与古代书院的起源——以唐代江西家族书院为例	《大学教育科学》2006 年第 1 期
张劲松	家族书院与家族发展的互动解读——以唐至五代时期的家族书院为例	《船山学刊》2006 年第 4 期
张劲松	早期家族书院社会化问题略论	《教育评论》2006 年第 5 期
张劲松	家族书院与家族发展的互动解读——以唐至五代时期的家族书院为例	《山东教育学院学报》2006 年第 5 期
张劲松	科举：书院起源研究的新视角——以江州陈氏东佳书堂为例	《社会科学论坛》（学术研究卷）2006 年第 11 期
张劲松	东佳书堂是书院吗？——关于书院起源问题与徐梓先生商榷	《中国书院》（第七辑）湖南大学出版社 2006 年版
张秉国	"'东林非党论'质疑"的质疑	《聊城大学学报》（社会科学版）2006 年第 5 期
张彦娟	历史烟尘中的正定恒阳书院	《河北教育》（综合版）2006 年第 1 期
张晓婧	明清徽商兴办书院的动机及其社会功能	《大学教育科学》2006 年第 1 期
张维英 王美蓉	甘肃河西书院教育发展史考评	《河西学院学报》2006 年第 1 期

续表 6

作 者	篇 名	来 源
张勤芳	元代邢台紫金山书院	《河北教育》（综合版）2006 年第 3 期
陈孔祥	明清时期徽州书院办学成功的因素	《安徽师范大学学报》（人文社会科学版）2006 年第 2 期
陈东辉	诂经精舍对 19 世纪浙江学术发展之重要影响	《杭州师范学院学报》（社会科学版）2006 年第 6 期
陈伍香	徽州书院教学内容及形式细探	《广西社会科学》2006 年第 10 期
陈兴林	辽西书院考略	《沈阳大学学报》2006 年第 5 期
陈谷嘉	中国古代书院教育理念及人文精神再论	《大学教育科学》2006 年第 3 期
陈尚敏	清代甘肃书院时间分布特点成因分析	《西北师大学报》（社会科学版）2006 年第 2 期
陈忠纯	鳌峰书院与近代前夜的闽省学风——嘉道间福建鳌峰书院学风转变及其影响初探	《湖南大学学报》（社会科学版）2006 年第 1 期
陈香凤	学术是大学发展的动力——书院兴衰对现代大学的启示	《新乡师范高等专科学校学报》2006 年第 2 期
邵　平	我国古代书院教育对当代研究生教育的启示	《文教资料》2006 年第 25 期
卓　进	明代书院发展的政治环境——正德年间广东书院创兴的分析	《大学教育科学》2006 年第 1 期
佳　木	钱茂伟《姚江书院派研究》读后	《中国史研究动态》2006 年第 8 期
金奋飞	东林书院与东林讲会探析	《江淮论坛》2006 年第 5 期
周　礼	论书院教育特色及对研究生教育的借鉴意义	《科技信息》2006 年第 9 期
周　礼	紫阳书院的成功经营及其现实意义	《湖北教育学院学报》2006 年第 11 期
周　玲	古代广西书院教学文化和谐精神初探——兼论新世纪加强桂林文教建设的思考	《广西青年干部学院学报》2006 年第 2 期
周　珂	论清代广东盐商与书院发展	《求索》2006 年第 10 期
屈　云 丁莉娟	宋代书院——中国古代成人教育雏形	《成人教育》2006 年第 11 期
罗艳春	教育、族群与地域社会——清中叶江西万载书院初考	《中国社会历史评论》2006 年第 7 卷
封连武	两宋书院兴衰原因之分析对比及其启示	《宜春学院学报》2006 年第 3 期

续表 7

作　者	篇　　名	来　源
赵　统	卢文弨和李兆洛与江阴暨阳书院	《南京晓庄学院学报》2006 年第 5 期
郝秉键	晚清民间知识分子的西学观——以上海格致书院为例	《清史研究》2006 年第 3 期
胡　青	书院与山林文化	《寻根》2006 年第 2 期
查　继	严修改革贵阳学古书院	《贵阳文史》2006 年第 1 期
钟景迅	宋代书院的学术自由特色及其启示	《现代教育科学》2006 年第 3 期
段　欣 拓　夫	中国书院研究论文索引（2004－2005）	《中国书院》（第七辑）湖南大学出版社 2006 年版
侯长生	冯从吾与关中书院及东林党争	《文博》2006 年第 6 期
洪　明	略论现代新儒家对书院精神的继承和阐扬	《现代大学教育》2006 年第 4 期
姚　娟 刘锡涛	清代安徽书院的地域分布特点	《阜阳师范学院学报》（社会科学版）2006 年第 5 期
姚艳霞	张栻主教岳麓书院的特点及其现代启示	《大学教育科学》2006 年第 1 期
姚景芝	范仲淹与花洲书院	《兰台世界》2006 年第 4 期
秦红梅 万　民	朱熹在白鹿洞书院的教育思想研究	《南昌高专学报》2006 年第 1 期
袁少运	武昌文华书院轶事	《湖北档案》2006 年第 12 期
耿金龙	宋代书院与现代成人教育	《河北大学成人教育学院学报》2006 年第 1 期
［美］贾志扬（著） 潘　建（译）	朱熹与白鹿洞书院的复兴（1179－1181）	《中国书院》（第七辑）湖南大学出版社 2006 年版
夏　泉 孟育东	教会教育家那夏理与真光书院	《暨南学报》（哲学社会科学版）2006 年第 3 期
［日］柴田笃（著） 杜娟（译）	《白鹿洞书院揭示》与江户儒学	《中国书院》（第七辑）湖南大学出版社 2006 年版
钱　蓉 梁　彦	论书院的教学特点及其现实意义	《太原城市职业技术学院学报》2006 年第 3 期
徐　梓	书院祭祀的意义	《寻根》2006 年第 2 期
徐雁平	书院与桐城文派传衍考论	《南京晓庄学院学报》2006 年第 1 期
徐雁平	《读书分年日程》与清代的书院	《南京晓庄学院学报》2006 年第 3 期
高明士	韩国朝鲜王朝的庙学与书院	《湖南大学学报》（社会科学版）2006 年第 6 期

续表 8

作　者	篇　名	来　源
高建立	论宋初"三先生"与宋明理学的肇端	《中州学刊》2006 年第 5 期
高建立	论宋初"三先生"对理学的开启作用	《北京大学学报》（哲学社会科学版）2006 年 S1 期
郭　梅	从古代书院教育的特点看我国当代高等教育	《河南财政税务高等专科学校学报》2006 年第 4 期
黄　白	中国古代书院的教学经验及当代启示	《科学大众》2006 年第 10 期
黄兆宏	甘肃书院诸问题探讨	《甘肃联合大学学报》（社会科学版）2006 年第 4 期
黄忠鑫	宋代福建书院的地域分布	《宁德师专学报》（哲学社会科学版）2006 年第 4 期
梧　木	贵阳"文明书院"今何处	《贵阳文史》2006 年第 1 期
梁　亮	中国古代书院的研究性学习	《郑州航空工业管理学院学报》（社会科学版）2006 年第 1 期
彭小舟 周晓丽	曾国藩与莲池书院	《贵州社会科学》2006 年第 3 期
彭安玉	书院诚信教化机制试探	《南京晓庄学院学报》2006 年第 3 期
董志霞	书院的祭祀及其教育功能初探	《大学教育科学》2006 年第 4 期
蒋建国	仪式崇拜与文化传播——古代书院祭祀的社会空间	《现代哲学》2006 年第 3 期
韩　洁	清末书院教育社团化初探	《河北建筑科技学院学报》（社会科学版）2006 年第 3 期
喻本伐	学田制：中国古代办学经费的恒定渠道	《教育与经济》2006 年第 4 期
曾带丽	从《尊经书院记》看张之洞早期的书院教育思想	《中国书院》（第七辑）湖南大学出版社 2006 年版
谢　丰	清末新政时期湖南官绅对书院改制政策的不同思考——以俞廉三、王先谦、赵尔巽的教育改革活动为例	《湖南大学学报》（社会科学版）2006 年第 6 期
蓝　武	宋代广西文化教育的发展述论——以科举、官学与书院教育为中心	《广西右江民族师专学报》2006 年第 4 期
路　洋	清末书院改革及其对近代高等教育的影响	《煤炭高等教育》2006 年第 3 期
新　献	《中国书院史》出版	《教育评论》2006 年第 1 期
谭甲文	宋代书院的管理模式探析	《池州师专学报》2006 年第 4 期

续表9

作　者	篇　名	来　源
熊　英	晚清至民国时期的白鹿洞书院	《兰台世界》2006 年第 15 期
熊考核	朱熹与《石鼓书院记》	《衡阳师范学院学报》2006 年第 1 期
熊贤君	入山采铜者的大收获——读邓洪波《中国书院史》	《大学教育科学》2006 年第 3 期
熊艳娥	宋代书院记中的教育热点问题探析	《内蒙古社会科学》（汉文版）2006 年第 6 期
潘　文	19 世纪汉学书院与科举关系论略	《中国书院》（第七辑）湖南大学出版社 2006 年版
瞿宣颖	书院文献	《南京晓庄学院学报》2006 年第 2 期

2007 年

作　者	篇　名	来　源
［韩］丁淳佑	韩国初期书院在教育史上的意义	《湖南大学学报》（社会科学版）2007 年第 3 期
［日］三浦秀一（著）杨小江（译）	学生吴澄与南宋末叶的江西书院	《湖南大学学报》（社会科学版）2007 年第 3 期
王　丹	浅谈清末书院改学堂	《文教资料》2007 年第 21 期
王　颖	论书院精神的现代传承——兼谈新亚书院的办学启示	《河南师范大学学报》（哲学社会科学版）2007 年第 5 期
王　煜	阅《白鹿洞书院古志五种》札记 12 题	《中国书院论坛》（第五辑）作家出版社 2007 年版
王　毅	“忠孝廉节”与校训	《当代教育论坛（校长教育研究）》2007 年第 7 期
王彩霞	成也科举败也科举——简论书院与科举的关系	《中国书院论坛》（第五辑）作家出版社 2007 年版
王贤森	白鹿洞书院教育对课程改革的启示	《九江学院学报》2007 年第 4 期
王忠强	“鹅湖之会”造就了一代名院——鹅湖书院	《中国书院论坛》（第五辑）作家出版社 2007 年版
王建军慕容勋	论清代广州书院城市化	《中国书院论坛》（第五辑）作家出版社 2007 年版
王振东	纪念白鹿洞书院建院 1030 周年暨“全国书院与理学传播”学术研讨会上的讲话	《中国书院论坛》（第五辑）作家出版社 2007 年版
王晓龙司学红	宋代书院教育	《河北大学学报》（哲学社会科学版）2007 年第 4 期

续表1

作 者	篇 名	来 源
毛小庶	论南宋书院大师的学术精神	《现代企业教育》2007 年第 14 期
卞孝萱	书院研究的开拓与深化	《南京晓庄学院学报》2007 年第 4 期
邓洪波	清代省会书院：遍布全国的教育学术中心	《南京晓庄学院学报》2007 年第 1 期
邓洪波	八十三年来的中国书院研究	《湖南大学学报》（社会科学版）2007 年第 3 期
邓洪波 陈吉良	从学规看明代书院之课程建设	《湖南大学学报》（社会科学版）2007 年第 6 期
邓智华	明代广东士绅的地方教化运动	《青海社会科学》2007 年第 1 期
甘筱青	传承千年书院文明　厚实新型大学精神	《九江学院学报》2007 年第 4 期
厉　亚 岳　鸣	历史的追溯与意义的呈现——《岳麓书院史话》评介	《湖南大学学报》（社会科学版）2007 年第 3 期
申万里	元代庆元路书院考	《南京晓庄学院学报》2007 年第 5 期
史继忠	阳明洞和阳明祠	《当代贵州》2007 年第 13 期
成文浩 孙文学	清代山西书院空间分布的统计分析	《晋阳学刊》2007 年第 4 期
朱汉民	书院历史变迁与士大夫价值取向	《湖南大学学报》（社会科学版）2007 年第 3 期
任京民	论高校书院式学术氛围之营造	《和田师范专科学校学报》2007 年第 1 期
刘　军	近代武汉教会书院述论	《广西社会科学》2007 年第 4 期
刘　枫	我国古代书院教育传统刍议	《文教资料》2007 年第 27 期
刘玉才	论清初书院的理学与教化	《南京晓庄学院学报》2007 年第 4 期
刘兴邦	论湛若水的书院教育思想	《中国书院论坛》（第五辑）作家出版社 2007 年版
刘桂秋	"以家塾组织，参书院精神"——梅园豁然洞读书处办学特色初探	《南京晓庄学院学报》2007 年第 4 期
刘晓丹 陈维裕	白鹭洲书院的历史沿革及办学特色	《兰台世界》2007 年第 14 期
刘晓喆 胡玲萃	陕西书院的历史概貌与区域特征初探	《西北大学学报》（哲学社会科学版）2007 年第 5 期
刘海峰	科举学与书院学的参照互动	《湖南大学学报》（社会科学版）2007 年第 6 期

续表2

作　者	篇　名	来　源
刘景纯	清代黄土高原地区城镇书院的时空分布与选址特征	《中国历史地理论丛》2007 年第 1 期
刘舒曼	东林书院与东林党浅析	《南京晓庄学院学报》2007 年第 1 期
刘嘉乘	清代汉口商人会馆的建构及其类型	《中国社会经济史研究》2007 年第 3 期
汤广全	刍议宋代书院的学术文化影响	《信阳师范学院学报》（哲学社会科学版）2007 年第 1 期
汤恩佳	儒家书院是弘扬儒学儒教的重要阵地	《中国书院论坛》（第五辑）作家出版社 2007 年版
许维勤	鳌峰书院的学术传统及其对林则徐的滋养	《清史研究》2007 年第 3 期
孙丽芝	“大学之道”：中国古代高等教育的纲领	《煤炭高等教育》2007 年第 3 期
杜学元	我国大学校训的历史发展及其内涵	《江汉大学学报》（社会科学版）2007 年第 1 期
李　芳 舒　原	东亚书院与儒学国际研讨会会议综述	《湖南大学学报》（社会科学版）2007 年第 6 期
李　兵	书院：在限制与自由中绵延千年——论书院的发展逻辑	《湖南大学学报》（社会科学版）2007 年第 3 期
李　兵	元代书院与程朱理学的传播	《浙江大学学报》（人文社会科学版）2007 年第 1 期
李才栋	直面书院研究中的多分歧与辨析	《中国书院论坛》（第五辑）作家出版社 2007 年版
李永卉 赵小勇	南宋官学与书院的办学思想	《合肥学院学报》（社会科学版）2007 年第 3 期
李良品	乌江流域民族地区明代学校教育的发展、特点与深远影响	《重庆社会科学》2007 年第 1 期
李金莲	试析书院教育对我国当今高校管理的启示	《福建论坛》（社会科学教育版）2007 年第 2 期
李科友 黎　华	明初瞿溥福、李龄振兴白鹿洞书院	《中国书院论坛》（第五辑）作家出版社 2007 年版
李海浚	韩国书院与乡村社会	《湖南大学学报》（社会科学版）2007 年第 3 期
李碧虹	论书院的学生管理	《大学教育科学》2007 年第 3 期
李赫亚	论晚清书院教育的多元性征——以王闿运与同期其他山长书院教育之比较为例	《徐州师范大学学报》（哲学社会科学版）2007 年第 2 期

续表3

作　者	篇　名	来　源
李德斌	从书院的消亡看书院制度的困局	《中国成人教育》2007 年第 8 期
［韩］李树焕	朝鲜后期围绕书院的乡战：以岭南地域为中心	《湖南大学学报》（社会科学版）2007年第 6 期
杨　晓　于　潇	反思与融汇：王韬与格致书院改革	《沈阳师范大学学报》（社会科学版）2007 年第 3 期
杨轶男	略论两宋书院与理学的传播	《济南大学学报》（社会科学版）2007年第 2 期
肖　朗	利马窦与白鹿洞书院	《中国书院论坛》（第五辑）作家出版社 2007 年版
肖　朗	利玛窦与白鹿洞书院及其他——以文献整理视角的考察	《江西社会科学》2007 年第 1 期
肖永明	宋元明清历朝君主与书院发展	《陕西师范大学学报》（哲学社会科学版）2007 年第 2 期
时　间	中国古代书院的人文关怀对当今大学的启示	《成都大学学报》（教育科学版）2007年第 5 期
时建方	新时期中国书院教育之启示	《中国书院论坛》（第五辑）作家出版社 2007 年版
吴小红	论元代程朱理学官学化与书院之关系	《中国书院论坛》（第五辑）作家出版社 2007 年版
吴义雄	谢卫楼与晚清西学输入	《中山大学学报》（社会科学版）2007年第 5 期
吴国富	从白鹿洞学规看朱熹对陶渊明的尊崇	《九江学院学报》2007 年第 4 期
吴洪成	宋代重庆书院与学术文化的发展	《中国书院论坛》（第五辑）作家出版社 2007 年版
吴增礼　肖永明 等	试析书院德育课程体系的构建	《大学教育科学》2007 年第 2 期
何　芳　陈　岌	略论白鹿洞书院的人文精神	《中国书院论坛》（第五辑）作家出版社 2007 年版
邹自平	中国两宋时期书院与西欧中世纪大学比较研究	《湖南农业大学学报》（社会科学版）2007 年第 4 期
应志坚	孙喜与黄岩书院教育	《中国书院论坛》（第五辑）作家出版社 2007 年版
闵正国　黎　华	白鹿洞书院的历史定位和文化内涵	《中国书院论坛》（第五辑）作家出版社 2007 年版
宋志明	《复性书院讲录》述要	《杭州师范学院学报》（社会科学版）2007 年第 4 期

续表4

作 者	篇 名	来 源
张 平	纪念白鹿洞书院建院 1030 周年暨"全国书院与理学传播"学术研讨会上的讲话	《中国书院论坛》（第五辑）作家出版社 2007 年版
张 阔	明代重庆书院发展述略	《中国书院论坛》（第五辑）作家出版社 2007 年版
张文剑	浅谈中国书院建筑	《文博》2007 年第 2 期
张正峰	中世纪大学与中国书院：一个政治学的观点	《高教探索》2007 年第 4 期
张立文	发扬书院精神培养合格人才	《中国书院论坛》（第五辑）作家出版社 2007 年版
张永刚	东林书院讲经活动与道德救世理念	《南通大学学报》（社会科学版）2007 年第 2 期
张亚群	君子人格与书院教育	《中国书院论坛》（第五辑）作家出版社 2007 年版
张劲松	早期家族书院社会化问题略论	《中国书院论坛》（第五辑）作家出版社 2007 年版
张劲松	唐代江州陈氏东佳书堂的性质问题刍议	《南京晓庄学院学报》2007 年第 4 期
张思齐	从《白鹿洞赋》看朱熹的诗意栖居	《中国书院论坛》（第五辑）作家出版社 2007 年版
张品端	《白鹿洞书院揭示》在日本的流传及其影响	《集美大学学报》（哲学社会科学版）2007 年第 3 期
张艳秋	郝浴与银冈书院	《沈阳师范大学学报》（社会科学版）2007 年第 5 期
张铭钟 廉武辉	书院教育对现代大学精神的启示	《煤炭高等教育》2007 年第 5 期
陈 文	古代书院的经费筹集对现代高校资金运作的启示	《陕西师范大学学报》（哲学社会科学版）2007 年第 S2 期
陈 晗 邓志民	南宋时期书院鼎盛的原因及特点	《邢台学院学报》2007 年第 2 期
陈尚敏	明代甘肃书院述略	《甘肃高师学报》2007 年第 3 期
武黎嵩	徐州云龙书院沿革述略	《南京晓庄学院学报》2007 年第 1 期
林方榕	我国古代书院制度对高校教学模式改革的启示	《福建财会管理干部学院学报》2007 年第 2 期
欧阳泉华	纪念白鹿洞书院建院 1030 周年暨"全国书院与理学传播"学术研讨会开幕词	《中国书院论坛》（第五辑）作家出版社 2007 年版
季 芳	嵩阳书院映像	《教育》2007 年第 14 期

续表 5

作 者	篇 名	来 源
金乾波	古代书院教育思想之管窥	《基础教育课程》2007 年第 2 期
金银珍	中韩书院比较考察	《南平师专学报》2007 年第 1 期
周 霞	略论中国古代书院的特点	《科技信息（学术研究）》2007 年第 17 期
周春健 邹华清	漫话汉口紫阳书院	《武汉文史资料》2007 年第 5 期
周雪敏 苑宏光	民国时期的书院研究述评	《长春师范学院学报》（人文社会科学版）2007 年第 3 期
郑勤砚	书院教学对我国当代高校美术教育的启示	《艺术教育》2007 年第 4 期
［韩］郑万祚	韩国书院的历史与书院志的编纂	《湖南大学学报》（社会科学版）2007 年第 6 期
［韩］郑万祚	韩国书院的历史	《湖南大学学报》（社会科学版）2007 年第 3 期
赵 新	古代书院祭祀及其功能	《煤炭高等教育》2007 年第 1 期
赵承中	评小野和子《明季党社考》	《中国史研究动态》2007 年第 3 期
［韩］赵峻皓	分析朝鲜书院的展开过程当中出现的士林系书院观	《湖南大学学报》（社会科学版）2007 年第 6 期
胡 佳	浅议我国古代书院的营造艺术	《规划师》2007 年第 8 期
柳 肃	儒家祭祀文化与东亚书院建筑的仪式空间	《湖南大学学报》（社会科学版）2007 年第 6 期
钟 错 卢祖琴	我国古代书院的教学特点及对当前研究生教育的启示	《考试周刊》2007 年第 30 期
王日新 蒋笃运	宋代的河南书院	《河南教育》（高校版）2007 年第 1 期
侯 敏	现代新儒家与书院文化的精神传承	《中国书院论坛》（第五辑）作家出版社 2007 年版
施 雾	欧洲中世纪大学与中国宋代书院	《安徽电子信息职业技术学院学报》2007 年第 1 期
贺 殷 谭 耀	论石鼓书院的历史地位和作用	《船山学刊》2007 年第 2 期
贺秋菊	论明代书院心学化	《广西社会科学》2007 年第 1 期
耿红卫	印度尼西亚华文教育的历史沿革与现状	《云南师范大学学报》（对外汉语教学与研究版）2007 年第 3 期
顾宏义	南宋横城义塾及其《义塾纲纪》考论	《南京晓庄学院学报》2007 年第 5 期

续表6

作　者	篇　名	来　源
钱茂伟	书院与学术：浙江书院兴衰史的理性思考	《宁波经济（三江论坛）》2007年第1期
徐　伟 涂怀京	朱熹与南宋闽北书院	《合肥学院学报》（社会科学版）2007年第3期
徐　阳	以同文馆、贵州大学堂为例透视晚清高等教育机构	《教育与职业》2007年第18期
徐永文	明代地方学政的两次集中治理	《教育评论》2007年第2期
徐永文	清代嘉道咸时期书院述略	《西南大学学报》（社会科学版）2007年第4期
徐永文	试论清代书院腐败的历史必然性	《当代教育论坛（宏观教育研究）》2007年第7期
徐永斌	明清时期苏州文人与教育市场	《安徽史学》2007年第5期
徐光台	明末西学与白鹿洞书院	《中国书院论坛》（第五辑）作家出版社2007年版
徐晓望	唐五代书院考略	《教育评论》2007年第3期
徐雁平	扬州的两个幕府与两个书院	《南京晓庄学院学报》2007年第4期
徐雁平	回到传统，了解书院的功用和问题：关于《清代东南书院与学术及文学》的撰写	《博览群书》2007年第7期
凌飞飞	石鼓书院的历史地位与作用	《衡阳师范学院学报》2007年第2期
凌飞飞	论石鼓书院的历史沿革与作用	《船山学刊》2007年第3期
高　峰	纪念白鹿洞书院建院1030周年暨"全国书院与理学传播"学术研讨会闭幕词	《中国书院论坛》（第五辑）作家出版社2007年版
高　峰	弘扬白鹿精神，传承书院文化	《中国书院论坛》（第五辑）作家出版社2007年版
高　峰	朱熹与白鹿洞书院	《九江学院学报》2007年第4期
郭　东	儒家思想与书院教育的终极目标	《中国书院论坛》（第五辑）作家出版社2007年版
郭宏达	高朋满座，白鹿薪传（研讨会侧记）	《中国书院论坛》（第五辑）作家出版社2007年版
郭宏达	白鹿洞与白鹿洞书院名称流考	《中国书院论坛》（第五辑）作家出版社2007年版
［日］难波征男 简亦精（译）	"日本书院"的研究现状与课题	《湖南大学学报》（社会科学版）2007年第3期
黄宏飞	东南大儒勉斋先生五进白鹿洞书院	《中国书院论坛》（第五辑）作家出版社2007年版

续表 7

作 者	篇 名	来 源
黄瑾瑜	潮汕书院与传统儒佛道文化	《岭南文史》2007 年第 2 期
龚 晓	马一浮主持"复性书院"始末	《乐山师范学院学报》2007 年第 2 期
梁晓丹	论宋代书院与欧洲中世纪大学独立性不同走向的文化原因	《考试周刊》2007 年第 17 期
梁颂成	从沅阳书院到桃冈精舍——常德地方精英教育的先声	《湖南师范大学教育科学学报》2007 年第 5 期
彭一中	书院文化开发利用与先进文化建设及图书馆发展的关系	《湖南大学学报》(社会科学版)2007 年第 2 期
彭拥军 唐慧君	中国书院与高等教育改革	《西南交通大学学报》(社会科学版)2007 年第 2 期
蒋明宏	晚清苏南家族书院的分化与多元类型——近代苏南家族书院研究之一	《南京晓庄学院学报》2007 年第 4 期
蒋春洋	书院教育传统与当代研究生教育	《沈阳师范大学学报》(社会科学版)2007 年第 5 期
傅修延	纪念白鹿洞书院建院 1030 周年暨"全国书院与理学传播"学术研讨会上的讲话	《中国书院论坛》(第五辑)作家出版社 2007 年版
曾光光	传统学派的发展与区域文化因素——以桐城派为研究个案	《贵州社会科学》2007 年第 2 期
温大勇 李 勇	书院在现代高等教育中的价值体现	《科教文汇(上旬刊)》2007 年第 9 期
楼可程 范华燕	马一浮先生离别浙江大学考	《浙江档案》2007 年第 2 期
楼笑笑	试论邵廷采《思复堂文集》的史学价值	《中华文化论坛》2007 年第 2 期
赖功欧 柳一群	书院教育对构建时代"人格本位"观的启示	《中国书院论坛》(第五辑)作家出版社 2007 年版
詹建志	白鹿洞书院：中国书院文化的典范	《九江学院学报》2007 年第 4 期
詹海云	脱中入西，面向世界：谈中国近代书院教育发展变迁的意义	《湖南大学学报》(社会科学版)2007 年第 6 期
翟广顺	卫礼贤与青岛礼贤书院	《青岛职业技术学院学报》2007 年第 3 期
熊贤君	古代书院"四自"的人文教育范式	《中国书院论坛》(第五辑)作家出版社 2007 年版
樊清文	明清时期南阳书院的发展	《前沿》2007 年第 8 期
黎 磊 赵观石	"以生为本"的书院教育理念对我国高等教育的启示	《中国成人教育》2007 年第 1 期
颜下里	中国古代书院"游息"活动探析	《成都体育学院学报》2007 年第 2 期

续表8

作　者	篇　名	来　源
郑　颖	白鹿洞书院教育对课程改革的启示	《九江学院学报》（哲学社会科学版）2007 年第 4 期
［日］鹤成久章 陈羽中（译）	王守仁之白鹿洞书院石刻发微	《湖南大学学报》（社会科学版）2007年第 6 期

2008 年

作　者	篇　名	来　源
［韩］丁淳佑 ［韩］李国庆（译）	朝鲜后期一地方世族家门的书院仪礼	《大学教育科学》2008 年第 1 期
万安玲	宋元转变的汉人精英家族：儒户身份，家学传统与书院	《中国社会历史评论》2008 年第 0 期
马淑兰	中国古代书院和西方中世纪大学图书馆藏书管理制度的比较	《内蒙古科技与经济》2008 年第 9 期
王　坤	沈起元书院教育活动与思想探析——以娄东书院为中心	《历史教学》（高校版）2008 年第 4 期
王　凯	浅谈宋朝书院教育对我国当今教育的启示	《太原城市职业技术学院学报》2008 年第 4 期
王　景	书院教育对现代继续教育教学的启示	《重庆教育学院学报》2008 年第 2 期
王　斌	清代南京书院地理分布简论	《科学与管理》2008 年第 5 期
王　毅	论凤林书院体的艺术特色	《乐山师范学院学报》2008 年第 9 期
王卫平	张伯行书院教育实践及其理学思想的传播——以苏州紫阳书院为中心	《学习与探索》2008 年第 5 期
王发志	陈氏书院建筑文化微探	《广东省社会主义学院学报》2008 年第 4 期
王有亮 路　宁	清代归化——绥远城的书院及其历史地位	《内蒙古师范大学学报》（哲学社会科学版）2008 年第 2 期
王兆祥	书院改学堂——教育现代化的一个过程	《历史教学》（高校版）2008 年第 8 期
王志勇	清代书院藏书的购置与分编著录	《山东教育学院学报》2008 年第 4 期
王明芳 任凤英	清代书院的道德教育及其现实意义	《中华女子学院山东分院学报》2008 年第 2 期
王建梁	清代汉学与书院互动之规律初探	《河北师范大学学报》（教育科学版）2008 年第 1 期
王炳照	书院精神的传承与创新	《华东师范大学学报》（教育科学版）2008 年第 1 期

续表1

作者	篇 名	来 源
王晋玲 李 峰	清代苏州书院教育述论	《苏州科技学院学报》（社会科学版） 2008 年第 4 期
王 晶	南宋四大书院教学对我国高等教育 改革的启示	《中国科教创新导刊》2008 年第 32 期
车红霞	书院官学化研究	《辽宁教育行政学院学报》2008 年第 7 期
贝广勇	宋代书院教学管理研究	《科教文汇》2008 年第 30 期
卞孝萱	"书院研究"方兴未艾	《南京晓庄学院学报》2008 年第 1 期
尹培丽	清代书院藏书制度的历史文化作用 ——兼论对图书馆管理的启示	《山东行政学院山东省经济管理干部 学院学报》2008 年第 6 期
邓洪波	以讲为学、以会为学：明代书院讲 会的新特点	《湖南大学学报》（社会科学版）2008 年第 5 期
卢晓玲 孙先英	论南宋理学在广西的传播方式	《广西地方志》2008 年第 6 期
叶杭庆	浙江书院藏书楼的发展变迁	《兰台世界》2008 年第 8 期
田 雷	宋代传播艺术及媒介特征——从 "邸报"、"小报"、书院说起	《黑龙江社会科学》2008 年第 1 期
田海龙 赵宏欣	莲池书院办学特色探析	《安康学院学报》2008 年第 5 期
史风春	晚清民间知识分子的重商思想—— 以上海格致书院为例	《内蒙古师范大学学报》（哲学社会科 学版）2008 年第 5 期
乐 毅	简论复旦学院的书院学生管理模式	《国家教育行政学院学报》2008 年第 8 期
宁显福	书院精神对现代大学启示简论	《福建高教研究》2008 年第 2 期
朱 琳	书院视角下的学术与文学	《北京大学学报》（哲学社会科学版） 2008 年第 3 期
朱守良 陈 东	安庆师范学院百年校魂的当代教育 意义	《安庆师范学院学报》（社会科学版） 2008 年第 9 期
朱效娟 徐安兴 周 华 张国浩	宋代书院学术特色探析——兼论对 当代大学教育的启示	《科教文汇》2008 年第 5 期
任 佩	云南古代书院遗影	《云南档案》2008 年第 2 期
庄 薇	欧洲中世纪大学与我书院不同命 运之原因	《中国农业教育》2008 年第 1 期
刘立松	南宋书院的环境选择及人格教育 作用	《天津市教科院学报》2008 年第 6 期

续表 2

作　者	篇　名	来　源
刘庆东	清代书院的道德教育及其特点	《兰台世界》2008 年第 15 期
刘　虹 张　森	明清河北书院与科举关系刍议	《河北师范大学学报》（教育科学版）2008 年第 1 期
刘　莎 李　超	张之洞发展中国近代教育的实践	《南都学报》2008 年第 28 期
江　凌	试论清代两湖地区书院的刻书业及其兴盛原因	《三峡大学学报》（人文社会科学版）2008 年第 5 期
江　凌	试论清代两湖地区书院刻书业的特点及其社会作用	《湖北第二师范学院学报》2008 年第 6 期
安　萍	古代书院及书院文化	《兰台世界》2008 年第 23 期
许顺富 刘　伟	湖南绅士与近代书院文化	《湖湘论坛》2008 年第 1 期
孙银凤 唐国安	从古代书院到现代校园规划	《山西建筑》2008 年第 10 期
苏　德	《白鹿洞书院揭示》探析	《中国科教创新导刊》2008 年第 4 期
李　莎	元代教育的发展及其影响	《郑州航空工业管理学院学报》（社会科学版）2008 年第 9 期
李才栋	关于"西学东渐"与书院的通讯	《江西教育学院学报》2008 年第 4 期
李　兵 许　静	论清代科举考试内容对书院教学的影响	《湖南大学学报》（社会科学版）2008 年第 5 期
李劲松	江西南昌友教书院记事	《江西教育学院学报》2008 年第 2 期
李劲松	略论范仲淹在应天府书院实施的教育模式及其历史作用	《江西教育学院学报》2008 年第 4 期
李劲松	论朱熹兴复白鹿洞书院的历史渊源及其教学改革	《江西社会科学》2008 年第 4 期
李晓宇	王闿运受聘尊经书院史事考	《四川大学学报》（哲学社会科学版）2008 年第 2 期
李晓宇	尊经书院与近代蜀学的兴起	《湖南大学学报》（社会科学版）2008 年第 5 期
李　晨 李绍天	漱江书院的建筑与空间特色	《华中建筑》2008 年第 4 期
李辉敏	从现代大学的特征出发比较宋代书院与中世纪大学	《职业技术教育》2008 年第 16 期
李　墨	黄彭年与莲池书院藏书	《贵图学刊》2008 年第 1 期
李德斌	书院：古代别具特色的"成人之学"	《中国成人教育》2008 年第 14 期
杨　宁	尊经书院培养的理论家和实践家	《文史杂志》2008 年第 2 期

续表3

作　者	篇　　名	来　　源
杨　华	英华书院与近代中国新闻传播事业	《新闻爱好者》2008 年第 1 期
杨玉杰 刘　明	中国古代书院教育特点对我国当代教育的启示	《科教文汇》2008 年第 26 期
杨佑茂	李鸿章与莲池书院	《衡水学院学报》2008 年第 3 期
肖永明 于祥成	书院的发展对地区文化地理格局的影响	《湖南大学学报》（社会科学版）2008 年第 5 期
吴　伟	清代书院藏书管理制度初探	《网络财富》2008 年第 7 期
吴　莹	古代河南书院藏书管理探略	《三门峡职业技术学院学报》2008 年第 3 期
吴洪成 李占萍	传统向现代转型的失落——保定莲池书院个案研究	《保定学院学报》2008 年第 4 期
吴增礼 唐亚阳	书院诚信教育简析	《伦理学研究》2008 年第 1 期
邱秀华	书院和谐师生关系的现代启示	《广东教育》2008 年第 4 期
何英旋 吕锡琛	张栻的书院道德教育	《湖湘论坛》2008 年第 6 期
佟有才	书院起源名与实	《黑龙江史志》2008 年第 14 期
余吉生 梁　莹	论古代书院教育的成功经验——以清代扬州书院为例	《四川教育学院学报》2008 年第 1 期
宋　萍	清代书院研究的新视点——评《清代东南书院与学术及文学》	《图书馆学研究》2008 年第 1 期
宋巧燕	清代书院文学教育制度述论——以诂经精舍、学海堂为考察对象	《学术研究》2008 年第 7 期
张小坡	清末徽州新式教育经费的筹措与配置研究	《安徽史学》2008 年第 5 期
张　玉 王清纯	毛苌与毛公书院	《沧州师范专科学校学报》2008 年第 4 期
张民德	古代开封之大梁书院	《河南图书馆学刊》2008 年第 3 期
张劲松	陈崇与东佳书堂——一种社会文化史的分析	《湖南大学学报》（社会科学版）2008 年第 5 期
张劲松	书院的边界与早期书院教育构成要件略论——兼与徐晓望先生商榷	《河北师范大学学报》（教育科学版）2008 年第 11 期
张劲松	陈崇与东佳书堂关系的再认识——基于谱牒与地方志的分析	《教育史研究》2008 年第 3 期
张劲松	陈崇与江州陈氏东佳书堂关系的再认识	《九江学院学报》2008 年第 5 期

续表4

作　者	篇　名	来　源
张劲松	东佳书堂：中国书院发展史的第一个里程碑	《船山学刊》2008 年第 2 期
张劲松	论书院的边界	《教育评论》2008 年第 3 期
张劲松 蔡慧琴	基于教育视角的赣文化精神探究——以书院教育为例	《黑龙江史志》2008 年第 19 期
张劲松 蔡慧琴	书院起源问题的再认识——兼论书院分类的一种方法	《江西教育学院学报》2008 年第 5 期
张艳秋 姚　尧	试论银冈书院的历史沿革与发展	《辽宁师专学报》（社会科学版）2008 年第 2 期
张晓婧	论明代安徽书院的发展和区域文化的互动	《安徽史学》2008 年第 2 期
张晓婧 李琳琦	明代凤阳府和徽州府书院发展之比较	《黄山学院学报》2008 年第 2 期
张　晖	书院的知识生产与清代人文图景	《读书》2008 年第 1 期
张梅秀	清末冠山书院藏书及其管理	《晋图学刊》2008 年第 4 期
张雪梅	孙毓修与涵芬楼	《文史杂志》2008 年第 6 期
张黎明	明清建水书院及文化价值	《云南农业大学学报》（社会科学版）2008 年第 5 期
张　巍 戴伟华	《唐人赋钞》与粤秀书院	《学术研究》2008 年第 7 期
陆玉芹	钱穆论新亚教育	《盐城师范学院学报》（人文社会科学版）2008 年第 5 期
陈艺波	我国书院教育的性质与精神探幽	《高教发展与评估》2008 年第 5 期
陈水根	凤林书院词人詹玉的词	《江西科技师范学院学报》2008 年第 6 期
陈方正	中国与欧洲高等教育传统比较初探	《中国文化》2008 年第 2 期
陈心蓉	清代嘉兴书院的变迁及其影响	《兰台世界》2008 年第 2 期
陈宁骏	南京的书院	《江苏省社会主义学院学报》2008 年第 1 期
陈培礼	中国书院教育实录：《嵩阳书院志》的文献价值	《兰台世界》2008 年第 8 期
邵文霞	略论宋代书院教育及其借鉴作用	《聊城大学学报》（社会科学版）2008 年第 2 期
范　铭	中国古代书院所体现的现代大学精神启示录	《民办教育研究》2008 年第 4 期
范立舟	论南宋书院与理学的互动	《社会科学战线》2008 年第 7 期

续表5

作　者	篇　　名	来　　源
林　枫 陈　滨	清代福建书院经费初探	《中国社会经济史研究》2008 年第 1 期
林　琼 肖　娟	石鼓书院植物景观资源评价与保护	《生物数学学报》2008 年第 2 期
欧阳春	略论白鹿洞书院的隐逸精神	《九江学院学报》2008 年第 4 期
罗　立	书院文献的整理与数字化	《图书馆》2008 年第 2 期
罗艳春	教育、宗族与地域社会——清中叶江西万载书院再考	《中国社会历史评论》2008 年第 9 卷
金奋飞	浅析"东林书院"历史评价的多重性	《消费导刊》2008 年第 1 期
周芬芬	清代书院的膏火奖赏——以助贫养士为中心	《教育史研究》2008 年第 1 期
周　郁 蔡建国	晚清书院藏书图书馆化述论	《高校图书馆工作》2008 年第 2 期
周岩夏	从英华书院到马礼逊学校——中国西式教育发轫述评	《中国地质大学学报》（社会科学版）2008 年第 1 期
周建华 杨木生	宋明理学在赣南的创立与弘扬	《江西社会科学》2008 年第 6 期
孟聪龄 田智峰	对忻州秀容书院作为传统文化建筑的初步研究	《太原理工大学学报》2008 年第 39 期
封　华	杨增新与河州三大书院	《档案》2008 年第 3 期
赵国权	论南宋时期江南书院文化传承的价值取向	《河南大学学报》（社会科学版）2008 年第 3 期
荣方超	《清代书院与学术变迁研究》与《清代东南书院与学术及文学》述评	《图书与情报》2008 年第 6 期
胡　迅	台湾的书院（上）	《台声》2008 年第 6 期
胡　迅	台湾的书院（下）	《台声》2008 年第 7 期
胡　青	宋代江西的书院与讲会、会讲	《文史知识》2008 年第 11 期
胡素萍	海南蔚文书院论略	《海南师范大学学报》（社会科学版）2008 年第 3 期
胡素萍	论海南古代书院的社会文化功能	《教育评论》2008 年第 2 期
柯瑞逢	解读《格致书院课艺》实学精髓	《上海教育》2008 年第 17 期
柳春蕊	莲池书院与以吴汝纶为中心的古文圈子的形成	《青岛大学学报》2008 年第 1 期
宫振蒙	浅谈宋代书院在其学术自由中存在的局限性	《中国电力教育》2008 年第 8 期

续表6

作　者	篇　名	来　源
姚　军	从《引书法示端溪书院诸生》谈引文规范	《沈阳大学学报》2008 年第 4 期
贺德红	高校旅游资源开发研究——以湖南第一师范学校为例	《企业家天地》（理论版）2008 年第 4 期
秦　莹	浅议莲池书院	《才智》2008 年第 3 期
夏星南	常州书院教育的兴衰	《南京晓庄学院学报》2008 年第 1 期
党亭军	明清书院解决优质师资来源问题的思路及启示	《西南科技大学学报》2008 年第 4 期
徐　睿	范仲淹与应天书院的教学改革	《泰安教育学院学报岱宗学刊》2008 年第 3 期
徐心希	泉州书院、社学的发展与朱熹理学思想的深化	《闽西职业技术学院》2008 年第 1 期
徐美君	论中国古代书院的学术功能	《四川教育学院学报》2008 年第 1 期
徐　骏 郑素贞	岳麓书院教育千年延续传承的原因分析	《吉林工程技术师范学院学报》2008 年第 11 期
徐　震 顾大治	徽州民居中的教化场所分析	《合肥工业大学学报》（社会科学版）2008 年第 1 期
殷奎英	清代教育制度的变化	《菏泽学院学报》2008 年第 1 期
高　晶	浅析新民公学堂创立的原因	《兰台世界》2008 年第 11 期
郭　蕾	浅谈中国现代高等教育发展模式转换及教育理念发展	《黑龙江科技信息》2008 年第 9 期
黄　钊	"问津书院"之文化价值刍议	《学习与实践》2008 年第 8 期
黄　颖	从书院生的精神意识看东亚同文书院	《宁德师专学报》（哲学社会科学版）2008 年第 1 期
黄丽峰	花洲书院与诸葛书院	《文史知识》2008 年第 5 期
黄俊军	休宁"徽州海阳书院"落成开放	《徽州社会科学》2008 年第 12 期
萧倩娴	书院教育对我国当代高等教育的启示	《成人教育》2008 年第 8 期
曹丽萍	再谈清初谪官郝浴与银冈书院及对辽北文化教育发展的贡献	《辽宁师专学报》（社会科学版）2008 年第 5 期
梁　莹	以五行角度论水与书院之关系	《语文学刊》2008 年第 1 期
梁宝富 李广清	"鹏城书院"营造小札	《古建园林技术》2008 年第 4 期
董丛林	章学诚与直隶书院教育——兼议"学府"与地域文化关系问题	《社会科学论坛》2008 年第 4B 期

续表 7

作　者	篇　名	来　源
程　慧	明代中后期宁国府书院之兴盛	《安徽师范大学学报》（人文社会科学版）2008 年第 2 期
程方平	大道传承，古今一如——记无锡的东林书院与东林小学	《基础教育参考》2008 年第 11 期
程嫩生陈海燕	奖惩措施与清代书院文学教育酵母	《宁夏社会科学》2008 年第 6 期
程嫩生陈海燕	课艺评点：清代书院文学教育侧记——以钟山书院、经古精舍的课艺评点为例	《湖南大学学报》（社会科学版）2008 年第 5 期
傅　燕张　勃叶　浩	解析文人建筑与商人建筑——书院与会馆建筑的比较研究	《中外建筑》2008 年第 5 期
谢小红	千年学府，源远流长——城南书院考证	《沧桑》2008 年第 5 期
谢长法	宋元时期书院的教化功能刍议	《山西师范大学学报》（社会科学版）2008 年第 1 期
谢春燕	书院改学堂的历史嬗变——以四川锦江书院为例	《科教文汇》2008 年第 19 期
蔡志荣	清代书院的经费运作特点及其现实意义	《教育学术月刊》2008 年第 4 期
蔡志荣王　瑜	从经心书院到存古学堂：张之洞的书院观之嬗变	《商丘师范学院学报》2008 年第 1 期
蔡克荣	清代书院的经费运作	《教育史研究》2008 年第 1 期
廖　星	古代书院德育理念及其对当今高校德育的启示	《韶关学院学报》2008 年第 8 期
翟广顺	郑玄与青岛康成书院	《青岛大学师范学院学报》2008 年第 1 期
熊　少严万华	为了学生和社会整体得益——真道书院：家校合作案例考察	《中国家庭教育》2008 年第 4 期
熊吕茂	论唐君毅的教育观	《河北师范大学学报》（教育科学版）2008 年第 11 期
熊艳娥	论宋代书院记的时代特征与文化意义	《山西师范大学学报》（社会科学版）2008 年第 1 期
缪银丹	宋代书院教育特点对高中历史教学的启示	《科教文汇》2008 年第 5 期
樊志坚郑章飞何　平	书院文化数据库元数据标准探析	《高校图书馆工作》2008 年第 6 期

续表 8

作　者	篇　　名	来　　源
黎新军	南宋书院档案举隅：以朱熹为中心	《档案学研究》2008 年第 5 期
霍红伟	清代地方教官的施教方式	《河北师范大学学报》（教育科学版）2008 年第 3 期
戴琏璋	书院讲学的现代省思	《杭州师范大学学报》（社会科学版）2008 年第 2 期

2009 年

作　者	篇　　名	来　　源
〔日〕又吉盛清 陈　君 等	中国上海·东亚同文书院和冲绳	《河北师范大学学报》（教育科学版）2009 年第 9 期
于　玉	书院教育模式对研究生教育的启示	《科教文汇》2009 年第 8 期
于　潇	在历史与现实之间——格致书院办学特色及其启示	《经营管理者》2009 年第 2 期
万　千	中国书院建筑与西方中世纪大学建筑之比较	《建筑与环境》2009 年第 2 期
万　华	心念教育：品格的塑造与心念的转化——基于香港真道书院的个案研究	《江苏大学学报》（社会科学版）2009 年第 2 期
马松杰 范嘉林	浅谈古代书院教育与我国现代成人教育	《河南教育》（职成教版）2009 年第 8 期
王　杨	元泰定元年西湖书院刻本《文献通考》	《人民日报·海外版》2009 年 4 月 6 日
王　云	明清山东运河区域的书院和科举	《聊城大学学报》（社会科学版）2009 年第 3 期
王　宇	书院式教学对现代研究生教育的启示	《网络财富》2009 年第 12 期
王　军	山西榆次老城凤鸣书院	《文物世界》2009 年第 3 期
王　坤 王卫平	清代苏州书院研究	《中国地方志》2009 年第 5 期
王　易	徽州书院及其与徽商的互动关系	《江苏教育学院学报》（社会科学版）2009 年第 2 期
王　琦	嵩阳书院教育史述论	《中州大学学报》2009 年第 4 期
王　晶 王凌皓	南宋四大书院之教学艺术美	《现代教育科学》（高教研究）2009 年第 6 期
王　磊 张　奕	中国古代大学建筑选址理念研究	《山西建筑》2009 年第 19 期

续表1

作　者	篇　名	来　源
王　毅	凤林书院体与"稼轩词风"辨析	《江西社会科学》2009 年第 1 期
王一军 赵朝君	武当"书院"浅考	《十堰职业技术学院学报》2009 年第 5 期
王卫平 王　坤	冯桂芬书院教育实践及其教育改革思想	《江苏大学学报》（社会科学版）2009 年第 1 期
王立斌	鹅湖书院的办学模式及影响	《江西教育学院学报》（社会科学版）2009 年第 5 期
王立斌	鹅湖书院碑说	《中国书院论坛》（第六辑）作家出版社 2009 年版
王兴国 李海兵	南宋时期岳麓书院与白鹿洞书院的互动	《中国书院论坛》（第六辑）作家出版社 2009 年版
王忠强	鹅湖书院赋	《中国书院论坛》（第六辑）作家出版社 2009 年版
王胜军 唐亚阳 吴增礼	论张伯行书院教育思想及其影响	《广西民族大学学报》（哲学社会科学版）2009 年第 6 期
王建强 伍进平	古代书院文化略窥	《兰台世界》2009 年第 11 期
王晓暖	三明明清书院考述	《教育与考试》2009 年第 3 期
王晓暖	三明辖境明清书院考述	《三明学院学报》2009 年第 3 期
王彩霞	书院院训——现代校训的古代先声	《浙江海洋学院学报》（人文科学版）2009 年第 2 期
贝广勇	宋代书院与当今民办高等学校模式辨析	《科技导刊》2009 年第 25 期
毛　静	罗山书院及罗文通史料辨析	《中国书院论坛》（第六辑）作家出版社 2009 年版
卞孝萱	书院研究的收获与问题	《江西教育学院学报》2009 年第 2 期
方彦寿	闽学与台湾书院	《泉州师范学院学报》2009 年第 1 期
方彦寿	儒佛之争：儒学书院与佛教寺院——以福建为例	《福建论坛》（人文社会科学版）2009 年第 3 期
计　颖 朱柳敏	试论中国古代书院与西方中世纪大学的异同	《辽宁教育行政学院学报》2009 年第 9 期
邓城锋	中央书院学制分析	《南京晓庄学院学报》2009 年第 2 期
邓洪波	明代书院讲会组织形式的新特色	《江西教育学院学报》2009 年第 1 期
邓洪波	明代书院讲会研究的历史与现状	《中国文化研究》2009 年第 1 期

续表2

作　者	篇　　名	来　　源
邓洪波	明代书院的科举之会与科举之学	《河北师范大学学报》（教育科学版）2009 年第 7 期
邓洪波	轮会与联属大会：明代书院讲会的新形势	《中国书院论坛》（第六辑）作家出版社 2009 年版
石维峰	刘熙载与上海龙门书院	《传承》（学术理论版）2009 年第 10 期
龙　晦	论薛焕、王闿运创办尊经书院	《西华大学学报》（哲学社会科学版）2009 年第 6 期
卢亨强	福建最早的官办书院——延平书院	《福建史志》2009 年第 4 期
卢晓玲 孙先英	南宋广西书院的理学特质	《柳州师专学报》2009 年第 1 期
叶后坡	明清时期南阳地区书院的学田研究	《传承》（学术理论版）2009 年第 14 期
叶后坡	宋元时期南阳地区书院研究	《管理观察》2009 年第 27 期
田景正	历史追溯：湖南师范大学与岳麓书院	《湖南师范大学教育科学学报》2009 年第 3 期
冯　刚 田　昀	泉清堪洗砚，山秀可藏书——从楹联谈中国古代书院建筑的审美取向	《天津大学学报》（社会科学版）2009 年第 1 期
宁芬芬	中国书院讲会教学与西欧中世纪大学论辩教学之比较研究	《世界教育信息》2009 年第 6 期
曲洪波	尊经书院与晚清时期四川的经学发展略论	《宜宾学院学报》2009 年第 4 期
吕建强	石介与泰山书院	《煤炭高等教育》2009 年第 6 期
吕建强	中世纪大学与宋代书院的教学组织比较——以巴黎大学和白鹿洞书院为例	《民办教育研究》2009 年第 11 期
朱与墨 刘哲明 肖　霄	张栻书院教育思想对湖南一师早期师范教育的影响	《教师教育研究》2009 年第 3 期
朱述贤	朱熹与书院文物初探	《中国书院论坛》（第六辑）作家出版社 2009 年版
朱维铮	马一浮在一九三九——叶圣陶所见复性书院创业史	《书城》2009 年第 4 期
刘　宁	河北历史上的书院	《河北教育》（综合版）2009 年第 10 期
刘亚轩	意大利那不勒斯中国学院与中国近代教会学校	《出版史料》2009 年第 2 期

续表3

作　者	篇　名	来　源
刘亚轩	那不勒斯中国学院与早期中国留学生	《社会科学战线》2009年第2期
刘运芳	书院模式对现代高校管理改革的借鉴意义	《中国成人教育》2009年第13期
刘克利 胡弼成	秉承书院优良传统，重塑中国大学精神	《高等教育研究》2009年第6期
刘克利 胡弼成	结合书院传统，重塑大学精神	《新华文摘》2009年第18期
刘宗棠	简论清代书院制度的特点及其兴衰	《中国石油大学学报》（社会科学版）2009年第1期
刘胜茂	卫礼贤与礼贤书院	《春秋》2009年第6期
刘哲明 朱与墨	张栻的书院教育思想及其传承——从城南书院到湖南一师	《船山学刊》2009年第3期
闫利雅	宋代私学的特性及其社会教化功能	《文教资料》2009年第35期
江家发 雍玉梅	中国近代科技教育先驱——上海格致书院中的化学教育考略	《中国石油大学学报》（社会科学版）2009年第2期
许　结	论清代书院与辞赋创作	《湖北大学学报》（哲学社会科学版）2009年第5期
许雅娟 刘文君	江西书院文化旅游价值分析	《商丘职业技术学院学报》2009年第3期
孙传宏	论毛泽东对古代书院制度的批判性继承	《中国教育与社会科学》2009年第9期
纪望平	丰湖书院文化品牌价值研究	《惠州学院学报》（社会科学版）2009年第5期
严志芳	南宋书院的繁荣对当代民办学校发展的启示	《科技创新导报》2009年第17期
李　江	桂岩书院探论	《江西社会科学》2009年第6期
李　莉	千年学府的文化创新	《光明日报》2009年1月21日
李　兵 徐丽苹	科举开放与书院发展	《陕西师范大学学报》（哲学社会科学版）2009年第4期
李才栋	江西建于唐代书院的"发现""再发现""新发现"	《南京晓庄学院学报》2009年第1期
李才栋	近三十年中国书院史研究的若干"新意"	《江西教育学院学报》2009年第1期
李才栋	漫谈具有学校性质书院的"要件"	《中国书院论坛》（第六辑）作家出版社2009年版

续表4

作　者	篇　　名	来　　源
李才栋	江西建于唐代书院的"发现""再发现""新发现"	《中国书院论坛》（第六辑）作家出版社 2009 年版
李凤娟　李　平	论中国古代书院产生的原因	《长春大学学报》2009 年第 11 期
李宁宁	古代书院教育的现代启示	《中国书院论坛》（第六辑）作家出版社 2009 年版
李劲松	关于"北宋四大书院"刍议	《南京晓庄学院学报》2009 年第 2 期
李劲松	李觏以"礼"论为基石的书院教育思想	《江西教育学院学报》2009 年第 2 期
李晓琼	浅谈庐山书院文化旅游开发策略	《九江学院学报》2009 年第 4 期
李惠芳	论客家梅州地区书院文献的搜集与整理	《重庆科技学院学报》（社会科学版）2009 年第 5 期
李惠芳	浅谈客家梅州地区书院藏书	《长春理工大学学报》（高教版）2009 年第 5 期
李惠芳	客家梅州地区书院发展述略	《科技情报开发与经济》2009 年第 33 期
李翠芳　朱迎玲	现代高校书院制建设及原因追溯	《煤炭高等教育》2009 年第 3 期
杨　林	浙江永康五峰书院景区旅游策划	《金华职业技术学院学报》2009 年第 5 期
杨永俊	江西万载客家东洲书院"乐输"材料论析	《江西社会科学》2009 年第 11 期
肖永明	阳明心学与明代书院讲会的兴盛及制度化	《历史教学》（高校版）2009 年第 9 期
吴　桐	关于全人教育理念下的香港中文大学书院制度的思考	《教书育人》2009 年第 33 期
吴风池	嵩阳书院在理学发展中的地位	《黄河科技大学学报》2009 年第 6 期
吴国富	白鹿洞书院的隐逸精神	《中国书院论坛》（第六辑）作家出版社 2009 年版
吴洪成　于　洋	明清之际实学教育家颜元与河北漳南书院	《江西教育学院学报》2009 年第 4 期
吴洪成　张彩云	清代保定莲池书院的办学经费及其效益初探	《保定学院学报》2009 年第 6 期
吴榕青	历代潮州的祀韩书院——以碑刻资料为中心	《汕头大学学报》（人文社会科学版）2009 年第 6 期
吴增礼　唐亚阳	试论书院教育的智识伦理化及其消极影响	《湘潭大学学报》（哲学社会科学版）2009 年第 1 期

续表5

作　者	篇　名	来　源
邱小云 黄梅珍	古代书院文化蕴含的德育思想及其当代价值	《内蒙古师范大学学报》（教育科学版）2009年第9期
余九红	卢文弨与钟山书院	《南京晓庄学院学报》2009年第2期
余九红	钟山书院汉学教育考略	《兰台世界》2009年第23期
余祖红	浅谈莲池书院的办学特色	《现代农业》2009年第7期
邹淑红	图书馆公益性讲座的专业化发展与社会化运作——以大连图书白云书院文化讲座为例	《图书馆学刊》2009年第4期
邹锦良 崔丽君	宋代江西民间书院与地方社会新论——以地方知识阶层的参与为视角	《江西师范大学学报》（哲学社会科学版）2009年第2期
沈立平	格致书院课艺研究之我见	《吉林教育》2009年第4期
宋巧燕	清末书院教育家俞樾	《教育与考试》2009年第1期
宋巧燕	清代各类型书院文学教育的地位	《社会科学家》2009年第11期
张士尊	明代辽东书院述略	《鞍山师范学院学报》2009年第5期
张永生	卫方正和文瀛书院的坚持	《教育》2009年第10期
张永刚	东林书院中诗社活动考	《阴山学刊》2009年第4期
张发祥	古代抚州书院发展探析	《东华理工大学学报》（社会科学版）2009年第4期
张劲松	乡绅与地方书院关系的一种观察——以晚清敷阳书院学田经营为例	《南京晓庄学院学报》2009年第2期
张劲松	清代书院学田的经营困境与纾解努力——《书院说》：一个乡绅的视角	《四川教育学院学报》2009年第2期
张劲松	《书院说》：晚清书院学田经营的一个历史剖面——地方书院生态的社会学解读	《集美大学学报》（教育科学版）2009年第2期
张劲松	唐代民间书院的一种历史形态及意义——以丰城罗山书院为例	《宁波大学学报》（教育科学版）2009年第4期
张劲松	燕笙与《书院说》：晚晴地方书院学田经营的一个缩影	《中国书院论坛》（第六辑）作家出版社2009年版
张笃勤	明清黄州文化科举兴盛及其社会根源	《学习与实践》2009年第3期
张雪梅	湖南学政江标与校经书院藏书楼	《图书馆》2009年第4期
张新民	儒家理想及其当代处境之探讨	《教育文化论坛》2009年第2期
陈　瑞	元代安徽地区的书院	《新东方》2009年第2期

续表6

作　者	篇　名	来　源
陈　蔚 宋　婷	济宁书院史略	《春秋》2009 年第 1 期
陈水根	试论凤林书院词人的樟镇唱和词	《江西社会科学》2009 年第 10 期
陈玉婷	试论古代书院藏书的历史地位	《南方论刊》2009 年第 7 期
陈汉强 黄建如	清末书院改制与学堂兴起述论	《煤炭高等教育》2009 年第 1 期
陈吉良 邓洪波	书院研究年度报告：2007	《新华文摘》2009 年第 2 期
陈兴华	从古代书院的教研特色看当今大学学习型班集体的建设	《武夷学院学报》2009 年第 4 期
陈春晓	书院的困境——1912—1980 年的嵩阳书院	《中共郑州市委党校学报》2009 年第 2 期
陈宥任 熊正德 等	顾客体验价值评价研究——以岳麓山风景名胜区和岳麓书院为例	《金融经济》（理论版）2009 年第 10 期
陈恩维	试论书院志"主教育"体例的确立及其价值意义——以梁廷枏《粤秀书院志》为例	《南京晓庄学院学报》2009 年第 1 期
陈章柱	明代的贵州书院概论	《科海故事博览·科教创新》2009 年第 9 期
陈霞玲	宋代书院德育研究述评	《湖北第二师范学院学报》2009 年第 10 期
范蕾蕾	浅谈清代广州的书院	《社科纵横》（新理论版）2009 年第 2 期
罗　熙	浅谈现代大学所缺失的中国古代书院精神	《科教文汇》（上旬刊）2009 年第 3 期
罗才成	千古先贤一圣心——胡居仁兴复白鹿洞书院浅析	《福建论坛》（社科教育版）2009 年第 12 期
罗志锋	从两篇学约看百泉书院学风之嬗变	《管理学家》2009 年第 11 期
金银珍	大武夷格局中的书院建筑之传统意象	《湖北经济学院学报》（人文科学版）2009 年第 3 期
金银珍	闽北书院与书院祭主	《武夷学院学报》2009 年第 4 期
周文娟 邓洪波	2006 年书院研究年度报告	《船山学刊》2009 年第 2 期
周守红	中国传统书院的办学理念及其对现代大学的启示	《科学社会主义》2009 年第 3 期

续表 7

作　者	篇　名	来　源
周奔波 乔　琨 等	开创书院制与高校建设发展相融合的育人格局	《中国冶金教育》2009 年第 3 期
周雪敏	民国时期的书院研究	《中国书院论坛》（第六辑）作家出版社 2009 年版
周景春 朱兴涛	中国书院教育的理念及其现代启示	《现代教育科学》（高教研究）2009 年第 2 期
郑晓江	中国古代书院教育对现代教育的启示	《中国书院论坛》（第六辑）作家出版社 2009 年版
赵伟舍	略论白鹿洞书院在两宋时期的不同特点	《绥化学院学报》2009 年第 3 期
赵连稳	清代北京书院经费筹措途径及演变	《中国经济史研究》2009 年第 2 期
赵连稳 王春福	北京古代书院藏书探微	《北京联合大学学报》（人文社会科学版）2009 年第 3 期
赵国权	论南宋时期书院的制度化构建	《江西教育学院学报》2009 年第 4 期
胡　青 付忠莲	小陂书院与吴与弼道德力行观	《江西教育学院学报》2009 年第 2 期
胡　青 胡春榜	元代江西书院分布特征及其成因初探	《中国书院论坛》（第六辑）作家出版社 2009 年版
胡双喜	佛教寺院教育对宋代书院教学的影响	《教育学术月刊》2009 年第 8 期
胡素萍	古代书院对海南社会的影响	《新东方》2009 年第 1 期
胡锋吉 季旭峰	宋元时期处州地区书院发展考略	《丽水学院学报》2009 年第 3 期
洪　明	中国传统教育的精义是什么？——简论钱穆的人文主义教育思想	《湖南师范大学教育科学学报》2009 年第 2 期
宫嵩涛	嵩阳书院——中州教育史上的明珠	《中国文化遗产》2009 年第 3 期
贾　利 郁万彩	中国古代书院教育的特色及启示	《中国电力教育》2009 年第 12 期
夏冰月	试论书院讲会制度的演变、特点及现代启示	《法制与社会》2009 年第 7 期
夏雨雨 孙先英	宣成书院始建人考辨	《江西社会科学》2009 年第 2 期
党亭军 卫万龙	明清书院教育的社会效益机制及其启示	《延安大学学报》（社会科学版）2009 年第 2 期
徐　伟 吴慧华	关于西坪书院几个问题的探析	《工会博览》2009 年第 9 期

续表 8

作　者	篇　　名	来　　源
徐　泓	格致书院与格致汇编的创办	《出版史料》2009 年第 1 期
徐　泓	清末民初上海格致书院	《江南论坛》2009 年第 12 期
徐　茜 徐丽华	论宋代书院隐性课程之美	《现代教育论丛》2009 年第 10 期
徐静玉	书院与清末民初南通教育的转型	《南通大学学报》（社会科学版）2009 年第 5 期
卿平勇 赵小利	宜春市昌黎书院的历史变迁与合理利用建议	《现代农业科技》2009 年第 15 期
衷海燕	书院、王学与宗族社会——以明清安福县识仁书院为中心	《江西教育学院学报》2009 年第 4 期
高　峰	白鹿洞书院的历史、现状及文化意义	《江西教育学院学报》（社会科学版）2009 年第 5 期
高　峰	白鹿洞书院现藏有关庐山军官训练团的两块碑刻	《中国书院论坛》（第六辑）作家出版社 2009 年版
郭文佳	应天书院与北宋文化的发展	《商丘师范学院学报》2009 年第 2 期
郭齐家	儒家文化与中国古代书院	《孔子研究》2009 年第 3 期
郭宏达	"行有不得，反求诸己"的学习	《中国书院论坛》（第六辑）作家出版社 2009 年版
郭宏达	江西省书院研究会第四次会员大会暨"理学与书院研究"学术研讨会综述	《中国书院论坛》（第六辑）作家出版社 2009 年版
郭君健	浅谈从传统书院建筑到现代校园建筑理念的改变	《读与写》（教育教学刊）2009 年第 4 期
郭媛媛	中世纪大学与中国书院不同历史命运之社会性探析	《江苏教育学院学报》（社会科学版）2009 年第 4 期
席明旺	清代开封书院教育探析	《科教导刊》2009 年第 4 期
唐　丽	中国古代书院与儒学教育——以宋明书院对理学的推进为例	《衡阳通讯》2009 年第 2 期
唐晓明	晚清浙江书院教育的变革与传承	《宁波大学学报》（教育科学版）2009 年第 2 期
黄年凤	白鹭洲书院的办学特色及启示	《江西教育学院学报》（社会科学版）2009 年第 5 期
黄庆法	厦门东亚书院筹办始末	《教育评论》2009 年第 2 期
曹　虹	清代常州书院与骈文流衍	《南京大学学报》（哲学·人文科学·社会科学版）2009 年第 5 期

续表 9

作　者	篇　　名	来　源
曹关群	建本书籍与宋代闽北书院	《武夷学院学报》2009 年第 3 期
曹红旗	书院制与香港中文大学	《当代教育科学》2009 年第 9 期
彭战国	儒学开展的新探索——尼山圣源书院成立典礼暨"儒家思想与和谐社会"研讨会纪要	《文史哲》2009 年第 4 期
程嫩生 孙　彦	课试禁忌与清代书院文学教育	《青海社会科学》2009 年第 2 期
童　宇	自主招生制度中加强高校招生自主权的必要性研究——基于书院独立精神的角度分析	《科教导刊》2009 年第 28 期
温芽清	陕甘味经书院考略	《河北师范大学学报》（教育科学版）2009 年第 9 期
谢　晶	论书院学规的思想内涵	《当代教育论坛》2009 年第 23 期
靳志朋	莲池书院与晚清直隶文化	《燕山大学学报》（哲学社会科学版）2009 年第 1 期
蒙培元	略谈中国的书院文化	《泉州师范学院学报》2009 年第 1 期
梁南南 鞠建新	从竹山书院略觑我国书院园林的环境特色及文化内在	《中国园林》2009 年第 3 期
蔡天新	莆田书院文化的发展与文献名邦的形成	《东方论坛》2009 年第 2 期
蔡天新	莆田书院文化对文献名邦形成的历史影响	《北华大学学报》（社会科学版）2009 年第 3 期
蔡志荣	明清之际湖北地区的教育与书院	《武汉科技大学学报》（社会科学版）2009 年第 5 期
蔡志荣 王　瑜	清代湖北书院的祭祀特点及意义	《教育评论》2009 年第 1 期
蔡志荣 周和义	书院与地域社会：《问津院志》的文献价值	《兰台世界》2009 年第 12 期
蔡厚淳	白鹿洞书院与朱子学规	《图书馆杂志》2009 年第 7 期
蔡慧琴	唐代丰城罗山书院的历史意义略论	《兰台世界》2009 年第 17 期
熊贤君	一以贯之看书院	《江西教育学院学报》2009 年第 2 期
樊志坚 彭一中	《书院文化数据库》建设中的知识产权问题与应对策略	《高校图书馆工作》2009 年第 4 期
樊利华	白鹿洞书院概况	《陕西教育》2009 年第 6 期
黎　华	白鹿洞书院"元代尤盛"略述	《九江学院学报》2009 年第 9 期

续表 10

作　者	篇　名	来　源
黎　华	"元代尤盛"的白鹿洞书院	《中国书院论坛》（第六辑）作家出版社 2009 年版
颜志荣	论钱穆的"中国人"教育——钱穆新亚书院时期德育思想研究	《伊犁师范学院学报》（社会科学版）2009 年第 1 期
颜海珍 康丽贞	古代书院教育对现代大学德育教育的启示	《经营管理者》2009 年第 1 期
穆晓莉 周　伟	古代书院教育特色及其对免费师范生培养的启示	《现代教育论丛》2009 年第 3 期
王淑君	政大书院——博雅创新，迈向台湾教育新里程	《通识在线》2009 年第 20 期
刘振维	彰化白沙书院之始末及其基本精神	《止善》2009 年第 6 期
刘振维	澎湖文石书院的始末及其基本精神	《止善》2009 年第 7 期
刘锦鑫	回顾第二十期主题"住宿文化、书院与通识教育！"——谈通识教育如何融入宿舍文化	《通识在线》2009 年第 21 期
许　平	复旦学院通识教育下书院制的实践与思考	《通识在线》2009 年第 20 期
许　平	复旦学院：在通识教育下建设书院	《通识在线》2009 年第 21 期
吴枚莹	台湾教育史——澎湖教育的先声：胡建伟与文石书院	《人本教育札记》2009 年总第 239 期
张聪明	道东书院再利用风采更胜往昔——和美文化地标振翅再起	《彰化艺文》2009 年第 43 期
陈瑞霞	从书院到鸾堂：以苗栗西湖刘家的地方精英角色扮演为例（1752－1945）	《苗栗文献》2009 年第 45 期
林孝信	东海博雅书院喜聘首任院长——刘炯朗院长就职专访	《通识在线》2009 年第 22 期
林晓青 王伟华 等	东海博雅书院突破高等教育的框架	《通识在线》2009 年第 20 期
林朝成 卢其薇	从鳌峰书院到海东书院：论清代台湾朱子学的两个向度	《东华汉学》2009 年第 9 期
秦　晖	陕西的书院教育	《陕西文献》2009 年总第 112 期
彭宗平	从中西方的书院传统谈大学宿舍的改造	《通识在线》2009 年第 20 期
程海东	东海大学的博雅教育与博雅书院	《通识在线》2009 年第 20 期

2010 年

作　者	篇　名	来　源
马友斌	2008 年书院研究综述	《江西教育学院学报》（社会科学版）2010 年第 2 期
马晓春	王阳明在中国书院史上的地位	《江西教育学院学报》（社会科学版）2010 年第 8 期
王　珊	漫漫书院官学路	《佳木斯教育学院学报》2010 年第 5 期
王　浩	黄彭年与莲池书院	《唐山师范学院学报》2010 年第 6 期
王　雷	小议元代书院及其发展背景	《西安航空技术高等专科学校学报》2010 年第 3 期
王中奎	古代书院教育的特点及其对我国当代研究生教育的启示	《高教高职研究》2010 年第 3 期
王改凌	南宋乾淳时期张栻的书院教育思想特色	《昌吉学院学报》2010 年第 4 期
王宜鹏 陈太忠	古代书院的教学管理对今天高校教学管理的启示	《教育探索》2010 年第 6 期
王晓晶	古代书院制度及其对当前高等教育改革的启示	《忻州师范学院学报》2010 年第 6 期
王凌皓	白鹿洞书院：教育教学与学术研究紧密契合的典范	《中国社会科学报》2010 年 4 月 1 日
王婉秋 王莞情	书院模式与通识之旨——中西教育理念合流的思考	《吉林华桥外国语学院学报》2010 年第 2 期
王瑜卿	中国古代教育的办学类型及现代启示——以书院为例	《中国社会科学院研究生院学报》2010 年第 5 期
邓洪波	随地举会，归之书院：明代讲会之发展趋势	《湖南大学学报》（社会科学版）2010 年第 3 期
邓洪波	道东书院	《中国社会科学报》2010 年 4 月 20 日
邓洪波	知识、学术、技能：书院教学三大类型	《中国社会科学报》2010 年 6 月 10 日
甘　雄	嵩阳书院对当代高等教育改革的启示	《湖北三峡职业技术学院》2010 年第 7 期
石　阳	山东教会书院研究	《河北师范大学学报》2010 年第 1 期
朴钟培	从学规看朝鲜时代的书院教育	《湖南大学学报》（社会科学版）2010 年第 3 期
曲洪波	银冈书院与辽宁地区的学术文化发展	《沈阳航空工业学院学报》2010 年第 6 期

续表1

作 者	篇 名	来 源
吕康清	论书院精神对研究生培养机制改革的启示	《高等教育研究》2010 年第 2 期
朱人求	南宋书院教化与道学社会化适应——以朱熹为中心的分析	《孔子研究》2010 年第 2 期
朱汉民	中国古代书院自治权的问题	《大学教育科学》2010 年第 3 期
朱江琳 杨光华	三峡地区书院分布和发展研究	《三峡论坛》2010 年第 12 期
朱均灵	宋代福建书院考辨	《内江师范学院学报》2010 年第 1 期
任 珂	古代书院的文化生态意蕴	《教育评论》2010 年第 4 期
刘 平	从千年学府岳麓书院看中国书院藏书特点	《高校图书馆工作》2010 年第 4 期
刘 颖 李顺宝 等	网络书院中交互关系与质量的分析——以"康乐园教育书院"精彩博文栏目为例	《现代教育技术》2010 年第 3 期
刘大军	继承与超越：中国古代书院教育的启示	《中国农业教育》2010 年第 1 期
刘欢欢	中世纪大学与我国宋代书院教学的比较	《长春教育学院学报》2010 年第 6 期
刘红宇	宋代书院学术自由的再认——兼论现代大学的核心精神	《教育学术月刊》2010 年第 10 期
刘河燕	宋代书院与欧洲中世纪大学产生背景之比较研究	《求索》2010 年第 8 期
刘春丽	晚清湖北绅士与书院教育的发展	《郧阳师范高等专科学校学报》2010 年第 2 期
刘钰晓	白鹿洞书院经费报表分析	《知识经济》2010 年第 5 期
刘银华 王 荣 等	古代书院植物景观空间营建初探——以嵩阳书院为例	《现代园林》2010 年第 11 期
衣长春	清代河北书院述论	《学术探索》2010 年第 3 期
闭雄壮	试论广雅书院对近代广西社会的影响	《河池学院学报》2010 年第 2 期
江 凌 蔡志荣	试论明清时期湖北地区的教育与书院	《长江论坛》2010 年第 1 期
江腊生 冯敏强	白鹿洞书院文化对大学导师制的现代启示	《黑龙江高教研究》2010 年第 8 期
孙文学	元明清山西书院的地域分布与演变	《图书情报工作》2010 年第 1 期

续表 2

作　者	篇　　名	来　　源
孙先英 覃　明	敷文书院与王守仁的书院教育思想在广西的传播及影响	《广西社会科学》2010 年第 3 期
孙雨生	我国古代书院教育的特质与互动式教学模式	《天津市经理学院学报》2010 年第 5 期
孙新梅	清代河南的书院刻书述略	《兰台世界》2010 年第 11 期
阳光宁	池州书院的历史文化考述	《池州学院学报》2010 年第 2 期
苏国安 吴洪成	吴汝纶在保定莲池书院的事业与思想探析	《河北师范大学学报》（哲学社会科学版）2010 年第 1 期
李　兵	对中国古代书院教育科举化原因的思考	《湖南大学学报》（社会科学版）2010 年第 3 期
李　辉	北宋深圳地区的力瀛书院	《深圳职业技术学院学报》2010 年第 2 期
李凤娟	中国古代书院教学特色对现代高等教育的借鉴	《白城师范学院学报》2010 年第 4 期
李凤娟	中国古代书院教育思想对现代高等教育的影响	《黑龙江科技信息》2010 年第 10 期
李玉堂 沈屹然	海南书院空间序列及建筑特征解析——以溪北书院为例	《建筑文化》2010 年第 12 期
李克琴 张海英	名栏建设得失谈——以"岳麓书院与传统文化"栏目为个案	《湖南大学学报》（社会科学版）2010 年第 3 期
李育富	南宋书院的哲学特色及其现代价值	《安阳师范学院学报》2010 年第 4 期
杨　倩 李化树	古代书院精神对现代高等教育的启示	《成都中医药大学学报》（教育科学版）2010 年第 3 期
［日］吾妻重二（著） 赵　璨（译）	关于东亚书院——研究的角度和展望	《湖南大学学报》（社会科学版）2010 年第 3 期
肖　朗	伦敦会与在华英国教会中等教育——以"英华书院"为中心的考察	《浙江大学学报》（人文社会科学版）2010 年第 6 期
肖永明	书院的发展对地方教育事业的促进	《大学教育科学》2010 年第 2 期
吴君楠 李占萍 等	保定莲池书院与近代西方科学技术的传播	《河北大学成人教育学院学报》2010 年第 3 期
吴亮奎	书院精神之合理性及其对新课改的启示	《天津市教科院学报》2010 年第 2 期
吴洪成	清代保定莲池书院与科举制度	《河北大学学报》（哲学社会科学版）2010 年第 6 期
吴洪成	试论近代教育家吴汝纶的事业与思想——以主持保定莲池书院为中心的考察	《华东师范大学学报》2010 年第 6 期

续表3

作　者	篇　名	来　源
吴洪成	明代保定书院述论	《保定学院学报》2010 年第 6 期
吴洪成	保定莲池书院教学活动的若干问题探讨	《保定学院学报》2010 年第 7 期
吴洪成	唐宋元历史时期保定书院初探	《教育理论研究》2010 年第 11 期
吴增礼	中国古代书院德育实施方法及其特征探析	《教育研究》2010 年第 3 期
邱　凌 文　莉	从石鼓书院诗词文化解读湖湘文化精神	《南华大学学报》（社会科学版）2010 年第 8 期
邱晓辉	南宋书院考略	《图书情报论坛》2010 年第 1 期
何　平 郑章飞	书院文献的类分标准及"书院文化数据库"的构建与实现	《湖南大学学报》（社会科学版）2010 年第 1 期
何继龄	中国古代书院重德传统及其现代启示	《甘肃社会科学》2010 年第 3 期
邹富联	丰湖书院教育历史源流及其办学特色	《惠州学院学报》（社会科学版）2010 年第 2 期
宋月辉 惠爱瑠 等	宋代书院师生管理、师生关系的特点及现代意义	《扬州大学学报》（高教研究版）2010 年第 5 期
宋巧燕	诂经精舍、学海堂两书院的骈文教学	《河北师范大学学报》（教育科学版）2010 年第 7 期
宋巧燕	阮元"文笔论"在清代书院中的流播与遗响	《湖北大学学报》（哲学社会科学版）2010 年第 8 期
宋荣凯	论王守仁创建龙冈书院的动因及条件	《黔南民族师范学院学报》2010 年第 2 期
宋荣凯	论王守仁对明代贵州书院教育的贡献	《怀化学院学报》2010 年第 3 期
张　卫 肖湘军 等	书院建筑中牌坊的色彩研究	《建筑文化》2010 年第 3 期
张　倩	张裕钊莲池书院时期的实学教育	《唐山师范学院学报》2010 年第 6 期
张　鸽	浅谈中国古代书院的经费来源	《中国电子教育》2010 年第 2 期
张　鸽	古代书院的经费来源及对民办高校发展的启示	《科教文汇》2010 年第 8 期
张　阔	宋代河北书院述论	《河北科技师范学院学报》（社会科学版）2010 年第 9 期
张劲松	明初理学家胡居仁的书院教育实践与书院观略论	《江西教育学院学报》（社会科学版）2010 年第 5 期

续表 4

作　者	篇　名	来　源
张建江	浅论中国宋代书院教育对现代教育发展的启示	《河南工业大学学报》（社会科学版）2010 年第 3 期
张俊岭	南孔、理学家与南宋书院——以朱熹、张栻、吕祖谦、陆九渊为例	《赣南师范学院学报》2010 年第 5 期
陆向荣	巍山的书院和社学建筑	《大理文化》2010 年第 2 期
陈　元	白鹭洲书院首任山长考辨	《江西教育学院学报》（社会科学版）2010 年第 2 期
陈　元	南宋时期白鹭洲书院山长补遗	《江西教育学院学报》（社会科学版）2010 年第 5 期
陈　波	从现代大学特征分析书院消亡的原因	《文学教育》2010 年第 3 期
陈　婷	中国古代的高等教育——书院教育	《科教文汇》2010 年第 12 期
陈　滨	宋元时期福建书院的特点及其功能	《漳州师范学院学报》（哲学社会科学版）2010 年第 2 期
陈小毛	古代书院教育思想对今天政治教学的启示	《科教新报》2010 年第 9 期
陈尚敏	秦州书院、进士与近代社会	《天水师范学院学报》2010 年第 1 期
陈泽芳	从地方志史料谈潮州书院教育与文化	《中国地方志》2010 年第 8 期
陈春华	论莲池书院与桐城文派在河北的兴起	《江苏教育学院学报》（社会科学版）2010 年第 9 期
陈秋燕	泉州古代书院与重教兴学之风	《光明日报》2010 年 3 月 2 日
陈晓芳	古代书院教育对现代职业教育的启示	《太原城市职业技术学院学报》2010 年第 5 期
金银珍	唐·五代时期福建书院述略	《吉林工程技术师范学院学报》2010 年第 8 期
周感芬陆伟林	贵州教育史上的一朵奇葩——花溪青岩书院及其学子	《贵州大学学报》（社会科学版）2010 年第 7 期
郑晓江	道统、学统与政统——以朱子《白鹿洞书院揭示》和陆子《白鹿洞书院论语讲义》为中心	《教育文化论坛》2010 年第 1 期
郑颖贞	窦克勤家族与朱阳书院	《商丘师范学院学报》2010 年第 4 期
赵国权	河南历代书院藏书制度探微	《江西教育学院学报》（社会科学版）2010 年第 2 期
赵国权	洛学的发源地——伊川书院考略	《江西教育学院学报》（社会科学版）2010 年第 8 期

续表5

作 者	篇 名	来 源
赵峻皓	从书院志看朝鲜初期书院的性格——以《竹溪志》《迎凤志》《吴山志》为中心	《湖南大学学报》（社会科学版）2010年第3期
赵德利	文化沙龙与人文讲堂——书院功能的当代定位	《宝鸡文理学院学报》（社会科学版）2010年第10期
胡方艳	清末民初三陇书院改制考	《江西教育学院学报》（社会科学版）2010年第4期
胡弼成	湖湘文化和书院传统下的湖南高等教育之发展	《大学教育科学》2010年第1期
柯培雄	闽北书院建筑的文化与环境特征——以五夫兴贤书院为例	《文艺研究》2010年第2期
柳 肃	岳麓书院古建筑修复设计的文化思考	《华中建筑》2010年第4期
段瑞雪	宋代书院教育特点及其对成人教学的启示	《河北大学成人教育学院学报》2010年第9期
禹玉环	清代贵州书院的经费问题研究	《大众科技》2010年第9期
禹玉环	清代贵州书院教育功能强化剖析	《陕西广播电视大学学报》2010年第9期
施纳新毛伟庆	万松书院景区复建工程的设计与施工探讨	《浙江建筑》2010年第1期
袁传明	书院兴衰过程中的性质表征——从私学性质到官学性质的转向	《华中师范大学研究生学报》2010年第9期
袁振君	两宋书院勃兴的原因分析及启示	《文教资料》2010年第7期
贾 迪	浅论中国古代教育制度对人口再生产的影响——以中央官学、书院制度为例	《咸宁学院学报》2010年第1期
夏勤喜	白鹿洞书院教育对当代大学生素质教育的启示	《郧阳师范高等专科学校学报》2010年第4期
顾沿泊	古代书院藏书对现代图书馆的启示	《图书情报研究》2010年第7期
［日］柴田笃（著）简亦精（译）	《白鹿洞书院揭示》和李退溪	《湖南大学学报》（社会科学版）2010年第3期
党亭军	明清书院教学特点的演变及其历史启示	《中国矿业大学学报》（社会科学版）2010年第1期
徐 泓	浅析格致书院创办和经营的史料	《出版史料》2010年第2期
徐伟红	清代书院经费管理对独立学院办学的启示	《鸡西大学学报》2010年第6期

续表6

作　者	篇　名	来　源
郭　伟 刘浩东 等	宋代的书院教学对我国当代高校人才培养的启示	《科教文汇》2010 年第 8 期
郭　闯	宋代书院教育家与社会教化	《科教导刊》2010 年第 3 期
唐卫平 张传燧	古代书院学规的教学论思想探微	《当代教育论坛》2010 年第 6 期
陶爱萍	中国古代书院兴衰史及其对现代高等教育的启示	《高教论坛》2010 年第 5 期
黄汉昌	大学生参与管理的"书院制"宿舍建设研究	《教育与职业》2010 年第 12 期
黄南婷 方红梅	如何在严格管理制度中传播书院文化	《九江职业技术学院学报》2010 年第 1 期
黄厚明	书院制与住宿学院制高校学生管理模式比较研究	《高等工程教育研究》2010 年第 3 期
崔来廷	清代书院的办学体制探究	《河南师范大学学报》（哲学社会科学版）2010 年第 1 期
崔来廷	清代书院的社会经济视角	《中国社会经济史研究》2010 年第 2 期
彭康清	豫章书院史事考述	《时代文学》2010 年第 4 期
彭福荣	乌江流域书院教育的若干问题	《教育评论》2010 年第 4 期
蒋建国	公共交往"学术传承与社会教化"传播史视域下的书院性质研究	《天津社会科学》2010 年第 5 期
蒋素芝	康雍乾时期台湾书院教育探究	《船山学刊》2010 年第 1 期
蒋紫云	2009 年书院研究综述	《江西教育学院学报》（社会科学版）2010 年第 5 期
程小青	来自民间的反抗：南宋官方的禁道学与石洞书院的活动	《安徽文学》2010 年第 10 期
程嫩生	朱阳书院雅集活动与文学创作	《大学教育科学》2010 年第 5 期
程嫩生	石鼓书院雅集活动与文学创作	《宁夏社会科学》2010 年第 5 期
程嫩生	信江书院雅集活动与文学创作	《江西社会科学》2010 年第 10 期
傅　宏	明清两代贵阳书院的流变	《贵州文史丛刊》2010 年第 1 期
裴庚辛	古代书院的学生管理与人才培养	《商丘师范学院学报》2010 年第 7 期
熊贤君	明清时期新安县的书院论略	《深圳职业技术学院学报》2010 年第 2 期
颜宜葳	马六甲英华书院寻踪	《科学文化评论》2010 年第 3 期

续表 7

作　者	篇　　名	来　源
潘平安	略论书院精神对当代职业技术教育的启示	《济源职业技术学院学报》2010 年第 4 期
魏　丹	民主与自由的追求——中国宋代书院与欧洲中世纪大学的比较研究	《中国校外教育》（理论）2010 年第 7 期
古蒙仁	人间有味是清欢——清欢书院主人许伯夷奇人奇事	《文讯》2010 年总第 296 期
杨小定、张上冠 等（著），黄郁惠 邓丽君（整理）	海外台湾书院的定位与愿景	《台湾华语文教学》2010 年第 1 期
陈　美	磺溪书院建筑语汇探析（上）	《中国语文学刊》2010 年第 3 期
陈韦哲	千年学府传千古——谈岳麓书院出版的《中国书院》	《国文天地》2010 年第 26 卷第 7 期
季　淳	美国文理大学的书院教育及其在台湾发展的可能与限制	《通识在线》2010 年第 26 期
殷　慧	朱汉民教授的书院事业与学术研究	《国文天地》2010 年第 26 卷第 7 期
黄藻品	书院教育的现代价值	《中国语文学刊》2010 年第 106 卷第 3 期
湖南文献编辑部	岳麓书院千年大事年表	《湖南文献季刊》2010 年第 38 卷第 2 期
湖南文献编辑部	千年学府·岳麓书院——中国最古老的书院，湖湘文化发源胜地	《湖南文献季刊》2010 年第 38 卷第 2 期

2011 年

作　者	篇　　名	来　源
刁山景	佚失的景山书院	《中国书院论坛》（第七辑）江西人民出版社 2011 年版
马晓春	近代新观念的生成与杭州书院嬗变	《教育评论》2011 年第 1 期
王立斌	鹅湖书院与鹅湖寺的比较研究	《中国书院论坛》（第七辑）江西人民出版社 2011 年版
王建梁 陈　瑶	中世纪大学与宋代书院教师观比较研究	《江西教育学院学报》2011 年第 2 期
王胜军 邓洪波	元代岳麓书院山长张图南考	《大学教育科学》2011 年第 1 期
王晓玲 徐静玉	对清代书院军事教育改革的研究	《江西教育学院学报》2011 年第 4 期

续表 1

作 者	篇 名	来 源
王雅克	从《白鹿洞书院揭示》看朱熹的教育理念	《保定学院学报》2011 年第 1 期
王道杰 张晓义 等	1890 年圣约翰书院运动会史考	《体育文化导刊》2011 年第 1 期
牛文明 郝文武	宋代书院兴盛的原因及其当代启示	《理论学刊》2011 年第 3 期
方丽英	朱熹与古代书院教育制度	《中国书院论坛》（第七辑）江西人民出版社 2011 年版
孔素美 白 旭	中国古代书院建筑形制浅析——以中国古代四大书院为例	《华中建筑》2011 年第 7 期
邓洪波	讲道以化科举：南宋书院建设的目标与理想——以朱熹、张栻等理学家为中心的讨论	《北京联合大学学报》2011 年第 3 期
邓雪峰	唐代集贤殿书院的办理特色	《兰台世界》2011 年第 25 期
田建荣	明清陕西关中书院与科举制度	《北京联合大学学报》2011 年第 3 期
朱之平 张淑锵 等	国难中诞生的求是书院——浙江大学溯源（1897—1927）	《浙江档案》2011 年第 1 期
朱汉民	书院精神与书院制度的统一——古代书院对中国现代大学建设的启示	《大学教育科学》2011 年第 4 期
朱玲莉	试论中国书院文化对日本私学教育的影响——以中国"白鹿洞书院"和日本"咸宜园"为例	《齐鲁学刊》2011 年第 5 期
任树民	马瑞辰掌教白鹿洞书院考辨	《山东青年政治学院学报》2011 年第 3 期
刘芷新	宋元时期地方学校藏书研究	《农业图书情报学刊》2011 年第 4 期
刘河燕	宋代书院与欧洲中世纪大学教学方法的比较	《甘肃社会科学》2011 年第 2 期
刘洪兵	"纪念鹤山书院创建 800 周年国际论坛暨宋明理学与东方哲学国际学术研讨会"综述	《社会科学研究》2011 年第 2 期
米文科	三原弘道书院的讲学与明代关学之发展	《安康学院学报》2011 年第 3 期
李 坚 吴榕青	清代普宁的书院建设与地方社会变迁——以碑刻文献为中心	《韩山师范学院学报》2011 年第 4 期

续表 2

作　者	篇　名	来　源
李　利	哲理精微，文思缜密——"纪念鹤山书院创建 800 周年国际论坛暨宋明理学与东方哲学国际学术研讨会"综述	《四川师范大学学报》2011 年第 1 期
李　兵	书院改制对近代教育的促进作用有限	《大学教育科学》2011 年第 4 期
李　岩 刘欣茹 等	古代书院"讲会制度"对当前学术自由的启示	《河北科技图苑》2011 年第 4 期
李文君	书院制：学生管理的另类可能	《教育与职业》2011 年第 4 期
李世愉	论清代书院与科举之关系	《北京联合大学学报》2011 年第 3 期
李光生	宋代书院与语录体	《兰州学刊》2011 年第 2 期
李克明	平定书院与平定文化的发展	《沧桑》2011 年第 3 期
李其勋 何新华	新时期高校学生管理模式的创新路径——来自香港"书院制"管理模式的启示	《河南财政税务高等专科学校学报》2011 年第 5 期
杨　杰	"两宋"时期江西书院的发展及考试制度	《吉林广播电视大学学报》2011 年第 7 期
杨年丰	论冯敏昌及其岭南书院教育	《钦州学院学报》2011 年第 4 期
杨红兰	浅谈莲池书院的近代化尝试	《安徽文学》2011 年第 3 期
肖永明	书院与地方社会的互动	《大学教育科学》2011 年第 4 期
吴国富	李应升振兴白鹿洞书院略考	《中国书院论坛》（第七辑）江西人民出版社 2011 年版
吴洪成 段　颖	清代直隶总督与保定莲池书院	《江西教育学院学报》2011 年第 1 期
吴洪成 张　阔	元代河北书院述论（上）	《衡水学院学报》2011 年第 2 期
吴洪成 张　阔	元代河北书院述论（下）	《衡水学院学报》2011 年第 3 期
吴榕青	潮州韩山书院的始建年代、院址及沿革再探——以碑刻资料为中心	《韩山师范学院学报》2011 年第 4 期
吴增礼 杨　果	中国书院的济民教育传统及其现代价值	《华中师范大学学报》2011 年第 1 期
吴增礼 张小玲	中国书院的济民教育传统对大学生服务人民荣辱观培育的启示	《学理论》2011 年第 10 期
何雅俊	香港中文大学的书院制——基于高等教育哲学的思考	《高教研究》2011 年第 10 期

续表3

作 者	篇 名	来 源
闵正国 金绍菊	古代书院对现代教育的几点启示	《中国书院论坛》（第七辑）江西人民出版社 2011 年版
闵正国	宋应星——白鹿洞书院走出来的科学家	《中国书院论坛》（第七辑）江西人民出版社 2011 年版
沈 弘	"求实"岂能忘"育英"？——兼论杭州育英书院的文化遗址保护	《文化艺术研究》2011 年第 2 期
沈 栩	我国高校书院制与美国高校住宿学院制学生管理模式的比较及启示	《教育学术月刊》2011 年第 4 期
宋乔李	浅析书院教育制度的现代启示	《教导科技》2011 年第 5 期
张 捷	书院教育与博雅教育的育人功能耦合及现代意义	《江苏高教》2011 年第 2 期
张艺真	欧洲中世纪大学与中国古代早期书院比较	《内蒙古师范大学学报》2011 年第 1 期
张凤霞	明代书院藏书综观	《江苏社会科学》2011 年第 4 期
张劲松	明初理学家胡居仁的书院教育实践与书院观略论	《中国书院论坛》（第七辑）江西人民出版社 2011 年版
张劲松	鄱阳湖流域的书院教育与江西文化略论	《中国书院论坛》（第七辑）江西人民出版社 2011 年版
张树俊	论安定书院的演化与教育理念的转换	《兰州教育学院学报》2011 年第 1 期
陈 元 张玉玲	白鹭洲书院山长欧阳守道生卒年考	《江西教育学院学报》2011 年第 1 期
陈 潘	近三十年来中国书院研究综述	《皖西学院学报》2011 年第 4 期
陈时龙	明代的书院藏书楼	《明史研究论丛》（第九辑）紫禁城出版社 2011 年版
陈春华	清代书院与乾嘉汉学的发展	《常熟理工学院学报》2011 年第 3 期
陈雪芬	晚清圣约翰书院英语教育特色分析	《浙江科技学院学报》2011 年第 2 期
枕 流	陆象山与白鹿洞书院	《中国书院论坛》（第七辑）江西人民出版社 2011 年版
雨 隐	浅说庐山白鹿洞书院	《中国书院论坛》（第七辑）江西人民出版社 2011 年版
易文翰	中国早期书院和中世纪大学比较	《文化商业》2011 年第 5 期
金银珍	清初福建正音书院品论——以闽北正音书院为例	《新乡学院学报》2011 年第 1 期

续表4

作　者	篇　名	来　源
周保平	简论北宋时期河南书院的教学与管理	《安阳师范学院学报》2011年第3期
周保平	书院的布局及释奠、释菜之礼——以河南书院庙学为视阈	《首都师范大学学报》2011年第3期
周慧华	甬上证人书院考	《浙江工商职业技术学院学报》2011年第1期
郑　刚	民国时期书院研究述评	《大学教育科学》2011年第2期
孟文科	回民起义后陕甘地区文化重建与国家认同重构——以同治年间书院的重建、兴建为中心	《学理论》2011年第20期
赵国权	河南历代书院学规的嬗变及价值追求	《江西教育学院学报》2011年第2期
赵国权	北方理学薪火的传承地——百泉书院探微	《江西教育学院学报》2011年第4期
胡　青 龚欣瑜	中国古代书院与静学泛论	《中国书院论坛》（第七辑）江西人民出版社2011年版
胡　青	清代郑之侨鹅湖书院"学规系统"学术倾向探析	《中国书院论坛》（第七辑）江西人民出版社2011年版
柏　峰	书院在当代中国社会发展的路径	《宝鸡文理学院学报》2011年第3期
胥　璟	广州陈氏书院装饰造型及纹样研究	《美术大观》2011年第3期
振　国	朱熹与白鹿洞书院	《中国书院论坛》（第七辑）江西人民出版社2011年版
晏　云	中国古代书院对当代高等教育的启示	《文学教育》2011年第1期
徐　林	宋代书院的兴衰及教育教学特点	《乐山师范学院学报》2011年第6期
徐永文	书院文化与鄱阳湖生态经济区建设	《中国书院论坛》（第七辑）江西人民出版社2011年版
徐红燕 堵海燕 等	格致书院及其藏书与出版物的历史作用	《兰台世界》2011年第2期
凌飞飞	湖南石鼓书院兴废考	《教育评论》2011年第4期
郭　鑫 屠　峰	我国古代书院教育制度对当前研究生教育改革的一些启示	《鸡西大学学报》2011年第7期
郭继民	书院模式及其对研究生教育的启示	《中国石油大学学报》2011年第1期
唐有伯	雷阳书院考释：兴建及意义	《湛江师范学院学报》2011年第4期
唐庆得	五源书院与蒙泉义学	《广西地方志》2011年第4期

续表5

作　者	篇　名	来　源
唐晓明	晚清湖南书院科技教育发展始末	《教育评论》2011 年第 2 期
符小意	书院制度对图书馆文化培育与形成之借鉴	《图书馆》2011 年第 3 期
韩艳英	漳南书院与颜元的教育思想	《重庆科技学院学报》2011 年第 11 期
程嫩生	清代书院科举文教育	《内蒙古社会科学》2011 年第 2 期
程嫩生 陈海燕	论中国书院教育中的义利之辨	《青海社会科学》2011 年第 3 期
赖功欧	书院对江西儒学发展的历史贡献	《中国书院论坛》（第七辑）江西人民出版社 2011 年版
詹丽萍	论白鹿洞书院办学特色蕴含的教育思想	《天中学刊》2011 年第 4 期
蔡志荣 周和义	古代书院教育传播环境探析	《教育评论》2011 年第 2 期
蔡厚淳	白鹿洞书院与朱子学规	《中国书院论坛》（第七辑）江西人民出版社 2011 年版
廖　峰	中国文化精神的坚守维护与发扬光大——贵州大学中国文化书院侧记	《教育文化论坛》2011 年第 2 期
戴　婧	明清时期的书院图书馆	《兰台世界》2011 年第 22 期
江惜美	台湾书院华语教学品牌建立及营运模式之研究	《海外华人研究》2011 年第 5 期
陈　美	磺溪书院建筑语汇探析（第二篇）	《中国语文学刊》2011 年第 4 期
林福春	绘制仰山书院（文昌宫）假想复原设计图之省思	《醒吾学报》2011 年第 43 期
季　淳	书院教育主题化的必要性与发展策略	《通识在线》2011 年第 32 期
夏　泉 刘　晗	广州格致书院（岭南学堂）澳门办学研究（1900—1904）	《文化杂志》2011 年总第 78 期
殷　慧	岳麓书院学术的传承和发展	《中国文哲研究通讯》2011 年第 21 卷第 3 期
简聪敏	中国古代学校与书院教育制度内涵之演绎初探	《南港高工学报》2011 年第 29 期
廖　箴	打造全球化的汉学研究平台——台湾书院"汉学书房"介绍	《汉学研究通讯》2011 年第 30 卷第 4 期
戴晓霞 吴佩真	风险社会与大学课程：台湾博雅书院兴起之探究	《高等教育》2011 年第 6 卷第 2 期

2012 年

作　者	篇　　名	来　源
丁湘梅	书院文化对刘显世、王文华、何应钦等人物成长的影响	《前沿》2012 年第 14 期
刁美林 邵　岩	从幕府到书院看乾嘉汉学大吏阮元的尴尬与无奈	《贵州文史丛刊》2012 年第 1 期
于祥成	清代书院的儒学传播对士人的影响	《教育史苑》2012 年第 4 期
万　垠 邵春婷	中国古代书院的教学管理特点及其现代启示	《教育管理》2012 年第 10 期
王　星	论清末湘西书院改制	《教育文化论坛》2012 年第 1 期
王亚平	书院教育对我国当代高等教育的启示	《唐山师范学院学报》2012 年第 6 期
王兴文 兰　军	明代温州书院体系的构建及特征	《温州职业技术学院学报》2012 年第 3 期
王希隆 黄祥深	清代新疆书院研究	《西域研究》2012 年第 4 期
王怡静	岳麓书院的空间尺度研究	《山西建筑》2012 年第 24 期
王春晓	蒋士铨书院戏曲创作高潮形成的客观原因	《青岛师范大学学报》2012 年第 9 期
王思清	基于扎根方法的书院制度研究	《中国校外教育》2012 年第 6 期
中国第一 历史档案馆	乾隆朝书院档案（上）	《历史档案》2012 年第 3 期
中国第一 历史档案馆	乾隆朝书院档案（下）	《历史档案》2012 年第 4 期
牛蒙刚	传承古代书院文化精神，加强当代大学文化建设	《高等教育研究》2012 年第 3 期
毛心娟 刘焕丽	宋代书院教学特点及其对我国大学教育的启示	《文史研究》2012 年第 1 期
毛珏珺 梅　宏 等	论家族书院在书院发展史中的地位——以江西的家族书院为例	《理论导报》2012 年第 12 期
毛祎月 李　雄	近代广府广雅书院、岭南大学与国立中山大学校园规划比较研究——兼论西学东渐背景下的近代校园规划沿革	《2012 国际风景园林师联合会（IFLA）亚太区会议暨中国风景园林学会 2012 年会论文集（上册）》
方　宁	明代贵州书院的发展和特点	《安顺学院学报》2012 年第 3 期
方彦寿	黄榦与南宋福州书院教育	《闽江学院学报》2012 年第 6 期
尹　斌	明代书院刻书考略	《文学艺术》2012 年第 5 期

续表1

作　者	篇　名	来　源
邓宏亚 卢　川	略论清代荆州书院的发展	《湖北经济学院学报》2012 年第 10 期
邓宏峰	唐代中原书院产生的社会文化背景	《安阳师范学院学报》2012 年第 4 期
邓宏峰	中原古代书院发展的历史脉络概述	《兰台世界》2012 年第 24 期
邓洪波	书院：读书人的精神家园	《中国社会科学报》2012 年 3 月 5 日
邓洪波	中国古代书院具有不同类型与等级	《中国社会科学报》2012 年 3 月 12 日
邓洪波	书院制度与学术学派（上）	《中国社会科学报》2012 年 3 月 19 日
邓洪波	书院制度与学术学派（下）	《中国社会科学报》2012 年 4 月 2 日
邓洪波	祭祀：书院产生的最重要原因	《中国社会科学报》2012 年 4 月 9 日
邓洪波	南宋书院与理学的一体化（上）	《中国社会科学报》2012 年 4 月 16 日
邓洪波	南宋书院与理学的一体化（下）	《中国社会科学报》2012 年 5 月 7 日
邓洪波	学派与书院相得益彰	《中国社会科学报》2012 年 5 月 14 日
邓洪波	理学精神构筑书院理想	《中国社会科学报》2012 年 5 月 21 日
邓洪波 陈　仙	2010 年书院研究综述	《中国史研究动态》2012 年第 4 期
邓洪波 赵路卫	2011 年中国书院研究综述	《北京联合大学学报》2012 年第 4 期
邓颖珊	探讨书院特色教育在广东的文化影响	《教育理论与心理学》2012 年第 4 期
龙　震	清末贵州书院改制及其特点	《安顺学院学报》2012 年第 4 期
卢秀平	书院制——高校学生生活社区教育管理新模式——以肇庆学院为例	《时代教育》2012 年第 5 期
叶后坡	明清时期南阳地区书院的内部结构研究	《华夏文化》2012 年第 2 期
叶宪允	毓文书院藏书考	《贵图学刊》2012 年第 3 期
叶宪允	嵩阳书院在清代的藏书	《图书馆研究与工作》2012 年第 3 期
田启礼	千年应天书院	《社区》2012 年第 23 期
田晓光	横渠书院的前世今生	《陕西档案》2012 年第 5 期
田益琳	浅析宗教书院对藏区文化教育的影响——以若尔盖县达扎书院为例	《剑南文学》2012 年第 4 期
白　晨 刘志刚 等	清代书院藏书管理制度研究	《兰台世界》2012 年第 6 期

续表2

作　者	篇　名	来　源
冯　东 唐　澍　等	一般地方高校与区域互动发展模式的新探究——以宝鸡文理学院横渠书院建设为例	《陕西教育》（高教版）2012 年第 6 期
吉　路	台湾桃园县的平镇客家书院	《北京档案》2012 年第 2 期
曲中林 朱为鸿	书院制与教师教育办学特色的契合——以肇庆学院为例	《现代教育科学》2012 年第 3 期
曲中林	导师：现代书院的"魂"	《当代教育科学》2012 年第 7 期
吕金华	柳宗元与绥阳儒溪书院	《贵阳文史》2012 年第 3 期
吕金华	梦访儒溪书院	《贵州农村金融》2012 年第 5 期
吕耀怀 杜华伟	古代书院个体德性培育及其当代启示	《甘肃社会科学》2012 年第 3 期
任　凌	谈我国古代书院教育制度	《北京电力高等专科学校学报》2012年第 1 期
任文香	作为阅读疗法媒介的传统楹联——以白鹿洞书院的楹联为考察对象	《河南师范大学学报》2012 年第 6 期
任慧娟	和平书院历史及营造特色探析	《南方建筑》2012 年第 5 期
刘　元	问津书院对湖北地方文化的影响	《湖北大学学报》2012 年第 5 期
刘　冰	荒野之处古来风——浙江仙居桐江书院建筑场所空间探析	《商品与质量：建筑与发展》2012 年第 2 期
刘　芳	临沂琅琊书院考	《卷宗》2012 年第 5 期
刘　恒 李　楠	书院社团发展的路径初探	《新西部》2012 年第 Z2 期
刘　倩 王小丁	中国书院教育对当代教育的启示	《文史博览》2012 年第 4 期
刘　颖 刘丽娜	新时期大学生思想道德素质实现途径研究——书院制在大学生素质养成中的作用	《科教文汇》（下旬刊）2012 年第 7 期
刘　静	英华书院与晚清编译事业	《北京印刷学院学报》2012 年第 1 期
刘少雪	书院改制对中国高等教育近现代化的影响	《大学教育科学》2012 年第 2 期
刘玉红 宋士华	中国书院文化及其对大学校园文化建设的启示	《九江学院学报》2012 年第 4 期
李海云	论点摘编：白鹿洞书院"道——化"课程思想探析	《教育史研究》2012 年第 1 期
刘河燕	宋代书院的经费收支考	《求索》2012 年第 4 期

续表3

作 者	篇 名	来 源
刘艳金	中国书院膏火制的背景分析及其对我国贫困生救助的启示	《中小企业科技与管理》2012 年第 7 期
刘淑红	试论明代少数民族地区的书院教育	《贵州民族研究》2012 年第 6 期
齐 芳	蒋士铨与书院	《文教资料》2012 年第 9 期
江 堤	两上东洲——衡阳船山书院散记	《中国文物报》2012 年 7 月 20 日
江小角 王蔚林	敬敷书院与皖江文化遗产开发利用的思考	《沈阳大学学报》2012 年第 5 期
江小角 朱 杨	姚鼐主讲安徽书院述略	《合肥学院学报》2012 年第 6 期
江秀平	心灵的洗礼，思想的升华——参观香港拔萃女书院有感	《新课程学习》2012 年第 11 期
许 刚	书院师道	《寻根》2012 年第 1 期
许维勤	鳌峰书院与清代福建理学的复兴	《闽江学院学报》2012 年第 6 期
孙双影	从古代书院建筑看未来学校建筑设计趋势	《美术教育研究》2012 年第 1 期
孙印厚 张晓言	西化的青岛近代书院	《中国社会科学报》2012 年 1 月 6 日
孙永芝	元代儒学书院刻书繁盛原因探究	《重庆交通大学学报》2012 年第 5 期
孙亚峰	来自传统文化的现代“庭院”设计——龟学书院设计思辩	《第六届优秀建筑论文评选 2012 年》
孙红旗	游紫云书院：酌古思今	《今日教育》2012 年第 11 期
阳光宁	池州古代书院考遗	《池州学院学报》2012 年第 2 期
牟 娟	武夷山古代书院发展动因探析	《武夷学院学报》2012 年第 6 期
纪 敏	在书院模式下加强学风建设——以本硕连读学生为例	《中国校外教育》2012 年第 3 期
严 允	柳浑与柳山书院	《南方文物》2012 年第 2 期
严春花 龙梦晴	我国古代书院的档案管理与借鉴	《经济研究导刊》2012 年第 14 期
苏一丹 贾历程	书院教学模式对高校课程教学改革的启示	《大学教育》2012 年第 11 期
杜华伟 谢致远	古代书院道德教化的现代启示	《西北成人教育学报》2012 年第 2 期
李 雪 龚连英	依托地方书院文化，提升大学校园文化品位——以九江学院为例	《学理论》2012 年第 12 期

续表 4

作　者	篇　名	来　源
李　敏	书院制模式下通识教育的思想政治教育功能	《教育与职业》2012 年第 2 期
李　渤	中国古代四大书院	《冶金企业文化》2012 年第 4 期
李凤琪	青州满族的海岱书院	《满族研究》2012 年第 2 期
李光生	南宋书院与祠官关系的文化考察	《河北大学学报》2012 年第 5 期
李松荣	"枝蔓相萦结，恋嫪不可改"——张裕钊与莲池书院师生间的情谊	《广东广播电视大学学报》2012 年第 6 期
李京京	论宋代书院学风	《作家》2012 年第 22 期
李建国	试论中国古代书院制度的演变及其教学特色	《陕西教育》（高教版）2012 年第 4 期
李莱蒙	当代国学教育的新模式——以厦门市筼筜书院为例	《管子学刊》2012 年第 1 期
李勇刚	传承书院的精神命脉——访岳麓书院邓洪波教授	《学习博览》2012 年第 12 期
李晓宇	清末四川省会书院改制前后的两难及其变通（1896—1911）	《大学教育科学》2012 年第 2 期
李海云 胡学实	书院制创造思想政治教育的新活力	《高教论坛》2012 年第 4 期
李清钢	探索新办学校的品牌崛起之道——香港私立真道书院的启示	《河南教育》2012 年第 1 期
杨华忠	北京金台书院小学：秉承书院文化广育现代群才	《山西教育》（管理）2012 年第 3 期
杨祖汉	香港新亚书院的成立对台港二地新儒学发展的影响	《宜宾学院学报》2012 年第 5 期
杨雪翠	"天下通规"：《白鹿洞书院揭示》规范意蕴及其价值	《教育史研究》2012 年第 1 期
肖满省 卢翠琬	鳌峰书院经世致用思想及其现代意义	《闽江学院学报》2012 年第 3 期
吴　莹	河南书院学规之教育理念探析	《黑龙江高教研究》2012 年第 2 期
吴国富	元代白鹿洞书院钩沉	《江西教育学院学报》2012 年第 5 期
吴洪成 张会哲	封龙山与河北古代书院	《教育理论研究》2012 年第 2 期
吴洪成 张会哲	唐宋元历史时期石家庄书院初探	《衡水学院学报》2012 年第 2 期
吴洪成 刘园园	河北书院的近代改制研究	《江西教育学院学报》2012 年第 2 期

续表5

作　者	篇　名	来　源
吴洪成 刘园园	近代中国传统书院改制研究——以河北省为中心	《河北大学学报》2012 年第 2 期
邱文彬 涂治华	从浦城南浦书院教育看朱子学对书院文化的深远影响	《朱子学与文化建设学术研讨会论文集 2012 年》
何仁富 王　剑	从马一浮《复性书院学规》看儒学的生命教育导向	《晋阳学刊》2012 年第 6 期
余　燕 杨在君	阆中锦屏书院的园林艺术特色	《广东园林》2012 年第 5 期
余冬林 乔秋敏 等	试论书院文化对大学生人文素质培养的启示	《老区建设》2012 年第 20 期
余迪毅 张立明	书院遗址旅游开发的 RMP 分析——以武汉市问津书院为例	《云南地理环境研究》2012 年第 2 期
余碧兰 余贤伟	建阳考亭书院	《福建史志》2012 年第 1 期
汪　洋 方家峰	吴汝纶在莲池书院的教育改革述评	《教育学术月刊》2012 年第 10 期
汪为正 张立明 等	问津书院景区旅游环境容量研究	《科技致富向导》2012 年第 26 期
汪海峰	明清两代定西市各区县书院建置与进士人数考释	《甘肃高师学报》2012 年第 6 期
汪德彪	浅析古代书院制度对现代教育的启示	《黑龙江史志》2012 年第 17 期
宋　烨	范仲淹执教应天书院事迹考论	《绥化学院学报》2012 年第 3 期
宋巧燕 张承刚	诂经精舍、学海堂两书院研究综述	《漳州师范学院学报》2012 年第 3 期
宋巧燕	清代书院诂经精舍文学教育中的现实关注	《教育与考试》2012 年第 4 期
宋永永	平凉柳湖书院办学特色研究	《档案》2012 年第 3 期
张　牧	我国古代书院办学特色对现代大学的启示	《科教导刊》2012 年第 5 期
张　珩	继承与超越：宋代书院的特色及其对当代大学教育的启示	《文学艺术》2012 年第 2 期
张　静	吴汝纶与保定莲池书院	《兰台世界》2012 年第 3 期
张　慧	嵩阳书院旅游资源开发研究	《三门峡职业技术学院学报》2012 年第 1 期
张永伟 王　丹	中国古代书院与中世纪大学的比较及对现代大学的启示	《沧桑》2012 年第 6 期

续表6

作　者	篇　　名	来　源
张发祥	宋代抚州书院繁盛及其原因分析	《东华理工大学学报》2012 年第 3 期
张传燧 李　卯	晚清书院向近代学校转型的内外条件	《大学教育科学》2012 年第 2 期
张传燧 李　卯	晚清书院改制与近代学制建立的本土基础	《华东师范大学学报》2012 年第 3 期
张俊岭 吴锡标	论"南孔文化"对南宋书院的影响	《齐鲁学刊》2012 年第 2 期
张振华 杨芳绒	扶沟大程书院园林艺术特色及文化内涵	《河北工程大学学报》2012 年第 1 期
张晓婧	明清乡村书院与地方社会控制——以徽州为中心的考察	《淮北师范大学学报》2012 年第 4 期
张笑予	书院的办学特色及其启示	《中国电力教育》2012 年第 22 期
张海燕	中国古代书院与欧洲中世纪大学的比较研究	《科教文汇（中旬刊）》2012 年第 6 期
张彩云	清代书院制度浅析	《金田》2012 年第 7 期
张慧玲	浅谈晚清时期书院藏书图书馆化	《兰台世界》2012 年第 18 期
陆锋磊	提炼书院教学智慧，优化"大语文"教学	《江苏教育研究》2012 年第 17 期
陈　元	皇寮书院始建朝代及今属籍地考辨	《江西教育学院学报》2012 年第 2 期
陈　仙 邓洪波	"书院文化传承与开拓国际研讨会"会议综述	《江西教育学院学报》2012 年第 1 期
陈　仙	岳麓书院与湖湘经世传统——米丹尼《岳麓书院与 19 世纪湖南向经世治国的转变》叙评	《湖南大学学报》（社会科学版）2012 年第 5 期
陈　程 向德富	论清代学田制度下书院的奖助学机制	《郧阳师范高等专科学校学报》2012 年第 4 期
陈　曦	中国古代书院对现代民办高校办学的启示	《继续教育研究》2012 年第 8 期
陈凤霞	宋代书院的学生管理钩沉	《兰台世界》2012 年第 3 期
陈尚敏	民间、区域与整合各学科资源——基于清代书院研究视角、方法的思考	《甘肃联合大学学报》2012 年第 4 期
陈建萍	浅谈万全右卫庙学与书院	《河北北方学院学报》2012 年第 6 期
陈美健 苏禄煊	莲池书院首任院长考证	《文物春秋》2012 年第 4 期
陈静纯	宋代福建书院考	《宜春学院学报》2012 年第 6 期

续表7

作　者	篇　名	来　源
孟文科 程　森	左宗棠与西北民族地区儒家认同的建构——以同治回民起义后书院重建为中心	《贵州民族研究》2012 年第 3 期
范亚飞 李绪洪	浅析广东广雅书院"脸谱"平面设计的风水理念	《南方建筑》2012 年第 6 期
卓　进	论南宋至明代广东书院的祭祀变迁	《内江师范学院学报》2012 年第 7 期
罗　进	论南宋书院极盛之因	《兰台世界》2012 年第 24 期
金宝森 吴海琰	昔日的北京满文书院	《北京档案》2012 年第 2 期
周　宁	吴汝纶三辞保定莲池书院	《历史档案》2012 年第 2 期
周　琴	书院制改革模式下的档案管理	《兰台世界》2012 年第 29 期
周小喜	千年家族书院——观澜书院建置沿革考	《湖南社会科学》2012 年第 3 期
周青玲	宋元时期地方书院藏书研究	《兰台世界》2012 年第 12 期
庞亚妮	近三十年清代书院研究综述	《沧州师范学院学报》2012 年第 4 期
庞守兴 魏可营	清末书院改制研究	《教育史研究》2012 年第 2 期
郑　华	窦燕山及窦氏书院之现代意义	《中国人民大学教育学刊》2012 年第 1 期
郑永扣	思想、文化、道德的凝结——嵩阳书院的地位与作用	《光明日报》2012 年 5 月 31 日
赵　娜	唐宋时期书院与禅寺关系探析	《新校园·理论》2012 年第 7 期
赵　娜	试论唐宋时期书院与禅寺主要发展区域的趋同性	《现代企业教育》2012 年第 13 期
赵　敏	中国古代书院教育对现代职业教育的启示	《职教通讯》2012 年第 28 期
赵　雯	浅谈晋商家族书院的环境营造艺术	《太原大学教育学院学报》2012 年第 1 期
赵玉成	从"格物致知"到"赛先生"的启蒙,科举时代下的格致书院	《上海教育》2012 年第 12 期
赵玉洁	宋代童蒙教育及书院教育对现代教育的启示	《教师》2012 年第 8 期
赵颖霞	莲池书院的办学特色及创新	《教育评论》2012 年第 6 期
胡　青	白鹿洞书院"教思碑记"研究	《江西师范大学学报》2012 年第 5 期
胡　青 黄漫远	明中后期书院教师行为与角色演变探析	《广东社会科学》2012 年第 2 期

续表 8

作　者	篇　名	来　源
胡　青 张永丽	论书院遗址的文化价值与保护利用——以江西为例	《江西社会科学》2012 年第 7 期
胡　青 张永丽 等	论书院遗址的学校教育功能——以江西部分书院为例	《江西教育学院学报》2012 年第 1 期
胡发贵	中国古代书院的德性关切	《南通大学学报》2012 年第 4 期
胡丽芳	江西教育史上的书院教育	《文教资料》2012 年第 9 期
胡学实 李海云	不仅是一种超越：书院制与住宿制比较带来的启示	《科教导刊》2012 年第 9 期
胡昭曦	唐代张九宗书院建立时间探考	《西华大学学报》2012 年第 4 期
胡朝阳	儒教传统下书院教育及其对民办高等教育发展的启示	《黄河科技大学学报》2012 年第 6 期
俊　杰 正　义	北宋四大书院之首——应天书院	《商丘师范学院学报》2012 年第 4 期
姜　卫	宋代白鹿洞书院的教学与管理	《兰台世界》2012 年第 30 期
秦　平	论中国古代书院教育对高校课程改革的启示	《成人教育》2012 年第 3 期
袁津琥	昙花一现的上海龙门书院	《读书》2012 年第 2 期
都　超	通识教育理念下的书院式学院制建设	《大学》（学术版）2012 年第 7 期
贾　宇	泗水：一座书院对儒学的活态传承	《光明日报》2012 年 1 月 16 日
贾俊侠	陕西书院的经费来源与用途述论	《长安大学学报》2012 年第 3 期
贾俊侠	元明清陕西书院学务管理机制初探	《西安文理学院学报》2012 年第 5 期
夏淑娟	从《还古书院志》看徽州书院建筑的建置与维系	《学术界》2012 年第 7 期
顾吉祥	传承书院精神，创新学校文化	《江苏教育》2012 年第 2 期
柴可辅	尊经与结党：东林书院立教的具体形式及与复社的落差	《云南社会科学》2012 年第 1 期
徐　丫	欧阳修与宜昌“六一书院”	《三峡论坛》2012 年第 1 期
徐心希	理学大师李光地与福建书院理学教育	《朱子学与文化建设学术研讨会论文集 2012 年》
徐心希	试论三坊七巷学人与台湾书院的发展	《闽江学院学报》2012 年第 3 期
翁源昌	南宋舟山群岛三大书院考述	《浙江国际海运职业技术学院学报》2012 年第 1 期
凌飞飞	石鼓书院传扬宋明理学史略	《教育评论》2012 年第 1 期

续表9

作　者	篇　　名	来　　源
凌飞飞	从石鼓书院看晚清书院改制	《教育评论》2012 年第 4 期
唐有伯	陈瑸与雷阳书院	《湛江师范学院学报》2012 年第 4 期
唐细英 谢　玲	我国古代书院的藏书制度	《兰台世界》2012 年第 28 期
黄秀琳	朱子学与书院文化	《朱子学与文化建设学术研讨会论文集 2012 年》
黄建华	论书院影响下的江西文化教育发展及赣文化精神凝聚	《江西科技师范学院学报》2012 年第 1 期
黄建华 王德荣	书院精神作为"为己之学"的内涵及其现代价值——以朱熹《白鹿洞书院学规》为例	《上饶师范学院学报》2012 年第 5 期
黄南婷	校本课程资源开发与书院人文精神挖掘	《九江学院学报》2012 年第 2 期
黄跃舟	黄乃裳与福州近代书院	《福建商业高等专科学校学报》2012 年第 6 期
黄瑞敏	大学精神的"本土化"资源——以省思书院精神为视角	《广东行政学院学报》2012 年第 4 期
黄漫远	论罗汝芳书院教师角色演变及其现代启示	《江西教育学院学报》2012 年第 4 期
曹秀杰	试析佛教寺院对宋代书院发展的影响	《开封大学学报》2012 年第 4 期
曹游宇	试论互动特质在宋代书院中的呈现	《兰台世界》2012 年第 3 期
崔来廷	清代书院办学经费运行机制探究——以广东省书院为探究对象	《鸡西大学学报》2012 年第 1 期
商建榕	南岩书院钩沉	《长江文化论丛》2012 年第 8 辑
梁　标 邓言平	新形势下构建学习型书院育人的路径选择——基于大学生生活书院制改革的思考	《经济与法制》2012 年第 8 期
梁　洋	向新式学堂的蜕变——清末城南书院的改制	《科学时代》2012 年第 9 期
梁　洋	清代城南书院的主要发展历程	《教师》2012 年第 32 期
彭丽莉 彭云娣	南池书院建筑遗韵研究	《建筑与文化》2012 年第 3 期
彭金金	在传统书院教育中探寻大学之道	《文教资料》2012 年第 12 期
彭鲜红	儒科世家黄润玉、南山书院及黄南山思想探析	《浙江万里学院学报》2012 年第 5 期

续表 10

作　者	篇　名	来　源
蒋紫云 邓洪波	近十年书院改制研究述评	《大学教育科学》2012 年第 2 期
韩荣钧	书院教育对扬州学派的影响	《滨州学院学报》2012 年第 1 期
程嫩生 张西焱	清代书院词学教育	《海南大学学报》2012 年第 1 期
谢重光	从连城"文溪书院记"看闽西客家地区理学、心学的消长	《文化遗产》2012 年第 3 期
雷　蕾	清代甘肃陇东地区书院探析	《湖南科技学院学报》2012 年第 6 期
梁　继	清代千山祖越寺书院龙泉寺西阁书院考实	《鞍山师范学院学报》2012 年第 4 期
蔡清德	玉屏书院与清代闽台文人交游考述	《福州大学学报》2012 年第 4 期
翟广顺	从华阳书院看即墨蓝氏家族文化的代际传承	《东方论坛》2012 年第 3 期
樊　璠	莲池书院创新改革的沿承——以吴汝纶创办桐城学堂为例	《长江师范学院学报》2012 年第 8 期
潘远璐	古代书院对现代图书馆的启示	《学理论》2012 年第 10 期
魏　明	明清时期北京书院研究取得新进展	《人民日报》2012 年 11 月 22 日
魏　涛	银冈书院的历史功绩综述	《辽宁师专学报》2012 年第 1 期
魏可营	清末书院改学堂价值评价探析	《文学界》2012 年第 10 期
魏隽如 汤　倩	保定莲池书院的创建及其历史影响	《保定学院学报》2012 年第 1 期
魏清彩	应天书院历史沿革考述	《商丘师范学院学报》2012 年第 4 期
王立斌	鹅湖书院的历史地位及教育特色	《江西文献》2012 年总第 227 期
王立斌	蒋士铨书院教育及文学创作	《江西文献》2012 年总第 228 期
王炯尧	千年九江东佳书院	《江西文献》2012 年总第 227 期
吴伟贤 聂雅婕	新书院、新力量——香港中文大学善衡书院新时代的探索	《通识在线》2012 年第 42 期
张艺曦	经学、书院与家族——南宋末到明初江西吉水的学术发展	《新史学》2012 年第 23 卷第 4 期
张亚群	东亚书院制度与书院精神	《通识在线》2012 年第 42 期
翁圣峰	面对大学整并——从明志书院、总督府国语学校谈校史	《国民教育》2012 年第 53 卷第 2 期
黄文德 阮静玲	台湾书院"博雅——阅读古人生活美学古籍文献展"纪要	《全国新书资讯月刊》2012 年总第 162 期
黄宇瑀	从传统书院教学谈通识教育课程	《通识在线》2012 年第 40 期

续表 11

作 者	篇 名	来 源
黄雅容	大学书院实施规模之探讨	《通识在线》2012 年第 42 期
廖 篠	两岸海外汉学推广的竞与合：以孔子学院与台湾书院为例	《国家图书馆馆刊》2012 年第 101 卷第 2 期
张政伟	毛奇龄《白鹭洲主客说诗》研究	《彰化师大国文学志》2012 年第 24 期

2013 年

作 者	篇 名	来 源
丁 愚	"软实力"视角下的台湾书院研究	《云南师范大学学报》（对外汉语教学与研究版）2013 年第 4 期
［韩］丁淳佑	18 世纪朝鲜社会书堂的享祀（祭享）是非	《中国书院》（第八辑）湖南大学出版社 2013 年版
于亚娟	近代潮汕侨乡的教育转型——以书院衰落与新式教育兴起为中心	《中国书院》（第八辑）湖南大学出版社 2013 年版
于胜玥	论宋代白鹿洞书院的教育特点对当今高中语文教学的启示	《新课程》（中学）2013 年第 12 期
万书元	朱熹与南宋书院的兴盛	《南京理工大学学报》（社会科学版）2013 年第 2 期
［美］万安玲	元代书院的官学化和汉人文化传承的关系——以钓台书院为例	《中国书院》（第八辑）湖南大学出版社 2013 年版
马桂菊 黄忠鑫	明清鄂西北地区书院生源跨府现象探讨	《地方文化研究》2013 年第 4 期
王 磊 吴传刚 等	中国古代书院自修性对高校教学管理的启示	《牡丹江师范学院学报》（哲学社会科学版）2013 年第 1 期
王立斌	中国书院改制及鹅湖书院变迁考略	《中国书院》（第八辑）湖南大学出版社 2013 年版
王立斌	陈文蔚与鹅湖讲学及书院教育	《中国书院》（第八辑）湖南大学出版社 2013 年版
王列盈 魏 珂	清代雷阳书院的经费来源与管理	《湛江师范学院学报》2013 年第 4 期
王志勇	清代书院藏书的借阅制度考略	《齐鲁师范学院学报》2013 年第 6 期
王其光 李永华 等	"书院制"理念及其建筑空间原则	《建筑与文化》2013 年第 5 期
王雨容	论明清时期清水江流域黎平地区的书院教育	《教育文化论坛》2013 年第 3 期
王忠强	书院、科举、学堂之探微	《中国书院》（第八辑）湖南大学出版社 2013 年版

续表1

作　者	篇　名	来　源
王欣欣	晚清书院改学堂中的经费问题	《中国书院》（第八辑）湖南大学出版社 2013 年版
王建军	论清代广州联宗书院的教育功能	《江西教育学院学报》2013 年第 1 期
王建军	清末以书院改学堂的名称之争	《中国书院》（第八辑）湖南大学出版社 2013 年版
王胜军	《正谊堂全书》编刻与鳌峰书院关系考论	《江西教育学院学报》2013 年第 2 期
王胜军	大学课堂教学引入书院模式的制度性思考	《现代交际》2013 年第 4 期
王胜军	独辟蹊径的书院史力作——读肖永明教授《儒学·书院·社会——社会文化视野中的书院》	《大学教育科学》2013 年第 3 期
王胜军	论清代官方对书院藏书的影响	《长春教育学院学报》2013 年第 10 期
王胜军	王阳明书院理念与朱熹之比较——以《教条示龙场诸生》与《白鹿洞书院揭示》为例	《教育文化论坛》2013 年第 3 期
王胜军	嵩阳书院与清初洛学复兴	《教育评论》2013 年第 4 期
王胜军	鳌峰书院与《正谊堂全书》编刻考论	《中国书院》（第八辑）湖南大学出版社 2013 年版
王洪才	论中国古代书院与现代大学精神	《大学教育科学》2013 年第 1 期
王真真	广州陈氏书院及其保护观念的反思	《中国文物报》2013 年 1 月 25 日
王蔚林	桐城派三名家主讲安徽书院遗存述略	《沈阳大学学报》（社会科学版）2013 年第 2 期
方　宁	理学与宋明时期的严州书院	《宁波大学学报》（人文科学版）2013 年第 4 期
方　宁	明代贵州书院的基本特征及其历史文化价值	《教育文化论坛》2013 年第 5 期
方　宁	严州书院的理学化特征	《齐齐哈尔大学学报》（哲学社会科学版）2013 年第 2 期
方　红	书院教育对研究生教育的启示	《现代企业教育》2013 年第 18 期
方宁胜朱　扬	安徽书院与桐城派的学术传承及影响	《合肥工业大学学报》（社会科学版）2013 年第 2 期
方彦寿黄丽奇 等	闽台书院刻书的传承与发展	《福州大学学报》（哲学社会科学版）2013 年第 6 期
计丹峰	古代书院环境理念探析	《绍兴文理学院学报》（哲学社会科学报）2013 年第 4 期

续表 2

作　者	篇　名	来　源
尹海江 胡雅清	从文籍碑刻看宋元时期沅水上游书院发展	《怀化学院学报》2013 年第 1 期
孔祥龙	明代广东书院经费来源刍议	《才智》2013 年第 14 期
孔祥龙	明代广东书院数量考	《神州》2013 年第 21 期
孔祥龙	明代广东书院的地域分布	《神州》2013 年第 24 期
孔祥龙	明代广东书院发展轨迹初探	《黑龙江史志》2013 年第 15 期
邓　俊 汪　炜	肇庆学院书院志愿服务的问题及对策——以肇庆学院力行书院为例	《肇庆学院学报》2013 年第 6 期
邓洪波	书院研究的新路径——读《儒学·书院·社会》	《中国出版》2013 年第 11 期
邓洪波 赵瑶杰 等	2012 年书院研究综述	《北京联合大学学报》（人文社会科学版）2013 年第 4 期
邓洪波	晚清书院改制的新观察	《中国书院》（第八辑）湖南大学出版社 2013 年版
石　迪 何　凯	试论贵州书院的文化传播	《新闻知识》2013 年第 7 期
石群勇	论历史上少数民族地区书院的创建——以清代湘西苗族地区书院为例	《青海民族研究》2013 年第 3 期
平志军	清代书院的发展分期与官学化趋势	《兰台世界》2013 年第 24 期
卢晓静 胡　青	清代江西书院学规中的教学方法简论	《中国书院》（第八辑）湖南大学出版社 2013 年版
叶芳芳	书院制下学生公寓思政工作模式构建探析	《宁波工程学院学报》2013 年第 1 期
叶峥嵘	基于书院制的人才培养改革与大学生发展	《肇庆学院学报》2013 年第 1 期
田建荣	现代大学实行书院制的思考	《中国书院》（第八辑）湖南大学出版社 2013 年版
田益琳	中国书院精神对高校改革的启示	《剑南文学》（经典教苑）2013 年第 6 期
史　平	关中书院旅游资源开发浅析	《学理论》2013 年第 20 期
代　云	梁漱溟：书院式教育的开创者	《教师博览》2013 年第 5 期
冯佳妮	"书院制"高校学生管理模式的探索与实践	《新西部》（理论版）2013 年第 19 期
冯淑瑞	山西平定地区书院的教学与管理研究	《山西煤炭管理干部学院学报》2013 年第 4 期

续表3

作　者	篇　　名	来　　源
冯淑瑞	山西平定地区书院的历史沿革	《湖北广播电视大学学报》2013年第2期
邢小利	书院的民间位置和我们的追求	《中国书院》（第八辑）湖南大学出版社2013年版
［韩］朴钟培	朝鲜时代书院讲会的发展及特征	《中国书院》（第八辑）湖南大学出版社2013年版
曲中林	优化书院制建设的对策与建议——以肇庆学院为例	《肇庆学院学报》2013年第1期
朱　军	扬州书院的教育特色和人文贡献	《图书馆杂志》2013年第3期
朱为鸿	传统书院文化与现代大学文化创新	《肇庆学院学报》2013年第1期
朱汉民	书院、祠堂与湘学学统	《大学教育科学》2013年第4期
朱汉民	岳麓书院与传统文化（儒学研究专辑）	《湖南大学学报》（社会科学版）2013年第4期
朱汉民	书院、祠堂与湘学学统	《地方文化研究》2013年第4期
朱汉民　唐　云	元代宋遗民书院的文化生存	《中国书院》（第八辑）湖南大学出版社2013年版
任　萍	甬上证人书院的文学教育	《洛阳师范学院学报》2013年第6期
任文香	朱熹与白鹿洞书院	《兰台世界》2013年第19期
向　华	中国古代书院的兴盛与道德个人精神	《求索》2013年第6期
向祎依	历史视野下传统书院发展对现代高校去行政化发展的启示	《当代教育理论与实践》2013年第11期
刘　元	地方士绅与地方文化秩序建设——以湖北问津书院为中心的研究	《兰州学刊》2013年第4期
刘　平	中国古代书院与"学而优则仕"的思想观念	《图书馆杂志》2013年第8期
刘　慧	书院认同与学校认知	《时代教育》2013年第7期
刘少雪	书院改制对中国高等教育近现代化的影响	《中国书院》（第八辑）湖南大学出版社2013年版
刘双悦	从书院学规浅谈当今高校德育	《中国职协2013年度优秀科研成果获奖论文集》（上册）
刘怀远	当代书院兴起的原因探析	《理论观察》2013年第10期
刘佩芝	朱熹复兴白鹿洞书院之动机及影响	《中国书院论坛》（第八辑）江西人民出版社2013年版

续表4

作　者	篇　　名	来　源
刘夏清	陇南书院的创建及其对陇东南文化教育的影响	《天水师范学院学报》2013 年第 4 期
刘海峰	书院与科举是一对难兄难弟	《中国书院》（第八辑）湖南大学出版社 2013 年版
刘嵩萍	嵩阳书院教育思想及其对我国高等教育的启示	《三门峡职业技术学院学报》2013 年第 1 期
汤　婷　汪秀芳	中国书院文化对新课改中学教育的启示	《文学教育》（上）2013 年第 10 期
孙文明	宋代书院刻书文化	《鸡西大学学报》2013 年第 1 期
孙思旺	《儒学·书院·社会——社会文化史视野中的书院》评介	《湖南大学学报》（社会科学版）2013 年第 5 期
苏　鹏	中国古代书院发展之解析	《渭南师范学院学报》2013 年第 3 期
李　兵	清代书院的举人应试教育初探	《中国书院》（第八辑）湖南大学出版社 2013 年版
李　艳	我国书院和欧洲中世纪大学的比较研究	《现代企业教育》2013 年第 16 期
李　秦　唐　忠	两宋书院的兴盛及其建筑特点研究	《兰台世界》2013 年第 2 期
李　敏	书院制教育模式刍议	《新西部》（理论版）2013 年第 6 期
李光生	宋代书院与祠官关系的文化考察	《中国书院》（第八辑）湖南大学出版社 2013 年版
李守刚	完全学分制、书院制模式下高校团建初探	《淮海工学院学报》（人文社会科学版）2013 年第 12 期
李志平	王先谦岳麓书院改制与湖南大学	《档案时空》2013 年第 7 期
李劲松	朱子兴复白鹿洞书院动机之辨析——兼及宋朝书院官学化的问题	《江西教育学院学报》2013 年第 2 期
李劲松	周敦颐与濂溪书院	《中国书院论坛》（第八辑）江西人民出版社 2013 年版
李学军	从白鹿洞书院走出去的一代帝师——万承风	《中国书院论坛》（第八辑）江西人民出版社 2013 年版
［韩］李树焕	朝鲜后期安东乡吏权喜学家门的社会、经济根基和凤冈影堂的建立	《中国书院》（第八辑）湖南大学出版社 2013 年版
李科友　黎　华	南唐的白鹿国学	《中国书院论坛》（第八辑）江西人民出版社 2013 年版
李晓东	从嵩阳书院与"二程"理学形成发展管窥中原文化协同创新之路	《赤峰学院学报》（汉文哲学社会科学版）2013 年第 6 期

续表5

作　者	篇　名	来　源
李晓宇	趋新与存古——清末四川省会书院改制前后的变通及两难	《中国书院》（第八辑）湖南大学出版社2013年版
[韩]李海濬	韩国书院的记录资料类型和性格	《中国书院》（第八辑）湖南大学出版社2013年版
李储林	试论贵山书院之历史贡献	《教育文化论坛》2013年第5期
李曙华	书院的兴衰与现代复兴	《河池学院学报》2013年第6期
杨　虹	古代书院藏书管理及其对高职院校图书馆建设的启示	《青岛职业技术学院学报》2013年第6期
杨汝清	文武之道未坠于地——儒家思想的守护承传与当代书院建设摭议	《中国书院》（第八辑）湖南大学出版社2013年版
杨军昌	贵州书院教育	《教育文化论坛》2013年第5期
杨芷郁	岳麓书院学规教育理念述论	《兰台世界》2013年第11期
杨芷郁	清代辽东书院社会功能述论	《兰台世界》2013年第24期
杨迎春	生活社区书院制与高校学生宿舍管理难题的破解——以肇庆学院为例	《肇庆学院学报》2013年第6期
杨艳红	海南本土文化特色数据库建设研究——以"琼台书院"特色数据库建设为例	《图书馆学研究》2013年第8期
杨雪翠 刘福才	"从游"教育传统下的古代书院师生关系及启示	《高校教育管理》2013年第3期
肖立新 胡万霞 等	古代书院的类型、特点及其文化精神传承——以张家口地方古书院为例	《前沿》2013年第21期
吴国武	宋元书院本杂考——以《书林清话》著录为中心	《中国书院》（第八辑）湖南大学出版社2013年版
吴国富	兴诗教于白鹿洞书院的吴国伦	《江西教育学院学报》2013年第5期
吴国富	儒学及书院的现代机遇	《中国书院》（第八辑）湖南大学出版社2013年版
吴国富	明代唐宋派首领王慎中与白鹿洞	《中国书院论坛》（第八辑）江西人民出版社2013年版
吴洪成 刘长宽	古代衡水书院教育	《衡水学院学报》2013年第5期
吴洪成 张　钰	明代河北书院述论	《江西教育学院学报》2013年第4期
吴淑媛	推论书院开展女德教育的重要性	《中国书院论坛》（第八辑）江西人民出版社2013年版

续表6

作　者	篇　名	来　源
吴榕青	清末粤东地区书院到学堂的蜕变研究——以惠潮嘉师范学堂为例	《韩山师范学院学报》2013 年第 4 期
吴增礼	开拓新境、内容丰赡的书院文化研究之作	《中国图书评论》2013 年第 11 期
何敏静	师范院校书院文化活动育人机制实现途径——以肇庆学院为例	《肇庆学院学报》2013 年第 6 期
邹锦良	参与中的传续：地方知识阶层与宋代民间办学——基于宋代江西的考察	《中国书院论坛》（第八辑）江西人民出版社 2013 年版
闵正国	许德珩——白鹿洞书院走出来的国家领导人	《中国书院论坛》（第八辑）江西人民出版社 2013 年版
汪孔丰	姚鼐掌教钟山书院新论	《古籍研究》2013 年第 2 期
沙志辉张黎娅	书院教育与寺院教育比较研究	《美术教育研究》2013 年第 19 期
沈　恬	浅谈东林书院的公益事业与文化产业	《华章》2013 年第 14 期
宋巧燕	清代书院文学教育中的现实关注——以诂经精舍、学海堂为考察对象	《中国书院》（第八辑）湖南大学出版社 2013 年版
张　丽	北宋时期应天书院办学的独特性	《学理论》2013 年第 3 期
张　明	明代贵州的书院讲学运动	《当代贵州》2013 年第 11 期
张　倩马博虎 等	书院制度及其教育理念的思考	《高等农业教育》2013 年第 3 期
张　践	当代学校教育的困境与书院教育的机遇	《中国书院》（第八辑）湖南大学出版社 2013 年版
张发祥	明代抚州书院述略	《东华理工大学学报》（社会科学版）2013 年第 4 期
张传燧李 卯	晚清书院在近代教育转型中的地位和作用	《中国书院》（第八辑）湖南大学出版社 2013 年版
张羽琼	浅谈书院在贵州的早期发展	《教育文化论坛》2013 年第 5 期
张莘杭	书院研究的传统和新空间——以云南清代书院既存研究为例	《学园》2013 年第 12 期
张启予	关于重建豫章书院的实验与思考	《中国书院论坛》（第八辑）江西人民出版社 2013 年版
张劲松	余干之学诸儒与明代白鹿洞书院发展述略	《江西教育学院学报》2013 年第 1 期

续表 7

作　者	篇　　名	来　　源
张劲松	明儒胡居仁首任白鹿洞书院主洞时间考述	《江西教育学院学报》2013 年第 4 期
张劲松	清代书院学田的经营困境与纾解努力——以敷阳书院为例	《中国书院》（第八辑）湖南大学出版社 2013 年版
张治湘　冯　林	我国高校书院制与美国高校住宿学院制学生管理模式的比较研究	《煤炭高等教育》2013 年第 1 期
张晓婧	清代桐城桐乡书院的管理特色	《安徽师范大学学报》（人文社会科学版）2013 年第 3 期
张淑锵	求是书院与辛亥革命	《浙江大学学报》（人文社会科学版）2013 年第 3 期
张新勤	嵩阳书院藏书史略	《寻根》2013 年第 5 期
张静莉	朱熹书院教育思想的特色及启示	《安康学院学报》2013 年第 4 期
陆　胤	经古学统与经世诉求——张之洞创建广雅书院的学派背景	《清史研究》2013 年第 2 期
陆　盛	高校书院制改革的实践探索——以肇庆学院为例	《重庆高教研究》2013 年第 6 期
陆　衡	大学校长的选拔、交流与职业化——冯敏昌书院教育实践及其启示	《淮南师范学院学报》2013 年第 6 期
陈　元	论民国时期大学研究院所对书院学术传统的继承	《黑龙江高教研究》2013 年第 4 期
陈　元	论民国时期我国大学研究院所对书院传统的继承	《中国书院论坛》（第八辑）江西人民出版社 2013 年版
陈　仙　邓洪波	弘扬儒家文化，传承书院精神——"书院文化传承与开拓国际研讨会"会议综述	《中国书院》（第八辑）湖南大学出版社 2013 年版
陈　弘	弘扬书院文化，推动大学发展	《湖南科技学院学报》2013 年第 11 期
陈　峰	书院祭祀与学派流转	《中国社会科学报》2013 年 7 月 3 日
陈　微	从白鹿洞书院的教学组织特点看当代研究生教育	《宁波教育学院学报》2013 年第 4 期
陈小亮	古代书院教学对文科研究生教育的启示	《南昌工程学院学报》2013 年第 2 期
陈冬花	白鹿洞书院大事记（2009 年—2012 年）	《中国书院论坛》（第八辑）江西人民出版社 2013 年版
陈志琦	中国书院史述略	《丝绸之路》2013 年第 6 期
陈时龙	论天真书院的禁毁与重建	《明代国家与社会——明史研究论丛》（第十一辑）

续表8

作　者	篇　名	来　源
陈时龙	《明代书院讲学考》札记	《中国书院》（第八辑）湖南大学出版社 2013 年版
陈国代	古代书院与文献建设	《中国书院论坛》（第八辑）江西人民出版社 2013 年版
陈炎成	贵溪古代的书院	《中国书院论坛》（第八辑）江西人民出版社 2013 年版
陈春华	论曾国藩与晚清书院及文教的复兴	《山东社会科学》2013 年第 S1 期
陈春华	论清代书院政策与书院发展	《名作欣赏》2013 年第 14 期
陈晓斌	新型书院制：高校学生社区管理模式探索	《教育探索》2013 年第 8 期
陈裔欣	浅谈当代大学教育弊端——兼论中国传统书院教育	《学园》（教育科研）2013 年第 7 期
陈毅伟 杨津平 等	民办高职院校书院式学生公寓管理模式新探	《齐齐哈尔师范高等专科学校学报》2013 年第 6 期
范立舟	书院文化的"源"与"流"	《光明日报》2013 年 7 月 7 日
林上洪	清代书院"课试"的现代启示	《中国考试》2013 年第 6 期
林叶舒 文　雪	现代书院践行高校办学理念的实证研究——以肇庆学院为例	《肇庆学院学报》2013 年第 6 期
明芳芳 赵佳宾	议书院教学模式	《职大学报》2013 年第 3 期
易永姣	论宋明书院赋之理学精神	《宁夏社会科学》2013 年第 5 期
罗　进	南宋书院教育特色钩沉	《人民论坛》2013 年第 5 期
和　飞	现代大学书院制的内涵与发展目标	《肇庆学院学报》2013 年第 1 期
和　飞	现代大学书院制研究	《肇庆学院学报》2013 年第 1 期
［韩］金仁杰	书院和朝鲜乡村社会	《中国书院》（第八辑）湖南大学出版社 2013 年版
金灿灿	求是书院"中学教习"考述	《浙江大学学报》（人文社会科学版）2013 年第 4 期
周达章	宁波书院的历史变迁	《宁波教育学院学报》2013 年第 5 期
周桓斌 王立斌 等	考水胡氏明经书院初考	《中国书院论坛》（第八辑）江西人民出版社 2013 年版
郑　健 刘经富	江西书院的历史、现状与思考	《中国书院论坛》（第八辑）江西人民出版社 2013 年版
赵　颖 杨轶群	李鸿章与保定莲池书院学风之变关系探微	《兰台世界》2013 年第 4 期

续表9

作　者	篇　名	来　源
赵连稳	窦禹钧及其书院考辨	《北京社会科学》2013 年第 2 期
赵连稳	清代北京社会和书院互动关系研究	《江汉论坛》2013 年第 11 期
赵连稳 韩修允	顺天府尹在金台书院文化传播中的作用	《北京理工大学学报》（社会科学版）2013 年第 3 期
赵连稳	北京清代书院经费支出考察	《中国书院》（第八辑）湖南大学出版社 2013 年版
赵国权	南宋时期书院的教学活动探微	《北京联合大学学报》（人文社会科学版）2013 年第 4 期
赵国权 田　莉	历代河南书院学规的嬗变及价值追求	《中国书院》（第八辑）湖南大学出版社 2013 年版
赵法生	梁漱溟的教育思想与当代书院的使命	《社会科学论坛》2013 年第 12 期
［韩］赵峻皓	朝鲜时代祭享郑梦周书院的建立及其特点	《中国书院》（第八辑）湖南大学出版社 2013 年版
赵维玺	湘军与甘肃书院的复兴——以陇南书院和甘州书院为例	《青海民族大学学报》（社会科学版）2013 年第 4 期
赵颖霞 陈晓健	莲池书院与晚清北学的复兴	《教育评论》2013 年第 6 期
胡　青	陆九渊教育生涯的再观察——书院改制 110 周年有感	《中国书院》（第八辑）湖南大学出版社 2013 年版
胡　青	陆九渊教育生涯的再观察——写在纪念书院改制 110 周年和象山思想研讨会召开之际	《中国书院论坛》（第八辑）江西人民出版社 2013 年版
胡子玲	英国大学古建筑的留存及其对我国书院和教育遗址保护的启示	《中国书院论坛》（第八辑）江西人民出版社 2013 年版
胡明丽	清代陕西书院的藏书制度及其特点	《宝鸡文理学院学报》（社会科学版）2013 年第 3 期
胡昭曦	唐代张九宗书院建立时间探考	《中国书院》（第八辑）湖南大学出版社 2013 年版
胡弼成	书院精神靠大学的知识分子来传承	《中国书院》（第八辑）湖南大学出版社 2013 年版
［美］柯任达	科举停废后地方抵抗近代学校改革的原因	《中国书院》（第八辑）湖南大学出版社 2013 年版
柏燎原	从书院的兴衰论中华传统文化的生命力	《中国书院论坛》（第八辑）江西人民出版社 2013 年版

续表 10

作　者	篇　名	来　源
钟　斌	书院会讲对当代中学语文研究性学习的启示——朱熹阅读教学思想探究	《厦门广播电视大学学报》2013 年第 2 期
钟旭东	白鹿洞书院建筑环境浅析	《建筑与文化》2013 年第 8 期
禹玉环	清代遵义的书院教育研究	《兰台世界》2013 年第 28 期
宫嵩涛	衰落与新生——1901 年至 2011 年的嵩阳书院	《中国书院》（第八辑）湖南大学出版社 2013 年版
宫嵩涛	衰落与新生——1901 年至 2011 年的嵩阳书院	《中国书院论坛》（第八辑）江西人民出版社 2013 年版
费振新	古代书院良好师生关系的基础及其当代启示	《内蒙古师范大学学报》（教育科学版）2013 年第 7 期
秦际明	中国传统书院与现代自由教育	《教育观察》（上旬刊）2013 年第 8 期
秦际明	中国传统书院与现代自由教育	《教育文化论坛》2013 年第 5 期
袁凤琴 张　晶	宋代书院与欧洲中世纪大学之比较及对当代大学教育的启示	《教书育人》2013 年第 18 期
莫璟辉	湖州广化寺遗址：元明儒释消长的一个例证——湖州广化寺与胡瑷墓（安定书院）争端考	《湖州师范学院学报》2013 年第 4 期
贾鸿雁 苏双平	浅谈南宋书院教育对高等教育的启示	《内蒙古农业大学学报》（社会科学版）2013 年第 6 期
夏　骏	苏州章氏国学讲习会的书院教育特色及成因	《海峡教育研究》2013 年第 2 期
夏　雪 刘美玲	文化民族主义在香港的兴起：论新亚书院及其文化教育理念	《晋中学院学报》2013 年第 2 期
夏永军	青州松林书院的历史及其现代传承	《云梦学刊》2013 年第 2 期
钱　斌 宋培基	辛亥革命前期蔡元培与求是书院事迹述略	《绍兴文理学院学报》（哲学社会科学版）2013 年第 1 期
徐廷文	韩国书院的石刻文化	《中国书院》（第八辑）湖南大学出版社 2013 年版
徐佳佳	书院园林对现代大学校园建设的启发	《剑南文学》（经典教苑）2013 年第 4 期
徐春霞	试论宋代的书院管理制度	《兰台世界》2013 年第 5 期
徐继存	古代书院名师的为学之道	《当代教育与文化》2013 年第 1 期
徐蔚明	屈子书院重建前期战略思考及其思想碰撞	《岳阳职业技术学院学报》2013 年第 5 期

续表11

作 者	篇 名	来 源
徐慧敏	宋代书院经费来源及其对高校发展的启示	《扬州教育学院学报》2013 年第 3 期
殷 慧	追求道与学的合——读朱汉民教授《书院精神与儒家教育》	《原道》2013 年第 2 期
奚云美	书院经费管理经验及其对当代民办高校财务管理的启示	《会计师》2013 年第 9 期
凌飞飞	衡阳船山书院兴废考	《教育评论》2013 年第 4 期
高叶青	关中地区古代书院概况及功能探微——以书院藏书与刻书功能为主	《宝鸡文理学院学报》（社会科学版）2013 年第 2 期
高金强	"书院制"模式下学生宿舍管理系统的研究与设计	《浙江万里学院学报》2013 年第 5 期
郭 俊	书院制教育模式的兴起及其发展思考	《高等教育研究》2013 年第 8 期
郭 娟	西欧中世纪大学与我国古代书院的比较研究	《长春教育学院学报》2013 年第 9 期
郭 渊	斯文圣境的营造——古代书院环境设计探讨	《南京艺术学院学报》（美术与设计版）2013 年第 3 期
郭 琦	百泉书院文化传承与复兴	《信阳农业高等专科学校学报》2013 年第 1 期
郭庆霞	颜元主持漳南书院时期体育教学实践考	《兰台世界》2013 年第 24 期
郭宏达	陆象山与白鹿洞书院	《中国书院论坛》（第八辑）江西人民出版社 2013 年版
郭宏达	《白鹿洞书院揭示》探索性解读	《中国书院论坛》（第八辑）江西人民出版社 2013 年版
郭新榜	元朝书院教育盛况及其核心原因的人类学探析	《四川民族学院学报》2013 年第 1 期
唐卫平	石鼓书院对衡阳文化地理格局的影响	《教育评论》2013 年第 5 期
唐卫平	古代石鼓书院对衡阳地方文化的促进	《教育评论》2013 年第 6 期
唐景珏	严如熤与清代湘陕书院关系考略	《安康学院学报》2013 年第 5 期
唐嘉彦	回归博雅：台湾地区高校书院教育现状分析	《世界教育信息》2013 年第 12 期
陶善耕	清末河南书院的藏书改良	《河南图书馆学刊》2013 年第 12 期

续表 12

作　者	篇　名	来　源
［日］难波征男	日本"书院"的研究现状与课题	《中国书院》（第八辑）湖南大学出版社 2013 年版
黄文学	海纳百川，有容乃大——康乾之际的扬州书院对独立学院发展的启示	《兰州教育学院学报》2013 年第 12 期
黄牡丹	国外住宿学院制与我国当代书院制的异同比较	《南昌教育学院学报》2013 年第 5 期
黄建华 倪　嘉	论书院德育对江西高职生态道德教育的启示——以鄱阳湖生态经济区建设为背景	《职教论坛》2013 年第 2 期
黄南婷	江西书院的学术价值	《中国书院论坛》（第八辑）江西人民出版社 2013 年版
黄勇樽	古代书院教学的精神意蕴及现代启示	《河池学院学报》2013 年第 3 期
黄莉雯	岳麓书院发展优势之探讨	《中国书院》（第八辑）湖南大学出版社 2013 年版
黄熙蓉	禅门清规对《白鹿洞书院揭示》的影响	《江西教育学院学报》2013 年第 2 期
曹　婧	书院精神与今日大学的价值重建	《大学教育科学》2013 年第 4 期
曹立红	从学规中看宋代书院的课程建设——以岳麓、白鹿洞、应天、嵩阳四书院为例	《常州大学学报》（社会科学版）2013 年第 4 期
盛　敏	论古代书院教育的独立品性	《河南工业大学学报》（社会科学版）2013 年第 3 期
彭　华	书院制：高校学生管理模式创新的可能路径	《湖北第二师范学院学报》2013 年第 7 期
彭　华	《儒藏·史部》书院志八种提要	《湖南科技学院学报》2013 年第 11 期
蒋海燕	欧洲中世纪大学与中国古代书院不同命运归因	《科教文汇》（上旬刊）2013 年第 1 期
蒋紫云 舒　原	近十年书院改制研究述评	《中国书院》（第八辑）湖南大学出版社 2013 年版
蒋紫云 舒　原	近十年书院改制研究述评	《中国书院论坛》（第八辑）江西人民出版社 2013 年版
韩晓时	辽宁书院趣谈（一）	《兰台世界》2013 年第 34 期
程晓红	基于清代书院举人科举应试制度探究	《兰台世界》2013 年第 33 期

续表 13

作　者	篇　名	来　源
傅首清	古代书院教育对创新型人才早期培养的启示	《教育研究》2013 年第 6 期
童新国 高有荣	"先立乎其大者"——象山书院和象山学校的血脉传承	《中国书院论坛》（第八辑）江西人民出版社 2013 年版
曾学榕	至今龟山下弦诵独可闻——试论将乐县书院文化教育	《中国书院论坛》（第八辑）江西人民出版社 2013 年版
湛　风	在儒学与社会之间的书院	《中华读书报》2013 年 4 月 24 日
温　旭	以书院制管理模式完善高校辅导员角色的探析	《高校辅导员学刊》2013 年第 4 期
谢　丰	从书院到学堂的三重变化	《中国书院》（第八辑）湖南大学出版社 2013 年版
谢　丹 赵梓娟 等	岳麓书院植物景观分析	《湖南农业大学学报》（自然科学版）2013 年第 S1 期
谢敏华 彭承君	赣南书院的近代转型简论	《兰台世界》2013 年第 13 期
强　华 乔旭彬 等	南阳古代书院的起源与发展	《南阳理工学院学报》2013 年第 4 期
靳伟燕	析北宋三次兴学对书院的影响	《牡丹江师范学院学报》（哲学社会科学版）2013 年第 4 期
楚　汉	伊川书院考辨	《寻根》2013 年第 2 期
赖欧功 柳一群	书院教育：确立现时代"人格本位"观的启示	《中国书院论坛》（第八辑）江西人民出版社 2013 年版
雷成耀	清代贵州书院藏书考略	《安顺学院学报》2013 年第 4 期
简亦精	试论书院祭祀与民间信仰——以文昌阁与文昌信仰为中心	《中国书院》（第八辑）湖南大学出版社 2013 年版
詹昌平	中国古代书院学术功能及科研成就之考述	《教育探究》2013 年第 2 期
詹昌平	中国古代书院人才培养功能定位与实际成效之考述	《教育探究》2013 年第 4 期
詹昌平	中国古代书院政教功能之考述	《教育探究》2013 年第 5 期
蔡伟政	从"广泽书院新定条规"看清代书院的官学化	《邢台学院学报》2013 年第 4 期
蔡志荣	传播与教化：明清书院大众化发展趋势	《海南师范大学学报》（社会科学版）2013 年第 9 期
管延庆 潘跃玲	嘉定更化与南宋书院官学化	《当代教育理论与实践》2013 年第 2 期

续表14

作 者	篇 名	来 源
廖 寅	南宋中后期官立书院的兴起及其类型、特色与成效	《高等教育研究》2013年第10期
谭 凯 陈先初	现代新儒三大家与书院	《中国书院》（第八辑）湖南大学出版社2013年版
颜攀熙	《中国书院年鉴》编辑体例（草案）	《中国书院论坛》（第八辑）江西人民出版社2013年版
潘明娟 张秦川	"关中书院改建为陕西师范学堂"的历史复原初探	《唐都学刊》2013年第4期
冀伟娜	南宋书院的发展——以白鹿洞书院为例	《东方企业文化》2013年第20期
戴金波	中国书院研究的社会文化史视野	《船山学刊》2013年第3期
魏清彩	应天书院与商丘地方社会关系略论	《三门峡职业技术学院学报》2013年第2期
魏登云	南宋书院特点钩沉	《兰台世界》2013年第4期
王立斌 黄上祈	婺源胡氏《明经书院初考》	《江西文献》2013年总第230期
刘 芳	意大利"圣家书院"研究	《文化杂志》2013年总第83期
张 元	中国书院传统下的课堂教学——以朱子《论语》课堂中的讨论教学为例	《通识在线》2013年第38期
张 元	中国书院教育中的自学法——以朱子读书法为例	《通识在线》2013年第39期
林文龙	曾作霖主稿《彰化县志》与掌教蓝田书院：兼谈其籍贯问题	《台湾文献》2013年6月别册45
林能山	汉学推广——台湾书院与台湾汉学资源中心	《国家图书馆馆讯》2013年第102卷第1期
孟久丽	遗珍与楷模：宋元时期孔裔族中及书院中的孔子遗像之研究	《台湾大学美术史研究集刊》2013年第34期
黄忠天	溯源与奔流——跨世纪经学家爱新觉罗毓鋆与奉元书院教育	《汉学研究通讯》2013年第32卷第1期
廖崇斐	从书院精神论理念学校之"理念"——以熊十力《复性书院开讲示诸生》为核心之展开	《哲学与文化》2013年第40卷第8期

2014 年

作　者	篇　　名	来　　源
丁建军	程颢"识仁"思想对北宋书院教育影响探微	《兰台世界》2014 年第 36 期
丁　璐	乾隆时期钟山书院山长考	《美与时代（下）》2014 年第 11 期
卜俊水 李　莎	文化书院别样红——古书院矿《书院讲堂》五周年掠影	《山西煤炭》2014 年第 5 期
于祥成	清代书院儒学传播途径探微	《湖南大学学报》（社会科学版）2014 年第 3 期
于　敏	书院体制下高校辅导员管理模式探究	《潍坊学院学报》2014 年第 3 期
万　宇 徐雁平	乐群会友兴讲学：书院与文学传承	《唯实》2014 年第 5 期
万营娜 寇华旭 郭东阁 杨芳绒	花洲书院园林特征分析	《河北工程大学学报》（自然科学版）2014 年第 1 期
习牧歌 路保林	凤凰岭书院探趣	《中关村》2014 年第 4 期
马正应	李退溪书院思想与人格美育	《学术探索》2014 年第 10 期
马霖霖	洣源书院遗风	《走向世界》2014 年第 26 期
王才友	今文经学、书院士人群体与地方政治——以江西经训书院（1892—1898）为中心	《地方文化研究》2014 年第 2 期
王天翼 甘　霖	维特根斯坦研究在中国——记"第八届中西语言哲学夏日书院"	《外语学刊》2014 年第 2 期
王文礼	江万里创办白鹭洲书院的理念和影响	《高教探索》2014 年第 4 期
王功琪	岳麓书院教育理念对现代高等教育的启示	《兰台世界》2014 年第 21 期
王　可	岭南人文图说之一二六——广雅书院	《学术研究》2014 年第 6 期
王发龙	书院制改革背景下高校学生管理模式的探索	《科教导刊（中旬刊）》2014 年第 8 期
王丽文 杨红娜	基于书院制管理模式的党建引领育才的创新实践	《求知导刊》2014 年第 11 期
王丽娜	明清徽州书院的经费来源问题探析	《铜仁学院学报》2014 年第 1 期
王　岚	"书院制"下加强大学生思想政治教育的策略分析	《才智》2014 年第 12 期

续表1

作　者	篇　名	来　源
王　玮 董　靓	四川书院园林植物造景研究	《北方园艺》2014 年第 10 期
王剑敏	古代书院制的精髓及对我国现代高等教育的启示	《扬州大学学报》（高教研究版）2014年第 6 期
王剑敏	"课程—书院"通识教育模式研究	《教育评论》2014 年第 12 期
王剑敏	"论辩"文化传统下我国古代书院的讲会制度及其启示	《苏州大学学报》（教育科学版）2014年第 4 期
王　洁	没落与复兴：比较法路在何方——读马克西尼斯的《比较法：法院与书院》之感记	《法制与社会》2014 年第 2 期
王素梅 朱　婕	书院制背景下教学改革模式探究	《当代教育理论与实践》2014 年第 12 期
王晓玉	宋代书院及其对我国高等教育的启示	《淮北职业技术学院学报》2014 年第 1 期
王　彬	从《白鹿洞书院揭示》看朱熹的学规理念	《淄博师专学报》2014 年第 1 期
王梦娟	书院制改革中学生参与管理问题的讨论	《管理观察》2014 年第 13 期
王颖鹤 罗　明	浏阳文华书院——别具地域特色的文化名片	《中外建筑》2014 年第 7 期
王　黎 卿玉羖	我国古代书院藏书与藏区寺院藏书比较研究	《兰台世界》2014 年第 35 期
车今花	山长的出身与岳麓书院的千年发展	《湖南大学学报》（社会科学版）2014年第 2 期
日一夫	一座千年书院的红色传奇	《新湘评论》2014 年第 21 期
牛丽彦 金银珍	福建家族书院论考	《盐城师范学院学报》（人文社会科学版）2014 年第 6 期
方兴林	紫阳书院特色资源数据库建设研究	《西昌学院学报》（自然科学版）2014年第 3 期
尹何明	高校书院制与住宿学院制学生管理模式探析	《佳木斯职业学院学报》2014 年第 12 期
尹　琦 荆　碧	重弹古代书院"辨难"教学对今之大学课堂的启示	《保山学院学报》2014 年第 3 期
邓洪波	晚清湖南书院的数学教育	《大学教育科学》2014 年第 2 期
邓洪波 王胜军	河南书院与清初洛学复兴	《河南大学学报》（社会科学版）2014年第 5 期

续表 2

作　者	篇　　名	来　源
邓洪波 郑明星 娄周阳	中国古代书院保护与利用现状调查	《中国文化遗产》2014 年第 4 期
邓洪波 黄沅玲	书院：读书人的文化遗产	《中国文化遗产》2014 年第 4 期
邓　涛	宋代书院的发展及其与官学的关系	《黑龙江史志》2014 年第 1 期
占　江	高攀龙与东林书院	《兰台世界》2014 年第 21 期
叶茂樟	略论李光地与书院教育	《濮阳职业技术学院学报》2014 年第 3 期
叶和阳	一座红色书院	《新湘评论》2014 年第 9 期
田　天 刘志琴	简论莲池书院的办学特色与文化传播	《河北师范大学学报》（教育科学版）2014 年第 6 期
田建荣	书院化的国学教育：问题与改革路径	《大学教育科学》2014 年第 5 期
史晓荣	略论书院与中国传统文化传播	《运城学院学报》2014 年第 4 期
包家官	全面学分制下书院制育人功能研究——淮海工学院东港学院全面学分制书院制改革探索	《价值工程》2014 年第 5 期
兰　军 何君扬 邓洪波	2013 年书院研究综述	《南昌师范学院学报》2014 年第 5 期
兰　军 黄沅玲	明代政治社团型书院：东林书院	《中国文化遗产》2014 年第 4 期
邢　颖	中国古代书院教育对我国高等教育的借鉴意义	《佳木斯教育学院学报》2014 年第 2 期
邢慧玲	略论河东书院藏书楼及其对现代图书馆人的启示	《晋图学刊》2014 年第 4 期
成永兴	常家书院及常赞春书法略述	《艺术科技》2014 年第 12 期
毕忠松	徽州古书院竹山书院建筑布局浅析	《安阳工学院学报》2014 年第 6 期
朱之润 刘海涛	敬敷书院考	《滁州学院学报》2014 年第 3 期
朱汉民	张栻、岳麓书院与湘学学统	《湖南科技学院学报》2014 年第 9 期
朱汉民 洪银香	宋儒的义理解经与书院讲义	《中国哲学史》2014 年第 4 期
朱汉民 唐　云	元初江南宋遗民书院及其文化特色	《大学教育科学》2014 年第 5 期

续表3

作 者	篇 名	来 源
朱昌荣	耿介与清初嵩阳书院"复兴"	《南方文物》2014 年第 4 期
朱 竞	艾克拜尔·米吉提和他的书院	《新疆新闻出版》2014 年第 1 期
朱 尉 杨珂馨	当代文化思潮冲击中的经典文化传承——以横渠书院为例	《今传媒》2014 年第 10 期
朱 勤 王兴彬	从李亚鹏"书院中国"事件看公益与商业	《中国社会组织》2014 年第 1 期
任文香	试论白鹿洞书院学规的文化内蕴	《河南科技学院学报》2014 年第 5 期
任欢欢	晚清直隶书院改制研究	《教育评论》2014 年第 8 期
华 枫	二泉书院与江南的读书文化	《艺术百家》2014 年第 2 期
刘少云 周腾浪	天下和书院积极探索"文化布道"新路子	《湖南烟草》2014 年第 5 期
刘长宽	对《文献通考·学校考》书院部分之理解的再理解	《南昌师范学院学报》2014 年第 5 期
刘冬梅 王丽丽	清政府文教政策与海南书院的兴衰	《海南广播电视大学学报》2014 年第 2 期
刘 兰	岳麓书院八景之风荷晚香	《现代装饰》(理论)2014 年第 10 期
刘传霞 潘晓生	书院传统与中国大学的品格	《济南职业学院学报》2014 年第 5 期
刘 红	张栻书院教育对中国师范教育的贡献摭谈	《兰台世界》2014 年第 28 期
刘 枫 胡希军 陈存友	书院园林的艺术形态内涵——以岳麓书院为例	《现代城市研究》2014 年第 2 期
刘 佳 时 南	书院制模式下高校辅导员工作专业化路径探索	《广东技术师范学院学报》2014 年第 1 期
刘金松	书院官学化对中国民办高校发展的启示	《现代教育科学》2014 年第 9 期
刘法绥	东林书院对联的作者、年代及范品	《书屋》2014 年第 1 期
刘河燕	宋代书院与中世纪大学课程内容之比较	《社会科学家》2014 年第 6 期
刘河燕	宋代书院的课程内容及特点分析	《甘肃社会科学》2014 年第 4 期
刘海燕	古代书院学田制及其启示	《科技创新导报》2014 年第 30 期
刘 甜	湘乡东山书院建筑特征的文化表达	《包装学报》2014 年第 3 期
刘婉华	书院：中国古代园林的一朵奇葩	《南方建筑》2014 年第 4 期

续表 4

作　者	篇　名	来　源
刘　雄 方建新	试论中国古代书院藏书系统形成于南宋	《浙江学刊》2014 年第 2 期
刘楚魁	娄底连璧书院的创办与变迁述略	《湖南人文科技学院学报》2014 年第 4 期
刘静洋	古代书院"育人理念"对当代高校辅导员工作的启示	《沈阳大学学报》（社会科学版）2014 年第 3 期
刘鑫桥	清末教会书院对孔子学院发展的启示	《现代教育论丛》2014 年第 3 期
齐　晶 吕怀昱 金希勇	论参与式管理方式下学生组织的专业化发展——以潍坊学院"书院制"改革为背景	《潍坊学院学报》2014 年第 4 期
江　超	明清时期徽州书院的资金来源	《黑龙江史志》2014 年第 1 期
江　超	明清时期徽州书院的官学化	《黑龙江史志》2014 年第 5 期
汤轶丽 周　航	论"书院精神"对高校文艺活动的启示	《中小企业管理与科技》2014 年第 12 期
汤德伟	姚鼐对敬敷书院的贡献及其启示	《文学教育》2014 年第 8 期
汤德伟	敬敷书院文化传统的德育价值及传承途径研究	《安徽文学》2014 年第 11 期
许　伟	传统与现代的对接：学校书院文化建设初探	《上海教育科研》2014 年第 5 期
许衍琛	钱穆在新亚书院的就业教育	《兰台世界》2014 年第 1 期
许嘉璐	在"尼山书院"山长聘任仪式上的讲话	《山东图书馆学刊》2014 年第 3 期
孙守刚	在"尼山书院"山长聘任仪式上的讲话	《山东图书馆学刊》2014 年第 3 期
孙　姣	书院制模式下实施通识教育研究	《湖州师范学院学报》2014 年第 12 期
孙　姣 唐善梅	书院制模式下加强高校学生干部廉洁教育的思考	《湘潮》2014 年第 9 期
纪可妍	张国常主政兰山书院时对近代新教育的探索	《兰台世界》2014 年第 16 期
苏崇然	相聚茅山，问道乾元——记乾元观茅山书院第四期体道班	《中国道教》2014 年第 3 期
杜华伟 姚丽娟	古代书院"从游"教育传统及其现代启示	《佳木斯教育学院学报》2014 年第 5 期
杜志明	求是书院诸生上书浅议	《浙江大学学报》（人文社会科学版）2014 年第 3 期

续表5

作　者	篇　名	来　源
杜国辉	书院讲学对明代学风的影响	《兰台世界》2014年第3期
李少鹏 孙云渤	清末吉林崇文书院考略	《北华大学学报》（社会科学版）2014年第6期
李凤娟	古代书院的道德教化功能对当今大学德育建设的启示	《长春大学学报》2014年第12期
李　文	明清时期运城地区书院述略	《运城学院学报》2014年第4期
李双龙 欧阳伟	莲池书院之争与教育家吴汝纶弃官从教始末	《兰台世界》2014年第3期
李　正 忻一平	酌情擘划，随机布景——古园修复·东林书院西园的构景设计（上）	《国土绿化》2014年第4期
李　正 忻一平	酌情擘划，随机布景——古园修复·东林书院西园的构景设计（下）	《国土绿化》2014年第5期
李宁宁	从白鹿洞书院的教育环境看儒生的身隐与心隐	《江西教育学院学报》2014年第1期
李伟娟	宋代书院注重学术自由交流的办学理念探究	《兰台世界》2014年第16期
李　华	浅析中国古代书院与西方中世纪大学之异同	《湖北广播电视大学学报》2014年第3期
李志慧	宋明理学家对惠州书院的影响	《惠州学院学报》2014年第2期
李　兵 黄　艳	科举应试：北宋前期书院教学的主要指向	《大学教育科学》2014年第5期
李松荣	张裕钊的创作分期及其在莲池书院的散文创作	《常熟理工学院学报》2014年第5期
李春民 李　焕	书院制对高职学生管理的启示	《科技风》2014年第19期
李玲玲 庞招伟	面向实施的历史街区规划设计——以广州市大小马站书院群保护与更新规划为例	《规划师》2014年第5期
李映山	论郴州书院教育对郴州文化发展的影响	《湘南学院学报》2014年第6期
李俊丽	明代河南书院兴衰探析	《商丘职业技术学院学报》2014年第1期
李　艳	书院文化对当代大学通识教育的启示	《领导科学论坛》2014年第23期
李艳莉 申国昌	明清书院的藏书活动研究	《图书馆理论与实践》2014年第2期

续表 6

作　者	篇　　名	来　　源
李艳婷	宋代书院研究	《安徽文学》2014 年第 3 期
李莉君	浅析广州陈氏书院对当今大学校园建设的启示	《设计》2014 年第 6 期
李晓幸	论秦晋商人在近代广西市场中的作用——以《重修秦晋书院碑记》为透视点	《桂林师范高等专科学校学报》2014 年第 1 期
李晓峰 潘方东 陈　刚	官学化背景下两湖民间书院建筑形态衍化探讨	《南方建筑》2014 年第 5 期
李　浩	书院文化在现代公共设施设计中的应用	《艺海》2014 年第 5 期
李　敏	书院制模式下高校学生教育管理的改进思路探索——以西安交通大学为例	《陕西教育》(高教版) 2014 年第 Z1 期
李　敏	我国高校书院制育人模式改革现状及背景	《领导科学论坛》2014 年第 13 期
李朝军	论胡适的"书院情结"	《殷都学刊》2014 年第 3 期
李瑞瑞 王　科	新形势下如何借鉴古代书院教育破解大学语文教育的瓶颈	《当代继续教育》2014 年第 4 期
李锦萍	论当代书院功能的拓展	《盐城师范学院学报》(人文社会科学版) 2014 年第 2 期
李　慧	漳南书院的由来	《教育教学论坛》2014 年第 15 期
李　霞	书院精神对高校思想政治教育的启示	《新西部》(理论版) 2014 年第 18 期
[韩] 李树焕	朝鲜后期围绕书院的乡战——以岭南地域为中心	《汉学研究集刊》2014 年第 19 期
杨　军	北宋翰林御书院与书学研究	《美术观察》2014 年第 3 期
杨丽亚	论南宋四大书院精神及其对当代大学的启示	《现代妇女》2014 年第 6 期
杨学勇	徐继畬与平遥超山书院	《文史月刊》2014 年第 12 期
杨　秦 杨万文	中国书院文化对现代高等教育的启示	《学术探索》2014 年第 3 期
杨萌萌	中国语言学书院顺利举办 2014 年"现代语言学核心课程研修班"	《当代语言学》2014 年第 4 期
杨萌萌	中国语言学书院 2014 年现代语言学核心课程研修班	《方言》2014 年第 4 期

续表7

作　者	篇　名	来　源
时宏宇	书院教学与书院式经典阅读的教学方法	《济南职业学院学报》2014 年第 2 期
吴　卫	培田书院文化的历史和保护	《龙岩学院学报》2014 年第 3 期
吴正宪 俞正强	数学教师的教育情怀——教育家书院第一届讲会营讨论实录之二	《人民教育》2014 年第 11 期
吴刚平 余闻婧	自新与超越——儒家书院课程思想及现实意义	《全球教育展望》2014 年第 4 期
吴金敦	许嘉璐先生出席尼山书院相关活动并在国学讲堂做开班演讲	《山东图书馆学刊》2014 年第 5 期
吴学辉 苏小丽	江西省余干东山书院史略	《南昌师范学院学报》2014 年第 5 期
吴洪成 刘长宽	北方传统书院的一个缩影：河北邢台古代的书院教育	《南昌师范学院学报》2014 年第 4 期
吴桂翎	宋代书院与历史教育	《史学史研究》2014 年第 4 期
吴　锋 汤建奎	试论传统书院对当代高校设立书院的启示	《扬州大学学报》（高教研究版）2014 年第 6 期
吴　婷 吴　涛	重庆古代书院解析	《古建园林技术》2014 年第 1 期
邱　远	客家古邑河源传统书院考略	《广东技术师范学院学报》2014 年第 6 期
邱　凌 谢树清	石鼓书院诗词文化中的爱国主义情怀	《南华大学学报》（社会科学版）2014 年第 1 期
何进川	宋代教育家张栻的书院教育实践探究	《兰台世界》2014 年第 15 期
何建良 李芳芳	文天祥与白鹭洲书院	《学理论》2014 年第 11 期
何敏静	运用以生为本理论有效规划地方高校书院创新发展	《佳木斯教育学院学报》2014 年第 2 期
何敏静	新形势下书院制高校开展法制教育路径	《开封教育学院学报》2014 年第 4 期
何新会	嵩阳书院藏书探析	《河南图书馆学刊》2014 年第 4 期
余云龙	李丁富："落叶归根"建书院	《小康》2014 年第 9 期
余志权	发现生命之美——香港优才书院陈家伟校长的生命教育解读	《中小学德育》2014 年第 4 期
冷小平	明清时期郧阳书院考证	《郧阳师范高等专科学校学报》2014 年第 4 期

续表 8

作　者	篇　名	来　源
汪旺根 何春玲	人文教育与科学教育的融合：古代书院课程设置及启示	《喀什师范学院学报》2014 年第 3 期
沈雪松 王禹霏	书院教育模式对当代高等教育的启示	《吉林省教育学院学报（中旬）》2014 年第 4 期
沈雪松 王禹霏	后现代视野下的书院德育模式解析	《吉林省教育学院学报（中旬）》2014 年第 6 期
沈雪松 王禹霏	后现代视野下的书院教育精神解析	《吉林省教育学院学报（中旬）》2014 年第 7 期
沈雪松 王禹霏	后现代视野下的书院教学模式解析	《吉林省教育学院学报（中旬）》2014 年第 8 期
沈　曦 曹　洁	我国书院制学生管理模式存在的问题及对策	《新课程研究（中旬刊）》2014 年第 2 期
宋雪梅 姜丽清	"南金书院"的前生后世	《兰台世界》2014 年第 S2 期
张　力	游岳麓书院	《山东人大工作》2014 年第 7 期
张天杰	刘宗周、陶奭龄与晚明浙中王学的分合——兼谈蕺山学派与姚江书院派之关系	《中国哲学史》2014 年第 4 期
张玉虎	文化承继：内地高校书院制学生管理模式的思考	《高等理科教育》2014 年第 1 期
张　平 李忠杰 孙　斌 王兴立	基于书院文化和杏林文化的书院制学生管理模式的创新与实践——以深圳职业技术学院"杏林书院"为例	《深圳职业技术学院学报》2014 年第 4 期
张发祥	清代抚州书院考略	《东华理工大学学报》（社会科学版）2014 年第 4 期
张　刚	马一浮的工夫论——以"复性书院"四学规为中心	《内江师范学院学报》2014 年第 3 期
张红艳	中国传统书院对现代大学的启示	《铜陵职业技术学院学报》2014 年第 4 期
张劲松	明成化十六年前后白鹿洞书院的兴复及其影响	《江西教育学院学报》2014 年第 1 期
张劲松	明李龄《宫詹遗稿》误收的两篇白鹿洞书院文稿	《韩山师范学院学报》2014 年第 2 期
张劲松	白鹿洞规、书院科举与作为事件的书院文本——以明李龄《宫詹遗稿》为中心的考察	《地方文化研究》2014 年第 2 期

续表 9

作　者	篇　名	来　源
张劲松	明代白鹿洞书院首任洞主考略	《江西广播电视大学学报》2014 年第 4 期
张　明	王阳明与黔中王门的书院讲学运动	《贵阳学院学报》（社会科学版）2014 年第 2 期
张京华	南国之极致，龙口之含珠——蘋洲书院品牌定位与文化设计	《湖南城市学院学报》2014 年第 4 期
张品端 张　蕾	李滉对朱熹书院教育思想的继承和发展——以"白鹿洞书院揭示"为例	《江西教育学院学报》2014 年第 2 期
张香君	书院制人才培养模式下大学生艺术团建设策略	《河南教育（高教）》2014 年第 12 期
张　莉	试论令德堂书院在近代化转型中的艰难蜕变	《山西大学学报》（哲学社会科学版）2014 年第 1 期
张晓荣 叶美兰	宋代书院发展的背景及其特性	《南京邮电大学学报》（社会科学版）2014 年第 3 期
张钰翠 崔陇鹏	清代甘肃平凉柳湖书院研究	《古建园林技术》2014 年第 2 期
张晨钟 王思文	汲取古代书院教育精华，造就勇于实践"中国梦"的一代大学生	《宝鸡文理学院学报》（社会科学版）2014 年第 6 期
张　雷	高校实施书院制学生社区管理的探索	《教育与职业》2014 年第 30 期
张兢兢	唐代书院的性质探讨——再读邓洪波《中国书院史》	《南昌教育学院学报》2014 年第 3 期
陆锋磊	从《新亚学规》看书院教育的"人物中心"传统	《中小学管理》2014 年第 7 期
陆锋磊	幸福的校园应该是书院的样子——博雅阅读构建学子的精神家园	《创新人才教育》2014 年第 4 期
陈　仙 邓洪波	古代书院日记教学法及其对现代大学教育的启示	《现代大学教育》2014 年第 6 期
陈红艳	培训机构传播企业文化的正式与非正式途径——以忠良书院为例	《石油化工管理干部学院学报》2014 年第 2 期
陈时龙	明人对书院的态度——以明代地方志的书院记载为考察对象	《明史研究论丛》（第十二辑）——明代国家与社会研究专辑
陈明利	清代福建书院藏书研究	《福建省图书馆学会 2014 年学术年会暨著名图书馆学家——金云铭先生诞辰 110 周年学术研讨会论文集》

续表 10

作　者	篇　名	来　源
陈晓宇	书院管理模式及其对现代高校管理的启示	《沧州师范学院学报》2014 年第 4 期
武香利	清代书院道德教育的核心价值观研究	《兰台世界》2014 年第 35 期
苗　业 袁　泉	书院文化在现代校园建设中的应用	《低温建筑技术》2014 年第 5 期
范双利 彭远威	论现代大学书院制的建设	《高教探索》2014 年第 6 期
范乔莘	十年复建，路茫茫——广州大小马站书院群保护	《中华建设》2014 年第 7 期
欧阳勇	从新发现的两篇佚文看唐代皇寮书院的兴废	《老区建设》2014 年第 6 期
欧阳勇	何心隐的乡村教育思想及其当代启示——基于乡村家族书院"聚和堂"的研究	《南昌师范学院学报》2014 年第 4 期
明成满 赵　辉	古代书院选址所体现的德育环境思想研究	《党史文苑》2014 年第 4 期
罗　娟	朱子理学的书院教育和刻书传播研究	《兰台世界》2014 年第 27 期
岳　晗 李永富	文化自觉视野下的当代书院复兴	《理论界》2014 年第 4 期
金　晨 陈琼琳	浅谈书院园林的植物景观——以岳麓书院为例	《中国园艺文摘》2014 年第 5 期
金　晶 张　勇	台湾书院制"全人教育模式"探微	《人力资源管理》2014 年第 12 期
周　云	针对"书院制"下高职院校学生工作的见解	《学周刊》2014 年第 30 期
周文昌	清代甘肃兰山书院	《兰台世界》2014 年第 31 期
周戊香 王欣欣	石鼓书院诗词文化及对湖湘文化的影响	《图书馆》2014 年第 1 期
周　田 王海燕	非物质激励应用举隅——以忠良书院为例	《安徽电气工程职业技术学院学报》2014 年第 4 期
周春芳 高必征 刘冠峰	书院文化的当代价值新论	《西安建筑科技大学学报》（社会科学版）2014 年第 2 期
周　珊	文澜书院与广州十三行商	《华南理工大学学报》（社会科学版）2014 年第 4 期

续表 11

作　者	篇　　名	来　　源
周保平	北宋时期河南书院考证及其兴盛原因探析	《河南大学学报》（社会科学版）2014年第5期
周益斌	论我国现代大学的起源——从太学、大学和书院的关系说起	《高等理科教育》2014年第1期
周益斌	从太学、书院与大学三者关系看我国现代大学的起源	《上海第二工业大学学报》2014年第1期
郑乃章 莫云杰 苗立峰 熊春华 吴　洁	晚清民国时期景德镇陶瓷业社会民间管理——基于《景德镇新安书院契录》的考察	《陶瓷学报》2014年第6期
郑明星	书院传统及其现代意义	《中国文化遗产》2014年第4期
郑明星 兰　军	理学名院：白鹿洞书院	《中国文化遗产》2014年第4期
郑致明	民间书院推广阅读的实践与探索	《图书馆研究与工作》2014年第4期
郑　爽	潮州金山书院教学近代化进程浅探	《教育评论》2014年第8期
郑　豪	清代金江书院简史	《吉林省教育学院学报（下旬）》2014年第10期
赵卫东	中韩书院的历史、现状与未来——韩国庆熙大学孔子学院"中国文化沙龙"综述	《大学教育科学》2014年第3期
赵　丹	明代甘肃地区的书院	《焦作大学学报》2014年第4期
赵国权 闫　慈	从私学到书院：探寻大学精神的中国策源地	《河北师范大学学报》（教育科学版）2014年第5期
赵依莎 尚慧芳	书院式大学校园环境的育人作用研究	《设计》2014年第12期
赵　娜	略论北宋时期河南地区书院与禅寺的相似性	《新西部》（理论版）2014年第15期
荆智芸	明末大儒顾宪成与东林书院发展考略	《兰台世界》2014年第18期
荣骏炎	无锡东林书院藏古代书画综述	《收藏家》2014年第5期
柯　征	古代书院对重构我国高校师生关系的启示	《新西部》（理论版）2014年第16期
柯　征	现代书院制下高校新型师生关系的构建	《唯实（现代管理）》2014年第11期
柯瑞逢	晚清官绅与《格致书院课艺》	《世纪》2014年第5期

续表 12

作　者	篇　　名	来　源
柏俊才	湖北问津书院讲学与黄州地区儒学的传播	《江汉大学学报》（社会科学版）2014年第2期
柏俊才	明代湖北书院考（上）	《荆楚学刊》2014年第5期
柏俊才	明代湖北书院考（下）	《荆楚学刊》2014年第6期
柳国勇	利用新媒体传播书院德育文化的对策探析	《新闻知识》2014年第10期
柳　肃	学府胜地，礼乐相成——中国古代书院的建筑艺术	《中国文化遗产》2014年第4期
钟玉发	明清时期的两广端溪书院	《岭南文史》2014年第3期
钟姝娟	袁昶与中江书院尊经阁	《河南科技学院学报》2014年第9期
钟　桦 陈泽伟	胡林翼与箴言书院	《新湘评论》2014年第13期
钟蓉戎 吕成祯	荣誉学院实行"书院制"管理模式的探索	《煤炭高等教育》2014年第5期
钮开芹	我国古代书院藏书的管理及历史贡献探略	《河南科技学院学报》2014年第5期
段　欣 邓洪波	邮票上的书院：安定书院、鹅湖书院	《中国文化遗产》2014年第4期
段　欣 郑明星 赵路卫	湖湘文化重镇：岳麓书院与石鼓书院	《中国文化遗产》2014年第4期
段玲玉 傅荣贤	华林书院藏书略论——以宋初组诗为研究视角	《图书馆建设》2014年第1期
俞正强 周玉仁 方运加 华应龙 郭　华	种子课：让孩子充分地想——教育家书院第一届讲会营讨论实录之一	《人民教育》2014年第6期
俞　静	香港中文大学的书院通识教育体系	《学理论》2014年第6期
济群法师	走进菩提书院	《法音》2014年第2期
费鹏程	周恩来与银冈书院	《中国地名》2014年第10期
姚在先 黄鸿山	论清代江苏书院的育人之道——以省会书院山长为中心的考察	《苏州教育学院学报》2014年第5期
贺　伟 宋　阳	"书院—学院（学科）"制下的社团工作研究——以西安建筑科技大学为例	《赤子（上中旬）》2014年第16期

续表 13

作 者	篇 名	来 源
钱 明	杭州天真书院的历史沿革及功能转化	《教育文化论坛》2014 年第 1 期
徐士福	从陈氏书院看岭南陶塑瓦脊的美学特征	《艺术与设计》（理论）2014 年第 12 期
徐 丰	月山书院标志	《包装工程》2014 年第 22 期
徐心希	试论闽都书院与清代台湾社会文化的发展	《闽江学院学报》2014 年第 6 期
徐寿芝	古代书院藏书利用探析	《盐城师范学院学报》（人文社会科学版）2014 年第 6 期
徐晓望	林希元、喻时及金沙书院《古今形胜之图》的刊刻	《福建论坛》（人文社会科学版）2014 年第 3 期
徐凌美 丁煜成	陕甘味经书院考述	《宝鸡文理学院学报》（社会科学版）2014 年第 2 期
徐 溪	关于镇西文化内涵外化的思考——以松峰书院为例	《昌吉学院学报》2014 年第 1 期
殷 慧	《儒学·书院·社会：社会文化史视野中的书院》评介	《中国史研究动态》2014 年第 3 期
高玉宇 陈 泼 秦海芬 张孝永 郦建阳	高校"书院制"新型管理模式创建探究——以浙江万里学院基础学院为例	《浙江万里学院学报》2014 年第 6 期
郭自洋	清代科举考试对江西书院教学内容的影响——从学规的角度出发	《科技经济市场》2014 年第 12 期
郭园兰	以儒学为核心的书院社会教化——肖永明教授《儒学·书院·社会——社会文化史视野中的书院》评介	《大学教育科学》2014 年第 4 期
郭荣刚 林金水	艾儒略与福州书院	《世界宗教研究》2014 年第 3 期
郭 俊	书院制与高等学校育人功能的实现	《武汉纺织大学学报》2014 年第 1 期
郭炳洁	二程与北宋的书院教育	《洛阳师范学院学报》2014 年第 1 期
席 飞 张乘风	论礼乐人文精神在岳麓书院室内空间设计中的体现	《家具与室内装饰》2014 年第 5 期
唐丽丽	徽商与明清江浙书院	《巢湖学院学报》2014 年第 5 期
唐清明	长沙地区古书院	《档案时空》2014 年第 1 期

续表 14

作　者	篇　名	来　源
唐德俊	书院制度文化解读	《才智》2014 年第 11 期
陶　莉	清代苏州书院发展繁荣与科甲鼎盛	《苏州教育学院学报》2014 年第 5 期
黄万机	王杏举乡试创书院	《当代贵州》2014 年第 12 期
黄卫东	从银冈书院走出的革命志士——石璞	《党史纵横》2014 年第 4 期
黄沉玲 兰　军	浙江古书院：万松书院、紫阳书院、五峰书院	《中国文化遗产》2014 年第 4 期
黄沉玲 何君扬	岭南书院：广雅书院、东坡书院、陈氏书院	《中国文化遗产》2014 年第 4 期
黄林燕 吴国富	1921 年的白鹿洞书院纵火案	《江西教育学院学报》2014 年第 2 期
黄　迪	岳麓书院讲堂空间探析	《现代装饰》（理论）2014 年第 10 期
黄　鹂	敬文书院的创新型人才培养模式	《唯实（现代管理）》2014 年第 12 期
曹俊明	"泰山先生"孙复和他的泰山书院	《兰台世界》2014 年第 15 期
曹　磊	中国古代书院教育的特点及其影响	《河北大学学报》（哲学社会科学版）2014 年第 6 期
崔玉霞 宫　毅	建立江西书院文化产业群的设计与构想	《老区建设》2014 年第 20 期
崔树芝 林　坚	中国传统书院的社会教化功能	《文化学刊》2014 年第 6 期
崔瑞萍	书院与博物馆教育——以北京民俗博物馆"东岳书院"为例	《大庆师范学院学报》2014 年第 2 期
梁　刚	南宋白鹿洞书院对先秦儒家德育思想的践行	《郑州航空工业管理学院学报》（社会科学版）2014 年第 3 期
梁　军	南宋书院教育思想及其对高校德育的启示	《开封教育学院学报》2014 年第 2 期
梁苑慧	明清时期云南大理地区书院园林的发展及特点	《中国园艺文摘》2014 年第 8 期
梁敏捷	宋代书院学风的形成、发展及影响探微	《兰台世界》2014 年第 14 期
董艳华	试述银冈书院的"容贤"文化功能	《文学教育（中）》2014 年第 3 期
韩　杨	"书院"育人模式下高校学术文化社团的建设研究	《山东广播电视大学学报》2014 年第 2 期
韩英丽	书院制学生管理模式探微	《云南社会主义学院学报》2014 年第 1 期

续表 15

作 者	篇 名	来 源
韩晓时	辽宁书院趣谈（二）	《兰台世界》2014 年第 1 期
程嫩生	清代书院训诂教育的缘由探析	《南昌大学学报》（人文社会科学版）2014 年第 1 期
程嫩生	清代书院诗赋教育	《文艺理论研究》2014 年第 2 期
程嫩生	岳麓书院雅集活动与文学创作	《中州学刊》2014 年第 5 期
鲁小俊	《清代人物生卒年表》订补——以上海、浙江书院课艺总集作者为例	《图书馆杂志》2014 年第 12 期
鲁小俊	书院课艺：有待深入研究的集部文献	《学术论坛》2014 年第 11 期
曾小明	书院精神的寻梦人——读朱汉民教授的《书院精神与儒家教育》	《大学教育科学》2014 年第 3 期
曾艳红	对金融博物馆书院读书会的考察分析	《河南图书馆学刊》2014 年第 2 期
温 旭	书院制下高校学生社区党建工作新模式的探索	《高校辅导员》2014 年第 2 期
温 旭	中国古代书院精神对现代大学书院制建设的启示	《教育与教学研究》2014 年第 8 期
温 旭	书院制下少数民族大学生教育管理新模式	《当代青年研究》2014 年第 6 期
温 旭	书院制管理模式下辅导员应对校园危机的策略研究	《集宁师范学院学报》2014 年第 4 期
谢 丰	陈谷嘉先生与二十世纪末中国书院研究	《大学教育科学》2014 年第 1 期
谢宏治	衡阳书院文化的发展历程及特点	《南华大学学报》（社会科学版）2014 年第 4 期
谢振华	千年湖湘学之源——碧泉书院	《新湘评论》2014 年第 23 期
谢留枝	中国古代私立高等教育概况——以书院和讲会制度为例	《经济研究导刊》2014 年第 8 期
靳志朋	荟萃人文与自然的莲池书院	《兰台世界》2014 年第 1 期
鲍静静	真光书院与广东基督教女学	《五邑大学学报》（社会科学版）2014 年第 4 期
窦竹君	传统书院的道德教育与高校道德教育的现实借鉴	《党史博采》（理论）2014 年第 8 期
蔡天新	莆田书院文化发展对海峡两岸文化交流的历史影响	《福建省社会主义学院学报》2014 年第 6 期

续表 16

作　者	篇　　名	来　　源
蔡　怡	清代苏州紫阳书院教育实践述论	《苏州教育学院学报》2014 年第 5 期
蔡　栋	说不尽的岳麓书院	《新湘评论》2014 年第 1 期
蔡家彬	发挥传统书院的中华优秀文化传承作用	《江南论坛》2014 年第 10 期
蔡慧琴	明代白鹿洞书院主洞"聘而未至者"考略	《兰台世界》2014 年第 15 期
阚琉声	高隆本《东林书院志》"按语"浅析	《沧桑》2014 年第 6 期
谭佛佑	开阳书院的建置与名称的由来	《贵阳文史》2014 年第 1 期
谭树林	英华书院与晚清翻译人才之培养——以袁德辉、马儒翰为中心的考察	《安徽史学》2014 年第 2 期
黎文丽	清代安康地区书院考	《西安电子科技大学学报》（社会科学版）2014 年第 3 期
薛月爱	琼台书院创办时间辩疑及考证	《鄂州大学学报》2014 年第 11 期
薛慧芳	宋代兴化书院及藏书楼的兴盛对区域文化的影响	《闽江学院学报》2014 年第 6 期
戴宝印 赵　原	高校来华留学生"书院制"教育管理模式探析	《边疆经济与文化》2014 年第 12 期
李炳勋	19—20 世纪岭南地域士族社会诸样相——以庆安玉山书院通文为中心	《汉学研究集刊》2014 年第 19 期
何威萱	张居正理学思想初探：兼论与其禁毁书院的关系	《东吴中文学报》2014 年第 28 期
释良因	网路善德书院经验谈	《佛教图书馆馆刊》2014 年第 6 期

2015 年

作　者	篇　　名	来　　源
丁　玲	广雅书局据稿本刊刻书籍述论	《图书馆界》2015 年第 5 期
丁　俊	宋代书院文化对现代大学教育的启示	《教育现代化》2015 年第 4 期
于晓峰	尼山书院与社会团体合作搭建国学传播平台的探索实践	《科技情报开发与经济》2015 年第 20 期
于爱涛 孟祥琦	当代教育视域下书院制学生管理模式探究	《黑龙江高教研究》2015 年第 9 期
万林艳 张楠楠	书院制对大学生思想政治教育的启示	《思想教育研究》2015 年第 12 期

续表1

作　者	篇　　名	来　　源
万建玲	书院制模式下加强大学生关心时政教育的研究与对策	《科教文汇》（下旬刊）2015年第6期
习　之	江右弘道书院	《开放时代》2015年第4期
王元黎	百泉书院的发展阶段与影响试探	《河南科技学院学报》2015年第3期
王　文	近代图书馆的先驱是古代书院而非藏书楼	《科技情报开发与经济》2015年第7期
王　可	岭南人文图说之一三八——新会书院	《学术研究》2015年第6期
王立斌	关于红色书院的若干思考——以江西龙江、潋江、叠山书院为例	《南昌师范学院学报》2015年第5期
王会金	书院制人才培养：逻辑架构与系统创新——以南京审计学院为例	《南京审计学院学报》2015年第6期
王志芳	蘋洲书院拓碑记	《湖南科技学院学报》2015年第6期
王　茹 谢　丹 何丽波	岳麓书院植物文化初探	《中南林业调查规划》2015年第1期
王　昭 杨　洁	书院制建设背景下学生管理工作精细化的探索与实践——基于河北大学工商学院研究	《教育教学论坛》2015年第25期
王俊霖	书院人文主义教学与语文生本课堂教学的比较研究	《黑龙江教育学院学报》2015年第7期
王胜军	书院：古代学术研究的锁钥——读张天杰《蕺山学派与明清学术转型》	《大学教育科学》2015年第3期
王亮亮 王　凯 何　凯 魏笑笑	公寓管理在新校区书院模式下学生管理中的作用	《价值工程》2015年第10期
王笑媛 陈晓斌	书院制模式下学生组织架构及其功能探索	《药学教育》2015年第6期
王常有 陈肖东 李少阳	书院制下学风情况调查及建设对策初探	《现代交际》2015年第10期
王惠璞	我国古代书院对私学的继承和发展研究	《学理论》2015年第18期
王雯岚	现代高校书院建设及其启示	《管理观察》2015年第4期
王　辉 邱　杨	基于书院制下开展精细化职业指导探析——以南京审计学院为例	《创新与创业教育》2015年第1期

续表2

作　者	篇　名	来　源
王　靖	现代大学书院制的多元认识与实践策略——"全国第一届现代大学书院制改革研讨会"综述	《肇庆学院学报》2015年第6期
王慧慧 刘晓杰	探析宋代理学发展与书院的关系	《兰台世界》2015年第15期
王　黎 刘　虹	教育文化视域下的汉地书院与藏区寺院藏书	《西藏研究》2015年第4期
王黎君	书院制下现代大学生宗教信仰观念的养成	《科教文汇》（下旬刊）2015年第6期
王耀帅	书院模式下中医药学生课外阅读的教学实践与思考——以指导学生研读《中医杂志》为例	《中医杂志》2015年第24期
卞浩宇	马六甲英华书院与近代海外汉语教学	《云南师范大学学报》（对外汉语教学与研究版）2015年第4期
方兴林 夏业名	徽州古书院文化资源数据库建设分析与策略	《合作经济与科技》2015年第24期
方兴林 夏业名	数据库技术视角下徽州书院文化保护与利用研究——基于中国知网学术期刊网络出版总库文献的计量分析	《黄山学院学报》2015年第1期
方兴林 夏业名 程　玲	徽州古书院文化数据库建设研究	《合作经济与科技》2015年第23期
方舒丽 张明如 孟　勐 章　琳 王　欣	浙江传统书院园林植物景观特色	《浙江农林大学学报》2015年第4期
尹腾芳	石鼓历史文化索源	《衡阳通讯》2015年第9期
邓心强 郝舒畅 魏　薇	2015年度"'两岸四地'书院教育制度论坛"综述	《重庆三峡学院学报》2015年第6期
邓　明	书院会馆贤后街	《档案》2015年第8期
邓　盼	蘋洲书院游记	《湖南科技学院学报》2015年第7期
邓洪波 赵路卫	王学在岳麓书院的传播	《湖南大学学报》（社会科学版）2015年第2期
艾朝阳	岳麓书院杰出人才群体共时效应对其导育价值体系历时建构的映射	《赤子》（上中旬）2015年第6期

续表3

作　者	篇　名	来　源
龙其林	北京书院的"前生"与"精神"——读《北京书院史》	《北京科技大学学报》（社会科学版）2015年第4期
卢连梅	明代书院讲会制度的发展和特征	《兰台世界》2015年第21期
卢维佳 何人可 肖狄虎	基于岳麓书院文化的创意产品设计	《包装工程》2015年第24期
叶宪允	洪亮吉与毓文书院——兼论毓文书院文献收藏	《常州大学学报》（社会科学版）2015年第3期
田景春	试论明清时期云南的书院教育	《昆明学院学报》2015年第5期
他维宏 周　狄	清代河州书院考述	《陕西学前师范学院学报》2015年第5期
包家官 沈加君	书院制模式下大学生党员责任区制度实践与思考	《红河学院学报》2015年第3期
冯会明 汪　逸 伍臣赋	郑之侨鹅湖书院学规体系述评	《上饶师范学院学报》2015年第5期
冯　君	银冈书院——清代东北教育史的缩影	《黑龙江史志》2015年第5期
冯晓霞	书院语境下的阳明学传播	《宁波经济》（三江论坛）2015年第9期
吕秋心	福建省历代书院述略（一）	《福建史志》2015年第2期
吕秋心	福建省历代书院述略（二）	《福建史志》2015年第3期
朱汉民	南宋书院的学祠与学统	《湖南大学学报》（社会科学版）2015年第2期
朱昌荣	乾隆朝书院运行实态探析：以宫中档为中心	《南方文物》2015年第4期
朱　虹	加强江西书院文化的保护利用	《中国地方志》2015年第10期
朱鸽玲	中国古代书院制度及其启示	《科教文汇》（中旬刊）2015年第9期
任星洁 王　英 杨玉明	如何在高校书院制下实现外贸函电综合人才的培养	《科技与企业》2015年第22期
华东杰	"图书馆＋书院"——公共文化服务模式研究	《图书馆工作与研究》2015年第9期
庄　瑜	现代大学书院通识教育课程体系——基于大中华区十五所书院的研究	《世界教育信息》2015年第18期

283

续表4

作　者	篇　名	来　源
刘立园 武立栋	中国古代书院教育思想及对我国构建和谐大学师生关系的启示	《吉林省教育学院学报》（下旬）2015年第3期
刘华阳 李　琳 王宝伟	构筑学生自主发展的温馨家园——陕西高校"书院制"育人模式调研	《西安航空学院学报》2015年第4期
刘宇迪	清代河南书院发展管窥——以嵩阳书院为例	《郑州航空工业管理学院学报》（社会科学版）2015年第4期
刘　远	厦门筼筜书院：海峡两岸国学研习交流基地	《台声》2015年第2期
刘志琴	近代直隶省会保定城的城市功能衍变——以直隶总督署、莲池书院、保定军校为例	《河北大学学报》（哲学社会科学版）2015年第4期
刘丽娜 刘　颖	香港中文大学书院制通识教育的启示	《教育观察》（上半月）2015年第8期
刘　畅	城市本土资源在美术鉴赏课中的运用——以《南宁市新会书院的建筑艺术风格》一课为例	《美术教育研究》2015年第4期
刘季武	宁波市镇海蛟川书院初中学校体育课程开展现状研究	《青少年体育》2015年第1期
刘佩芝	论叠山书院精神的继承与创新	《南昌师范学院学报》2015年第5期
刘诗瑶	明清关中地区书院园林之浅谈	《美与时代》（城市版）2015年第4期
刘　星	我国古代书院的历史发展与教育特点	《中国电子教育》2015年第1期
刘俊慧	中国古代书院与欧洲中世纪大学比较研究	《兰州教育学院学报》2015年第5期
刘晓玲 黎娅玲	岳麓书院批判性思维培养途径及其现代意义	《现代大学教育》2015年第3期
刘倩倩	书院模式下工商学院筑基工程长效机制建设研究	《法制博览》2015年第29期
刘梅开 田珺鹤 蔡锦瑜	"手机书院"立体化移动学习平台建设研究	《科教导刊》（下旬）2015年第4期
刘银锁 邹婧婧	论朱熹"格君心之非"思想的形成与践行——朱熹兴办书院的目的	《天津中德职业技术学院学报》2015年第1期
刘德英	我国大学书院制建设比较研究	《高校辅导员》2015年第2期
江小角 刘　振	姚莹的书院教育实践及其影响	《西部学刊》2015年第9期

续表5

作　者	篇　名	来　源
许嘉璐	深化山东省"图书馆＋书院"模式争当全国文化建设的领头雁	《人文天下》2015年第21期
孙国锋 许成安 樊士德	基于比较视角的现代书院教育模式创新研究	《南京审计学院学报》2015年第1期
严时国	企业文化结合古代书院制度的思考	《黑龙江史志》2015年第3期
杜莉莉 沈波涛	雪山书院之文化创新策略探讨	《赤峰学院学报》（汉文哲学社会科学版）2015年第5期
李卫森 张伟佳 刘海霞	浅谈书院制在独立学院学生管理工作中的创新应用——以河北大学工商学院为例	《经营管理者》2015年第1期
李世贤	甘州国学书院旅游资源价值评价	《学周刊》2015年第22期
李占萍 闫　银	保定莲池书院学子近代从业述评	《保定学院学报》2015年第2期
李宁宁	《白鹿洞书院揭示》与古代大学的理念及形态	《九江学院学报》（社会科学版）2015年第4期
李光生	宋代书院功能新解	《教育学报》2015年第4期
李光生	宋代书院的科举文学教育	《兰州学刊》2015年第5期
李　军	近代日本对华经济调查初探——以日本外务省和东亚同文书院为例	《农业考古》2015年第6期
李　军	20世纪初日本东亚同文书院对华北调查的个案研究——以《支那省别全志》直隶卷为中心	《外国问题研究》2015年第4期
李　红 孙细望	我国高等学校实行书院制的优势、难点及对策	《中外企业家》2015年第13期
李　兵	八股应试教育：清代书院改革的主要指向	《湖南大学学报》（社会科学版）2015年第2期
李　昕 党冰清 孙俪玮 胡君瑶 陈苏书	高校书院制教育模式下通识教育问题案例研究——以西安交通大学、南京审计学院为例	《现代商贸工业》2015年第21期
李　浩 蒙锡正	略论贵州思南书院教育	《铜仁学院学报》2015年第3期
李婷婷	味经、崇实书院在陕西教育早期现代化中的角色探究	《西安文理学院学报》（社会科学版）2015年第5期

续表6

作　者	篇　名	来　源
李瑞瑞 王　科	书院教育视域下的初中语文素质教育实施对策研究	《文史博览》（理论）2015 年第 11 期
李蔚英	郑州大学嵩阳书院总体规划设计分析	《郑州大学学报》（工学版）2015 年第 2 期
李　翠 孔　勇	览圣曲阜之洙泗书院	《走向世界》2015 年第 45 期
杨　波	牢记谆谆嘱托，弘扬中华文化——贵州大学中国文化书院致力中华文化的传承与创新	《当代贵州》2015 年第 23 期
肖永明 郑明星	礼俗融会的书院文化空间	《民俗研究》2015 年第 4 期
肖妍玎	中国古代书院斋舍管理对现代大学宿舍管理的启示	《高校后勤研究》2015 年第 2 期
肖妍玎 刘中亮	南宋时期书院管理体制考究	《兰台世界》2015 年第 30 期
肖　雄	明代云南书院考析——以明清云南方志为中心	《中国边疆史地研究》2015 年第 2 期
时　南 刘　佳	书院制模式下本科生导师平台搭建创新性研究	《现代交际》2015 年第 5 期
吴小珍	清代石鼓书院式微原因探析——以书院祭祀变迁为视角	《南华大学学报》（社会科学版）2015 年第 4 期
吴玉军	试论民办高校对古代书院讲学模式的借鉴	《新西部》（理论版）2015 年第 6 期
吴　旻	清代扬州书院在扬州学派形成中的作用探究	《扬州教育学院学报》2015 年第 3 期
吴洪成 王　蓉	清代河北邯郸书院初探	《南昌师范学院学报》2015 年第 4 期
吴洪成 刘　达	清代保定书院初探	《教育实践与研究》（A）2015 年第 9 期
吴洪成 刘　达	清代石家庄书院探析	《石家庄学院学报》2015 年第 4 期
吴洪成 姜柏强 张慧思	清初实学书院的典范——邯郸漳南书院述论	《邯郸学院学报》2015 年第 3 期
吴莆田	新书院系列之一——慈湖书院	《开放时代》2015 年第 1 期
吴海升	宋代安徽书院述论	《安徽史学》2015 年第 4 期

续表7

作　者	篇　名	来　源
别敦荣	大学书院的性质与功能	《高校教育管理》2015 年第 4 期
邱开玉 吴永芳 廖梦雅	"打造最关爱学生的大学"理念下的辅导员工作研究——基于"书院制"的教育管理模式	《武夷学院学报》2015 年第 4 期
邱开玉 廖梦雅	高校辅导员在"书院"中的角色冲突及调整	《丽水学院学报》2015 年第 3 期
邱安昌 杨月英	中国当代中小学德育之空泛克服与国学、书院营养	《现代教育科学》2015 年第 6 期
邱　杨 王　辉 祁正德	书院制背景下班级信息交流系统 i-TAX 的构建与应用	《教书育人》（高教论坛）2015 年第 21 期
邱翠翠 陈莲香	蒙山古代书院初探	《新余学院学报》2015 年第 4 期
何志魁	明清时期云南书院的教育地位及其文化调适机制	《大理学院学报》2015 年第 7 期
何　李 戴美玲	厦门筼筜书院国学教育模式分析与推广	《郑州航空工业管理学院学报》（社会科学版）2015 年第 6 期
余小明	英美住宿式书院的发展和演变以及对我们的启示	《现代大学教育》2015 年第 1 期
余　氓	我们该回归怎样的传统？——"中国方"与无极书院的文化实践	《文化纵横》2015 年第 3 期
汪德彪	探析古代书院教育对现代高等教育的启示	《黑龙江史志》2015 年第 11 期
沙培宁	教育家书院研讨"好教师的形象"	《中小学管理》2015 年第 1 期
宋俊骥 李艳莉	明清书院内部建制及教师准入制度研究与启示	《江西社会科学》2015 年第 4 期
宋　斌 梁　振	论清代科举政策对书院发展的影响——以常州府书院为例	《黑龙江民族丛刊》2015 年第 1 期
张　平	高职院校书院制模式下思想政治教育路径的构建	《卫生职业教育》2015 年第 16 期
张申平	书院视野下的宋代学术与文学研究	《兰台世界》2015 年第 30 期
张立菊	基于书院精神的 MOOC 本土化发展探析	《高校图书馆工作》2015 年第 6 期
张汉强	书院制模式下班级构建探索及利弊分析——以南京审计学院为例	《南方论刊》2015 年第 11 期

续表 8

作　者	篇　名	来　源
张汉强 王家华	基于通识教育理念的书院制班级构建与实践研究	《河南教育》（高教）2015 年第 12 期
张发祥	元代抚州书院述论	《东华理工大学学报》（社会科学版）2015 年第 4 期
张劲松	明代白鹿洞书院教学活动起始考论——以学田为中心的考察	《扬州大学学报》（高教研究版）2015 年第 1 期
张劲松	论书院的形态	《湖南大学学报》（社会科学版）2015 年第 2 期
张劲松	江西书院学规补遗（一）	《南昌师范学院学报》2015 年第 1 期
张劲松	江西书院学规补遗（二）	《南昌师范学院学报》2015 年第 2 期
张显运	清代河南书院经费述论——以书院碑刻为视阈	《图书馆工作与研究》2015 年第 9 期
张洁铃 梁宝莹 卢佩珊 卢嘉韵 于锦花	广州书院文化源流考	《嘉应学院学报》2015 年第 10 期
张　勇	试论天岳书院文化的时代特征及其背景	《教育教学论坛》2015 年第 51 期
张　菊	澳门大学住宿式书院制度研究	《亚太教育》2015 年第 21 期
张清河	元代书院学规的现代阐释——以"中州六君子"为考察中心	《黑河学刊》2015 年第 3 期
张　绪	论施璜对清初徽州理学及书院文化的贡献与影响	《安徽大学学报》（哲学社会科学版）2015 年第 1 期
张朝登	书院管理模式下的校园文化建设	《电子制作》2015 年第 4 期
张惠鲜	清代中越边境地区书院教育刍议	《广西民族师范学院学报》2015 年第 2 期
张雯涵	高校书院制改革给大学生带来的影响——以南京审计学院为例	《河南教育》（高教）2015 年第 8 期
张程花	民办高校书院制模式下的辅导员工作初探	《新西部》（理论版）2015 年第 10 期
张　斌 苏　娅 张凤英 罗素琴	《石鲸书院元草》中三角学内容	《内蒙古医科大学学报》2015 年第 S2 期

续表9

作　者	篇　名	来　源
张韶琲 卢　勃	隐性课程场源的建构途径——以香港中文大学书院为例	《现代教育论丛》2015 年第 3 期
张　黎 白广昌	书院教学模式对大学体育教学改革的启示	《运动》2015 年第 17 期
张燕霞 王曼锦 王　欢	英华书院对中国近代编译行业的影响研究	《兰台世界》2015 年第 7 期
陆　胤	清末两湖书院的改章风波与学统之争	《史林》2015 年第 1 期
陆锋磊	教育的乡愁：清代江苏书院里的自主研读	《江苏教育研究》2015 年第 35 期
陈·巴特尔 许伊娜	论高等教育去行政化——基于西欧中世纪大学与中国古代书院的兴衰比较	《煤炭高等教育》2015 年第 5 期
陈廷柱 段梦涵	变迁中的英国寄宿制学院及其对我国高校书院制改革的启示	《高等教育研究》2015 年第 12 期
陈华彪	新书院文化背景下校本德育课程管理的思考与建构	《中国校外教育》2015 年第 28 期
陈尚敏	清代甘肃书院发展中的地方因素	《档案》2015 年第 9 期
陈　明 杨雨萌	原道书院	《开放时代》2015 年第 3 期
陈笃彬 苏黎明	泉州古代四大书院探略	《海峡教育研究》2015 年第 3 期
陈瑞罡	书院的起源：名称与功能之辨	《建筑与文化》2015 年第 11 期
陈　微	归客亦是故人——记蘋洲书院	《湖南科技学院学报》2015 年第 7 期
武立勋 冯文全 董卓宁	书院："教"与"育"结合的新载体	《北京教育》（高教）2015 年第 6 期
范守信	教育管理视域下的高校书院制改革	《扬州大学学报》（高教研究版）2015 年第 5 期
范丽琴	平潭兴文书院述略	《闽江学院学报》2015 年第 3 期
范　革 易　琳	论研讨式教学对中国古代书院制度的继承与发展	《科教文汇》（上旬刊）2015 年第 8 期
林　阳 陈达辉	叶剑英与东山书院	《海峡教育研究》2015 年第 1 期

续表 10

作　者	篇　名	来　源
图　们 潘耀鹏 王子琦 屈亦成	书院制教育下学生社团管理模式创新研究	《新课程研究》（中旬刊）2015 年第 3 期
金战英	宋元婺州书院学规的现代借鉴	《科技风》2015 年第 22 期
周春芳 王　军	明清陕西书院建筑研究	《华中建筑》2015 年第 7 期
周春芳 王　军	明清陕西书院建筑表征的历史文化分析	《建筑与文化》2015 年第 3 期
周　荃 胡文荟 王　丹	院雅如昔，书香依旧——从横山书院看辽南书院建筑特色	《建筑与文化》2015 年第 9 期
周　郢	泰山书院之读书法——台湾图书馆藏清李品镐《泰山书院约言》述略	《山东图书馆学刊》2015 年第 6 期
周艳红 王建军	论清代广东书院的课程理念与教学模式	《华东师范大学学报》（教育科学版）2015 年第 1 期
周艳红 陈　浩	清代广东书院研究综述	《韩山师范学院学报》2015 年第 4 期
庞　淏	新亚书院：一种关于复兴的理想	《书城》2015 年第 7 期
赵小玲	马克西尼斯的比较法——读《比较法：法院与书院——近三十年史》有感	《法制博览》2015 年第 25 期
赵连稳 许文雅	科举与北京书院的互动关系	《广州大学学报》（社会科学版）2015 年第 2 期
赵　欣	书院制与住宿学院制高校学生管理模式比较研究	《中小企业管理与科技》（下旬刊）2015 年第 10 期
赵法生 陈洪夫 陈　春	尼山圣源书院	《开放时代》2015 年第 2 期
赵晓乐 赵　博	论宋代书院对社会教化的作用及其影响	《兰台世界》2015 年第 36 期
赵琳琳	"讲会"对研究生教育中"学术沙龙"的启示	《教育与考试》2015 年第 2 期
赵颖霞	保定莲池书院史事考	《海峡教育研究》2015 年第 3 期
郝振君	中国古代书院精神对培育现代大学精神的启示	《重庆第二师范学院学报》2015 年第 4 期

续表 11

作　者	篇　名	来　源
胡立耘	清代云南书院的藏书文化遗产	《山东图书馆学刊》2015 年第 5 期
胡　青	江西清代书院汉学教育考述	《南昌师范学院学报》2015 年第 1 期
胡朝阳	儒教视角下河南书院研究与华夏历史文明传承创新区建设	《郑州航空工业管理学院学报》（社会科学版）2015 年第 1 期
柏俊才 裴晓雷	湖北书院教育功能初探	《阜阳师范学院学报》（社会科学版）2015 年第 6 期
柳玉东	卧龙书院旧址及其相关问题考	《南阳师范学院学报》2015 年第 4 期
钟　中 钟波涛 刘永程	高校校园"现代书院"空间氛围营造的尝试——以浙江音乐学院方案设计为例	《南方建筑》2015 年第 2 期
姜传同	书院制管理模式下的辅导员角色定位研究——以肇庆学院力行书院为例	《西部素质教育》2015 年第 2 期
姚中秋 习　之	新书院之四——弘道书院	《开放时代》2015 年第 4 期
贺志波	住宿书院制模式下大学新生入学教育之创新	《潍坊学院学报》2015 年第 1 期
秦　欢	清末的广雅书院	《黑龙江史志》2015 年第 13 期
敖　炼	蘋洲书院古碑考	《湖南科技学院学报》2015 年第 6 期
袁志敏	明清时期邢台地区书院研究	《铜陵职业技术学院学报》2015 年第 4 期
贾俊侠	承先贤遗风，传关学精神——【乙未年】"关学精神与当代社会"书院会讲综述	《唐都学刊》2015 年第 5 期
顾建娣	清代的旗人书院	《近代史研究》2015 年第 6 期
顾　虹 田　茜	美国高校宿舍教育对我国书院制建设的启示	《河北大学成人教育学院学报》2015 年第 3 期
徐寿芝	古代书院藏书利用探析	《图书馆杂志》2015 年第 10 期
徐林祥	刘熙载与龙门书院日记教学法	《语文建设》2015 年第 16 期
徐　梓	东佳书堂小考	《湖南大学学报》（社会科学版）2015 年第 2 期
徐　婧 许　晓	全人培养视角下的高校团组织育人模式创新研究——基于浙江大学城市学院博雅书院的实践与探索	《读与写》（教育教学刊）2015 年第 11 期
凌飞飞	石鼓书院与湖湘文化的历史互动	《衡阳师范学院学报》2015 年第 2 期

续表 12

作　者	篇　名	来　源
高建芳	美国高校住宿学院制与我国高校书院制学生管理模式研究	《哈尔滨职业技术学院学报》2015 年第 2 期
郭书愚	"书院日程"与"世界眼光":沈曾植的"存古"努力及其文化观	《学术月刊》2015 年第 11 期
郭海明	书院制教育模式下的大学图书馆导师制服务	《图书馆工作与研究》2015 年第 10 期
唐　旭	清代重庆书院的兴衰与流变	《重庆师范大学学报》(哲学社会科学版)2015 年第 4 期
黄中业孙玉良	共和国教育史上的国学书院式学府——东北文史研究所述要	《社会科学战线》2015 年第 1 期
黄汉昌	国内高校书院制实施现状与思考	《长春教育学院学报》2015 年第 19 期
黄　娟李艳莉	明清书院学生日常生活研究	《兰台世界》2015 年第 16 期
黄漫远	北宋应天府书院的官学化进程	《海峡教育研究》2015 年第 2 期
黄漫远	明中期江西书院教师的角色转化	《海峡教育研究》2015 年第 4 期
黄漫远龚　洁	协同求进:书院教师与地区教育关系研究——以明中后期江西地区为中心的讨论	《江西青年职业学院学报》2015 年第 2 期
萧伟光	"第一个北大"思维中的书院精神	《博览群书》2015 年第 8 期
盛　况	论书院教育仪式的文化传播	《现代教育论丛》2015 年第 5 期
盛　蕾	清代格致书院创办及影响考究	《兰台世界》2015 年第 6 期
崔海浪	我国高校书院制建设研究综述	《山西师范大学学报》(社会科学版)2015 年第 2 期
崔海浪李昆峰	我国高校"书院制"探索概述与思考	《大理学院学报》2015 年第 11 期
康晓岚	试论平定书院的近代变迁及其影响	《太原师范学院学报》(社会科学版)2015 年第 1 期
章新成蒋秀梅	古建动画《呦呦鹿鸣·白鹿洞书院》的创作与分析	《戏剧之家》2015 年第 22 期
阎旭东	民办院校书院制下博雅教育的学分制体系改革研讨——以广东岭南职业技术学院为例	《教书育人》(高教论坛)2015 年第 24 期
彭长歆	清末广雅书院的创建——张之洞的空间策略:选址、布局与园事	《南方建筑》2015 年第 1 期

续表 13

作　者	篇　名	来　源
葛红丽 张　杰	书院模式下新生入学教育课程改革的思考与建议	《科技视界》2015 年第 19 期
董凌丹	宋元婺州书院管理制度的现代启示	《经贸实践》2015 年第 15 期
董　晨	朱熹对"干禄文风"的批判——以其书院教学为中心	《西部学刊》2015 年第 12 期
韩文华 梁　刚	白鹿洞书院办学对思政课教学的启示	《四川旅游学院学报》2015 年第 3 期
程晓峰	嵩阳书院讲学时期"二程"社会改革思想略论	《南昌师范学院学报》2015 年第 2 期
程嫩生 马启超	明代时期虞山书院的文学教育与文学创作	《南昌大学学报》（人文社会科学版）2015 年第 3 期
程嫩生 范婧媛	清真雅正与清代书院八股文教育	《湖南大学学报》（社会科学版）2015 年第 2 期
鲁小俊	清代江苏书院课艺补目	《图书情报研究》2015 年第 3 期
鲁小俊	也谈生卒年的误记原因和考证方法——以清代书院人物为中心	《新世纪图书馆》2015 年第 1 期
鲁小俊	课艺总集：清代书院的"学报"和"集刊"	《湖南大学学报》（社会科学版）2015 年第 2 期
鲁小俊	《清代人物生卒年表》江苏书院人物订补	《江海学刊》2015 年第 1 期
曾晓燕	试论晚清教育家黄彭年的教育实践与思想——以主持莲池书院为例	《牡丹江师范学院学报》（哲学社会科学版）2015 年第 6 期
雷园园 张　龙	基于协同理念的"书院制"学生工作新模式——以丽水学院为例	《遵义师范学院学报》2015 年第 2 期
雷沐羲 汤迪莎 许建和 魏春雨	中国传统书院的当代重构及其对校园建筑发展的意义	《工业建筑》2015 年第 11 期
雷　菁	论清代书院官学化的消极作用	《湖南社会科学》2015 年第 6 期
路京明	香港中文大学书院制度对我国研究生教育管理的启示	《中外企业家》2015 年第 3 期
詹海波	略论明清徽州书院	《佳木斯大学社会科学学报》2015 年第 1 期
鲍静静	从格致书院到岭南大学	《广东省社会主义学院学报》2015 年第 1 期

续表14

作　者	篇　　名	来　　源
窦竹君 霍建云	传统书院的人文精神	《石家庄铁道大学学报》（社会科学版）2015年第4期
蔡慧琴	江西书院学规补遗（三）	《南昌师范学院学报》2015年第4期
蔡慧琴	江西古代书院特点略论	《兰台世界》2015年第36期
臧雪飞	创新高校学生管理模式探析——来自台湾"书院制"的启示	《山东农业工程学院学报》2015年第8期
管金星	通识教育：现代大学书院制改革的"生命"——以肇庆学院为例	《四川职业技术学院学报》2015年第2期
谭树林	英华书院之印刷出版与中西文化交流	《兰州教育学院学报》2015年第5期
翟　丽	基于微课视角对岳麓书院建筑特点教学设计的探析	《亚太教育》2015年第27期
熊晓庆	经正：广西最大的木制书院——广西木制建筑赏析之十	《广西林业》2015年第6期
黎文丽	清代陕北书院办学经费探略	《榆林学院学报》2015年第5期
颜　冬	北宋时期书院园林景观艺术考究	《兰台世界》2015年第18期
潘明明	宋代书院对我国现今高等教育的启示	《学理论》2015年第5期
燕倩倩	境界入怀——评刘建华新作《尼山书院的二十六堂国学课》	《博览群书》2015年第7期
薛明磊	古代书院的学生管理研究	《兰台世界》2015年第34期
薛明磊 王　硕	古代书院经费来源及对现代大学基金运作的启示	《兰台世界》2015年第27期
冀满红 吕　霞	传统与经世：梁鼎芬与丰湖书院	《惠州学院学报》2015年第1期
魏红翎	尊经书院读书日程考	《中华文化论坛》2015年第5期
魏　珂	宋元时期书院的藏书活动研究	《兰台世界》2015年第28期
魏恒顺 杨　威	书院制模式下高校医学生医德教育新路径探析——以西安交通大学书院制为例	《中国医学伦理学》2015年第4期

2016 年

作　者	篇　　名	来　　源
丁功谊	白鹭洲书院的兴建背景与历史兴衰	《荆楚学刊》2016年第1期

续表 1

作　者	篇　　名	来　　源
丁功谊	白鹭洲书院的办学理念与文化影响	《荆楚学刊》2016 年第 2 期
丁占英 何　尊 刘芳溢	书院制高校内学生民主管理模式浅析	《管理观察》2016 年第 10 期
丁　钢	讲学方式与空间组构演变的教育意蕴	《探索与争鸣》2016 年第 2 期
于小艳 陈安娜	中国书院的空间文化——当前大学文化建构与大学校园建设的反思	《高教探索》2016 年第 2 期
于述胜	尊严师道、敦品砺行：宋代书院中的师道精神	《人民论坛》2016 年第 25 期
于　莉 王盼盼	教师书院：教师职业个性成长的精神家园	《现代教育》2016 年第 8 期
于晓红	二程与嵩阳书院	《新西部》（理论版）2016 年第 7 期
于雪彤	我国古代书院制度的演变及其对现代教育的启示	《文学教育》（下）2016 年第 2 期
马永生 马　超	一年级书院制背景下的学长制朋辈教育实践与思考——以潍坊学院弘德书院为例	《潍坊学院学报》2016 年第 4 期
马亚丹	湿地书院·诗意研习——浙江大学紫金港校区西区规划设计方案构思探讨	《华中建筑》2016 年第 10 期
马利文	竺可桢对王阳明书院精神的传承与创新	《浙江万里学院学报》2016 年第 6 期
丰向日	20 世纪二三十年代的教育机会平等观念	《教育评论》2016 年第 3 期
王小荣 任福全	保定莲池书院的文化发展研究	《兰台世界》2016 年第 11 期
王丰丰	漳浦古代教育史迹考	《海峡教育研究》2016 年第 3 期
王丰丰 商艺虹	云霄古代教育史迹考	《海峡教育研究》2016 年第 4 期
王元珍	厦门社区书院国学教育现状与对策探析	《厦门理工学院学报》2016 年第 6 期
王元晖	翔安社区书院塑造群众共同精神	《厦门日报》2016 年 1 月 8 日
王风雷 王富俊	书院制学生管理模式在高校中的发展现状探究	《智能城市》2016 年第 10 期

续表 2

作　者	篇　名	来　源
王　丹	关于书院开展创新创业教育的调查报告	《佳木斯职业学院学报》2016 年第 5 期
王　丹	浅谈书院制模式下如何开展大学生的心理健康教育——以肇庆学院为例	《新课程研究》（中旬刊）2016 年第 6 期
王　丹	书院学生的创新创业教育的实践与探索	《才智》2016 年第 22 期
王凤娥 刘　源	"历山公"千奴与历山书院的历史成就	《菏泽学院学报》2016 年第 6 期
王立斌	鹅湖朱子之路上的"论辩唱和"	《博览群书》2016 年第 2 期
王永宏	《嵩阳书院志》所见书院史迹考	《中原文物》2016 年第 2 期
王亚凤	深受佛教影响的书院文化	《中国民族报》2016 年 4 月 19 日
王伦刚	"一体两翼"学生管理服务模式的探索与思考——以潍坊学院弘德书院为例	《潍坊学院学报》2016 年第 5 期
王宇星	试谈书院制在培养大学生价值观中的功能	《党史博采》（理论）2016 年第 5 期
王安琪 张　洁	基于书院制的高校全程化就业指导模式探析——以南京审计大学为例	《四川省干部函授学院学报》2016 年第 4 期
王志刚	古代书院教育对现代大学精神建设的启迪	《内蒙古社会科学》（汉文版）2016 年第 3 期
王　欣	秀容书院的创建及对忻州教育的影响	《忻州日报》2016 年 11 月 27 日
王胜军	儒学官僚与"夷夏之辨"——以王阳明开启贵州书院为中心的考察	《贵州师范大学学报》（社会科学版）2016 年第 2 期
王胜军 韩金晶	黄舒昺书院讲学述论	《贵州师范学院学报》2016 年第 4 期
王胜军	龙冈书院：成就王阳明的第一声呐喊	《博览群书》2016 年第 7 期
王胜军	明清时期西南书院祭祀与儒学传播	《贵州社会科学》2016 年第 9 期
王莹莹	浅谈古代书院制度对地方本科院校师范生教育管理的启示	《高教论坛》2016 年第 3 期
王晓天	新发现《岳麓、城南二书院条规》及其价值	《湘潭大学学报》（哲学社会科学版）2016 年第 3 期
王　婧	甬上证人书院建筑的文化意向浅谈	《设计》2016 年第 16 期

续表3

作　者	篇　　名	来　源
王　琪	现代大学书院建设管窥——基于英国住宿学院的解构与反思	《中国成人教育》2016 年第 20 期
王博凯　贾俊侠	西安碑林藏柏景伟《关中书院学规》初探	《唐都学刊》2016 年第 4 期
王喜旺	教育家张之洞新论	《河北师范大学学报》（教育科学版）2016 年第 5 期
王　澜	新型书院制模式下的学生组织发展研究	《亚太教育》2016 年第 22 期
中国第一历史档案馆	清代台湾教化档案选编	《历史档案》2016 年第 2 期
方彦寿	朱世泽与《考亭志》辨正	《湖南大学学报》（社会科学版）2016 年第 2 期
方家胜	书院制下创新开展学生社区党建工作加强发挥学生党员先锋模范作用的模式探索——以南京审计大学润园书院为例	《亚太教育》2016 年第 8 期
孔文迪　李　想　王家华	书院模式下多层次导师工作机制设计与实践	《天津市教科院学报》2016 年第 5 期
孔令彬	《清代韩山书院掌教一览表》补正	《韩山师范学院学报》2016 年第 2 期
邓　建	王阳明的流寓人生、书院情结与心学建构	《文艺评论》2016 年第 12 期
邓　建	中国古代书院与流寓文化关系刍论	《理论月刊》2016 年第 9 期
邓洪波	书院：传承千年的中华文脉（上）	《中国纪检监察报》2016 年 3 月 21 日
邓洪波	书院：传承千年的中华文脉（下）	《中国纪检监察报》2016 年 3 月 28 日
邓洪波　赵路卫	"弃弓马而就诗书"：元代蒙古、色目人与书院建设	《内蒙古社会科学》（汉文版）2016 年第 2 期
邓洪波　颜　为	石鼓书院：湖湘学派的重要基地	《湖南大学学报》（社会科学版）2016 年第 2 期
邓振军　张　欣	当代文化视野下书院功能的现代转换	《闽南师范大学学报》（哲学社会科学版）2016 年第 3 期
邓敏杰　邓　韬	广西书院钩沉（一）	《广西地方志》2016 年第 5 期
邓敏杰　邓　韬	广西书院钩沉（二）	《广西地方志》2016 年第 6 期

续表4

作　者	篇　名	来　源
左　伟 王　红	古代书院祭祀的发展变迁与教育意涵	《教育研究与实验》2016年第5期
卢佳林	明清徽州书院的规约制度研究	《鸡西大学学报》2016年第1期
卢　萍	高校学生社区书院制管理模式路径探析	《人才资源开发》2016年第14期
叶芳芳	书院制视角下地方高校学生管理模式创新——以绍兴文理学院为例	《绍兴文理学院学报》（教育版）2016年第2期
叶　澜	明清徽州书院建筑雕饰的常规主题与文化意蕴	《开封大学学报》2016年第3期
田建荣	评《北京书院史》	《中国史研究动态》2016年第5期
史飞翔	钱穆与新亚书院	《档案记忆》2016年第12期
包桂影 张媛媛 李小俊	中国书院和欧洲中世纪大学教育发展轨迹研究——以封龙书院和巴黎大学为例	《石家庄铁道大学学报》（社会科学版）2016年第1期
冯　兵	朱熹与金门书院	《光明日报》2016年4月11日
兰　军 邓洪波	王学在杭州书院的传播	《中国文化研究》2016年第2期
成晓越	浅析书院制模式下高校团学工作的特点	《教育现代化》2016年第6期
吕兵兵	浅谈书院制模式下的高校现状及存在的问题	《卷宗》2016年第3期
朱汉民	范仲淹的庆历兴学与书院教育	《湖南大学学报》（社会科学版）2016年第2期
朱杰人	传统书院的当代复兴	《中华读书报》2016年10月26日
朱晓雯 李　畅	书院建筑之"礼"与我国传统教学环境的教化功能	《教育文化论坛》2016年第4期
朱　清	朱熹与书院文化	《学术评论》2016年第5期
乔秋敏 魏伟新	白鹿洞书院旅游资源分类及评价	《九江学院学报》（社会科学版）2016年第2期
任小燕	清代传统书院董事制度及其流变的历史考察	《教育学报》2016年第6期
任文利	书院与官学教育——以明代为例	《天府新论》2016年第4期
刘大卫	基于古代书院教学特点的创新型课堂建构	《中国培训》2016年第16期

续表 5

作　者	篇　名	来　源
刘心平	"书院"的产生发展给当代小学语文教育的启示	《亚太教育》2016 年第 27 期
刘昌玉	书吏与书院：两河流域与浙江古代私学教育之比较	《浙江教育科学》2016 年第 5 期
刘建刚　周　剑	地方戏曲文化传承新思路——以广西南宁市新会书院邕剧为例	《艺术评论》2016 年第 12 期
刘艳伟　金生杨	清代的县级书院——以南部县鳌峰书院为中心的研究	《地方文化研究》2016 年第 5 期
刘艳伟　张小玲	莲池书院：目睹清王朝的变局	《博览群书》2016 年第 12 期
刘晓飞　廉武辉	古代书院教育对研究生培养的启示	《郧阳师范高等专科学校学报》2016 年第 5 期
刘晓敏　刘长宽	试论书院传统沁入当代高等教育的五种样态	《南昌师范学院学报》2016 年第 5 期
刘　爽	百泉书院园林造园要素及空间研究	《江西建材》2016 年第 20 期
刘雪飞	"图书馆＋书院"公共文化服务模式探析	《科技视界》2016 年第 21 期
刘富道	紫阳书院光照江汉	《武汉文史资料》2016 年第 12 期
刘　磊	高校书院制改革刍议——以"经典阅读"为中心	《齐鲁师范学院学报》2016 年第 2 期
刘　熠	官府与民间的离合：清末四川基层书院改办学堂的历程	《学术月刊》2016 年第 8 期
齐　晶　沈　杰	论书院制背景下核心价值观教育的创新模式——以潍坊学院明志书院"五个三工程"的探索与实践为例	《潍坊学院学报》2016 年第 1 期
闫俊霞	明清河南书院园林设计符号研究	《艺术教育》2016 年第 7 期
许式丹	传统书院现代转型的探索与实践——以福建省图书馆正谊书院为例	《中共福建省委党校学报》2016 年第 7 期
许关喜	明清时期邯郸地区书院时空分布研究	《铜陵职业技术学院学报》2016 年第 3 期
许丞栋	从宋诗看宋代书院的选址环境与功能	《河北学刊》2016 年第 3 期
许怀林	匡山书院与"南宫义举"的由来与价值	《河北大学学报》（哲学社会科学版）2016 年第 6 期
阮浩衡	略述东莞翟氏与书院的历史渊源	《老区建设》2016 年第 24 期

续表 6

作　者	篇　名	来　源
孙正嘉	学科交叉型书院学生职业生涯辅导体系构建研究——以苏州大学敬文书院为例	《新丝路》（下旬）2016 年第 1 期
孙正嘉	基于导师制的大学生创新创业教育实践研究——以苏州大学敬文书院为例	《人才资源开发》2016 年第 4 期
孙　宇	宋代书院与欧洲中世纪大学之比较	《亚太教育》2016 年第 24 期
孙吟吟张新明	高校公共艺术教育教学研究与实践初探——以南京航空航天大学砚湖书院模式为例	《工业和信息化教育》2016 年第 4 期
孙君洁	学生书院廉政文化教育的探索与实践	《传承》2016 年第 8 期
孙爱丽	儋州东坡书院现状及开发建议	《旅游纵览》（下半月）2016 年第 8 期
严泽康	朱熹与白鹿洞书院	《旅游纵览》（下半月）2016 年第 1 期
李凤玮	非正统教育组织形式的生存环境——以英国私立学园和中国书院为例	《扬州大学学报》（高教研究版）2016 年第 5 期
·李光生	宋代书院藏书论略	《河南科技学院学报》2016 年第 3 期
李光生	宋代书院记的文化阐释	《兰州学刊》2016 年第 6 期
李阳阳	浅析清代河北书院普遍发展的历史背景	《当代教育实践与教学研究》2016 年第 3 期
李秀芳	明清大理白族地区书院教育的流变及其特点	《大理大学学报》2016 年第 1 期
李　兵邹艳妮	清末科举：实践背离严密制度的困局——以一个应会试的书院老师的视角	《湖南大学学报》（社会科学版）2016 年第 2 期
李　明	从朱子《白鹿洞书院揭示》看纲常儒教	《人文天下》2016 年第 15 期
李政坤	"书院制"模式下关于大学生职业生涯规划指导若干思考	《亚太教育》2016 年第 35 期
李　娜周　游章延文	大类招生与书院制对大学生的影响研究——以北京联合大学为例	《科教文汇》（中旬刊）2016 年第 1 期
李艳霞金波昌	住宿书院模式下实施学业导师制度的思考——以潍坊学院为例	《潍坊学院学报》2016 年第 4 期
李晓宇	尊经书院与近代中国的激变	《博览群书》2016 年第 10 期

续表 7

作　者	篇　名	来　源
李盛幸	岳麓书院建筑的隐性德育价值及启示	《求索》2016 年第 1 期
李盛幸 姜正国	以理义悦其心：岳麓书院学规对当代高校学生手册的启示	《大学教育科学》2016 年第 1 期
李雪阳	书院制下的学生安全队伍新模式——以浙江科技学院安吉校区书院管理自律梯队为例	《亚太教育》2016 年第 17 期
李清华	张之洞经世致用思想对广雅书院的影响	《海峡教育研究》2016 年第 1 期
李绪明	书院文化滋润下的石华教育	《亚太教育》2016 年第 11 期
李　斌 吴才茂 王　健	从《创建蔚文书院官绅士民捐输碑》看清代清水江流域的书院教育	《原生态民族文化学刊》2016 年第 3 期
李媛媛	秦东古书院发展及教育文化功能浅说	《渭南师范学院学报》2016 年第 14 期
杨　阳 肖狄虎	基于情感体验的岳麓书院创意产品设计	《包装工程》2016 年第 4 期
杨闵敏 刘　璐	白鹿洞书院文化在九江公共空间设计中的传承	《艺术科技》2016 年第 3 期
杨放敏 尹　曦	书院制学生管理模式初探——以南京审计大学为例	《大学教育》2016 年第 12 期
杨铮铮	神圣与教化——岳麓书院文化之宗教精神探微	《学术论坛》2016 年第 4 期
杨毅丰	晚清书院改制学堂的嬗变：以四川为例	《贵州文史丛刊》2016 年第 2 期
庞思纯	关心贵州文教的三位入黔官员	《教育文化论坛》2016 年第 6 期
肖延安 田永德	明清潍县书院研究	《人文天下》2016 年第 19 期
肖忠生	林则徐与鳌峰书院	《海峡教育研究》2016 年第 2 期
肖　峰	试论古代书院教育对当今教育的影响	《科技创新导报》2016 年第 20 期
肖　啸 舒　原	关中书院：会当洙泗风，郁郁满秦川	《博览群书》2016 年第 9 期
吴　丹	明清时期黔东地区教育的发展	《怀化学院学报》2016 年第 10 期
吴　丹	明清时期黔东地区教育发展的概况	《文史博览（理论）》2016 年第 12 期

续表 8

作　者	篇　　名	来　源
吴仰湘 全淑凤	高水平研究型大学本科生学业导师的职责定位与工作方向——基于湖南大学岳麓书院本科生学业导师制的思考	《大学教育科学》2016 年第 5 期
吴国富	王阳明之白鹿洞书院聚讲	《博览群书》2016 年第 5 期
吴洪成 王培培 王亚平	宋代重庆书院探析	《重庆高教研究》2016 年第 1 期
吴洪成 王　蓉	古代河北沧州书院初探	《邯郸学院学报》2016 年第 1 期
吴洪成 刘平平	冀东北古代书院探析	《河北科技师范学院学报》（社会科学版）2016 年第 4 期
吴洪成 任志惠	张家口古代书院探析	《衡水学院学报》2016 年第 4 期
吴洪成 王培培	明代重庆书院考论（上）	《石家庄学院学报》2016 年第 4 期
吴洪成 王培培	明代重庆书院考论（下）	《石家庄学院学报》2016 年第 5 期
吴洪成 周　旋	古代河北书院办学特色探析	《保定学院学报》2016 年第 5 期
吴洪成 王培培	近代重庆书院改制述评——纪念书院改制 115 周年	《沈阳师范大学学报》（社会科学版）2016 年第 6 期
吴高林	岭南新书院，书香满校园——中山市板芙镇湖洲小学设计	《建筑知识》2016 年第 9 期
吴增礼	"为学者而设"——古代书院学规特点	《井冈山大学学报》（社会科学版）2016 年第 3 期
吴　薇 杨艳红	立德树人：书院制下师范生养成教育的探索与实践——以华东师范大学孟宪承书院为例	《教师教育研究》2016 年第 5 期
邱舒婷 李上志 杜欢欢 曾　理	楠溪江古村落建筑风环境分析——以芙蓉书院为例	《制冷与空调（四川）》2016 年第 3 期
何　岩 王　雪	建筑动画和书院文化	《四川水泥》2016 年第 5 期
何敏静	基于地方高校书院活动构建实践育人长效机制研究	《佳木斯职业学院学报》2016 年第 8 期

续表 9

作　者	篇　　名	来　　源
何淑娟	书院制管理模式下辅导员育人工作新机制研究	《赤峰学院学报》（自然科学版）2016年第 7 期
何　尊 杨晓英	书院制培养模式下的大学生公民意识教育研究	《管理观察》2016 年第 9 期
何　毅	现代大学书院的内涵、产生背景及存在逻辑	《现代教育管理》2016 年第 6 期
余智鸣	清代书院的碑学教育与传播	《中国书法》2016 年第 16 期
汪凤娟 周　慧	试论江西书院的社会影响与现代启示	《老区建设》2016 年第 12 期
汪德彪 康丽娜 杨兆美 杨　琰	明清大理书院碑刻史料探析	《大理大学学报》2016 年第 1 期
沈中印 魏伟新	白鹿洞书院教育对当今高校人文素质课程教学改革的启示	《山西青年职业学院学报》2016 年第 3 期
沈中印 包艳杰	古代书院教育对现代高等教育的启示——兼论白鹿洞书院对九江学院的借鉴	《潍坊工程职业学院学报》2016 年第 5 期
宋琦琳	香港中文大学书院制度的思考	《文化学刊》2016 年第 1 期
张小玲 赵　伟	石鼓书院：千年盛衰皆由人起	《博览群书》2016 年第 11 期
张中豹 杨倩茹	古代书院职能对农村社会教育的启示	《才智》2016 年第 20 期
张巧玲	高校辅导员角色发展的路径创新——基于南京审计大学润园书院项目组的实践	《高教论坛》2016 年第 10 期
张正垠	我国高校书院制改革的探索与思考	《太原城市职业技术学院学报》2016年第 3 期
张　帅 李　雄	中国古代书院理水中的儒家思想初探	《建筑与文化》2016 年第 3 期
张发祥	清代抚州书院经费来源探析	《东华理工大学学报》（社会科学版）2016 年第 4 期
张邦炜	宋代学校教育的时代特征——着眼于唐宋变革与会通的观察	《四川师范大学学报》（社会科学版）2016 年第 5 期
张仲广 王梦亭 赵祥宁	论古代书院教学对高校思政课教学的启示	《学理论》2016 年第 3 期

续表 10

作　者	篇　名	来　源
张仲广 李　巍 崔　丽 刘　莉 张海桐	书院教育理念下高校思政课"三人"教学模式探究	《学理论》2016 年第 10 期
张羽琼	浅谈明清时期贵州书院的祭祀	《教育文化论坛》2016 年第 1 期
张羽琼	清代贵州书院时空分布特点探析	《孔学堂》2016 年第 2 期
张佐良	孙奇逢讲学百泉书院子虚乌有考	《河南科技学院学报》2016 年第 11 期
张希琛	书院制模式下大学生主体意识的培养	《山东工会论坛》2016 年第 6 期
张应强 方华梁	从生活空间到文化空间：现代大学书院制如何可能	《高等教育研究》2016 年第 3 期
张劲松	论清代书院的助学制度	《大学教育科学》2016 年第 1 期
张劲松	萍乡宗濂书院考略	《萍乡学院学报》2016 年第 2 期
张劲松	从东佳书堂到敷阳书院：中国古代书院发展的一个历史缩影	《南昌师范学院学报》2016 年第 2 期
张劲松	近十年来国内书院文化旅游研究述评	《河北旅游职业学院学报》2016 年第 4 期
张劲松	论清儒沈近思与临颍紫阳书院	《河南科技大学学报》（社会科学版）2016 年第 6 期
张劲松	四库本《河南通志》关于柘城紫阳书院的误记问题	《商丘师范学院学报》2016 年第 10 期
张若梅 刘　阳	现代书院空间设计研究	《现代教育科学》2016 年第 7 期
张卓文	论侣山堂书院	《浙江中医药大学学报》2016 年第 9 期
张　依	高校学生公寓创业教育模式研究——基于"书院制"的构想	《创新与创业教育》2016 年第 4 期
张　怡 薛海波	驻徐高校大学生国学素质提升研究——以彭城书院为例	《现代交际》2016 年第 22 期
张建亮	熵视阈下古代书院与现代大学的对接与融合	《江苏第二师范学院学报》2016 年第 2 期
张　贺 杨慧瑛 周健恺 丁洁琼	现代大学书院文化建设探索	《现代商贸工业》2016 年第 10 期

续表11

作　者	篇　名	来　源
张根华	清代福州致用书院藏书研究	《三明学院学报》2016 年第 1 期
张晓婧	中国传统书院文化对现代高等教育的启示	《江苏高教》2016 年第 1 期
张晓婧	中国传统书院的仪式教育活动及其现代价值	《高教探索》2016 年第 6 期
张晓婧 乔　凯	中国传统书院仪式活动的特点、价值及其当代启示	《西南民族大学学报》（人文社科版）2016 年第 7 期
张　健 吴　倩	清代辽沈地区书院与学宫景观环境探究	《沈阳建筑大学学报》（社会科学版）2016 年第 6 期
张雪梅	清末陕南地区的书院改制	《人民论坛》2016 年第 8 期
张朝登 许碧琴	基于校企融合视域下的高职书院制校园文化建设	《现代国企研究》2016 年第 10 期
张晶蕊 曹　磊 张荔蕊	本源记忆——封龙书院复建工程项目解析	《古建园林技术》2016 年第 2 期
张　燕	基于高校思想政治教育创新视角下的书院制发展模式研究	《教育现代化》2016 年第 10 期
张　燕	文化传承与知识探究——中国传统书院与西方现代大学高等研究院之比较研究	《教育教学论坛》2016 年第 23 期
陈仁仁	传统书院教育理念与我国现代大学教育改革	《唐都学刊》2016 年第 5 期
陈　仙	李相海韩国书院建筑研究	《中外建筑》2016 年第 7 期
陈汉辉 张朝登 肖亚聪	书院制模式下学生党员导生制工作模式探讨	《才智》2016 年第 32 期
陈永华 李新安 魏　波	少数民族医学生社会化教育模式的探索与实践——以西安交通大学启德书院为例	《医学教育研究与实践》2016 年第 6 期
陈民喜	百粤冠祠，七绝技艺——广州陈氏书院古典建筑装饰艺术欣赏	《中外建筑》2016 年第 3 期
陈百华 李承阳	尼山书院，图书馆的"时尚"与坚守	《人文天下》2016 年第 13 期
陈宇慧	古代书院义田功能探析	《亚太教育》2016 年第 17 期
陈宇慧	古代书院义田来源探析	《商》2016 年第 14 期
陈安民	问津书院彰显的三个价值维度	《湖南第一师范学院学报》2016 年第 1 期

续表 12

作　者	篇　名	来　源
陈　杰 杨雅君	古代书院藏书探析	《科技视界》2016 年第 24 期
陈俭喜 林雯雯	民国闹剧：武汉问津书院产权之争	《档案记忆》2016 年第 12 期
陈起莹 龚　鑫 李　羚 范文文 方健健 薛明丽	书院文化对当代中小学教育的启示	《教育教学论坛》2016 年第 46 期
陈　凌	东佳书堂考	《南昌师范学院学报》2016 年第 2 期
陈　琛	古代书院的"完人教育"及其现代价值	《唯实》（现代管理）2016 年第 5 期
陈朝晖	书院孝文化传播的当代价值	《青年记者》2016 年第 6 期
邵　群	万松书院：一个关乎"梁祝"的传说与传承	《博览群书》2016 年第 4 期
范昕伟	书院文化与中华古典传播体系的承继和复兴	《河南财政税务高等专科学校学报》2016 年第 1 期
林晓忠	多方协同共促书院优化发展——以肇庆学院为例	《开封教育学院学报》2016 年第 3 期
林联勇	清代永春梅峰书院	《福建史志》2016 年第 6 期
欧阳勇锋 冯汝榕	基于文化真实性的农村废弃建筑再生利用——以田东县远街屯村史馆和书院改造设计为例	《绿色科技》2016 年第 9 期
欧阳瑜忆	广西师大重建秀峰书院，推动传统文化教育传播	《出版广角》2016 年第 22 期
明成满	中国古代书院德育环境及对当代高校德育的启示	《河北师范大学学报》（教育科学版）2016 年第 3 期
罗永全	二级学院与社区书院的公民教育联动机制——以肇庆学院为例	《肇庆学院学报》2016 年第 1 期
周小萍	碎片化阅读对书院经典阅读的影响及对策研究——以南京审计大学为例	《市场周刊》（理论研究）2016 年第 7 期
周秀丽	书院制下辅导员职业能力提升的 SWOT 分析	《教书育人》（高教论坛）2016 年第 30 期
周怀文	古代江南地区书院教学对现代职教的启示	《人力资源管理》2016 年第 11 期

续表13

作　者	篇　　名	来　　源
周忠杰	"中国书院"教育思想对高等教育改革的启示	《科教导刊》（上旬刊）2016年第5期
周　柯	岳麓书院乐教传承演变性初探	《戏剧之家》2016年第6期
郑晋鸣	南京审计大学：书院制架起通识与专才的桥梁	《光明日报》2016年3月28日
郑晨寅	漳州书院文化探论	《寻根》2016年第3期
孟义昭	清代钟山书院的各项制度及其运作	《历史档案》2016年第1期
孟义昭	卢文弨掌教钟山书院时间考辨	《江海学刊》2016年第1期
孟义昭	李联琇任钟山书院院长时间考	《江海学刊》2016年第5期
孟玲玲	书院制模式下大学生领导力培育机制研究	《领导科学》2016年第17期
赵永刚	王阳明《答毛拙庵见招书院》笺释	《古典文学知识》2016年第5期
赵　刚	银冈书院的社会影响与历史贡献探究	《辽宁师专学报》（社会科学版）2016年第5期
赵　伟 邓洪波	惟楚有材，于斯为盛——那些传承岳麓书院学脉的人	《博览群书》2016年第1期
赵　伟 拓　夫	"沧海何曾断地脉，白袍端合破天荒"——记海南东坡书院	《博览群书》2016年第8期
赵国权 周洪宇	祠学璧合：两宋书院祠祀活动及其价值期许	《北方论丛》2016年第2期
赵国栋	宋代书院教育对现代成人教育教学的启示	《当代继续教育》2016年第3期
荣骏炎	洛闽中枢，继往开来——东林书院学脉上溯	《博览群书》2016年第6期
胡月华	我国新型书院制研究——以苏州大学唐文治书院为例	《办公室业务》2016年第22期
胡志玲 熊　嘉	中国书院教育对现代人才培养的启示	《教育现代化》2016年第33期
胡建伟	民办本科院校优秀人才培养探索——以浙江树人大学家扬书院为例	《浙江树人大学学报》（人文社会科学版）2016年第1期
胡荣明	空间与记忆：鹅湖之会的地方性叙事	《湖南大学学报》（社会科学版）2016年第2期
柯小刚	书院作为现代社会通识教育的形式：以古典书院为例	《湖南师范大学教育科学学报》2016年第1期

续表14

作　者	篇　名	来　源
姜传同 程　慧	书院文化活动项目化管理模式的实践与探索——以肇庆学院为例	《法制与社会》2016 年第 19 期
姜益琳 刘书增	书院制视域下浙江地方院校思想政治教育机制建构研究——基于中国梦教育为研究基准	《湖南城市学院学报》（自然科学版）2016 年第 1 期
洪银香 朱汉民	南宋理学与书院教育宗旨	《湖南大学学报》（社会科学版）2016 年第 2 期
宫嵩涛	嵩阳书院：程朱理学发祥地之一	《博览群书》2016 年第 3 期
费晓洁 刘　聪	古代书院教育对实施通识教育的启示	《赤峰学院学报》（自然科学版）2016 年第 1 期
秦　玮	论宋代的书院和书院赋	《辽东学院学报》（社会科学版）2016 年第 1 期
袁仕勖 江星敏	明清时期书院的经费筹措与管理初探——以黔东南书院为例	《湖北第二师范学院学报》2016 年第 12 期
袁志敏	邢台紫金山书院述略	《邢台学院学报》2016 年第 1 期
贾　光 徐泽源	陪都南京对应天书院建立发展的作用及影响	《商丘职业技术学院学报》2016 年第 3 期
贾　勇	"学院＋书院"模式下自媒体文苑的创新实践	《劳动保障世界》2016 年第 2 期
贾艳艳 唐晓岚	海南儋州东坡书院园林艺术探析及其品质提升	《海南大学学报》（自然科学版）2016 年第 1 期
夏亚飞	《宋史·选举志》"御书院"考	《中国史研究》2016 年第 1 期
夏　冰	中国传统文化的传承——"图书馆＋书院"模式的作用及其发展途径	《人文天下》2016 年第 24 期
晏维龙	大学书院改革的逻辑	《中国高等教育》2016 年第 20 期
徐永文 胡　青	书院文化资源保护与利用范式研究——以江西为考察中心	《江西社会科学》2016 年第 6 期
徐艳文	古朴典雅的岳麓书院建筑群	《中华建设》2016 年第 12 期
徐燕鲁	传统文化、书院精神与企业家	《企业管理》2016 年第 2 期
殷　慧	思想共识与文化自信——岳麓书院教育传统与本科生导师制	《大学教育科学》2016 年第 5 期
翁少娟	中国古代书院学礼的现代价值——以当前高校礼仪教育为视角	《钦州学院学报》2016 年第 8 期
翁　浩	"学区制"模式下大学生德育研究——以"书院制"为参照	《科教导刊》（下旬）2016 年第 5 期

续表 15

作 者	篇 名	来 源
翁筱曼	文学地理学视野下的晚清学海堂文学教学	《学术研究》2016 年第 8 期
凌飞飞	石鼓书院的历史地位与作用	《衡阳师范学院学报》2016 年第 1 期
高天旭 曾昭君 赵静洁 刘 欢 高一宽 李卓亚	巴蜀地区书院建筑的价值探索与保护利用	《价值工程》2016 年第 3 期
高 文	论"湖南东大门"发展战略中的软实力——以湘东书院文化为例	《湖南工业大学学报》（社会科学版）2016 年第 4 期
高华夏 刘学智	论清末关中学人对理学的传承与反思——以牛兆濂学术思想为中心	《贵州社会科学》2016 年第 9 期
高 军 睦国荣	古代书院独立人格教育的策略与启示	《开封教育学院学报》2016 年第 2 期
郭凤花	从《白鹿洞书院揭示》看高校校训的相似性	《科教文汇》（上旬刊）2016 年第 3 期
郭建勋	莆田书院文化对古代莆籍"仕人群体"人生价值观的历史影响	《福建省社会主义学院学报》2016 年第 4 期
郭琳琳 都 敏	民办高校基于书院制背景下的教学改革模式探究	《科技展望》2016 年第 29 期
郭 瑞 李富荣	"尼山书院＋非遗保护"模式对传统文化传承与发展的促进作用	《人文天下》2016 年第 7 期
唐 旭	书院教育可为语文教学提供借鉴	《中国社会科学报》2016 年 4 月 21 日
唐国华 江 丽 李晨韵	大学书院制：创新型人才培养模式的有益探索	《教育观察》（上半月）2016 年第 7 期
黄玉顺	当代国学院及书院的任务	《衡水学院学报》2016 年第 5 期
黄汉昌	书院制——大学生德育新模式的探索与实践	《高教学刊》2016 年第 21 期
黄 羽	国际学校发展对教育公平的影响与启示——以弘立书院为例	《领导科学论坛》2016 年第 23 期
黄明光 吴先勇	清朝广西壮族地区书院快速发展的表现及原因	《创新》2016 年第 5 期
黄建年 陶茂芹	书院志归类研究：以方志和地方文献目录为例	《图书馆理论与实践》2016 年第 3 期

续表16

作　者	篇　名	来　源
黄南婷 陈莉芬	江西书院人文教育资源的开发与利用	《九江学院学报》（社会科学版）2016年第4期
黄南婷 谢六英	一个奇迹的存在：江西书院文化的山水情怀	《江西广播电视大学学报》2016年第4期
黄显功	晚清课艺文献与《格致书院课艺》	《文汇报》2016年3月7日
黄思记	程颢、程颐书院教育活动考证及其历史影响评析	《安阳师范学院学报》2016年第4期
黄俏丽 黄凌玉 易　挺 薛　莹 黄丽珍	基于中国书院文化的卫浴产品创新设计	《企业导报》2016年第13期
黄冠平	基于学科交叉的书院制创新创业教育体系构建研究——以苏州大学敬文书院为例	《新丝路》（下旬）2016年第3期
黄娇姣	对于复旦大学书院制通识教育核心课程改革的思考	《改革与开放》2016年第6期
黄　鹏	香港中文大学与苏州大学书院制比较研究	《无锡职业技术学院学报》2016年第2期
黄　鹏	香港中文大学的书院制及其启示	《赤峰学院学报》（汉文哲学社会科学版）2016年第5期
黄漫远	黄道周与晚明书院学人气节论	《海峡教育研究》2016年第2期
黄漫远	我国书院研究的知识图谱分析——基于CNKI学术期刊2005－2014年数据	《东南学术》2016年第5期
龚晓会 邓建兴 包月英	中国传统书院品格教育之启示	《邯郸学院学报》2016年第2期
龚晓会 包月英 邓建兴	现代书院品格教育之实践——以河北工程大学科信学院甘丹书院为例	《河北工程大学学报》（社会科学版）2016年第3期
常　新	明清关中书院与文学	《长安大学学报（社会科学版）》2016年第2期
梁俊凤 顾　蓉	书院制下"朋辈教育"与新生适应性的提高	《高校辅导员学刊》2016年第4期
梁晓梅	赓飚书院与六安"三农"	《文化学刊》2016年第3期

续表17

作　者	篇　名	来　源
董卓宁 齐建立	"双一流"建设背景下现代书院个性化教育研究——以北京航空航天大学为例	《思想教育研究》2016年第6期
董剑云	傅山与三立书院	《文史月刊》2016年第1期
董剑云	李用清与晋阳书院	《文史月刊》2016年第2期
董剑云	吕柟与解梁书院	《文史月刊》2016年第3期
董剑云	陶镛与沾城书院	《文史月刊》2016年第4期
董剑云	李惟馨与雄山书院	《文史月刊》2016年第5期
董剑云	李士淳与翔山书院	《文史月刊》2016年第6期
董剑云	陶易与嘉山书院	《文史月刊》2016年第7期
董剑云	王秉韬与崇实书院	《文史月刊》2016年第8期
董剑云	栗毓美和恒麓书院	《文史月刊》2016年第9期
董剑云	朱采与西河书院	《文史月刊》2016年第10期
董剑云	程豫与清徐书院	《文史月刊》2016年第11期
董剑云	陈封舜与望洛书院	《文史月刊》2016年第12期
董　晨 党圣元	南宋书院酬唱之风及其诗学问题	《甘肃社会科学》2016年第2期
董　霈	传承书院文化，构建和美课堂——绍兴市蕺山小学和美课堂理念的诠释与实践探索	《第三届世纪之星创新教育论坛论文集》2016年2月
蒋邢飞 俞建平 宋水均 吴鹤群 成晓越	书院制学生管理与教育模式的创新与实践——以浙江科技学院安吉校区为例	《浙江科技学院学报》2016年第2期
蒋建国	晚清阅报组织与公共读报活动的发展	《社会科学战线》2016年第2期
韩凌燕	传统书院在近代的变革	《中国校外教育》2016年第28期
韩勤涛	清代河北书院的地域分布特征	《学周刊》2016年第16期
覃　勤 王子夫	乡村书院——乡村旅游扶贫工作的新思路	《旅游纵览》（下半月）2016年第12期
喻　洪 罗　列	书院制改革视角下高校职业指导路径探析	《科教导刊》（中旬刊）2016年第12期

续表 18

作　者	篇　　名	来　源
程方平 王艳芳	中国书院复兴的当代价值	《中国地质大学学报》（社会科学版）2016 年第 5 期
程嫩生	论清代书院教育与桐城派发展	《甘肃社会科学》2016 年第 6 期
程嫩生	明清书院歌诗活动	《求索》2016 年第 6 期
傅生生 蔡俊颜	闽西传统书院保护及其现代价值传承研究	《闽西职业技术学院学报》2016 年第 3 期
曾　江	尊经书院：近代蜀学从这里复兴	《中国社会科学报》2016 年 8 月 19 日
温　旭	以书院制管理模式优化少数民族大学生教育管理机制探究	《思想政治课研究》2016 年第 3 期
温茜玥	高等院校书院制建筑历史研究及启示	《建筑与文化》2016 年第 9 期
谢才生	建瓯历代书院考略	《福建图书馆理论与实践》2016 年第 4 期
谢　丰 周小喜	清末新政初期湖南改制书院兴办学堂的章程问题	《大学教育科学》2016 年第 1 期
谢学莉	书院制下学生学业预警机制的工作方法研究——以南京 S 大学 C 书院为例	《哈尔滨职业技术学院学报》2016 年第 6 期
靳　涛	探索大学"书院制"改革中如何对学生宿舍进行创新管理	《亚太教育》2016 年第 13 期
蒙小英 伍　祯 邹裕波	传统书院园林景观的教化作用与启示	《北京交通大学学报》（社会科学版）2016 年第 4 期
蒙　园	书院制管理模式下朋辈教育体系构建探讨	《科技展望》2016 年第 25 期
路姜男 唐金楠	类型化视角下对学生事务发展的思考——澳门大学住宿书院模式的启示	《北京教育》（高教）2016 年第 4 期
蔡　旭	移动互联网时代社会主义核心价值观认同教育的策略研究——以厦门市社区书院微信平台为例	《福建省社会主义学院学报》2016 年第 6 期
蔡志荣	古代书院的社会教化作用及其现代意义	《兰台世界》2016 年第 24 期
蔡志荣	清代湖北书院建筑风格及现代启示	《理论月刊》2016 年第 11 期
廖焕水 何弋华	打造理学圣城，重现文脉风采——关于开发上饶理学（书院）文化的思考	《上饶师范学院学报》2016 年第 5 期

续表19

作　者	篇　　名	来　源
谭　凯	现代新儒三大家与书院	《怀化学院学报》2016 年第 10 期
熊月之	新群体、新网络与新话语体系的确立——以《格致书院课艺》为中心	《学术月刊》2016 年第 7 期
熊月之	《格致书院课艺》在晚清思想文化史上产生了巨大的作用	《学术界》2016 年第 8 期
熊晓庆	新会书院：南宁木制古建筑的典范——广西木制建筑欣赏之十八	《广西林业》2016 年第 3 期
樊继轩	从古代学宫、书院到近代私立大学的转型	《中国成人教育》2016 年第 3 期
黎文丽 龚阔英	清代商洛地区书院教学及管理考略	《咸阳师范学院学报》2016 年第 5 期
颜景亮	广州陈氏书院的雕刻与壁画艺术特色	《美术学报》2016 年第 3 期
潘汀兰	清代台湾金石第一人吕世宜与玉屏书院	《艺苑》2016 年第 3 期
潘华泉	基于书院制模式的学生公寓管理创新与实践	《学校党建与思想教育》2016 年第 4 期
戴书宏 肖永明	唐代集贤书院与"书院"的名和实——"书院"起源的一个假说	《大学教育科学》2016 年第 1 期
戴美玲 王元珍	传承与创新——以厦门篔筜书院为例探索当代书院的建设与发展	《教育现代化》2016 年第 25 期
戴　蕾 贺俊毅	书院管理模式对学生心理与行为影响的研究——以南京审计学院为例	《才智》2016 年第 7 期
魏亚茹	明清时期沧州地区书院初探	《河北广播电视大学学报》2016 年第 3 期
魏红翎	宋育仁与成都尊经书院	《中华文化论坛》2016 年第 10 期
魏佳佳	论传统书院教育对民办高校人才培养的启示	《继续教育》2016 年第 4 期
魏佳佳 孙　芳	我国古代书院人才培养制度对当代民办高校的启示	《黑龙江高教研究》2016 年第 5 期

说明：本索引是长期积累的结果，自 1986 年以来，邓洪波、段欣、周文娟、王吉良、马友斌、蒋紫云、陈仙、赵路卫、赵瑶杰、姚岳、兰军、娄周阳、何君扬、刘艳伟、赵伟、肖啸、刘金、宗尧、王帅、丁利、刘明、黄思维、蒋浩达、韦丽等贡献良多，由赵伟总合。

四、书院研究学位论文索引

　　本索引著录 1937 年至 2016 年中国各高校有关书院研究的学位论文，分作者、导师、篇名、学校与学位四栏，按论文年代排序。

1937 年

作　者	导　师	篇　名	学校与学位
刘伯骥	吴　康	广东书院制度沿革	国立中山大学，学士

1939 年

作　者	导　师	篇　名	学校与学位
罗季龙	普施泽	中国书院制度之研究	国立武汉大学，学士

1963 年

作　者	导　师	篇　名	学校与学位
孙彦民		宋代书院研究	政治大学，硕士
［韩］金相根	王凤喈	韩国书院制度之研究	政治大学，硕士

1980 年

作　者	导　师	篇　名	学校与学位
吕仁伟	苏云峰	浙江书院研究	台湾师范大学，硕士
张淑雅	陈捷先	清末广东四大书院的研究	台湾大学，硕士

1985 年

作　者	导　师	篇　名	学校与学位
吴万居	李威熊	宋代书院与宋代学术之关系	政治大学，硕士
黄晴文	吴哲夫	中国古代书院制度及其刻书探研	东吴大学，硕士

1988 年

作　者	导　师	篇　名	学校与学位
刘光亚		借鉴与创新：书院建筑及中国文化设计研究	清华大学，硕士
汤羽扬	杨慎初	湖南书院建筑的发展及特点	湖南大学，硕士
童　峰	杨慎初	书院建筑环境艺术	湖南大学，硕士

1991 年

作　者	导　师	篇　名	学校与学位
金洪仲	许剡辉	唐代学制与经学之关系研究	中国文化大学，硕士

1992 年

作　者	导　师	篇　名	学校与学位
贺广如	古清美	江右王学及其相关书院之关系研究	台湾大学，硕士

1993 年

作　者	导　师	篇　名	学校与学位
王崇峻	王家俭	明代书院讲学的研究	台湾师范大学，硕士
胡卫清		上海中西书院研究	华东师范大学，博士
董丽燕	王道成	试论晚清书院的改革	中国人民大学，硕士

1994 年

作　者	导　师	篇　名	学校与学位
周杏芬	董金裕	朱熹与书院研究	政治大学，硕士
洪志远	刘舜仁	形状文法的意义描述系统初探：以台湾传统书院建筑为例	东海大学，硕士

1995 年

作　者	导　师	篇　名	学校与学位
许世颖	陈道生	清代台湾书院之研究	台北市立师范学院，硕士
陈旻志	李正治	中国书院教育哲学之研究	淡江大学，硕士
陈雯怡	梁庚尧	由官学到书院：从制度与理念的互动看宋代教育的演变	台湾大学，硕士
俞惠满	蔡茂松	元代福建书院之研究	成功大学，硕士
黄海妍		清代广州书院与地方社会	中山大学，硕士

1996 年

作 者	导 师	篇 名	学校与学位
卢 伟	安平秋	宋代书院论略	北京大学，硕士

1997 年

作 者	导 师	篇 名	学校与学位
田 淼	郭书春	清末书院的数学教育	中国科学院自然科学史研究所，博士
张少君	吴王琦	简论我国古代书院教育	东北师范大学，硕士
张斐怡	萧启庆	元代江南书院的发展	台湾清华大学，硕士
陈 媛	雷晋虞	中国书院教学特点与当代高等教育改革	湖南师范大学，硕士

1998 年

作 者	导 师	篇 名	学校与学位
刘少雪	潘懋元 刘海峰	书院改制与中国高等教育近代化	厦门大学，博士
徐 勇	王炳照	元代书院研究	北京师范大学，博士

1999 年

作 者	导 师	篇 名	学校与学位
宋 峰	谢凝高	中国名山的书院与名山文化	北京大学，硕士
黄宇瑀	伍振鷟	从程端礼《读书分年日程》探究传统书院学习计划	台湾师范大学，硕士
彭长歆	邓其生	岭南书院建筑文化研究	华南理工大学，硕士

2000 年

作 者	导 师	篇 名	学校与学位
王洪瑞	吴宏岐	河南书院地理初探	陕西师范大学，硕士
张虎生	王运来	清代江苏书院研究	南京大学，硕士
殷 文	张采民	中国古代书院教育特色及其对当前中学语文教育的启示	南京师范大学，硕士

2001 年

作 者	导 师	篇 名	学校与学位
刘 平	朱汉民	长江流域书院的学术研究	湖南大学，硕士
陈时龙	樊树志	晚明书院网络述论：以东林讲学书院为中心	复旦大学，硕士
林智伟	杨振良	武夷书院之文化研究——以朱熹教育思想为中心的考察	华莲师范学院，硕士

2002 年

作 者	导 师	篇 名	学校与学位
马泓波	李裕民	北宋书院考	陕西师范大学，硕士
王津梁	郭齐家	清代书院与汉学的互动研究	北京师范大学，博士
向振湘	朱汉民	阳明心学与明代书院	湖南大学，硕士
杜洁明	周纯一	台湾孔庙乐局——以成书院之研究	南华大学，硕士
张世清	高 伟	中国西北书院研究	兰州大学，硕士
陈文斌	牛润珍	钱穆教育思想与新亚书院	中国人民大学，硕士
官志隆	彭维杰	宋代书院教育与教材教法	彰化师范大学，硕士

2003 年

作 者	导 师	篇 名	学校与学位
马世茹	田 澍	明清书院教育管窥	西北师范大学，硕士
任 珺	吴予敏	中国书院审美文化研究：清代广州学海堂案例	深圳大学，硕士
许枫萱	周愚文	清代明志书院研究	台湾师范大学，硕士
李正章	张希清	南宋书院的复兴与理学家的书院理想	北京大学，硕士
宋巧燕	郭英德	诂经精舍与学海堂的文学教学研究	北京师范大学，博士
张华冕	张全明	试论朱熹的书院教学思想	华中师范大学，硕士
张相猛	吴 琦	明清时期地方书院教育研究	华中师范大学，硕士
张显运	张全明	简论北宋时期的河南书院	华中师范大学，硕士
陈紫屏	周愚文	清代台湾学海书院研究	台湾师范大学，硕士
林 凌	赖瑞云	古代书院教育对于现今课改的启示	福建师范大学，硕士
金奋飞	樊树志	进退的两难选择：明末东林书院	复旦大学，硕士
周雪敏	胡 青	宋元之际白鹭洲书院朱子后学的气节和气节修养思想研究	江西师范大学，硕士
郑连聪	陈蔚松	阮元与学海堂研究	华中师范大学，硕士
官志隆	李奉儒	吕祖谦丽泽书院讲学研究	中正大学，硕士
简聪敏	杨绍裘	清代书院建筑配置与空间布局类型之研究	台湾师范大学，硕士

2004 年

作 者	导 师	篇 名	学校与学位
王甘草	彭国梁	中国传统书院的人格教育与师生关系研究	彰化师范大学，硕士
刘春莲	周秋生	白鹭洲书院大事叙录	江西师范大学，硕士
李 兵	刘海峰	书院与科举关系研究	厦门大学，博士
吴德汉	林素珍	清代康熙至乾隆年间之书院学规研究	彰化师范大学，硕士
张劲松	何齐宗	论书院的大学特征与大学精神	江西师范大学，硕士
陈时龙	樊树志	明代中晚期讲学运动	复旦大学，博士
陈忠纯	史革新	清嘉道间鳌峰书院的学术特征及其影响	北京师范大学，硕士
尚建一	徐兆仁	清代河南书院研究	中国人民大学，硕士

续表

作　者	导　师	篇　名	学校与学位
侯　爽		清代书院制度的嬗变	辽宁大学，硕士
郭承仪	杨裕富	台湾传统书院建筑构造类型研究	云林科技大学，硕士
雷春芳	李景屏	清代江宁钟山书院学风演变研究	中国人民大学，硕士
简　虎	胡　青	宋元之际江南书院社会教化的研究	江西师范大学，硕士

2005 年

作　者	导　师	篇　名	学校与学位
邓　雄	邓洪波	汉口紫阳书院研究	湖南大学，硕士
叶宪允	马　镛	清代福州四大书院研究	华东师范大学，硕士
汉　霞	马明达	明清两朝的海南书院研究	暨南大学，硕士
刘　军	黄华文	浅论武汉地区书院的变革与消亡	华中师范大学，硕士
李赫亚	史革新	王闿运与晚清书院教育研究	北京师范大学，博士
杨一鸣	王泛森	走入民国的书院——书院复兴与近代学术传承	东吴大学，硕士
杨远征	康万武	陕西古代书院研究	陕西师范大学，硕士
吴　昊	黄仁贤	闽北书院教育研究	福建师范大学，硕士
张晓红	程焕文	清代广州书院藏书刻书事业研究	中山大学，硕士
林见洪	彭生富	古典建筑修复计划及耐震评估——美浓双桂书院案例研究	高雄应用科技大学，硕士
卓　进	王建军	地域儒学与书院发展——1466—1560：广东书院心学运动研究	华南师范大学，硕士
周炳华		耶稣会在香港的教育事业研究——以九龙华仁书院为例	香港大学，硕士
姚　辉	黄汉清	徽州书院教育研究	广西师范大学，硕士
党亭军	张学强	明清时期书院教师研究	西北师范大学，硕士
唐屹轩	彭明辉	无锡国专与传统书院的转型	政治大学，硕士
黄若西	沈　弘	从真光书院早期发展史看教会女校对中国社会的影响	北京大学，硕士
黄育芳	陈向阳	清末广雅书院变迁分析：从附设西学堂到改立高等学堂	华南师范大学，硕士
慕容勋	王建军	清代广州书院城市化研究	华南师范大学，硕士
廖堂智	韩碧琴	清代台湾书院文化场域研究	中兴大学，硕士
谭曙光	胡弼成	古代书院教学的人文特质及其现实意义	中南大学，硕士
熊艳娥	程　杰	宋代书院记研究	南京师范大学，硕士

2006 年

作　者	导　师	篇　名	学校与学位
王　晶	王凌皓	南宋书院教学艺术研究	东北师范大学，硕士
叶后坡	萧正洪	明清时期南阳地区书院研究	陕西师范大学，硕士
朱均灵	焦　杰	宋代的福建书院	陕西师范大学，硕士
刘玉才	安平秋	清代书院视野内的学术变迁	北京大学，博士

续表

作　者	导　师	篇　名	学校与学位
阳卫国	朱汉民	茶陵书院研究	湖南大学，硕士
陈淑菲	邓其生	江西书院建筑文化研究	华南理工大学，硕士
陈　滨	陈支平	福建书院研究	厦门大学，博士
金士洁	方　铁	清代云南书院研究	云南大学，硕士
金奋飞	樊树志	明末东林书院多维透视	复旦大学，博士
周　郁	邓洪波	清代长沙府书院经费研究	湖南大学，硕士
周　玲	钱宗范	广西书院文化研究	广西师范大学，硕士
周德喜	李喜所	东亚同文书院研究	南开大学，博士
孟育东	夏　泉	真光书院与广东近代女子教育	暨南大学，硕士
胡方艳	王继光	明清三陇书院考略	西北民族大学，硕士
钟　妙	姜国钧	中国古代书院与欧洲中世纪大学课程比较研究	中南大学，硕士
娄　军	陈其强	古代书院教学范式对当前中学语文教学的启示	浙江师范大学，硕士
夏军剑	李兆华	清末数学家华世芳及其《龙城书院课艺》研究	天津师范大学，硕士
晏富宗	胡　青	宋代书院师生关系研究	江西师范大学，硕士
高从容	王开玺	1888—1900年吉林珲春俄文书院述论	北京师范大学，硕士
唐亚阳	朱汉民	中国书院德育研究	湖南师范大学，博士
曹俊平	葛金国	宋代书院教学管理研究	安徽师范大学，硕士
彭丽莉	龙　彬	巴蜀书院建筑特色研究	重庆大学，硕士
曾带丽	肖永明	张之洞与晚清书院的改革及改制	湖南大学，硕士
谢　丰	邓洪波	晚清湖南书院改制研究	湖南大学，硕士
薛　梅	涂良军	云南五华书院研究——兼谈其对当今中学语文教育的启示	云南师范大学，硕士

2007 年

作　者	导　师	篇　名	学校与学位
王　嵘	郭三娟	古代书院教学的互动特质研究	山西大学，硕士
毛小庶	胡　青	论南宋书院理学大师的学术精神——以朱熹、陆九渊、吕祖谦、张栻为例	江西师范大学，硕士
邓洪波	朱汉民	明代书院讲会研究	湖南大学，博士
刘平中	舒大刚	锦江书院山长考	四川大学，硕士
刘继青	于述胜	复性书院考论	北京师范大学，博士
李　洁	虞云国	宋代福建路书院研究	上海师范大学，硕士
李　擘	张昭军	西学致用——开启民间近代化教育的上海格致书院	北京师范大学，硕士
杨敏敏	王月清	理学教育伦理与南宋书院	南京大学，硕士
杨　琪	陶　郅	传统书院对现代大学校园规划的启示	华南理工大学，硕士
吴丽娟	王元良	书院精神研究	吉林大学，硕士
吴建军	安国楼	试论北宋时期的河南书院教育	郑州大学，硕士
汪钡镭	吴家骅	再读岳麓书院	深圳大学，硕士
张华宝	黄明喜	清末广州书院嬗变与学堂兴起的历史考察	华南师范大学，硕士
张丽华	喻本伐	论南宋书院的励志教育	华中师范大学，硕士

续表

作 者	导 师	篇 名	学校与学位
张莹莹	王金平	山西书院建筑的调查与实例分析	太原理工大学，硕士
张晓婧	李琳琦	明代安徽书院研究	安徽师范大学，硕士
张淑芳	吴洪成	晚清书院改制研究	河北大学，硕士
张 阔	吴洪成	重庆书院的古代发展及其近代改制研究	河北大学，硕士
张 燕	马玉山	明清时期的山西书院	山西大学，硕士
陈 伟	刘锡涛	宋代书院与社会控制	福建师范大学，硕士
陈祎玮	陈洪捷	从书院改学堂看晚清知识观念的变化	北京大学，硕士
陈瑞霞	连瑞枝	从书院到鸾堂：以苗栗西湖刘家的地方精英角色扮演为例（1752—1945）	台湾交通大学，硕士
易 卉	郭康松	清中前期经学与书院关系刍议	湖北大学，硕士
周雪敏	于述胜	民国时期书院现象之研究（1912—1949年）	北京师范大学，博士
周惠丰	何广棪	清代在台书院（1683—1895）之研究	台湾华梵大学，硕士
郑 飞	胡 青	明清江西书院学规初探	江西师范大学，硕士
高丽萍	张学强	清代甘肃书院研究	西北师范大学，硕士
郭 晶	张 研	东亚同文书院研究	中国人民大学，博士
黄淑怡	李奉儒	清代台湾海东书院之研究	中正大学，硕士
黄晴文	吴哲夫	中国古代书院制度及其刻书探研	东吴大学，硕士
宿成山	吴春梅	麓台书院考述	安徽大学，硕士
靳志朋	李喜所	从经世致用到融合中西：近代莲池书院的研究	南开大学，硕士

2008 年

作 者	导 师	篇 名	学校与学位
于 潇	杨 晓	王韬主持格致书院的改革尝试	辽宁师范大学，硕士
王志勇	周晓瑜	清代书院藏书制度研究	山东大学，硕士
王 芳	陆湘怀	南菁书院对江阴语言教学的影响和启示	苏州大学，硕士
王 坤	王卫平	清代苏州书院研究	苏州大学，硕士
贝广勇	周晓瑜	宋代书院管理制度研究	山东大学，硕士
吕红安	赵国权	张栻书院教学思想研究	河南大学，硕士
刘文莉	邓洪波	石鼓书院史略	湖南大学，硕士
刘晓喆	李 浩	清代陕西书院研究	西北大学，博士
李 芳	邓洪波	中西文化交汇下的教会书院	湖南大学，硕士
李珊珊	牛梦琪	嵩阳书院研究	河南大学，硕士
李 强	陈支平	简论宋元时期的书院教育及启示	厦门大学，硕士
杨 杰	游欢孙 孔繁敏	两宋江西的官学、书院与科举	江西师范大学，硕士
吴俊琅	叶宪峻	草屯登瀛书院之研究	台中教育大学，硕士
何治萱	连瑞枝	从书院教育到公学校教育：清末到日治时期苗栗地方社会的变迁	台湾交通大学，硕士
何威萱	钟彩钧	张居正的学术与其禁毁书院研究	台湾大学，硕士
余九红	胡新生	十八世纪江浙汉学书院的构建及其影响	山东大学，硕士

续表

作者	导师	篇名	学校与学位
张梦	李森	颜元书院教学改革思想研究	西南大学，硕士
郑翠飞	薛彦华	古代书院的大学精神及其现实意义	河北师范大学，硕士
胡定鸿	胡青	明代江西书院与科举互动关系研究	江西师范大学，硕士
胡春榜	胡青	元代江西书院繁盛成因探析	江西师范大学，硕士
禹玉环	韩杰	清代的贵州书院研究	云南大学，硕士
俞梓炜	周秦	苏州书院教育思想研究	苏州大学，硕士
施玉柔	郑卜五	台湾的书院社会功能及文化特色	高雄师范大学，硕士
徐伟	涂怀京	朱熹与南宋闽北书院研究	福建师范大学，硕士
高志刚	张羽琼	论明代贵州书院发展及对贵州区域文化的影响	贵州师范大学，硕士
郭小曼	赵国权	宋代书院经费制度研究	河南大学，硕士
郭名利	胡宝林	"'国立'清华大学"旧三合院区清华书院再利用之绿色设计	中原大学，硕士
黄泽良	李森	元代书院教学研究	西南大学，硕士
黄菊	吴庆洲 邓洪波	岳麓书院的建筑文化艺术	华南理工大学，硕士
矫圆圆	赵俊芳	书院精神的当代诠释：以香港大中书院为研究个案	吉林大学，硕士
梁南南	张纵	徽州古书院园林艺术探析	南京农业大学，硕士
梁洋	邓洪波	清代城南书院研究	湖南大学，硕士
蔡志荣	刘韶军	明清湖北书院研究	华中师范大学，博士
黎洁	郭娅	新洲问津书院研究	湖北大学，硕士
薛颖	王以宪	元代江西书院刻书考论	江西师范大学，硕士

2009 年

作者	导师	篇名	学校与学位
王巍		中国书院的发展及其比较研究	广西师范大学，硕士
车红霞	张书丰	书院官学化研究	山东师范大学，硕士
叶其声	汪征鲁	福州地区书院研究	福建师范大学，硕士
丛迪	王凌皓	宋代书院教学管理制度研究	东北师范大学，硕士
吕凯	郑晓洪	关中书院建筑文化与空间形态研究	西安建筑科技大学，硕士
朱学芳	于述胜	清末民初师生关系变迁的历史考察（1895—1917）：以岳麓书院变迁为主线	北京师范大学，硕士
朱琳	王荣国	学海堂研究	厦门大学，硕士
李劲松	黄书光	北宋书院研究	华东师范大学，博士
李松荣	吴承学	莲池书院与后期桐城派	中山大学，博士
李晓宇	陈廷湘	尊经·疑古·趋新：四川省城尊经书院及其学术嬗变研究	四川大学，博士
李惠芳	赵爱国	客家梅州地区书院发展研究	山东大学，硕士
杨贵学	黄建军	嵩阳书院景观研究	湖北工业大学，硕士
沈立平	纪志刚	《格致书院课艺》中的科学内容研究	上海交通大学，硕士

续表

作　者	导　师	篇　名	学校与学位
张　岩	傅蓉蓉	长三角书院文化旅游资源的整合与开发研究	华东理工大学，硕士
陈吉良	邓洪波	清代湖南书院课程研究	湖南大学，硕士
陈明利	方宝川	福建古代书院藏书研究	福建师范大学，硕士
林莉倩	方德隆	气功与灵性健康关系之研究——以武禅书院长期修习气功学员为例	高雄师范大学，硕士
周文娟	邓洪波	清代湖南书院考试研究	湖南大学，硕士
周　杨	陈景彦	论东亚同文书院对日本侵华史的作用	吉林大学，硕士
赵启明	邱韵芳	原住民个人改宗：贝德芬宣教士与山地伯特利女子圣经书院研究	暨南国际大学，硕士
姜海鱼	张　纵	吴地书院园林艺术研究	南京农业大学，硕士
唐冬苾	吴满珍	论宋代白鹿洞书院的教育特点对当今高中语文教学的启示	华中师范大学，硕士
黄君名	丁　煌	台湾书院的功能性研究	台南大学，硕士
龚　卓	龙岳林	古代书院对现代大学校园环境营造的启示	湖南农业大学，硕士
傅　明	陈龙海	论书院教育对现代教育的启示：主要以岳麓书院为例	华中师范大学，硕士
曾凡亮	李绪柏	菊坡精舍考	中山大学，硕士
廖惠芳	于述胜	清末中学堂与书院的关系研究（1901—1911）	北京师范大学，硕士
潘丰庆	雷侨云	清代台湾书院的儒学教育及其影响之研究	高雄师范大学，硕士
戴　晴	梁民愫	钱穆与新亚书院研究——兼论国学精神在香港的传承	江西师范大学，硕士

2010 年

作　者	导　师	篇　名	学校与学位
于小鸥	赵　鸣	书院园林设计手法及其对现代校园建设的启发	北京林业大学，硕士
于海浩	宋志轶	书院经费及民办高校经济困境分析	苏州大学，硕士
王　易	王　民	清代福州鳌峰书院研究	福建师范大学，硕士
王　艳	张友臣	明清济南地区书院研究	山东大学，硕士
王晨曦	丁　江	中国古代书院与欧洲中世纪大学的比较研究：以高等教育功能为视角	东南大学，硕士
邢玲玲	乔卫平	从新亚书院看钱穆融通东西方文化的教育探索	北京师范大学，硕士
刘银丹	江明修	以公私协力推动客家文化发展之研究——平镇客家书院之经验	台湾"中央大学"，硕士
问增飞	方　平	上海龙门书院文化空间研究	华东师范大学，硕士
孙双影	黄华明	岳麓书院建筑的文化意向研究	广东工业大学，硕士
李　芳	张传燧	学术自由——一个古老的神话：传统书院与现代大学的共同追寻	湖南师范大学，硕士
李宜芳	马行谊	张栻书院教育志业之研究	台中教育大学，硕士
杨秀静	吴进安	由台湾书院祭祀观察儒学与民间崇拜之交涉	云林科技大学，硕士
杨林林	洪　璞	明清山东书院的时空分布及其近代演变	南京师范大学，硕士
杨　果	唐亚阳	网络新媒体环境下的书院德育文化传播研究	湖南大学，硕士
吴佩真	戴晓霞	风险社会与通识教育：台湾博雅书院兴起之探讨	台湾交通大学，硕士

续表

作 者	导 师	篇 名	学校与学位
张雅雯	薛雅慈	我国大学书院制度课程设计之研究——以二所大学为例	淡江大学，硕士
陈 钢	林存光	书院与两宋理学运动初探：从政治文化角度的解读	中国政法大学，硕士
陈晓芳	郭芬云	中国古代书院的发展特点及其对高等职业教育的启示	山西大学，硕士
陈章柱	张新民	明清时期的贵州书院研究	贵州大学，硕士
陈霞玲	何继龄	宋代书院德育及其启示	西北师范大学，硕士
武彦翀	乔新华	清代山西平定冠山书院研究	山西大学，硕士
林韦郁	李守爱	中日近世庶民教育机关の比较研究——寺子屋と书院を中心に（中日近代民众教育机关的比较研究——以私塾和书院为中心）	义守大学，硕士
欧阳峻翔	胡弼成	构建传承书院精神的现代大学制度	湖南大学，硕士
罗振宝	范玉春	清代桂林书院与地方文化研究	广西师范大学，硕士
周婧婷	卢子震	中国古代书院的文化传播研究	河北大学，硕士
赵文君	吴振岳	磺溪书院之研究	大叶大学，硕士
胡海波		从任务型语言教学的角度浅析哈佛北京书院的社会调查	北京师范大学，硕士
贺九九	周山仁	清代山西书院经济研究	山西大学，硕士
郭 闯	赵国权	宋代书院的社会教化研究	河南大学，硕士
唐 云	朱汉民	江南宋遗民书院研究	湖南大学，硕士
黄莉雯	李弘祺 黄克武	家族、地理与书院：以宋代湖湘学派的发展为中心	台湾师范大学，硕士
黄漫远	胡 青	明中后期儒学平民化进程中书院教师角色研究：以明儒罗汝芳为例	江西师范大学，硕士
商亚楠	马纯立	书院文化与中国高校校园建设	西安建筑科技大学，硕士
谢 晶	庞青山	书院学规的思想内容研究	中南大学，硕士

2011 年

作 者	导 师	篇 名	学校与学位
马友斌	邓洪波	校经书院研究	湖南大学，硕士
马桂菊	吴 琦	赋役·水利·书院：明清时期郧阳府社会秩序的建立	华中师范大学，硕士
王上丘	土屋洋	清代台湾中部书院之研究	嘉义大学，硕士
王政纲	吴振岳	传统书院建筑装饰艺术之研究——以台中市磺溪书院为例	大叶大学，硕士
石路遥	张 侃	文化网络中的格致书院	厦门大学，硕士
白峨眉	欧信宏	政策行销之研究——以台中市大肚区磺溪书院考生祈福活动为例	东海大学，硕士
朱启永	吴 琦	论书院改学堂对近代中等教育的影响	华中师范大学，硕士
刘亚文	彭小舟	同治年间书院教育研究	河北大学，硕士
刘和平	罗福惠	嬗变中的两湖书院：以课程变革为中心	华中师范大学，硕士

续表

作 者	导 师	篇 名	学校与学位
刘欣昀	刘远碧	宋代书院的教育管理模式研究	四川师范大学，硕士
刘河燕	张 箭	宋代书院与欧洲中世纪大学之比较研究	四川大学，博士
李光生	张海鸥	宋代书院与文学	中山大学（博士后）
李庆凯	苏立增	小学"导师关爱制"的实践研究——以深圳市康桥书院为例	北京师范大学，硕士
李廉和	宋玉真	台湾传统书院空间形式组成之研究——以蓝田、道东、明新、磺溪、兴贤书院为例	逢甲大学，硕士
邹裕波	杨 锐	中国传统书院景观设计浅析——以霞山书院设计为例	清华大学，硕士
宋月辉	沈 璇	书院教学组织形式对现代研究生教学的启示	西安理工大学，硕士
张伟庆	薛玉坤	中国古代书院教育与现代语文教学	苏州大学，硕士
贺庆为	王玉华	晚清莲池书院研究（1840—1908）	陕西师范大学，硕士
徐丽丽	王乃森	白鹿洞书院的语文教育研究	扬州大学，硕士
高 慧	楼 劲	魏晋南北朝私学与书院起源的关系研究	中国社会科学院研究生院，硕士
郭新榜	王 珏	中国古代书院功能研究	西南民族大学，硕士
陈惠美	杨鼎献	中部书院建筑装饰图案寓意分析与创作	岭东科技大学，硕士
黄梅珍	邱小云	古代书院文化蕴含的德育思想研究	赣南师范学院，硕士
彭 斌	林 枫	明清江西书院经费问题的研究	厦门大学，硕士
褚 瑞	任一明	嵩阳书院办学思想研究	西南大学，硕士

2012 年

作 者	导 师	篇 名	学校与学位
于祥成	肖永明	清代书院的儒学传播研究	湖南大学，博士
王 星	暨爱民	清代湘西苗疆书院研究	吉首大学，硕士
王 瑞	张 杰	清代盛京书院研究	辽宁大学，硕士
王 磊	赵克礼	晚清陕西书院改学堂研究：兼谈传统书院的现代价值与意义	陕西师范大学，硕士
邓云辉	何志魁	大理古代书院德育思想研究	大理学院，硕士
卢兴民	姚 松	清代山东书院研究三题	南京大学，硕士
田 莉	赵国权	陆九渊书院教育思想及实践研究	河南大学，硕士
朱其昌	李萃茂	赣州书院研究	赣南师范学院，硕士
刘园园	吴洪成	清代河北书院研究	河北大学，硕士
杜华伟	吕耀怀	中国古代书院个体德性培育研究	中南大学，硕士
李 玫	杨树帆	云南古代书院及其藏书研究	西南民族大学，硕士
李京京	吴晚云	宋代四大书院学风研究	北方工业大学，硕士
杨雪翠	于建福	圣化与规范：《白鹿洞书院揭示》研究	北京师范大学，博士
杨 静	杨 洁	明清时期关中书院在陕西的地位与影响	陕西师范大学，硕士
辛 丽	于 珍	学海堂和漳南书院教育活动之比较	山西师范大学，硕士
汪 晨	单 踊	中国古代书院与现代中小学校园规划设计的比较研究	东南大学，硕士

续表

作 者	导 师	篇 名	学校与学位
张丽柔	胡翰平 耿志坚	生命教育视野下的台湾理念学校研究——以道禾实验学校及华山书院为例	彰化师范大学，硕士
张丽敏	卓银永	古迹书院再利用现况之研究——以和美道东书院为例	大叶大学，硕士
张恩茂	吴 玲	两宋书院教学环境探微	安徽师范大学，硕士
张 倩	彭小舟	张裕钊与莲池书院	河北大学，硕士
张 敏	楼毅生	徽州紫阳书院研究	浙江大学，硕士
林佑儒	黄克武	南菁书院与晚清的学术和教育发展	台湾师范大学，硕士
罗 晰	邓洪波	岳麓书院与湖南大学历史关系研究：兼谈高校校史标准	湖南大学，硕士
聂宝梅	李学堂	韩国乡校书院的儒家文化传承功能研究	山东大学，硕士
徐 倩	袁济喜	从书院楹联看中国古代书院文化	中国人民大学，硕士
奚云美	申国昌	书院经费管理经验及其对当代民办高校财务管理的启示	华中师范大学，硕士
唐朗诗	陈周旺	学术共同体中的政治世界：以十九世纪广东学海堂为例	复旦大学，硕士
黄英杰	崔延强	古典书院的终结及其对现代中国大学的影响	西南大学，硕士
彭存芳	张 森	南宋书院之理性精神研究	曲阜师范大学，硕士
蒋紫云	邓洪波	清末湖南书院与学堂关系研究	湖南大学，硕士
谢贤强	罗桂林	清代书院与地方社会：以鹅湖书院产业经营为中心	南昌大学，硕士
雷继亮	陆 韧	历史地理学视野下的明清云南书院研究	云南大学，硕士
蔡佳纯	翁徐得	现代书院的文化特色与社会功能——以员林镇兴贤书院为例	大叶大学，硕士

2013 年

作 者	导 师	篇 名	学校与学位
张鸿志	张 剑	格致书院早期发展考略（1872—1884）	上海社会科学院，硕士
杨 菲	蓝 武	晚清贵州书院改制研究	广西大学，硕士
黄林燕	吴海荣	书院文化产业发展研究：以白鹿洞书院为个案	广西大学，硕士
陈露棻	吴进安	清领时期台湾书院教育的儒学思想	云林科技大学，硕士
向平华	廖国强	清代湖南书院经费问题研究	云南大学，硕士
党 洁	李天凤	云南古代书院的历史研究	云南师范大学，硕士
陈毅伟	张利庠	高校书院式学生公寓管理模式研究——以泉州理工职业学院为例	中国人民大学，硕士
王穗洁	程方平	书院复兴对学习型社会建设的启示	中国人民大学，硕士
李晓娟	杜向民	中国传统书院文化及其当代教育价值研究	长安大学，硕士
潘梦婷	施正宇	英华书院汉语教育考察——1818—1843 年	北京大学，硕士
黄 欢		清雍正年间的书院	北京师范大学，硕士
杨 伶	黄开国	扬州学派书院初探	四川师范大学，硕士

续表

作 者	导 师	篇 名	学校与学位
董 睿	陈其兵 蒙 宇	巴蜀书院园林艺术探析	四川农业大学，硕士
张彩云	武玉梅	明代辽东地区书院研究	辽宁大学，硕士
郭晓岚	陈秀宏	范仲淹与应天府书院	辽宁大学，硕士
曾孝明	周建华	湖湘书院景观空间研究	西南大学，硕士
魏可营	庞守兴	清末书院改制研究	曲阜师范大学，硕士
刘兴华	赵 逵	江西书院建筑形态研究	华中科技大学，硕士
潘方东	李晓峰	明清两湖地区民间书院建筑形制解析	华中科技大学，硕士
王彦虎	方 平	书院改制与近代教育转型：以龙门书院改为龙门师范学堂为个案的研究	华东师范大学，硕士
卢晓静	胡 青	清代江西书院学规中的课程与教学思想研究	江西师范大学，硕士
童欧慧	李平亮	清代书院的发展与地方社会演变：以江西上高县为中心	江西师范大学，硕士
陈春华	马亚中	清代书院与桐城文派的传衍	苏州大学，博士
孙 静	邓智华	关学、书院与民间信仰：16—18 世纪陕西凤翔府研究	青海师范大学，硕士
蹇 敏	刘 虹	钱穆与新亚书院人文主义教育研究	河北师范大学，硕士
范艳敏	赵国权	应天府书院研究	河南大学，硕士
刘丽文	赵克礼	晚清山西书院改学堂研究	陕西师范大学，硕士
乔艾艺	郭华瑜	江苏书院建筑研究	南京工业大学，硕士
严 翔	左权文	岳麓书院口译实践报告	湖南大学，硕士
邹 烨	陈厚丰	中国高层次书院与欧洲中世纪大学内部管理的比较研究：以岳麓书院和巴黎大学为例	湖南大学，硕士
陈 萍	陈 林	清代福州鳌峰书院藏书研究	福建师范大学，硕士
陈静纯	刘锡涛	宋代福建书院的时空差异与成因探析	福建师范大学，硕士
谢 斐	魏中林	广雅书院文人群体诗歌研究：以梁鼎芬、曾习经、罗惇曧、黄节为中心	暨南大学，硕士

2014 年

作 者	导 师	篇 名	学校与学位
万营娜	杨芳绒	河南古书院园林艺术研究	河南农业大学，硕士
王冠英	仝建平	临汾地区历代书院研究	山西师范大学，硕士
王夏凯	陈 杰	清代胶东地区书院研究	中国海洋大学，硕士
王惠琴	杨丽华	SY 书院顾客满意度的实证研究	中南林业科技大学，硕士
王雁冰	江 涌	中国大学新型书院研究	苏州大学，硕士
王槐平	许宗兴	朱熹与陆九渊之书院教育思想比较研究	华梵大学，硕士
王耀华	柳素平	明代河南襄城紫云书院研究	中原工学院，硕士
毛丽飞	王剑敏	书院制下大学生思想政治教育面临的挑战及应对	苏州大学，硕士
孔祥龙	陈庆江	明代广东书院研究	云南大学，硕士

续表

作者	导师	篇　名	学校与学位
占　瑶	古新仁	江西古书院园林研究	江西农业大学，硕士
华如兵	许志敏	"书院-学院（学科）制"下的公共艺术教育实践研究——以西安建筑科技大学为例	西安建筑科技大学，硕士
刘长宽	吴洪成	古代冀中南民办书院的教育及其哲学	河北大学，硕士
刘志红	付美云	衡阳石鼓书院文化内涵及价值研究	中国林业科学研究院，硕士
刘怀远	胡　青	当代书院国学教育探析	江西师范大学，硕士
许凤倩	叶宪峻	南投县蓝田书院之研究	台中教育大学，硕士
李　琦	肖华忠	宋代江西书院的地理分布及其原因	江西师范大学，硕士
杨亚东	徐立望	清末杭地官绅对新式学堂的应对	浙江大学，硕士
吴明锜	甄晓兰	大学推动住宿书院的意义与挑战——以政大经验为探究焦点	台湾师范大学，博士
何丽波	熊兴耀 龙岳林	湖南湘江流域传统书院环境景观研究	湖南农业大学，硕士
汪　刚	刘固盛	浅论问津书院的教育理念、模式及对现代教育的启示	华中师范大学，硕士
张　良	汤羽扬	曲阜尼山书院建筑与历史研究	北京建筑大学，硕士
张晓婧	李琳琦	清代安徽书院研究	安徽师范大学，博士
张　倩	陈遇春	我国内地高校书院制建设研究	西北农林科技大学，硕士
陈　茜	朱崇才	南菁书院教育实践与南菁中学语文课堂教学	南京师范大学，硕士
陈　琼	范松义	宋代书院教学对新课程标准下语文教学的启示研究	重庆师范大学，硕士
范亚飞	李绪洪	广雅书院的历史变迁及建筑艺术研究	广东工业大学，硕士
罗晓莉	刘远碧	魏了翁书院教育思想研究	四川师范大学，硕士
孟义昭	夏维中	清代江宁钟山书院研究	南京大学，硕士
赵瑶杰	邓洪波	云山书院研究	湖南大学，硕士
姚　岳	邓洪波	箴言书院研究	湖南大学，硕士
贾鸿雁	苏双平	古代书院教育对当代研究生教育的启示	内蒙古农业大学，硕士
钱海中	章小谦	宋代社会结构演变与书院兴盛关系研究	江西师范大学，硕士
高　静	王喜旺	中西高等教育融合	河北大学，硕士
黄熙蓉	胡　青	清代江西书院与禅宗寺院教学比较研究	江西师范大学，硕士
曹少波	蒋　涛	港澳高校书院建筑模式研究	华南理工大学，硕士
曹　洁	沈　曦	西安交通大学书院制学生管理模式研究	湖北大学，硕士
崔　威	胡维平	书院文化建筑空间设计	昆明理工大学，硕士
简伯宏	刘　正	充实的大学生活：博雅书院教育的学生参与与挑战	东海大学，硕士
熊华希	唐洪流	书院空间模式在现代大学校园公共空间中的重现	厦门大学，硕士
穆　畅	蒋建国	晚清两湖书院变革与西学传播研究	暨南大学，硕士

2015 年

作 者	导 师	篇 名	学校与学位
王东玲	姜秋霞	《青城书院》（节选）汉译英翻译实践报告	西北师范大学，硕士
王 宁	杨雄勇	岳麓书院文化创意产品设计研究	湖南大学，硕士
王雅琦	李家宗	澳门大学住宿书院制之师生教育幸福感研究	台中教育大学，硕士
韦 眹	邓 宏 皮永生	巴蜀园林艺术手法和空间特征研究——以鹅项山庄、龙景书院为例	重庆大学，硕士
方舒丽	张明如 王 欣	浙江传统书院的园林环境研究	浙江农林大学，硕士
尹 飞	王 宁	基于知觉现象学的新中式景观塑造研究——以广州撷芳书院为例	河北农业大学，硕士
邓丽娇	阳荣威	岳麓书院教学模式解析	湖南大学，硕士
卢维佳	何人可	文创产品的设计元素获取与创新——以岳麓书院为例	湖南大学，硕士
吕昊青	牛建强	明清河南书院研究	河南大学，硕士
任 佳	左权文	导游口译实践报告——以2014年岳麓书院导游口译为例	湖南大学，硕士
全昭梅	孙先英	广西书院与地方文化研究	广西大学，硕士
刘 明	熊月之	《格致书院课艺》研究	上海社会科学院，硕士
刘诗瑶	王树声	明清关中地区书院园林的研究	西安建筑科技大学，硕士
安 彬	王陕生 穆 钧	西安建筑科技大学草堂校区紫阁书院建筑设计研究	西安建筑科技大学，硕士
孙利娟	刘 静	书院制度对高中生语文自学能力培养的启示研究	河北师范大学，硕士
杜久楠	赵正洲	全人教育视角下民办本科院校书院制建设研究	华中农业大学，硕士
李兰芳	肖建新	宋代地方官员与书院发展研究	安徽师范大学，硕士
李良杰	吴少怡	书院制背景下大学生心理健康教育现状分析及对策研究	山东大学，硕士
杨 甜	崔延强	英式书院教育的演进及其现代价值研究	西南大学，博士
何君扬	邓洪波	清代浏阳书院研究	湖南大学，硕士
汪凤园	詹宏毅	书院教育传统对当代中国高等教育的启示——以中国文化书院为例	中国人民大学，硕士
汪旭栋	宫云维	丽泽书院沿革研究	浙江工商大学，硕士
沈 雨	张璟慧 王新生	嵩阳书院随行解说口译报告	河南大学，硕士
张文倩	明成满	中国古代书院的德育环境研究	安徽工业大学，硕士
张旭川		对学习型组织职员的激励机制研究——以S书院为例	北京师范大学，硕士
张 思	段 炼 胡雪松 薛 峰	书院文化影响下中国大学校园空间设计研究	北京建筑大学，硕士
张 烨	仝 晖	基于生态适应性的传统聚落空间演进机制研究——以平阴县洪范池镇书院村为例	山东建筑大学，硕士

续表

作　者	导　师	篇　名	学校与学位
陈廷宜	刘　正	东海大学博雅书院的创建历程与书院生的学习效能评估	东海大学，硕士
林宛婷	刘俊裕	台湾独立书店作为文化公共领域实践场域：传统书院精神的当代转型	台湾艺术大学，硕士
郑婉仪	赵星光	东海大学博雅书院导师制度之探究	东海大学，硕士
赵绮梅	陈金贵	住宿书院对大学生学习发展的影响——Chickering 七向度理论观点	台北大学，硕士
赵　然	杨　灏	宋代书院德育的当代价值研究	西安工业大学，硕士
胡亚茜	张仲凤	长沙书院国际青年旅舍室内空间改造设计	中南林业科技大学，硕士
胡　熠	柏俊才	湖北书院教学研究	华中师范大学，硕士
段玲玉	傅荣贤	宋代书院藏书研究	黑龙江大学，硕士
侯兴菲	胡　青	清代书院讲会及其特点研究	江西师范大学，硕士
洪暄妤	李明荣	史迹户外教学对国中生乡土认同影响之研究——以蓝田书院为例	亚洲大学，硕士
聂　娟		腾讯书院对书籍文化的传播研究	北京师范大学，硕士
贾　玥	肖　莉	城市遗产视角下的西安书院门研究	西安建筑科技大学，硕士
贾　勇	刘祥学	明清时期汉江流域书院研究	广西师范大学，硕士
徐　欢	段晓华	经训书院考述	南昌大学，硕士
徐志鹏	刘经富	陆九渊心学的创建传承与书院的互动关系探析	南昌大学，硕士
郭　伟		岳麓书院的空间研究及其对学校空间管理的启示	北京师范大学，硕士
郭自洋	胡　青	清代江西书院教师研究：基于学规的视野	江西师范大学，硕士
黄婉怡	曹智频	中国古代书院教育思想对现代高等教育的影响	华南理工大学，硕士
葛明媛	付民之	宋代白鹿洞书院教学模式当代价值研究——参照当今高中语文教学现状进行探讨	河南大学，硕士
韩金燕	崔　涛	朱子沧州精舍祭祀思想研究	山西大学，硕士
裴晓雷	柏俊才	湖北书院功能研究	华中师范大学，硕士
管友元	陈松长	岳麓书院藏清代山长题匾研究	湖南大学，硕士

2016 年

作　者	导　师	篇　名	学校与学位
于晓红	王胜军	清代河南书院祭祀研究	贵州大学，硕士
于晓明	汪　涤	明清时期江南书院之景观研究	华东师范大学，硕士
马文婷	何玉红	宋代学校历史教育研究	西北师范大学，硕士
王世超	蓝　武覃卫国	清末广西书院改制研究	广西师范大学，硕士
王旻皓	王　朋	探讨文物古迹周边环境的保护与更新策略——渌江书院外环境设计	北京林业大学，硕士
王　婷	邹伟民	重庆宝树传芳书院装饰艺术研究	重庆师范大学，硕士

续表1

作 者	导 师	篇 名	学校与学位
孔德通	胡 青	书院与理学文化对当代区域文教发展作用的调查研究——以江西省崇仁县为例	江西师范大学，硕士
龙雪桢	谢 军	目的论视角下的岳麓书院旅游口译实践报告	湖南大学，硕士
田 茜	胡保利	H学院住宿书院制育人模式研究	河北大学，硕士
刘小渲	王喜旺	国学教育的困境与出路：复性书院研究	河北大学，硕士
刘天宇	唐春生	重庆地区清代私学的研究	重庆师范大学，硕士
刘 宁		非正式学习共同体：中国现代大学书院建设研究	北京航空航天大学，博士
刘 芳	张传燧	从《岳麓书院学规》看书院的课程设置	湖南师范大学，硕士
刘连娣	马艳芬	朱熹书院教学思想研究	东北师范大学，硕士
刘新鹏	游 俊	改土归流后清政府对湘西社会的"儒化"研究	吉首大学，硕士
羊 京	郦 波	清代书院教育规章研究	南京师范大学，硕士
许沙源	季 铁	共时性与历时性统一的古建筑APP设计研究	湖南大学，硕士
李世宽		传统书院的文化精神及其传播方式演变研究——以岳麓书院为例	北京师范大学，硕士
李成峰	俞祖华	从传统书院到新式学堂：清末民初的教育转型	鲁东大学，硕士
李名慈	谢贵文	台湾书院再利用与经营管理：以凤仪书院为例	高雄应用科技大学，硕士
李盛幸	姜正国	岳麓书院德育研究	湖南师范大学，博士
杨艺宸	季 铁 张柏森	介入岳麓书院文创产品开发的增强现实动态展示设计	湖南大学，硕士
吴政逸	陈冠雄 许宗杰	建立古迹建筑近断层地震之结构易损曲线——以金门浯江书院为例	金门大学，硕士
吴晓梅	金忠明	清代书院政策研究	华东师范大学，硕士
宋雯雯	井海明	通识教育理念下大学书院制改革探析	山东大学，硕士
张子烨	胡 青	清代江西书院道德思想研究——基于书院记文的视野	江西师范大学，硕士
张仁杰	叶乃齐	彰化县兴贤书院之研究	华梵大学，硕士
张 吉	徐林祥	清代扬州书院教育研究	扬州大学，硕士
张丽君	余子侠	晚清新教传教士英语教育的历史考察——以教会学校为视角	华中师范大学，博士
张洋洋	武玉梅	清代山东士绅参与地方教育研究——以济南府、东昌府、兖州府为中心	辽宁大学，硕士
张夏菲	夏宜平	浙江书院现状调查及景观营造研究	浙江大学，硕士
张 楠	林家奕	传统书院在广东地区中学校园规划设计中的借鉴研究	华南理工大学，硕士
陈玉珊	王秋杰	凤仪书院活化再利用之研究	大仁科技大学，硕士
陈 仙	邓洪波	英语世界的书院研究	湖南大学，博士
陈冬梅	马国君	明至民国时期黔东南教育及其影响	贵州大学，硕士
陈 浩	郭三娟	晚清令德堂的改革与改制研究	山西大学，硕士
陈 聪	张 强	明清常州府刻书业与文学活动研究	延边大学，硕士
周 柯	吴安宇	岳麓书院乐教活动研究	湖南师范大学，硕士
周思阳	朱健平	《中国书院史》节选文化负载词翻译实践报告	湖南大学，硕士

续表2

作 者	导 师	篇 名	学校与学位
周 琴	王剑敏	书院制德育对构建"多元协同型"德育模式的启示——以香港中文大学为例	苏州大学，硕士
赵丹丹	张全明	清代河北书院时空分布研究	华中师范大学，硕士
柯安顺	章启辉	张伯行的理学传播思想与实践	湖南大学，硕士
柯慧敏	郑荣禄	大学宿舍导入书院教育之可行性研究	乂守大学，硕士
段金平	贾慧如	元代关学与陕西书院	内蒙古大学，硕士
娄周阳	邓洪波	求实书院研究	湖南大学，硕士
姚婷婷	赵 杰	宗教社会学视域下的儒教研究——以当代曲阜书院为扩展个案	山东大学，硕士
袁 斐	李玉英	模因论视角下的《庐山白鹿洞书院简介》英译实践报告	江西师范大学，硕士
郭少军	孙凯民	基于书院制的高职院校学生管理模式创新探索——以内蒙古电子信息职业技术学院为例	内蒙古大学，硕士
郭 桑	方志远	东林运动中的江西籍"党人"	江西师范大学，硕士
黄 凌	黄小用	民国时期湘西南少数民族地区教育述论	湘潭大学，硕士
黄 颖	季 铁 张柏森	基于Unity3D虚拟现实技术的岳麓书院3D漫游设计	湖南大学，硕士
常 鑫	温恒福	宋代自学的郁勃及其对教学改革的启示研究	哈尔滨师范大学，硕士
商 量	黄尚明	明代黄州的教育与科举人才论析	华中师范大学，硕士
梁筱茜	刘纯青	赣州章贡区古代园林研究	江西农业大学，硕士
彭 媛	周 川	台湾高校书院的产生、现状及特点分析	苏州大学，硕士
韩晓晴	和 勇	泰国清迈汉艺书院汉语培训班教学情况调研	云南大学，硕士
焦红莹	安 敏	耿介与嵩阳书院教学研究——以1674—1692年为中心	华中师范大学，硕士
童 晶	胡国梁	中国书院文化展示设计研究——以岳麓书院历史陈列馆为例	湖南师范大学，硕士
温茜玥	朱宇恒	高院书院制住宿建筑规划及设计研究	浙江大学，硕士
魏萌萌	周秋生	《梯云书院志》的整理与研究	江西师范大学，硕士
魏琳琳	田 军	关中书院景观空间设计研究	西安建筑科技大学，硕士

时间待考

作 者	导 师	篇 名	学校与学位
黄治辉		英华书院研究	
梁 诚		试论退溪的养生思想及实践——兼析其书院的身体活动	成都体育学院
彭江岸		中国古代书院刻书研究	

说明：本索引为课题组成员长期积累的结果，由赵伟增补、总合。

五、国内有关书院研究的基金项目

1989 年

姓　名	项目名称	来　源
杨布生	中国书院与传统文化	1989 年度国家社会科学基金项目

1996 年

姓　名	项目名称	来　源
郝秉键	清代书院与社会文化的变迁	1996 年度国家社会科学基金一般项目

2001 年

姓　名	项目名称	来　源
肖永明	儒学·书院·社会——中国书院的社会教化功能研究	2001 年全国教育科学"十五"规划立项课题
胡　青	宋元之际书院教育与江南社会教化研究	2001 年全国教育科学"十五"规划立项课题

2002 年

姓　名	项目名称	来　源
邓洪波	中国书院教育制度研究	2001 年全国教育科学"十五"规划重点课题
肖永明	儒学·书院·社会——文化社会学视野中的书院	2002 年度国家社会科学基金一般项目

2003 年

姓　名	项目名称	来　源
李　兵	书院与科举互动关系研究	2003 年全国教育科学"十五"规划立项课题
徐雁平	十七至十九世纪江南书院与学术文化研究	2003 年全国教育科学"十五"规划立项课题

2005 年

姓　名	项目名称	来　源
邓洪波	清史·书院学校表	2005 年国家重大文化工程《清史》主体项目
邓洪波	中国书院史	2005 年湖南省社会科学基金项目

2008 年

姓　名	项目名称	来　源
邓洪波	湖南书院史	2008 年湖南省社会科学基金项目
唐亚阳	中国书院立德树人的教育传统与当代大学生荣辱观的培育	2008 年度国家社会科学基金一般项目
程嫩生	中国书院文学教育研究	2008 年度国家社会科学基金青年项目

2010 年

姓　名	项目名称	来　源
中西书局	中国书院学规集成	2010 年首届国家出版基金项目
孙运君	清代重庆地区书院教育研究	2010 年度重庆市社会科学规划项目
李劲松	南宋书院发展若干问题研究	2010 年度黑龙江省哲学社会科学规划项目
宋巧燕	清代书院文学教育研究	2010 年度教育部人文社会科学研究一般项目
赵连稳	北京古代书院研究——兼论对学校教育改革的启示	2010 年度北京市教委科研计划项目
高　莹	河北省书院发展史论及其当代启示	2010 年度河北省教育科学研究"十一五"规划青年专项课题
鲁小俊	文学史视野中的清代书院课艺研究	2010 年度教育部人文社会科学研究一般项目
岳麓书社	岳麓书院志	2010 年度国家古籍整理出版资助项目
蔡志荣	书院与地方社会：以明清湖北书院为中心的考察	2010 年度湖北省哲学社会科学"十一五"规划项目

2011 年

姓　名	项目名称	来　源
江小角	桐城派与清代书院研究	2011 年度国家社科基金一般项目

2012 年

姓　名	项目名称	来　源
邓洪波	清代湖南乡村书院文献整理与研究	2012 年度国家社科基金一般项目

续表

姓　名	项目名称	来　源
许　伟	基于"书院文化"的现代学校文化建设研究与实践	2012 年度全国教育科学"十二五"规划课题
吴国富	重修白鹿洞书院志	2012 年度教育部哲学社会科学研究后期资助项目
夏永军	网络环境下的松林书院文化校本德育课程研究	全国教育信息技术研究"十二五"规划2012 年度课题
谢　丰	从书院到学堂——晚清湖南书院改制研究	湖南省教育科学"十二五"规划课题

2013 年

姓　名	项目名称	来　源
方彦寿	朱熹学派与闽台书院刻书的传承和发展	2013 年福建省社会科学规划项目
朱玲莉	中国古代书院文化在日本的传播和影响	2013 年度教育部人文社会科学研究青年基金项目
赵连稳	明清时期士大夫和书院互动关系研究	2013 年度国家社科基金年度项目
鲁小俊	清代书院课艺总集叙录	2013 年度国家社科基金青年项目
谭树林	英华书院研究（1818—1873）	2013 年度国家社科基金年度项目

2014 年

姓　名	项目名称	来　源
王文凯	借鉴传统书院模式完善高校国学教育的研究与实践	2014 年湖北省高等学校省级教学研究项目
周景崇	浙江书院建造文化研究	2014 年度教育部人文社会科学研究青年基金项目
胡　鸿	江西书院建筑美术装饰与象征图像研究	2014 年度江西省艺术科学规划项目
郭　晶	东亚同文书院研究	2014 年浙江省哲学社会科学规划课题
蔡科云	书院文化与大学卓越人才培养之整合理论与实践研究	2014 年湖北省高等学校省级教学研究项目

2015 年

姓　名	项目名称	来　源
邓洪波	中国书院文献整理与研究	2015 年度国家社会科学基金重大项目（第二批）
叶芳芳	书院制视角下的地方本科院校学生管理模式创新	2015 年浙江省教育科学规划课题
兰　军	阳明学在浙西书院的传播	2015 年贵州省教育厅人文社科基地项目
朱为鸿	地方大学治理结构变革中的书院制研究	2015 年广东省高校特色创新类项目（教育科研项目）

续表

姓　名	项目名称	来　源
朱为鸿	地方大学治理结构变革中的书院制研究	2015 年广东高校省级重点平台和重大科研项目
孙晓明	"图书馆＋书院"公共文化服务模式与社会主义核心价值观	2015 年度山东省艺术科学重点课题
苏小丽	江西书院文化对江西民风的渗透研究	2015 年度江西省高校人文社会科学研究项目
吴　薇	书院制下本科生学业指导体系建构研究	2015 年上海高校本科重点教学改革项目
张建斌	基于卓越人才培养的书院制教育模式创新研究	2015 年江苏省高等教育教改研究课题
张晓婧	中国传统书院教育及其当代价值研究	2015 年度全国教育科学"十二五"规划课题
陈明利	福建古代书院藏书研究	2015 年度福建省社会科学规划项目
陈莲香	古代蒙山书院研究	2015 年度江西省高校人文社会科学研究项目
青岛出版集团有限公司	海音书院 O2O 中华优秀传统文化传播平台	2015 年度山东省新闻出版广播影视产业项目库入库项目
周保平	河南北宋书院研究	2015 年度河南省高等学校哲学社会科学基础研究重大项目
赵建磊	书院文化发掘与大学文化创新研究	山东省教育科学"十二五"规划 2015 年度课题
施常州 王会金	书院制下高校通识教育实践与改革	2015 年江苏省高等教育教改研究课题
姚震宇	书院制模式下大学通识教育课程体系建设研究	2015 年度江苏省教育科学"十二五"规划课题
徐永文	江西古代书院教育研究	2015 年度江西省高校人文社会科学重点研究基地研究项目
徐永文	江西古代书院文化遗产抢救与保护传承体系研究	2015 年度国家社会科学基金项目一般项目
唐传红	基于"越秀书院群"文化的校本课程研究	2015 年度广州市教育科学"十二五"规划课题
黄南婷	江西书院人文教育资源开发与利用研究	2015 年度江西省教育科学"十二五"规划课题
黄漫远	基于知识图谱的我国书院研究前沿及其演进分析	2015 年度江西省高校人文社会科学研究项目
温　旭	以书院制管理模式优化少数民族大学生教育管理机制探究	2015 年度教育部人文社会科学研究专项任务项目（高校思想政治工作）
蔡志荣	传承与转化：书院文化中思想政治教育资源研究	2015 年度教育部人文社会科学研究一般项目
潘大昌	普通高中走班制背景下书院式管理体系建构的研究	2015 年度江苏省教育科学"十二五"规划课题
魏红翎	成都尊经书院史	2015 年四川省社会科学规划后期资助项目

2016 年

姓 名	项目名称	来 源
王胜军	西南地区明清书院与儒学传播以及"中国"认同研究	2016 年度国家社会科学基金一般项目
毛海明	元明两代书院文献整理与研究	2016 年度湖南省社会科学基金重点项目
邓洪波	传统目录学视野下的中国书院文献研究	2016 年度湖南省社会科学基金重点项目
任文香	智慧城市背景下河南古代书院文化的传承与发展对策研究	2016 年度河南省科技计划项目
刘昌玉	古代浙江书院教育与两河流域书吏教育比较研究	2016 年浙江省教育科学规划课题
刘艳伟	中国书院志研究	2016 年度湖南省社会科学基金重点项目
刘海燕	整体就读经验视域下书院-学院"双院制"育人模式的实践探索与理论建构	2016 年度教育部人文社会科学研究一般项目
闫俊霞	明清河南书院园林设计符号研究	2016 年度河南省教育厅人文社会科学研究一般项目
杨代春	近代书院新学、西学课艺整理与研究	2016 年度湖南省社会科学基金重点项目
国家图书馆出版社	东亚同文书院中国调查手稿丛刊	2016 年度国家出版基金项目
周建波	日本东亚同文书院对华经济调查研究	2016 年度国家社科基金项目
周春良	基于核心素养的书院制育人模式的实践研究	2016 年度全国教育科学"十三五"规划课题
郑 余	江南明清书院与心学关系考：从王阳明到黄梨洲	2016 年浙江省哲学社会科学规划课题
陶新华	明清书院志整理与研究	2016 年度湖南省社会科学基金重点项目
曹富军	文正书院	2016 年度湖南省住房和城乡建设厅科学技术计划项目
龚抗云	《学海堂文集》整理与研究	2016 年度湖南省社会科学基金重点项目

说明：本部分为课题组成员常年合作积累的结果，由赵伟执笔。

六、国外书院研究著作提要

1969 年

李朝书院文库目录

[韩]李春熙编，大韩民国国会图书馆司书局 1969 年刊印。该书记录韩国书院藏书情况，分绪言、赐额书院的成立与初期书院文库、书院叠设的弊端与后期书院文库、书院文库的现况、结语五部分。后附现存书院藏书目录，记录韩国十五所书院藏书情况。

1976 年

明清时代书院之研究

[日]大久保英子著，日本东京图书刊行会 1976 年出版。大久保英子，女，日本著名书院学研究专家，主要研究方向集中在泰州学派及书院学研究。《明清时代书院之研究》是大久保英子女士的代表作。该书由日本东京国书刊行会于 1976 年出版，共有五章：明清书院概观、书院的地域分布、明代书院与庶民阶层的兴起、清代书院与商人、戊戌变法与书院。

在该书中，大久保英子特别注重探讨书院与庶民的关系。正如邓洪波教授论述明代书院平民化发展一样，作者将关注的重点放在与泰州学派、东林学派有关的书院上，认为书院教育的平民化体现在教学内容和书院组织、参与者身份的平民性两个方面。从内容上看，泰州学派讲百姓日用之学，主张将圣人之道融入平民的日常生活；从组织上看，作者还利用明代的社学、乡约进行说明，认为罗汝芳在海春书院讲演乡约已具有了平民化的特点。

探讨书院与商人关系也是该书的特色，与其他学者的研究不同的是，作者将明代书院教育平民化归结为工商业的发达所致。在她看来，明代书院的儒者不同于往昔经商而不言利的士大夫，不仅书院的教育内容涉及利，而且与商人关系甚密，商贾可以入院讲学，商贾子弟也可以入院肄业。这是庶民阶层渐强的体现。大久保英子列举了许多与商业有关的理学家，比如泰州还古书院的吴觉甫、王名乡、汪惕斋、程拱北等，还比如东林书院的再建者顾宪成，据《西行日记》卷下《笃行》篇称，也是出身于商人之家。

在探讨清代书院与商人关系时，作者又考察了大量的方志，分别从山西、安徽、两湖、两广以及两淮、福建甚至西南的四川、云南、贵州等地的各种商人出发，为学术界提供了一幅清代经济发展中商人与书院的关系图景。比如，山西商人范天锡家族先后给解州安邑县宏运书院捐银 61409 两。解州商人王费合也曾捐银于河东书院。同时，范氏、王氏还为河东盐运商子弟提供在书院肄业的机会。其他论及与商人有关的书院还有婺源紫阳书院，歙县问政书院、师山书院、扬州安定书院、梅花书院、广陵书院，兴化文正书院，泰州郁州书院、崇文书院，以及江西豫章书院、友教书院、鹅湖书院、黎川书院，湖南石阳书院，如此等等，不一一列举。大久保英子还特别关注了广东安澜书院与13 家洋行的密切关系。

大久保英子《明清时代书院之研究》是日本学者研究中国书院的代表性作品，虽然发表于 20 世纪 70 年代，但是它对阳明学派讲学平民化、商人与书院关系的探究和分析的结果，仍然代表了目前研究的最高水平，对于这两个书院学研究方向的扩展，也指明了道路，树立了典范，具有重要意义。

与大久保英子同期的著名日本书院学学者还有林友春、渡部学、多贺秋五郎、鱼住和晃、平坂谦二等，多数是教育史学家。其中，林友春《清代的书院教育》《关于中国书院的推移》等具有一定的代表性。近年则开始有难波征男、吾妻重二、鹤成久章等历史学者加入，研究视角转向思想史、文化史。

1979 年

韩国书院教育制度研究

［韩］丁淳睦著，岭南大学校出版部 1979 年出版，收入该校"民族文化研究丛书"第三种，1980 年、1989 年两次重印。分绪论、韩国书院教育的发达、宋代书院教育制度论、退溪的书院教育观、栗谷的书院教育观、周世鹏安玹的书院振兴策、诸家书院教育形式观、堂会考、春秋享礼与仪礼考、韩国书院制度的分析与考察、结论十一部分，附录为书院略志。

1982 年

Academies in Ming China：A Historical Essay（**明代书院：历史散论**）

［美］穆四基（John Meskill）著，亚利桑那州州立大学出版社 1982 年出版。

1990 年

中国书院制度

［韩］丁淳睦著，文音社 1990 年出版。分书院的起源和特点、书院的发达、书院的学风三部分，为韩国学者研究中国书院的第一部著作。

1993 年

玉山书院志

韩国岭南大学校民族文化研究所编，岭南大学校出版部 1993 年出版，收入"韩国岭南大学民族文化研究所资料丛书"第十三辑。该书是对韩国玉山书院研究情况与书院相关历史文献的系统整理，全书分为研究与资料两篇。研究篇包括玉山书院演变史，书院的社会、经济基础，书院政治、社会机能。资料部分分为书册与古文书两个类别。

1994 年

Imperial China's Last Classical Academies：Social Change in the Lower Yangzi，1864—1911（**中华帝国最后的古典书院：长江下游的社会变化，1864—1911**）

［美］秦博理（Barry C. Keenan）著，加利福尼亚大学评议会 1994 年出版。全书以时间为顺序，结合社会环境变迁，对传统书院的兴复、新式书院的建立、书院的变革都作了详细分析。全书分为三个部分，第一部分介绍太平天国运动后（1864—1900），江苏正规教育的扩展；第二部分探讨了三种不同类型的古典书院（1865—1895）；第三部分分析了长江下游地区的精英士人（1896—1911）。分为六章，分别为太平天国之后长江下游的书院与社学、总督

书院、上海旗舰书院的重建、1884 年新省会书院的建立、长江下游的教育变革（1896—1906）、权力与冲突：江苏的地方精英士人（1906—1911）。

1997 年

道东书院志

岭南大学校民族文化研究所编，岭南大学校出版部 1997 年出版，收入"韩国岭南大学民族文化研究所资料丛书"第十六辑。该书为万历年间以来韩国道东书院各种原始文献汇编的影印出版，分为道东重创事迹一篇，院任案外十一篇，奴婢案外九篇，重修物力都捻外五篇，各处通文誊草外七篇。前有李树焕的长篇解题，对道东书院的历史沿革及其所藏资料作了介绍。全书保存收录有关于道东书院的大量原始文献，对研究韩国书院史具有重要的史料价值。

朝鲜时代书院研究

［韩］郑万祚著，集文堂 1997 年出版，收入"朝鲜时代史研究丛书"。该书分朝鲜书院的成立过程、退溪李滉的书院观、十七至十八世纪的书院与祠宇、朝鲜朝书院的政治与社会功能、英祖十四年安东金尚宪书院建立的是非、朝鲜后期的书院政策、英祖十七年的祠宇毁撤、朝鲜后期乡村教学振兴论的检讨八部分。

1998 年

书院

［韩］安章宪、李相海著，悦话堂 1998 年出版，2002 年重印，为韩国书院建筑著作，介绍了韩国境内七十所书院的历史沿革及建筑特色，有照片、测绘图，强调社会文化对书院讲学与祭享空间的深远影响。

1999 年

Academies and Society in Southern Song China（南宋书院与社会）

［美］万安玲（Linda Walton）著，夏威夷大学出版社 1999 年出版。万安玲，女，1978 年毕业于美国宾夕法尼亚大学历史系，获历史学博士学位。现

任美国波特兰州立大学中国历史学教授、历史系主任，主要从事中国书院文化和宋明理学研究，是目前美国书院学研究中最活跃的人物之一。

关于宋代书院，学界传统观点认为其发展与理学密切相关，书院是理学大师们宣扬其新学说与实践其教育理念的场所，而万安玲女士在 *Academies and Society in Southern Song China*（《南宋书院与社会》，美国夏威夷大学出版社1999年版）一书引入社会学角度的研究范式，对于南宋书院进行了更为广阔的考察，认为书院的兴盛除了理学家们及其支持者的努力以外，还与十至十三世纪唐末至宋代政权领域下的社会息息相关。书中以社会及学术史的脉络来探讨书院形成的原因以及书院与政治、学术、宗教、经济、地理、宗族、士人、科举、中央和地方官府等种种交织网络，透过逐层爬梳复杂网络的过程，试图向读者呈现南宋时期全方位、立体地扎根于基层社会的书院复兴运动，以及其具体事例和背后包罗万端的庞大力量。书院复兴运动发端自南宋时期，入元更加稳定，于明清而固定为制度，这也是作者将书院研究锁定南宋尤其是十三世纪的原因。

该书共有六章：从北宋到南宋：书院和道学运动；祠堂、学校、士人：十三世纪的书院运动；书院运动：经济和宗教网络；亲属和社群：从家学到书院；社会整合和文化合法性：书院和士人社群；书院和士人之学。就其主要特色来看，该书从学术与政治关系中对两宋书院进行了考察。作者认为，在道学运动尚未形成风气的北宋，书院教育虽由范仲淹、胡瑗、孙复等人正式大规模推行，但在官学兴盛后即为其吸收，自此书院在教育系统中便渐渐失去了其私学精神属性，虽有四大书院，但也多是公务人才养成所，学生所学专为科举而准备。由道学家亲自主掌的少数书院，也随着朝廷太学三舍法的推行和当局政策而变得运转困难，这和程颐思想因为新党当政而遭查禁息息相关，这种政治上的打压影响书院教育的情况延续到对南宋朱熹的"禁伪学"政策。南宋时期的庆元党禁造成许多士人下野，为书院提供了丰厚的师资来源，从而成为书院运动兴盛的种子。从理学家的角度来看，经过朱熹的大力倡导之后，其弟子、同乡、各地地方官在其行止处建立书院者甚众，造成十三世纪于福建地区奉祀朱熹的风潮。而朱熹本人的热心推广书院和长寿，使他成为在陆九渊、吕祖谦、张栻之中学说传播最广、历时最久者。

作者还从这个角度对书院祭祀进行了考察，认为其性质及所代表的精神可由祠堂以及祠堂奉祀的人物看出端倪，但首要的还是书院运动与政治密不可分的关系。例如南溪书院奉祀的"三刘"：刘涣、刘恕、刘曦仲，都是被摒斥于朝廷外的忠臣。又如迫于应付蒙古人灭金后的局势，宋朝廷不得不以承认道学运动为正统来向元宣誓政权的合法性，书院运动因此蒙受其利，广为政府认可。到了南宋中后期，书院向南方边远地区推广，在此过程中，书院祭祀趋于多元化。比如，书院会祭祀古文运动学者如韩愈和其他的文学家、历史学家等，以及创办书院的官员和创建书院家族之祖先。由此可见，书院运动除了和道学的关联以外，也有为另外目的而创设。

作者强调书院补充官学教育的性质，对于官学和书院的关系提出了新的关注点。除了道学家认为官学只是应举之学，而书院教育虽同样为了考试却另有学问真谛外，著者还注意到了官学的言论控制，以及地方精英支持书院，有利于维持地方秩序和带来觅职机会。书院在南宋也成为支持他乡或流亡士人的安顿处，这些都是书院与官学的不同处。最重要的是，书院是体现地方精英认同的特殊机构，是地方人士和官员合作的产物，借由身为同乡的中央官员回乡建立和官学性质相近、补充官学的书院，并且也力图维持情同父子的师生关系，地方人士对其之奉祀已经成为对自己家乡先贤的纪念。对于他们而言，对官学和书院关系的看法也不再如同道学家一样的对立，官方教育和书院是互补的，也同时有利于地方人士的教育。至此，书院又呈现了和官学融合的另一种类型。

与胡青教授《书院的社会功能及其文化特色》为代表的作品一样，万安玲女士也将眼光投向了经济、宗教等更为广阔的社会领域，不过仍然是特别注意衡之以政治的影响。比如，越有"灵气"的地点越被视为宝地，不过北宋的四大书院并不强调其院址的风水合宜，而是强调教育功能，而其他书院只是沿袭五代以来躲避战祸的地点或汉代以降的精舍形式。因此作者认为书院选址有时也具有挑战，有宗教背景的意义，而南宋则逐渐建立了儒家式的朝圣网络，主要丛聚在交通要点。

作者也考察了家族书院，认为亲属关系及地方社群在书院运动中具有重要作用。许多书院是由家族书院转型而来，在这样的书院中往往伴随着对祖先的祭祀，这也有助于凝聚团体意识以及家族永存。所以在此类书院中，教育子弟和崇拜祖先是相结合的。比较特别的是，作者仍然参之以政治的角度进行描述，认为北宋时期的家族书院只是扮演替政府储才的功能，并借以换取利益与地位，因此当地方官学兴盛后很快被政府体系吸收。但是到了南宋，因为官学成效不彰，应考人数增多，许多家族书院又重新担负起教育地方子弟的责任，主要致力于扶持本地的势力，而不再为中央服务。作者列举了东阳郭家和吴家的例子来说明，有些家族维持地位的方式并非凭借科举，而是努力经营书院，这样的方式也获得学者叶适的称许，认为这是不到外地为官、维持家族团结的好方法。所以地方家族势力的庞大也使得许多学者认为家族是承担国家教育的主力，由此可见地方精英势力的扩张。南宋政府也因财政困难而将维持地方秩序的责任交给本地士人，而书院在此情形下，一方面是展现有别于中央的地方认同机构，另一方面凝聚的意识又使其有别于一般平民。因此，建立书院成为地方自我认同而不经由在朝为官之方式的表征，科举功名在此成为地方权威的合法性来源，而非仅止于进入中央任职的手段，地方认同的程度因此较北宋为高。

著者对于士人群体与书院关系的考察比较新颖，并将它与两宋之交的政治变革与社会动乱联系起来。作者认为对原籍居住的士人而言，书院提供了他们在异地认同自己为士人群体的地点，同时书院也成为跨地域的社会网络之中继站，个人及地区既可以产生影响力，又能和社会有更高程度的融合。南宋寓居士人群体出现的原因，除了受金人逼迫而迁徙外，还有任官的关系。而南宋时期寓居士人新认同的建立之中，书院实负重任。例如为流亡学生提供教育，或者借由对寓居士人的奉祀承认其他寓居士人的合法性。例如建于辛弃疾南方故居的广信书院即是一例。这也提示了书院负有收容流亡士人的责任，于蒙古入侵后更为明显，书院几乎成为避难士人的收容所。而政府一方面除了给予补助之外，也有扶持书院以宣誓文化正统之义。

此外，"教化观"也是地方官建立书院的动机之一。当时建书院也和废淫祠、剿叛乱共同进行，如此才能真正达到"移风易俗"的效果，此举在理宗时期成为普遍行为，代表南宋地方社会在文化上的整合。另外，也反映了书院士人对时政的批评，对士人地位及角色应该如何经营的焦虑，以及士人应该如何活用经典中的智慧于社会及政治上。士人不应只为个人利禄着想，而应该转向内心修为，家族也应支持地方士人教育，而非只追求利益，为官之余也应向经典学习。到南宋末，政府逐渐加强对书院的控制，除了委派官员充任山长以外，也扶持许多书院。时至宋末，书院与官学除了编制以外，确切的界限何在，似乎需要进一步说明。

从探讨学术与政治关系角度研究书院的作品不可谓不多，然而能从如此广阔的角度，如此复杂的领域进行分析的却很少。该书不仅是美国书院学研究的代表性作品之一，它所提供的研究思路和方法，也展示了美国汉学界对中国文化的认知。万安玲女士之外，英语世界研究书院的学者还有：Wm. Theodore de Bary（狄百瑞）、John W. Chaffee（贾志扬）、Robert Hymes（韩明士）、Barry Keenan（秦博理）等，陈荣捷、李弘祺等则是华裔学者的代表，他们的理解与见识将带给我们异域的启示。

2001 年

朝鲜后期书院研究

〔韩〕李树焕著，一潮阁 2001 年出版。该书分为书院的设立与赐额、书院的人员构成与经济基础、书院乡战与祠宇毁撤三大部分，共九章。

2005 年

Seowon：The Architecture of Korea's Private Academies（韩国私立书院建筑）

〔韩〕李相海（Lee Sang-hae）著，新泽西 hollym 国际公司 2005 年出版，收入"韩国文化丛书"。

龙山书院

〔韩〕李树焕、安承俊、丁淳佑、郑万祚、朴丙炼合著，集文堂 2005 年出版。该书分历史发展、家族社会及经济基础、教育活动、财政运营、书院特性与官府等几大板块，对庆州崔氏龙山书院作了全面论述。

2006 年

The Sea of Learning：Mobility and Identity in Nineteenth-Century Guangzhou（学海堂：十九世纪广州的社会流动性与身份认同）

〔美〕麦哲维（Steven Miles）著，哈佛大学出版社 2006 年出版。该书围绕着学海堂的兴衰历史，勾勒出十九世纪广州外地移民的生活、工作场景，探讨了书院在社会流动中所起到的认证作用。除导言外，该书共分为八个章节，每个章节都以广州文人的文化记忆载体——诗歌开头，充分体现了"本地"这一特色。具体内容为省城都市与偏安一隅：省城与珠江三角洲腹地；谢兰生的城市：广州文化精英的社交行踪（1810—1830）；城市新地标：学海堂的创建（1820—1830）；重塑文化景观：历史、诗词、文集；危机与重建中的书院、省城与珠江三角洲（1830—1870），我本江南客：陈澧与广州的汉宋调和之风；

朱"九江"：另类认同与珠三角学人对省城的批判；学海堂反思：省城家族的流动性与身份认同。

2008 年

朝鲜后期门中书院研究

〔韩〕李海濬著，景仁文化社 2008 年出版。该书分为门中书院概念、背景、建立与推移、祭享人物、社会史属性及结论五部分。

2012 年

书院享祀

〔韩〕李海濬等五位先生编著，濊貊出版社 2012 年出版。该书以鲁冈、遁岩两书院为例，完整呈现当代韩国书院祭祀活动的实况。

说明：国外论著部分得益于简亦精、车金花、李信蕊的帮助，在此表示感谢。

七、国外书院研究论文索引

1923 年

作　者	篇　名	来　源
季黄芝	书院生活	［日］（1923）『支那问题』3（20）

1935 年

作　者	篇　名	来　源
出光力讲	书院起源考	［日］（1935）『史学研究年』10（3）

1936 年

作　者	篇　名	来　源
柳洪烈	在于朝鲜书院的成立	［日］（1936）『青丘学丛』29（30）
大　原	评「在于朝鲜书院的成立」	［日］『史学杂志』51（5）

1940 年

作　者	篇　名	来　源
铃木虎雄	关于朱子的白鹿洞书院	［日］（1940）『怀德』18

1941 年

作　者	篇　名	来　源
小林正直	宋代的书院	［日］（1941）『文科学会纪要』8

1942 年

作　者	篇　名	来　源
寺田刚	朱喜的道学复兴—关于白鹿洞书院	［日］（1942）『历史』18（9、10）

1953 年

作 者	篇 名	来 源
吉川正二	青黉書院の教育（青黉书院的教育）	［日］（1953）『日本教育学会大會研究発表要項』12：18-19

1954 年

作 者	篇 名	来 源
林友春	唐宋书院的产生及其教育	［日］（1954）『学习院大学文学部研究年报』2
林友春	唐宋書院の發生とその教育（唐宋书院的起源及其教育）	［日］（1954）『研究年报』2：133-156

1955 年

作 者	篇 名	来 源
中村治兵卫	清代山东书院与典当	［日］（1955）『东方学』
Heinrich Busch 卜恩礼	The Tung-Lin Academy and Its Political and Philosophical Significance（东林书院与它的政治、哲学意义）	Monumenta Serica，1955（14）（《华裔学志》1955 年第 14 期）

1956 年

作 者	篇 名	来 源
Knight Biggerstaff 毕乃德	Shanghai Polytechnic Institution and Reading Room: An Attempt to Introduce Western Science and Technology to the Chinese（上海格致书院——给中国介绍西方科学技术的尝试）	Pacific Historical Review，1956，25（2）（《太平洋历史周刊》1956 年第 25 卷第 2 期）

1957 年

作 者	篇 名	来 源
林友春	元明时代的书院教育	［日］（1957）『近世中国教育史研究』
林友春	元明の書院教育（元明的书院教育）	［日］（1957）『日本教育学会大會研究発表要項』16：23
林友春	宋代の書院（宋代的书院）	［日］（1957）『歴史教育』5（8）
Tilemann Grimm 林懋	Some Remarks on the Suppression of Shu-yuan in Ming China（评明季禁毁书院）	Transactions of the International Conference of Orientalists in Japan，Ⅱ，1957（《日本东方国际交流会议论文集Ⅱ》1957 年）

1958 年

作　者	篇　名	来　源
林友春	清末書院教育の諸問題（清末书院教育的各种问题）	［日］（1958）『日本教育学会大會研究発表要項』17：44
林友春	朱子書院の教育法としての静坐について（关于朱子书院的教育法——静坐）	［日］（1958）『日本教育学会大會研究発表要項』18：22-23

1959 年

作　者	篇　名	来　源
渡部学	伊山书院的养正堂—十六世纪朝鲜书堂的变质	［日］（1959）『武臧大学论文集』六一四
林友春	清朝の書院教育（清朝的书院教育）	［日］（1959）『研究年報』6：177-197

1960 年

作　者	篇　名	来　源
林友春	清朝的书院教育	［日］（1960）『学习院大学文学部研究年報』6

1962 年

作　者	篇　名	来　源
铃木博雄	近世私塾の史的考察：元禄—享保期の私塾を中心として（近世私塾的历史考察：以元禄—享保期的私塾为中心）	［日］（1962）『横浜国立大学教育紀要』1：1-34

1966 年

作　者	篇　名	来　源
林友春	书院与学校在性质上的关联	［日］（1966）『近代亚洲教育史研究』
大久保英子	清代的书院与社会	［日］（1966）『近代亚洲教育史研究』

1967 年

作　者	篇　名	来　源
大久保英子	清代山西地方的书院与社会	［日］（1967）『山崎先生退宫纪念东洋史学论文集』

1968 年

作 者	篇 名	来 源
闵丙河	朝鲜书院的经济构造	［韩］（1968）『大东文化研究』5

1969 年

作 者	篇 名	来 源
吴金成	明代书院しこって（关于明代书院）	［日］（1969）『历史教育资料』1（2）
Tilemann Grimm 林懋	Ming Education Intendants（明代教育者）	In Chinese Government in Ming Times: Seven Studies, edited by HuckerC0. New York: Columbia University Press, 1969（贺凯主编《中国明代政府：七项研究》，纽约：哥伦比亚大学出版社 1969 年版）
John Meskill 穆四基	Academies and Politics in the Ming Dynasty（明代书院与政治）	In Chinese Government in Ming Times: Seven Studies, edited by Hucker C0New York: Columbia University Press, 1969（贺凯主编《中国明代政府：七项研究》，纽约：哥伦比亚大学出版社 1969 年版）

1970 年

作 者	篇 名	来 源
林友春	关于中国书院的推移	［日］（1970）『近世东亚教育史研究』
大久保英子	清代江浙地方的书院与社会	［日］（1970）『近世东亚教育史研究』

1974 年

作 者	篇 名	来 源
渡部学	朝鲜李朝时期的书院与书堂—以陶山书院与亦乐书斋为中心	［日］（1974）『武藏大学人文学会杂志』5（1、2）
渡部学	亦乐书斋再论	［日］（1974）『武藏大学人文学会杂志』5（3、4）
中村孝志	东亚书院与东文学堂	［日］（1974）『天理大学学报』124
大久保英子	明末以来の湖南書院の発展と変法（明末以来湖南书院的发展和变法）	［日］（1974）　『社会文化史学』　（10）：35-48.

1975 年

作 者	篇 名	来 源
片山兵卫	关于近世中国的书院—以西南部地域为中心	［日］（1975）『日本的教育史学』18

续表

作　者	篇　名	来　源
多贺秋五郎	关于清代的湖南书院教育	［日］（1975）『中央大学九十周年纪念论文集』

1976 年

作　者	篇　名	来　源
Richard A. Orb 理查德·奥布	Chihli Academies and Other Schools in the Late Ch'ing: An Institutional Survey（晚清直隶的书院和其他学堂：一个从制度角度的观察）	In Reform in Nineteenth-Century China, edited by Cohen PA, Schrecker JE. Cambridge, MA：East Asian Research Center, Harvard University, 1976（石约翰、柯文主编《中国 19 世纪改革》，剑桥：哈佛大学东亚研究中心 1976 年版）

1977 年

作　者	篇　名	来　源
片山兵卫	评《明清时代书院的研究》	［日］（1977）『近代中国』2
渡部学	在于朝鲜书书堂（seodang）的变转相	［日］（1977）『武藏大学人文学会杂志』9（1、2）
五十岚正一	元代书院及其供祀	［日］（1977）『东洋教育史研究』1
乔炳南	关于宋代的书院制度	［日］（1977）『帝塚大学论文集』14
山根幸夫	大久保英子著「明清時代書院の研究」（大久保英子著《明清时代书院的研究》）	［日］（1977）『東洋学報』59（1、2）：167-173
森纪子	大久保英子著「明清時代書院の研究」（大久保英子著《明清时代书院的研究》）	［日］（1977）『史林』60（1）：145-150
关山邦宏	「白鹿洞書院揭示」の諸藩校への定着とその実態（《白鹿洞书院揭示》对各藩校的定论及其真实情况）	［日］（1977）『教育研究』21：1-42
冲田行司	近世儒学教育理念の形成—山崎闇斎と白鹿洞書院揭示（近世儒学教育理念的形成——山崎闇斋和白鹿洞书院揭示）	［日］（1977）『文化学年報』（26）：68-92
	大清书院与梁柱（在旧金山）	［美］『旧金山世界时报』1977 年 2 月 17 日
Tilemann Grimm 林懋	Academies and Urban Systems in Kwangtung（广东的书院与城市体系）	In The City in Late Imperial China, edited by Skinner VF. Calif：Stanford University press, 1977（施坚雅主编《中华帝国晚期的城市》，加利福利亚州：斯坦福大学出版社 1977 年版）

1978 年

作　者	篇　名	来　源
冲田行司	近世初期学校教育の研究—冈山藩校を中心として（近世初期学校教育的研究——以冈山藩校为中心）	〔日〕（1978）『文化史学』34：10-22
崔完基	陶山书院	〔韩〕（1978）『史学』2：42-43
崔完基	紫云书院	〔韩〕（1978）『史学』3：128-129
崔完基	武城书院	〔韩〕（1978）『史学』4：114-115
崔完基	华阳书院	〔韩〕（1978）『史学』5：90-91
崔完基	私学发祥地巡礼—兴岩书院	〔韩〕（1978）『史学』6：92-93
崔完基	私学发祥地巡礼—屏山书院	〔韩〕（1978）『史学』7：94-95
崔完基	私学发祥地巡礼—玉山书院	〔韩〕（1978）『史学』8：90-91
Linda Walton 万安玲	Education, social change, and neo-Confucianism in Song-Yuan China: academies and the local elite in Ming Prefecture（Ningpo）（中国宋元时期教育、社会变化和理学：明州〔宁波〕书院与地方精英）	〔美〕宾夕法尼亚大学 1978 年博士学位论文

1979 年

作　者	篇　名	来　源
牧野修二	关于元代庙学与书院的规模	〔日〕（1979）『爱媛大学法文学部论集』12
山根幸夫	评《明清时代书院的研究》	〔东德〕（1979）『统一』59（1、2）
关山邦宏	幕末私塾の学规の研究：咸宜园を中心とし（幕末私塾的学规研究：以咸宜园为中心）	〔日〕（1979）『教育研究』23：23-60

1980 年

作　者	篇　名	来　源
渡部学	十六世纪朝鲜书院的三类型	〔日〕（1980）『武藏大学人文学会杂志』11（2、3、4）
中村孝志	福州东瀛学堂与厦门旭瀛书院	〔日〕（1980）『天理大学学报』128
日向野德久	江户时代における下野国の教育：私塾を中心としての考察（江户时代下野国的教育：以私塾为中心的考察）	〔日〕（1980）『白鸥女子短大论集』5（2）：66-88

1981 年

作　者	篇　名	来　源
渡部学	关于《道东书院规目》	〔日〕（1981）『村上四男博士和歌大学退宫纪念朝鲜史论文集』

1982 年

作　者	篇　名	来　源
薛国桢	明清时代书院及其关联诸问题	［日］（1982）『历史 1：ずげち民众与文化』
薛国栋	明清时代之书院及其关联诸问题	［日］（1982）『酒井忠夫先生古稀祝贺纪念论文集』
Pierre-Etienne Will 魏丕信	《明代书院——历史散论》书评	Pacific Affairs, 1982—1983, 55（4）: 674-676（《太平洋事务》, 1982—1983, 55（4）: 674-676）

1983 年

作　者	篇　名	来　源
尹熙勉	韩国后期书院的经济基盘	［日］（1983）『东亚研究』2
关山邦宏	広瀬淡窓の教育思想—その形成過程における諸問題（広瀬淡窓的教育思想——关于其形成过程的诸问题）	［日］（1983）『季刊日本思想史』19: 33-47
坂出祥伸	清末における科学教育：上海・格致書院の場合（关于清末的科学教育：以上海・格致书院为例）	［日］（1983）『関西大学文学論集』32（3）: 1-33
Alexander Woodside 亚历山大・伍德赛德	Relations Between Chinese Academies and Their External World, 1700—1840（1700—1840 中国书院与外部世界的联系）	American Historical Association Panel Paper, San Francisco, 1983（《旧金山美国历史协会会议论文》1983 年）

1984 年

作　者	篇　名	来　源
Thomas H. C. Lee 李弘祺	Chu Hsi, Academies and the Tradition of Private Chiang-hsueh（朱熹、书院与私人讲学传统）	Chinese Studies（Taipei）, 1984, 2（1）（《汉学研究（台北）》1984 年第 2 卷第 1 期）
Evelyn S. Rawski 罗友枝	Review: Chinese Academies in the Sixteenth Century: Education and Politics（Reviewed Work: Academies in Ming China: A Historical Essay by John Meskill）（中国 16 世纪的书院：教育与政治《明代书院——历史散论》书评）·	History of Education Quarterly, 1984, 24（3）: 439-443（《教育史季刊》, 1984, 24（3）: 439-443）

1985 年

作 者	篇 名	来 源
John W. Chaffee 贾志扬	Chu Hsi and the Revival of the White Deer Grotto Academy，1179—1181 A. D.（朱熹白鹿洞书院的复兴，1179—1181）	T'oung Pao，Second Series，1985（71）（《（荷）通报》1985 年第 71 期）

1987 年

作 者	篇 名	来 源
Linda Walton 万安玲	Reviewed Work：Government Education and Examinations in Song China by Thomas H. C. Lee（李弘祺《宋代官学教育与科举》书评）	Journal of Asian History，1987，21（1）（《亚洲历史期刊》1987 年第 21 卷第 1 期）
Linda Walton 万安玲	Reviewed Work：The Thorny Gates of Learning in Song China by John W. Chaffee（贾志扬《宋代科举》书评）	Journal of Asian History，1987，46（1）（《亚洲历史期刊》1987 年第 46 卷第 1 期）

1988 年

作 者	篇 名	来 源
王建军 慕容勘	论清代《州书院城市化》	［韩］『韩国学论丛』1988，10：403-420

1989 年

作 者	篇 名	来 源
林友春	书院教育史（书院教育史）	［日］（1989）『学芸图书』
Benjamin A. Elman 本杰明·艾尔曼	Imperial Politics and Confucian Societies in Late Imperial China：The' Hanlin and Donglin Academies（中华帝国晚期的帝国政治和儒学团体，翰林和东林书院）	Modern China，1989（4）（《近代中国》1989 年第 4 期）
Erik Zurcher 许理和	Buddhism and Education in Tang Times（唐代佛教与教育）	In Neo-Confucian Education：The Formative，edited by. Bary WT，Chaffee JW. Berkeley：University of California Press，1989（狄百瑞，贾志扬主编《成型阶段的理学教育》，伯克利：加利福尼亚大学出版社 1989 年版）

续表1

作　者	篇　名	来　源
Peter K. Bol 包弼德	Chu Hsi's Redefinition of Literati Learning（朱熹对士人学习的重新定义）	In Neo-Confucian Education：The Formative，edited by. Bary WT，Chaffee，JW. Berkeley：University of California Press，1989（狄百瑞，贾志扬主编《成型阶段的理学教育》，伯克利：加利福尼亚大学出版社 1989 年版）
Chun-fang Yu 于君方	Ch'an Education in the Song：Ideals and Procedures（宋代的禅宗教育：理想和进程）	In Neo-Confucian Education：The Formative，edited by. Bary WT，Chaffee，JW. Berkeley：University of California Press，1989（狄百瑞，贾志扬主编《成型阶段的理学教育》，伯克利：加利福尼亚大学出版社 1989 年版）
Thomas H. C. Lee 李弘祺	Song Schools and Education Before Chu Hsi（朱熹之前宋代的学校与教育）	In Neo-Confucian Education：The Formative，edited by. Bary WT，Chaffee JW. Berkeley：University of California Press，1989（狄百瑞，贾志扬主编《成型阶段的理学教育》，伯克利：加利福尼亚大学出版社 1989 年版）
Tu Wei-ming 杜维明	The Song Confucian Idea of Education：A Background Understanding（宋代教育的儒家思想：一种背景理解）	In Neo-Confucian Education：The Formative，edited by. Bary WT，Chaffee JW. Berkeley：University of California Press，1989（狄百瑞，贾志扬主编《成型阶段的理学教育》，伯克利：加利福尼亚大学出版社 1989 年版）
Theodore de Bary 狄百瑞	Chu Hsi's Aims as an Educator（教育家朱熹的理想）	In Neo-Confucian Education：The Formative，edited by. Bary WT，Chaffee JW. Berkeley：University of California Press，1989（狄百瑞，贾志扬主编《成型阶段的理学教育》，伯克利：加利福尼亚大学出版社 1989 年版）
M. Theresa Kelleher 泰蕾莎·凯莱赫	Back to Basics：ChuHis's Elementary Learning（Hsiao-Hsueh）（溯源：朱熹的《小学》）	In Neo-Confucian Education：The Formative，edited by. Bary WT，Chaffee JW. Berkeley：University of California Press，1989（狄百瑞，贾志扬主编《成型阶段的理学教育》，伯克利：加利福尼亚大学出版社 1989 年版）
Ron-Guey Chu 朱荣贵	Chu Hsi and Public Instruction（朱熹与百姓劝谕）	In Neo-Confucian Education：The Formative，edited by. Bary WT，Chaffee JW. Berkeley：University of California Press，1989（狄百瑞，贾志扬主编《成型阶段的理学教育》，伯克利：加利福尼亚大学出版社 1989 年版）

续表 2

作　者	篇　名	来　源
Patricia Ebrey 伊沛霞	Education Through Ritual：Efforts to Formulate Family Rituals during the Song Period（礼上的教育：宋代家礼的诠释）	In Neo-Confucian Education：The Formative，edited by. Bary WT，Chaffee JW. Berkeley：University of California Press，1989（狄百瑞，贾志扬主编《成型阶段的理学教育》，伯克利：加利福尼亚大学出版社 1989 年版）
Pei-yi Wu 吴百益	Education of Children in the Song（宋代学童教育）	In Neo-Confucian Education：The Formative，edited by. Bary WT，Chaffee JW. Berkeley：University of California Press，1989（狄百瑞，贾志扬主编《成型阶段的理学教育》，伯克利：加利福尼亚大学出版社 1989 年版）
Bettine Birge 柏清韵	Chu Hsi and Women's Education（朱熹与女性教育）	In Neo-Confucian Education：The Formative，edited by. Bary WT，Chaffee JW. Berkeley：University of California Press，1989（狄百瑞，贾志扬主编《成型阶段的理学教育》，伯克利：加利福尼亚大学出版社 1989 年版）
Monika Ubelhor 余蓓荷	The Community Compact（Hsiang-yueh）of the Song and Its Educational Significance（宋代乡约及其在教育中的重要作用）	In Neo-Confucian Education：The Formative，edited by. Bary WT，Chaffee JW. Berkeley：University of California Press，1989（狄百瑞，贾志扬主编《成型阶段的理学教育》，伯克利：加利福尼亚大学出版社 1989 年版）
Wing-tsit Chan 陈荣捷	Chu Hsi and the Academies（朱熹与书院）	In Neo-Confucian Education：The Formative，edited by. Bary WT，Chaffee JW. Berkeley：University of California Press，1989（狄百瑞，贾志扬主编《成型阶段的理学教育》，伯克利：加利福尼亚大学出版社 1989 年版）
John W. Chaffee 贾志扬	Chu Hsi in Nan-k'ang：Tao-hsueh and the Politics of Education（朱熹在南康：道学与政治教育）	In Neo-Confucian Education：The Formative，edited by. Bary WT，Chaffee JW. Berkeley：University of California Press，1989（狄百瑞，贾志扬主编《成型阶段的理学教育》，伯克利：加利福尼亚大学出版社 1989 年版）

续表 3

作　者	篇　名	来　源
Robert Hymes 韩明士	Lu Chiu-yuan，Academies，and the Problem of the Local Community（陆九渊、书院与乡村社会问题）	In Neo-Confucian Education：The Formative，edited by. Bary WT，Chaffee JW. Berkeley：University of California Press，1989（英文版收入狄百瑞，贾志扬主编《成型阶段的理学教育》，伯克利：加利福尼亚大学出版社1989年版，432-456；中文版收入田浩主编，杨立华、吴艳红译《宋代思想史论》，北京：社会科学文献出版社 2003 年版）
Linda Walton 万安玲	The Institutional Context of Neo-Confucianism：Scholars，Schools，and Shu-yuan in Song-Yuan China（理学的制度背景：中国宋元学者、学派和书院）	In Neo-Confucian Education：The Formative，edited by. Bary WT，Chaffee JW. Berkeley：University of California Press，1989（狄百瑞，贾志扬主编《成型阶段的理学教育》，伯克利：加利福尼亚大学出版社 1989 年版）

1990 年

作　者	篇　名	来　源
柴田笃	首善書院の光と陰（首善书院的历史）	［日］（1990）『哲学年報』49：181-213
朴勇俊	韓国における書院研究の軌跡と課題に關する一考察（关于韩国书院研究的轨迹和课题的考察）	［日］（1990）『早稲田大学大学院文学研究科紀要別冊』16：63-74
朴勇俊	韓国における書院の設立と教育について（关于韩国书院的设立和教育）	［日］（1990）『朝鮮語教育研究』4：123-132
朴勇俊	近世朝鮮における「書院」の教育機能に関する一考察（关于近世朝鲜"书院"教育功能的考察）	［日］（1990）『日本教育学会大会研究発表要項』49：144
西垣安比古前川道郎島冈成治小野育雄黑岩俊介	住まうことの場所論的研究 5：李朝時代書院の場所論的研究 2（居住场所研究 5：李朝时代书院场所研究）	［日］（1990）『学術講演梗概集. F，都市計画，建築経済・住宅問題，建築歴史・意匠』：1043-1044
西垣安比古前川道郎島冈成治小野育雄黑岩俊介	住まうことの場所論的研究 3：李朝時代書院の場所論的研究 1：計画系：中国・九州支部合同（居住场所研究 3：李朝时代书院场所研究 1：规划部：中国・九州支部合同）	［日］（1990）『建築雑誌』（建築年報）：136

续表

作 者	篇 名	来 源
李弘祺(著) 秦玲子(译)	中国書院史研究：研究成果·現状と展望 (中国书院史研究：研究成果、现状及展望)	［日］（1990）『中国：社會と文化』5：280-287
Alexander Woodside 亚历山大· 伍德赛德	State, Scholars, and Orthodoxy：The Ch'ing Academies, 1736—1839（国家、学者与正统：清代书院 1736—1839）	Orthodoxy in Late Imperial China, edited by Kwang-ching Liu. Berkeley：University of California Press, 1990（刘广京主编《中华帝国晚期的正统观念》，伯克利：加利福尼亚大学出版社 1990 年版）

1991 年

作 者	篇 名	来 源
山口和子	銀岡書院について：少年周恩來が最初に学んだんだ小学校（关于银冈书院：少年周恩来最初学习过的小学）	［日］（1991）『創大アジア研究』12：87-105
朴勇俊	近世朝鮮における「書院」の機能的位相（近世朝鲜"书院"的机能相位）	［日］（1991）『朝鮮語教育研究』5：133-142
Hoyt Cleveland Tillman 田 浩	Intellectuals and Officials in Action：Academies and Granaries in Song China（行动中的知识分子：中国宋代的书院和社仓）	Asia Major, 3rd series, 1991（《亚洲中央》1991 年第 3 期；中文版收入田浩主编，杨立华、吴艳红译《宋代思想史论》，北京：社会科学文献出版社 2003 年版）

1992 年

作 者	篇 名	来 源
中川等	藤樹書院の建築について（关于藤树书院的建筑）	［日］（1992）『日本建築学会近畿支部研究報告集』（計画系）32：965-968
Benjamin Elman 本杰明· 艾尔曼	Education in Song China（中国宋代教育）	Journal of the American Oriental Society, 1991, 111（1）（《美国东方学会杂志》1991 年第 111 卷第 1 期）

1993 年

作 者	篇 名	来 源
铃木博雄 刘 琪	東アジアにおける近世私学の史的考察(1)：日本と中国における私塾と書院の比較研究の試み（东亚近世私学历史的考察(1)：关于日本私塾与中国书院比较研究的尝试）	［日］（1993）『筑波大学教育学系論集』17（2）：1-14

续表

作 者	篇 名	来 源
Thomas Lee 李弘祺	Academies and Local Culture：Neo-Confucian Education in Chien-yang，Fu-chien，1000—1400（书院、社会及地方文化的发展——以 1000—1400 年福建建阳的新儒学教育为例）	In Institute of Chinese Literature and Philos-ophy，Academia Sinica，ed. Kuo-chi Chu-tzu hsÜeh hui-i lun-wen chi（Proceedings of International Conference on Chu Hsi Studies）. Taipei：Acade mia Sinica，1993（2）（《国际朱子学会论文集》，台北"中国科学院与中国文学研究所"1993 年第 2 期）
Linda Walton 万安玲	Southern Song Academies as Sacred Places（作为圣地的南宋书院）	Religion and Society in T'ang and Song China，edited by Ebrey PB，Gregory PN. Honolulu：University of Hawaii Press，1993（伊沛霞，皮特·格雷戈瑞主编《唐宋时期的宗教与社会》，火奴鲁鲁：夏威夷大学出版社 1993 年版）

1994 年

作 者	篇 名	来 源
姜惠京	同族集落のコミュニティ空間の構成とその利用に関する基礎的研究：韓国慶尚北道慶収部の竜山書院を事例として（关于同族部落的地方自治团体空间的构成及利用相关的基础研究：以韩国庆尚北道庆收部的龙山书院为例）	［日］（1994）『学術講演梗概集』（建築計画，農村計画）：1323-1324

1995 年

作 者	篇 名	来 源
金相圭	「書院祭」と地域社會：韓國慶尚北道「尼陽書院祭」の事例を中心に（"书院祭"和地域社会：以韩国庆尚北道"尼阳书院祭"的事例为中心）	［日］（1995）『社會学雜誌』12：55-79
刘琪	書院制度及びその精神に対する再評価について—五・四時期の動きを中心として—（关于书院制度及其精神的再评价——以五·四时期的运动为中心）	［日］（1995）『アジア教育史研究』4
金载渲	龙山书院研究	［韩］（1995）『岭东文化』6：45-75

1996 年

作　者	篇　名	来　源
Barry Keenan 秦博理	Imperial China's Last Classical Academies：Social Change in the Lower Yangzi，1864—1911（中华帝国最后的古典书院：长江下游的社会变化，1864—1911）	China Review International，SPRING 1996，3（1）（《国际中国评论》1996 年春季第 3 卷第 1 期）
Xiaoqing Chen Lin 陈林小青	Reviewed Work：Imperial China's Last Classical Academies：Social Change in the Lower Yangzi，1864—1911 by Barry C. Keenan（秦博理《中华帝国最后的古典书院：长江下游的社会变化，1864—1911》书评）	China Review International，1996，3（1）：169-172（《中国研究书评》，1996，3（1）：169-172）
Thomas Lee 李弘祺	The Thorny Gates of Learning in Song China by John W. Chaffee（贾志扬《宋代科举》书评）	The China Quarterly，1996（148）（《中国季刊》1996 年第 148 期）

1997 年

作　者	篇　名	来　源
郑万祚（著）平木实（译）	朝鲜朝の書院に関する若干の問題（与朝鲜朝的书院相关的若干问题）	［日］（1997）『朝鲜学报』163：21-42
三浦秀一	学生呉澄、あるいは宋末における書院の興隆について（关于学生吴澄以及宋末书院的兴隆）	［日］（1997）『文化』60（3、4）：37-56

1998 年

作　者	篇　名	来　源
Linda Walton 万安玲	Southern Song Academies and the Construction of Sacred Space（南宋书院与圣地的建设）	In Landscape Culture and Power in Chinese Society，edited by Yeh Wen-Hsi. Berkeley：Institute of East Asian Studies，University of California：Center for Chinese Studies，1998（叶文心主编《中国社会的景观文化与权力》，伯克利：加利福尼亚大学东亚研究中心 1998 年版）
Michel Hockx 贺麦晓	Reviewed Work：Imperial China's Last Classical Academies：Social Change in the Lower Yangzi，1864—1911 by Barry C. Keenan（秦博理《中华蒂国最后的古典书院：长江下游的社会变化，1864—1911》书评）	T'oung Pao，1998，（84）：460-462（《通报》1998 年第 84 卷第 460-462 页）

1999 年

作　者	篇　名	来　源
郑太景 小林英嗣 三井所隆史	韓国の書院建築—陶山書院：実際と観念の合致、そして実践（韩国的书院建筑——陶山书院：实际与观念的一致以及实践）	［日］（1999）『日本建築学会北海道支部研究報告集』72：437-440
池田粂雄	青谿書院の活動（青谿书院的活动）	［日］（1999）『陽明学』11：155-160
海老田辉巳	津和野養老館における崎門学派朱子学の役割（津和野养老馆中崎门学派朱子学的职责）	［日］（1999）『九州女子大学紀要』（人文・社会科学编）36（1）：79-91
何　平	中国碑林紀行（36）朱子ゆかりの白鹿洞書院（中国碑林纪行（36）与朱子相关的白鹿洞书院）	［日］（1999）『人民中国』558：90-93

2000 年

作　者	篇　名	来　源
鹤成久章	中国で進む書院研究資料の整備（在中国进展顺利的书院研究资料的整理）	［日］（2000）『東方』228：6-10.

2001 年

作　者	篇　名	来　源
海老田辉巳	書院教育の現代的意義：書院教育の生涯教育の役割（书院教育的现代意义：书院教育在终生教育中所起的作用）	［日］（2001）『九州共立大学・九州女子大学・九州女子短期大学・生涯学習研究センター紀要』6：31-40
Hilde De Weerdt 魏希德	Review：Academies and Society in Southern Song China（《中国南宋书院与社会》书评）	Harvard Journal of Asiatic Studies，2001，61（1）：201-209（《哈佛亚洲研究学刊》2001 年 61（1）：201-209）

2002 年

作　者	篇　名	来　源
柴田笃	「白鹿洞書院掲示」と李退渓（《白鹿洞书院揭示》和李退溪）	［日］（2002）『哲学年報』61：29-42
赵峻皓	송시열의 도봉서원입향논쟁과 그 정치적성격（宋时烈的道峰书院争论及其政治性质）	［韩］『朝鲜时代史学报』23：85-115

2003 年

作　者	篇　名	来　源
难波征男	劉宗周と黃宗羲の証人書院（刘宗周和黄宗羲的证人书院）	［日］（2003）『香椎潟』49：49-60
吉田公平	王陽明の「稽山書院尊経閣記」について（关于王阳明的《稽山书院尊経阁记》）	［日］（2003）『東洋古典学研究』15：53-62
김소은	16 세기星州지역士族의交遊와書院건립：『默齊日記』계획（16 世纪星州地区士族的交游与书院创立计划：以《默斋日记》为中心）	［韩］（2003）『朝鮮文化研究』26（2）：157-186
김상규	서원제를통해서본전략적·조작적부계친족집단（通过书院中的仪式来观察具有战略意义与可操纵性的父系亲属集团）	［韩］（2003）『东北亚文化研究』4：135-163

2004 年

作　者	篇　名	来　源
鹤成久章	Book Review 紙上の書院博物館—朱漢民·鄧洪波·陳和主編 中国書院（书评 纸上的书院博物馆——朱汉明·邓洪波·陈和主编《中国书院》）	［日］（2004）『東方』275：31-34
古屋昭弘	白鹿書院本「正字通」最初期の音注（白鹿书院本《正字通》最初本的音注）	［日］（2004）『中国文学研究』30：56-74
吴金成	陽明學과明末江西吉安府의紳士：書院講學을中心으로（阳明学和明末江西吉安府的绅士：以书院讲学）	［韩］（2004）『民族学研究』21：43-87

2005 年

作　者	篇　名	来　源
古屋昭弘	白鹿書院本「正字通」聲韻調の分析（白鹿书院本《正字通》声韵调的分析）	［日］（2005）『中国文學研究』31：209-225
윤상기	경남함양군의서원판본에대한연구（关于庆南咸阳郡的书院版本的研究）	［韩］（2005）『目录学研究』32：237-271
金鹤洙	17 세기초반영천유림（永川儒林）의학맥（學脈）과장현광（張顯光）의임고서원（臨皋書院제향논쟁（祭享論爭）（17 世纪初永川儒林的学脉与张显光的临皋书院祭享论争）	［韩］（2005）『朝鮮时代史研究』35：47-96
玉泳晟	「竹溪志」의編纂과版本에관한書誌的研究（与《竹溪志》的编纂和版本相关的书志研究）	［韩］（2005）『目录学研究』31：297-321

续表

作　者	篇　名	来　源
裴贤淑	绍修书院收藏과刊行書籍考（绍修书院收藏和刊行书籍考）	［韩］（2005）『目录学研究』31：263-296
李树焕	경주구강서원（龜岡書院）연구（庆州龟冈书院研究）	［韩］（2005）『朝鲜时代史学报』34：83-125
Daniel McMahon 米丹尼	The Yuelu Academy and Hunan's Nineteenth-Century Turn Toward Statecraft（岳麓书院与19世纪湖南向经世治国的转变）	Late Imperial China，2005，26（1）（《清史译丛》2005 年版第 26 卷第 1 期）
Xin Wu 吴　欣	Yuelu Academy：Landscape and Gardens of Neo-Confucian Pedagogy（岳麓书院：理学教育与风景园林）	Studies in the History of Gardens and Designed Landscapes：An International Quarterly，2005，25（3）（《景观设计与园林历史研究国际期刊》2005 年第 25 卷第 3 期）

2006 年

作　者	篇　名	来　源
千叶谦悟	納玻里中華書院藏版「三字経」について（关于拿玻里中华书院藏版《三字经》）	［日］（2006）『中国古籍文化研究』4：18-38
矢羽野隆男	西村天囚と泊園書院と：藤沢南岳編「論語彙纂」への天囚書入れをめぐって（关于西村天囚、泊园书院以及藤沢南岳编的《论词汇编纂》中所收入的天囚书）	［日］（2006）『中国学の十字路：加地伸行博士古稀記念論集』
河内利治（君平）	何紹基書「泰興縣襟江書院記」解題（何绍基所写的《泰兴县襟江书院记》解题）	［日］（2006）『大東文化大学紀要』44：83-103
丁淳佑（著）山内文登（译）	朝鮮後期—地方士族家門の儀礼活動：書院儀礼を中心に（朝鲜后期—地方士族家门的仪礼活动：以书院仪礼为中心）	［日］（2006）『アジア文化交流研究』1：199-216
汤浅邦弘	漢籍善本紹介—大阪大学懐徳堂文庫（1）（汉籍善本介绍——大阪大学怀德堂文库（1））	［日］（2006）『新しい漢字漢文教育』42：5-8、105-107
汤浅邦弘	漢籍善本紹介—大阪大学懐徳堂文庫（2）（汉籍善本介绍——大阪大学怀德堂文库（2））	［日］（2006）『新しい漢字漢文教育』43：5-8、86-87
汤浅邦弘	懐徳堂の祭祀空間：中国古礼の受容と展開（怀德堂的祭祀空间：中国古礼的容纳与展开）	［日］（2006）『大阪大学大学院文学研究科紀要』46：1-36
汤浅邦弘	懐徳堂の小宇宙—懐徳堂印の研究—（怀德堂的小宇宙——怀德堂印的研究）	［日］（2006）『中国学の十字路：加地伸行博士古稀記念論集』（研文出版）：688-701

2007 年

作　者	篇　名	来　源
汤浅邦弘	懐徳堂文庫貴重資料の修復について（关于怀德堂文库珍贵资料的修复）	［日］（2007）『懷徳堂センター報』：119-127
汤浅邦弘	漢籍善本紹介—大阪大学懷徳堂文庫（3）（汉籍善本介绍——大阪大学怀德堂文库（3））	［日］（2007）『新しい漢字漢文教育』44：5-8、86-87
汤浅邦弘	漢籍善本紹介—大阪大学懷徳堂文庫（4）（汉籍善本介绍——大阪大学怀德堂文库（4））	［日］（2007）『新しい漢字漢文教育』45：5-8、102-103
朱玲莉	咸宜園と白鹿洞書院—日中私塾の比較研究（咸宜园和白鹿洞书院——日中私塾比较研究）	［日］（2007）『国学院大学大学院紀要，文学研究科』39：201-221
邓洪波（著）猪野毅（译）	中国書院教育の階層性（中国书院教育的阶层性）	［日］（2007）『中国哲学』35：27-47
赵峻皓	경기지역서원의정치적성격：석실서원을중심으로（京畿地区书院的政治性特征：以绍修书院为中心）	［韩］（2007）『国学研究』11：5-27
郑寓轩	조선시대書院志體例에관한연구（对朝鲜时代书院志体例的研究）	［韩］（2007）『韩国学论丛』29：371-410
邓洪波	83 년이래중국의서원연구（83 年来中国的书院研究）	［韩］（2007）『韩国学论丛』29：75-108
朱汉民	中國 書院의歷程（中国书院的历程）	［韩］（2007）『韩国学论丛』29：27-60
难波征男	일본의‘서원’연구의현황과과제（日本书院研究的现状和问题）	［韩］（2007）『韩国学论丛』29：61-74
郑寓昨	韓國 書院의歷史（韩国书院的历史）	［韩］（2007）『韩国学论丛』29：1-26
이희봉	조선시대사림의서원건축재해석：기호학파서원에의가치부여（朝鲜时代士林的书院建筑：畿湖学派书院）	［韩］（2007）『建筑历史研究』16（6）：121-140
Linda Walton 万安玲	Academy Landscapes and the Ritualization of Cultural Memory in China under the Mongols（蒙古人统治下的中国书院景观与文化记忆仪式）	In Performance and Appropriation：Profane and Landscapes，edited by Michel Conan. Washington，DC：Harvard University Press，2007（米歇尔·柯南主编《执行和占用：世俗与景观》，华盛顿：哈佛大学出版社 2007 年版）
Thomas Buoye 步德茂	Reviewed Work：The Sea of Learning：Mobility and Identity in Nineteenth-Century Guangzhou by Steven B. Miles（麦哲维《学海：十九世纪广州的社会流动性与身份认同》书评）	Harvard Journal of Asiatic Studies，2007，67（2）（《哈佛亚洲研究学刊》2007 年第 67 卷第 2 期）

2008 年

作　者	篇　名	来　源
邓洪波	中国書院研究総述（1923—2007）（中国书院研究综述（1923—2007））	［日］（2008）『東アジア文化交渉研究別冊』2：21-35
邓洪波	中国書院研究著作書目（1929—2006）（中国书院研究著作书目（1929—2006））	［日］（2008）『東アジア文化交渉研究，別冊』2：145-152
邓洪波 段　欣	中国書院研究論文索引（1923—2007）（中国书院研究论文索引（1923—2007））	［日］（2008）『東アジア文化交渉研究別冊』2：159-243
邓洪波 车今花	附：韓国書院研究論著索引（附：韩国书院研究论著索引）	［日］（2008）『東アジア文化交渉研究別冊』2：153-158
邓洪波	中国書院研究総述（1923—2007）（中国书院研究综述（1923—2007））	［日］（2008）『東アジア文化交渉研究別冊』2：21-35
汤浅邦弘	森の中の懐徳堂（群林中的怀德堂）	［日］（2008）『懐徳』76：46-48
汤浅邦弘	書院としての懐徳堂（作为书院的怀德堂）	［日］（2008）『東アジア文化交渉研究別冊』2：105-119
薛锡圭	韓国書院研究の現状と課題（韩国书院研究的现状和课题）	［日］（2008）『東アジア文化交渉研究別冊』2：37-44
薛锡圭	韓国書院研究目録（韩国书院研究目录）	［日］（2008）『東アジア文化交渉研究別冊』2：245-254
薛锡圭 沈相勋	陶山書院の機能と政治・社会的役割（陶山书院的机能、政治和社会的职责）	［日］（2008）『東アジア文化交渉研究別冊』2：71-84
吾妻重二	東アジアの書院について：研究の視角と展望（关于东亚的书院：研究的视角与展望）	［日］（2008）『東アジア文化交渉研究別冊』2：3-20
鶴成久章	王守仁の白鹿洞書院石刻をめぐって：「大学古本序」最終稿の所在（关于王守仁的白鹿洞书院石刻：《大学古本序》最终稿的所在）	［日］（2008）『陽明学』20：83-103
嶋尾稔	ベトナムの伝統的私塾に関する研究のための予備的報告（为了越南传统私塾相关的研究所做的预备报告）	［日］（2008）『東アジア文化交渉研究別冊』2：53-66
孙建平	岳麓書院簡介：東アジアにおける書院研究（岳麓书院简介：东亚书院研究）	［日］（2008）『東アジア文化交渉研究別冊』2：69-70
윤상기	경남진주의서원판본에대한연구（庆南晋州的书院版本研究）	［韩］（2008）『目録学研究』40：295-322
金义焕	榮州의書院현황과義山書院의건립（荣州的书院现状和义山书院的设立）	［韩］（2008）『历史和实学』36：47-84
우정임	退溪李滉과그의門徒들의서적간행과書院의기능（退溪李滉与门徒的书籍刊刻活动及相关书院的功能）	［韩］（2008）『区域和历史』22：215-258
朱汉民	中国古代书院自治权的思考	［韩］（2008）『韩国学论丛』30：209-223
方彦寿	福建书院的崇祀	［韩］（2008）『韩国学论丛』30：331-341
徐雁平	书院，书塾与文社	［韩］（2008）『韩国学论丛』30：271-319

续表

作　者	篇　名	来　源
肖永明 彭爱华	阳明心学的兴起对书院议学的影响	［韩］（2008）『韩国学论丛』30：363-380
邓洪波	从学规看明代书院之课程建设	［韩］（2008）『韩国学论丛』30：343-362
周慧梅	书院请会与地方社会教化	［韩］（2008）『韩国学论丛』30：321-329
王炳照	书院精神的传承与创新	［韩］（2008）『韩国学论丛』30：225-242
刘海峰	科举学与书院学的参照互动	［韩］（2008）『韩国学论丛』30：255-269
William T. Rowe 罗威廉	The Sea of Learning：Mobility and Identity in Nineteenth-Century Guangzhou（review）（麦哲维《学海堂：十九世纪广州的社会流动性与身份认同》书评）	Journal of Interdisciplinary History，2008，38（3）（《跨学科史学期刊》2008年第38卷第3期）

2009 年

作　者	篇　名	来　源
足立崇	中国嶽麓書院と嶽麓山（建築論：東アジア，建築歴史・意匠）（建筑论：东亚，建筑历史・建筑设计））	［日］（2009）『学術講演梗概集』（建築歴史・意匠）：673-674
简亦精	明清期中国縁邊部における書院祭祀の受容過程について―台湾書院を中心とした一考察―（关于明清期中国边缘书院祭祀的接受与容纳过程——以台湾书院为中心考察）	［日］（2009）『退溪学論叢』15：119-139
简亦精	台湾書院の祭祀活動について：祭祀の対象を中心にして（关于台湾书院的祭祀活动：以祭祀的对象为中心）	［日］（2009）『中国哲学論集』35：20-38
汤浅邦弘	懐徳堂研究の可能性―韓国の書院と祖先祭祀儀礼から考える（怀德堂研究的可能性——从韩国的书院和祖先祭祀仪礼考虑）	［日］（2009）『懐徳堂研究』1：3-13
윤상기	경남함안의서원판본에대한연구（对庆南咸安的书院版本的研究）	［韩］（2009）『目录学研究』44：301-330
김학권	한국서원의기원과발달（韩国书院的起源和发展）	［韩］（2009）『开放精神人文学研究』10（2）：215-228
朴钟培	학규를통해서본조선시대의서원강회（通过学校来看朝鲜时代的书院讲会）	［韩］（2009）『教育史学研究』19（2）：59-84
李暎兰	戊戌變法時期湖南省의新式書院：嶽麓書院과時務學堂을중심으로（戊戌变法时期湖南省的新式书院：以岳麓书院和时务学堂为中心）	［韩］（2009）『明清史研究』31：211-241

2010 年

作　者	篇　名	来　源
邓洪波（著）简亦精（译）	中国書院の歴史と特徴（中国书院的历史和特征）	［日］（2010）『平成 17 年度～21 年度 文部科学省特定領域研究東アジアの海域交流と日本伝統文化の形成—寧波を焦点とする学際的創生—』「東アジア前近代の学校と教育」
汤浅邦弘	懷德堂研究の可能性——韓国の書院と祖先祭祀儀礼から考える（怀德堂研究的可能性——对韩国书院与祖先祭祀仪礼的思考）	［日］（2010）『懷德堂研究』1：3-13
김대식	나카에도주（中江藤樹）의문인（門人）공동체와도주서원（中江藤树的门人群体与藤树书院）	［韩］（2010）『亚洲研究』53（1）：103-125
肖永明	论王权对书院的控制	［韩］（2010）『韩国学论丛』33：145-167
李　兵	对中国古代书院教育科举化原因的思考	［韩］（2010）『韩国学论丛』33：31-41
胡　青	清代郑之侨鹅湖书院"学规系统"学术倾向探析	［韩］（2010）『韩国学论丛』33：19-30
赵峻皓	朝鮮時代 鄭夢周 祭享書院의건립推移와性格（朝鲜时代郑梦周祭享书院的建立、推移和特征）	［韩］（2010）『圃隐学研究』6：99-117
赵峻皓	書院志分析을통해본초기書院의 性格（通过对书院志的分析看早期书院的特征）	［韩］（2010）『韩国学论丛』33：1-17
金鹤洙	조선후기영천지역사림과임고서원（朝鲜后期永川地区的士林和临臬书院）	［韩］（2010）『圃隐学研究』6：119-166
朴正海	書院建築의 坐向決定과風水의 要因에關한 研究（关于书院建筑的坐向和风水要因的研究）	［韩］（2010）『建筑史研究』19（5）：49-63
梁镇健	동계（桐溪）정은（鄭蘊）서원배향（書院配享）의제주교육사적의미（桐溪郑蕴配享书院在济州教育史中的意义）	［韩］（2010）『教育思想研究』24（2）：129-147
朴钟培	學規에나타난조선시대서원교육의이념과실제（出现学规　朝鲜时代书院教育的理念和实际）	［韩］（2010）『韩国学论丛』33：43-73

2011 年

作　者	篇　名	来　源
邓洪波	京都順正書院初探（京都顺正书院初探）	［日］（2011）『東アジア文化交渉研究』4：175-191
汤浅邦弘	懷德堂展と 資料修復（怀德堂展和资料修复）	［日］（2011）『懷德堂研究』2：3-13

续表

作　者	篇　名	来　源
二阶堂善弘	文昌帝君信仰と書院—台湾における文昌帝君廟を例に—（文昌帝君信仰和书院——以台湾文昌帝君庙为例）	［日］（2011）『東アジア文化交渉研究』4：11-19
朴钟培	회규를통해서본명대의서원강회제도（通过会规看明代书院的讲会制度）	［韩］（2011）『教育史学研究』21（2）：81-103
朴正海韩东洙	書院立地의水勢論分析：辛未存置書院을中心으로（书院选址的水势论分析：以辛未存置书院为中心）	［韩］（2011）『历史民俗学』37：243-277
朴正海韩东洙	기호학파와영남학파서원의풍수적특징비교분석（畿湖学派和岭南学派书院的风水特征比较分析）	［韩］（2011）『区域和历史』29：173-207
金炳辰	南宋時期建康府明道書院의연구（南宋建康府明道书院研究）	［韩］（2011）『东洋史学研究』116：127-179
김대식	화서（華西）문인공동체（門人共同體）강회（講會）의실제（华西门人共同体的讲会事实）	［韩］（2011）『教育史学研究』21（1）：39-64
반오석	퇴계와남명의山水觀과書院立地에관한考察（关于退溪和南冥的山水观和书院选址的考察）	［韩］（2011）『民族思想』5（1）：109-149
金德铉	对韩国书院的选址与景观的解读	［韩］（2011）『韩国书院学报』（1）
郑万祚	朝鲜时代坡州地区的士族与书院活动	［韩］（2011）『韩国书院学报』（1）
정현정	朝鲜中期朱熹祭享书院的社会性特征	［韩］（2011）『韩国书院学报』（1）
朴钟培	对19世纪末武城书院讲习礼的观察	［韩］（2011）『韩国书院学报』（1）
李海濬	鲁冈书院资料的类型和特征	［韩］（2011）『韩国书院学报』（1）
李愚辰	王阳明书院讲学的理念和实践	［韩］（2011）『韩国书院学报』（1）
金仁杰	书院研究现状的意义及未来方向	［韩］（2011）『韩国书院学报』（1）
정수론	书院文书与社会史研究	［韩］（2011）『韩国书院学报』（1）
Linda Walton 万安玲	Family Fortunes in the Song-Yuan Transition：Academies and Chinese Elite Strategies for Success（宋元转变的家族财产：书院与中国精英的成功策略）	T'ong Pao，2011（97）（《通报》2011 年第97 期）
Sukhee Lee 李硕熙	Zhu Xi Was Here：Family，Academy，and Local Memory in Later Imperial Dongyang（朱熹在此：古代东阳家族、书院与地方记忆）	Journal of Song-Yuan Studies，Volume 41，2011（《宋元研究期刊》2011 年第 41 卷）

2012 年

作　者	篇　名	来　源
윤상기	경남산청의서원판본에대한연구（对庆尚南道山清郡书院版本的研究）	［韩］（2012）『目录学研究』52：101-136

续表

作 者	篇 名	来 源
고수연	조선시대黃澗縣의 土族動向（朝鲜时代黄涧县的士族动向）	［韩］（2012）『中原文化研究』18・19：113-127
李树焕	서원기록자료정리의현황과과제（书院档案资料整理的现状和问题）	［韩］（2012）『民族文化论丛』52：423-447

2013 年

作 者	篇 名	来 源
吴洪成	古代河北邢台书院教育研究	［韩］（2013）『历史文化研究』47：117-159
金基柱	南冥學派의書院과남명학파의전개（南冥学派的书院和南冥学派的开展）	［韩］（2012）『南道文化研究』24：7-40
具珍成	龍巖書院（용암서원）운영주체들의활동과그지향에대한일고찰 —17 세기초반의德川書院（덕천서원）・新山書院（신산서원）과비교하여（龙岩书院主持者的活动与方向——与 17 世纪早期的德川、新山两书院相比较	［韩］（2013）『南冥学研究』39：73-108
崔锡起	安德文의 三山書院 位相鼎立과그의미（安德文三山书院地位的确立及意义）	［韩］（2013）『南冥学研究』40：165-194
李树焕	书院档案资料整理的现状和问题	［韩］（2013）『韩国书院学报』（2）
玉泳晟	书院资料的保存、利用方向	［韩］（2013）『韩国书院学报』（2）
李海濬	书院教育、宣传资料的编撰方向	［韩］（2013）『韩国书院学报』（2）
林勤实	柳云龙《吴山志》的编撰意图	［韩］（2013）『韩国书院学报』（2）
李炳勋	道东书院所藏资料的现状及特征	［韩］（2013）『韩国书院学报』（2）
최순권	道东书院祭享仪礼的特征	［韩］（2013）『韩国书院学报』（2）
강지혜	南原露峰书院的建立与维持	［韩］（2013）『韩国书院学报』（2）
李暎兰	清末书院教学和维持的正体——以湖南省岳麓书院为中心	［韩］（2013）『韩国书院学报』（2）

2014 年

作 者	篇 名	来 源
박종수	포은선생배향서원의문화콘텐츠활용방안（圃隐先生配享书院的文化含义与实施方案）	［韩］（2014）『圃隐学研究』14：233-256
이선아	18세기考巖書院의건립과정과講會및追享의의미（18 世纪考岩书院的建立过程与讲会、追享的意义）	［韩］（2014）『人物科学研究论丛』37：241-267
이선아	一齋李恒의학문적위상확립과정과南皐書院（一斋李恒学术地位确立的过程与南皋书院）	［韩］（2014）『地方史和地方文化』17（2）：101-126

续表

作　者	篇　名	来　源
김봉곤	필암서원（筆巖書院）과울산김씨（蔚山金氏）（笔岩书院和蔚山金氏）	［韩］（2014）『韩国家谱研究』5：57-91
赵峻皓	석실서원의건립과안동김씨（绍修书院的建立与安东金氏）	［韩］（2014）『韩国家谱研究』5：93-118
金基柱	道東書院과寒岡學의전개（道东书院和寒冈学的开展）	［韩］（2014）『韩国学论集』57：7-33

2015 年

作　者	篇　名	来　源
石川雄一	Book Reviews 富田和晓著（2015）：『大都市都心地区の変容とマンション立地』古今書院別（书评 富田和晓著（2015）：《大都市中心地区的变化和住宅地》古今书院）	［日］（2015）『经济地理学家协会年鉴』61（4）：400-402
박종수	서원을활용한다문화가치창조에대한연구——임고서원을중심으로（对利用书院的多元文化价值创作的研究——以临皋书院为中心）	［韩］（2015）『圃隐学研究』15：187-204
김영나	16～18세기안동지역사족의호계서원（虎溪書院）운영（16—18世纪安东虎溪书院的活动）	［韩］（2015）『朝鲜时代史学报』73：115-152
우경섭	인천 鶴山書院과李端相·李喜朝 父子（仁川鹤山书院与李端相、李喜朝父子）	［韩］（2015）『韩国学研究』38：459-484
朱汉民	书院教育与湘学学统	［韩］（2015）『韩国书院学报』（3）
李宁宁	从白鹿洞书院的教育环境看儒生的身隐与心隐	［韩］（2015）『韩国书院学报』（3）
邓洪波	元代湖南书院的规模与规制	［韩］（2015）『韩国书院学报』（3）
肖永明 郑明星	融合与互动：书院文化空间中的大传统与小传统	［韩］（2015）『韩国书院学报』（3）
李晓宇	“蜀学”与“官学”：19世纪中后期四川书院的传统与现实	［韩］（2015）『韩国书院学报』（3）
王胜军 邓洪波	黄舒昺晚清书院讲学论述	［韩］（2015）『韩国书院学报』（3）
谢丰	岳麓书院研究群体与二十世纪末中国书院研究	［韩］（2015）『韩国书院学报』（3）
徐梓	东佳书堂小考	［韩］（2015）『韩国书院学报』（3）
张劲松	明李龄《宫詹遗稿》误收的两篇白鹿洞书院文稿	［韩］（2015）『韩国书院学报』（3）
范慧娟	白鹿洞书院中体现的朱熹的书院观	［韩］（2015）『韩国书院学报』（3）

2016 年

作　者	篇　名	来　源
浅井邦昭	鍾山書院を中心とした姚門の文学活動について（以钟山书院为中心的姚门文学活动）	［日］（2016）『金城学院大学論集・人文科学編』
田村匠	現場レポート 茨城県 県指定有形文化財月山寺書院：現状変更について（现场报道 茨城县 县指定有形文化财产月山寺书院：关于现状变更）	［日］（2016）『文建協通信』124：72-82
菊　池	遠州流書院正飾之図抄聴書	［日］（2016）『茶の湯文化学』26
이영자	遠州流書院正飾之図抄聴書	［韩］（2016）『儒学研究』37
김은희	清朝書院의教學內容研究（清朝书院的教学内容研究）	［韩］（2016）『语言学研究』1（2）
정후수	행주산성과행주서원의한자표기（幸州山城和幸州书院的汉文记载）	［韩］（2016）『汉成语文学』35
南相镐	서원의인성교육：철학치유의방법을찾아서（书院的人性教育：寻求哲学治疗方法）	［韩］（2016）『人文科学研究』49：377-406
陈晟秀	전북지역서원（書院）의현대적활용방안（全北地区书院的现代性利用方法）	［韩］（2016）『佛教思想和宗教文化』70：263-294
李炳勋	19세기초경주옥산서원강당중건과位相변화（19世纪初庆州玉山书院讲堂的重建和地位变化）	［韩］（2016）『韩国学研究』57：221-274
金建佑	남원삭녕최씨문중서원철폐와재산처리：노봉서원과방산서원을중심으로（南原朔宁崔氏文宗书院的取消和财产处理：以露峰书院和芳山书院为中心）	［韩］（2016）『国学研究』31：587-618
李树焕	『청대일기』를통해본권상일의서원활동（通过《清台日记》来观察权相一的书院活动）	［韩］（2016）『民族文化论丛』62：65-101

后　记

　　清光绪二十七年（1901），朝廷发布上谕，在全国范围内改书院为学堂。十九世纪二十年代，人们开始怀念书院，胡适、青年毛泽东等记起书院的好处，开启研究书院之风。近百年来，不断有论文、资料刊发，专著、论文集、资料集等也时有出版，形成了为数甚大的研究书院的"书院研究文献"。这批文献虽与历代书院建设者们留下的第一手资料相比有些另类，属于衍生物，但也是书院文献的一个有机组成部分，可以为书院研究的全面深入推进提供有益的借鉴。我们对于书院研究文献的收集与整理，始于二十世纪八十年代，在《岳麓书院通讯》1986 年第 1 期发表《中国书院史研究论文专著索引（1923－1986）》《解放前中国书院史研究述评》之后，这项工作就一直在进行。故而在设计"中国书院文献整理与研究"的课题时，就突破时限，以《近百年书院研究论著目录》之名，将其一并纳入规划之中。

　　按计划，《近百年书院研究论著目录》作为国家社科基金重大项目"中国书院文献整理与研究"的成果之一，在中期检查时提交，截止时间是 2016 年年底，著录论著总数近六千。主要内容有七：近百年书院研究历程、书院研究著作提要、书院研究期刊论文索引、书院研究学位论文索引、国内有关书院研究的基金项目、国外书院研究著作提要、国外书院研究论文索引。整理时，文章与著作分开，各自按年编排。文章著录篇名、作者、刊物名称及刊期，著作著录书名、作者、出版社名称及出版时间，提要包括著作章节目录、基本内容、学术创新与影响，便于读者了解其在书院研究史上的地位。

　　本书是长年集体合作的成果。自 1986 年以来，段欣、车金花、王胜军、周文娟、王吉良、马友斌、蒋紫云、陈仙、赵路卫、赵瑶杰、姚岳、兰军、娄周阳、何君扬、刘艳伟、赵伟、肖啸、刘金、宗尧、王帅、丁利、刘明、黄思维、蒋浩达、韦丽等贡献良多，最后总合赵伟用力最多；同事黄沅玲为丛书设计了精致的图标；责任编辑郭蔚改错润色，在此一并表示衷心感谢。

　　本书意在提供研究之便，虽有网罗殆尽之心，但难免遗珠流落，还祈读者指教补正，以便日后改进。

邓洪波
2018 年 8 月 18 日于湖南大学岳麓书院胜利斋